HUMANITIES AND SOCIETY

论人权

James Griffin

[英国] 詹姆斯 · 格里芬 著 徐向东 刘明 译

译林出版社

图书在版编目（CIP）数据
论人权 /（英）格里芬（Griffin, J.）著；徐向东，刘明译.
—南京：译林出版社，2015.4（2020.7重印）
（人文与社会译丛 / 刘东主编）
书名原文：On Human Rights
ISBN 978-7-5447-5389-0

I.①论… II.①格… ②徐… ③刘… III.①人权－研究
IV.①D082

中国版本图书馆 CIP 数据核字（2015）第 059105 号

著作权合同登记号 图字：10-2010-393 号

论人权 ［英国］詹姆斯·格里芬／著 徐向东 刘 明／译

责任编辑 陶泽慧
装帧设计 胡 苨 黄 晨
校 对 张 萍
责任印制 单 莉

原文出版 Oxford University Press，2009
出版发行 译林出版社
地 址 南京市湖南路 1 号 A 楼
邮 箱 yilin@yilin.com
网 址 www.yilin.com
市场热线 025-86633278
排 版 南京展望文化发展有限公司
印 刷 江苏凤凰通达印刷有限公司
开 本 880 毫米 ×1230 毫米 1/32
印 张 13.625
插 页 2
版 次 2015 年 4 月第 1 版 2020 年 7 月第 4 次印刷
书 号 ISBN 978-7-5447-5389-0
定 价 75.00 元

主编的话

刘 东

总算不负几年来的苦心——该为这套书写篇短序了。

此项翻译工程的缘起,先要追溯到自己内心的某些变化。虽说越来越惯于乡间的生活,每天只打一两通电话,但这种离群索居并不意味着我已修炼到了出家遁世的地步。毋宁说,坚守沉默少语的状态,倒是为了咬定问题不放,而且在当下的世道中,若还有哪路学说能引我出神,就不能只是玄妙得叫人着魔,还要有助于思入所属的社群。如此嘈嘈切切鼓荡难平的心气,或不免受了世事的恶刺激,不过也恰是这道底线,帮我部分摆脱了中西"精神分裂症"——至少我可以倚仗着中国文化的本根,去参验外缘的社会学说了,既然儒学作为一种本真的心向,正是要从对现世生活的终极肯定出发,把人间问题当成全部灵感的源头。

不宁惟是,这种从人文思入社会的诉求,还同国际学界的发展不期相合。擅长把捉非确定性问题的哲学,看来有点走出自我囿闭的低潮,而这又跟它把焦点对准了社会不无关系。现行通则的加速崩解和相互证伪,使得就算今后仍有普适的基准可言,也要有待于更加透辟的思力,正是在文明的此一根基处,批判的事业又有了用武之地。由此就决定了,尽管同在关注世俗的事务与规则,但跟既定框架内的策论不同,真正体现出人文关怀的社会学说,决不会是医头医脚式的小修小补,而必须以激进亢奋的姿态,去怀疑、颠覆和重估全部的价值预设。有意思的是,也许再没有哪个时代,会有这么多书生想要焕发制度智慧，这既凸显了文明的深层危机，又表达了超越的不竭潜力。

于是自然就想到翻译——把这些制度智慧引进汉语世界来。需要说明的是，尽管此类翻译向称严肃的学业，无论编者、译者还是读者，都会因其理论色彩和语言风格而备尝艰涩，但该工程却绝非寻常意义上的"纯学术"。此中辩谈的话题和学理，将会贴近我们的伦常日用，渗入我们的表象世界，改铸我们的公民文化，根本不容任何学院人垄断。同样，尽管这些选题大多分量厚重，且多为国外学府指定的必读书，也不必将其标榜为"新经典"。此类方生方成的思想实验，仍要应付尖刻的批判围攻，保持着知识创化时的紧张度，尚没有资格被当成享受保护的"老残遗产"。所以说白了：除非来此对话者早已功力尽失，这里就只有激活思想的马刺。

主持此类工程之烦难，足以让任何聪明人望而却步，大约也惟有愚钝如我者，才会在十年苦熬之余再作冯妇。然则晨钟暮鼓黄卷青灯中，毕竟尚有历代的高僧暗中相伴，他们和我声应气求，不甘心被宿命贬低为人类的亚种，遂把迻译工作当成了日常功课，要以艰难的咀嚼咬穿文化的篱笆。师法着这些先烈，当初酝酿这套丛书时，我曾在哈佛费正清中心放胆讲道："在作者、编者和读者间初步形成的这种'良性循环'景象，作为整个社会多元分化进程的缩影，偏巧正跟我们的国运连在一起，如果我们至少眼下尚无理由否认，今后中国历史的主要变因之一，仍然在于大陆知识阶层的一念之中，那么我们就总还有权想象，在孔老夫子的故乡，中华民族其实就靠这么写着读着，而默默修持着自己的心念，而默默挑战着自身的极限！"惟愿认同此道者日众，则华夏一族虽历经劫难，终不致因我辈而沦为文化小国。

一九九九年六月于京郊溪翁庄

献给

妮可和茱莉亚

杰西和约翰

致　谢

我想特别感谢三位同事。在开始构思本书的时候，我与我在牛津大学的同事约瑟夫·拉兹曾就这个论题开设一个讨论班，自那时起，乐于助人的约瑟夫就用他那强有力的怀疑论来审视我的那些不断发展的观点。我在罗格斯大学的同事张露丝完整地阅读了本书的两个初稿。2006年秋季我有机会与她一道开设一个讨论本书打印稿的讨论班，因此推迟把这部打印稿提交出版社。露丝在紧紧盯住要点的同时也不放过任何一个闪失，她在这方面的技能让我受益匪浅。牛津的另一位同事约翰·塔斯奥拉斯多年来用他那广博的学识和精准的判断来协助我的工作。他慷慨地为本书第一稿组织了一个研讨会，我很感谢研讨会的参与者罗杰·克里斯普、约翰·加德纳、戴维·米勒、希勒尔·斯坦纳、列夫·维纳以及乔·沃尔夫，他们向我表明我仍然需要做些什么工作。

与我在罗格斯的同事道格拉斯·胡萨克、拉里·特姆金、杰夫·麦克马汉以及我在澳大利亚应用哲学与公共伦理研究中心的同事谢默斯·米勒、汤姆·坎贝尔、涛慕思·博格的交谈也给了我很大帮助。

卡尔·韦尔曼和我谈论了权利很多年，我得益于他对这个论题的无与伦比的知识以及他的慷慨传授。

詹姆斯·尼科尔受出版社委任阅读本书打印稿，他选择不进行匿名评审。他用热情的鼓励和冷静的批评这样一种理想的组合来完成这项任务,对此我深表感谢。

2003 年我用本书的一个早期版本在墨西哥国立自治大学做约瑟·高斯讲座。听众给了我很多帮助,当然,应该特别感谢的是马克·普拉茨。

然后,有一些默默无闻但很聪明的研究生,他们教给我的东西不少于我教给他们的,尽管我得到了教学报酬。

乔·卡特梅尔对本书花费的时间与我差不多。她把原来的初稿录入磁盘并按照我的修改进行修订。

本书一些章节的初稿发表在如下刊物或文集中:

Chapter 1 in *Anales de la Cátedra Francisco Suarez* 38 (2004).

Chapter 2 in *European Journal of Philosophy* 9 (2001).

Chapter 3 in M. Friedman, L. May, *et al.* (eds.), *Rights and Reasons* (Dordrecht: Kluwer, 2000).

Chapter 4 in D. Archard and C. M. Macleod (eds.), *The Moral and Political Status of Children* (Oxford: Oxford University Press, 2002).

Chapter 5 in T. Campbell and S. Miller (eds.), *Human Rights and the Moral Responsibilities of Corporate and Public Sector Organizations* (Dordrecht: Kluwer, 2004).

Chapter 10 in *Journal of Ethics* 4 (2000).

Chapter 11, Presidential Address in *Proceedings of the Aristotelian Society*, 101 (2000—2001).

Chapter 12 in *Telos* 8 (1998).

Chapter 15 in Lukas Meyer, Stanley Paulson, and Thomas Pogge (eds.), *Rights, Culture, and the Law: Themes from the Legal and Political Philosophy of Joseph Raz* (Oxford: Oxford University Press, 2003).

詹姆斯·P. 格里芬于 2007 年 7 月

目 录

第二部分　最高层次的人权

第三部分　应用

导 论

在“人权是什么”这个问题上，我们尚未取得足够清晰的认识。这种不确信非常普遍，它推动了我对本书的写作，但我们需要进一步弄清这种不确信究竟有什么内涵。我们所说的人权究竟是伦理学中使用的人权，还是法律中使用的人权，抑或是政治学中使用的人权？若是在伦理学中，我们是在一个抽象的框架（例如义务论或目的论）中来谈论人权吗？在谈论人权时，我们是在谈论那种应用于社会的伦理判断吗？若是在法律中，我们是在现存的法律体系中来谈论人权，还是在理想的法律体系中来谈论人权？以及在哪个地区的法律中谈论人权？若是在政治学中，我们是在政治学的历史中来谈论人权，还是在政治学的经验说明中来谈论人权，抑或是在设定政治的标准时来谈论人权？

我的关注焦点是伦理学，我自己希望把用来评价社会的伦理判断作为起点，这些判断不仅是由哲学家做出的，也是由政治理论家、政治家、国际法律师以及公务员做出的。“自然权利”（ius naturale）这个术语首先出现在中世纪晚期，在其现代意义上，指的是一个人作为人而应得到的东西。据说上帝已经把善的倾向（把引导行为的准则产生出来的那种倾向）置于人的心灵中。这些准则表达了自然法，而自然权利是从自然法中衍生出来的。在 17 世纪和 18 世纪期间的某些时期，人们抛弃了自然权利思想的神学内容，当时的思想家逐渐接受如下观念：仅凭人类理性我们就可以获得人权，而不需要相信上帝。在18世纪，随着美国革命和法国革命的爆发，这个观念从书斋中的理论构想一跃而成为人们用来捍卫自己的武器，而通过把“自然权利”的名称改变为“人权”（les droits de l’homme），法国人就让这个概念有了世俗化的特征。在启蒙运动结束之际，在“自然权利”这一概念的世俗化形式上，人们往往还认为它来自于自然法，不过，到那时为止，自然法已被广泛认为只不过是一条独立于法律和习俗的道德原则。法国大革命的血腥让人们深感不安，于是在19世纪，这个概念在很大程度上失去了部分光彩。在第二次世界大战开始之际，富兰克林·罗斯福等人让这个概念重放光芒，而在第二次世界大战结束时，在联合国的努力下，它大放异彩。
1 启蒙运动把这个世俗化的概念遗留给我们，时至今日，它仍然是我们使用的概念，至少是我们用这种方式来使用的概念。其内涵从那时起就没有再发生什么变化：**人权就是我们因为是人而拥有的权利**。当然，也不是根本就没有任何变化发生。一个重要变化是人权的国际法在20世纪的成长。由此也带来了这个概念在外延上的变化，而在外延上的变化可以构成意义上的变化，这是我一会儿要探究的一个问题。

有一个连续的、不断发展的人权概念贯穿于这段历史，我们不妨称之为“历史概念”。我对人权的说明将以这个概念为起点，但很可能不是把它作为终点。我是在寻求对人权的这样一种理解，这种理解符合我们所能确立的最好的伦理学，而在历史上出现的那个人权概念不可能已经在伦理学中占据一个完美地位。就这个历史概念而论，人们首先可以注意到的是，这个概念的含义在很大程度上是不明确的，因此它是有缺陷的。在17世纪和18世纪期间，人权观念的神学内容被抛弃了，它由此而缺失的内容当时没有得到什么东西的弥补。也几乎没有什么标准遗留下来，以便我们可以确定人权的概念何时得到了正确使用，何时没有被正确使用。于是，在某些至关重要的问题上，我们的把握往往不可靠,有时甚至很不恰当。这个概念在含义上很不确定,这不是一般而论的伦理概念特有的问题,而是“人权”概念特有的,但也许并不独有的问题。今天我们需要做的一项工作就是纠正这种不确定性;我们需要完善这个不完备的概念,由此将很可能改变它。

那么,如何纠正这种不确定性呢?尽管“人权”这个术语的神学内容被抛弃了,但其伦理内容并未被遗弃。在历史进程中,人们不时会碰到这样一个思想:人权是对我们作为人的地位的保护,人的地位是我们的理性能动性,或者说得具体一点,是我们的规范能动性。为了试图让“人权”这个术语的含义变得更为确定,我将提出如下建议:这个传统的这一部分是我们应该采纳的,即我们应该把人权看作是对规范能动性的保护。

如前所述,我偏爱从人权的历史概念入手。如果伦理学就是我们
所要关注的,那么我们还可以从什么其他地方入手呢?在哲学中,有一
种处理权利的最常见的方式,那就是把权利从一个或一些最高层次的
道德原则中推导出来。这个方法有一些众所周知的例子。康德伦理学
有一个最抽象的原则,即康德所说的“普遍正当原则”:“任何行动,若能
按照一个普遍法则与每个人的自由共存,就是正当的。”康德就试图把
人权(他所说的“自然权利”)从这个原则中推导出来。更具体地说,他
从这个原则中推导出一个唯一的天赋权利:“由于每个人的人性而属于 2
每一个人的权利”,其内容等同于普遍正当原则的内容。这个天赋权利
以及从中可推导出来的权利涵盖了道德的大部分内容,但不是一切内
容(例如,从美德学说中产生出来的责任并不包含在其中),但比启蒙运
动以及启蒙运动以来的人权所涵盖的东西要多。在《功利主义》最后
一章中,约翰·斯图亚特·密尔引入权利的概念,把权利视为对其他人
提出的明确要求,并认为这种要求根本上来自效用原则——具体地说,
一个社会需要为某些事情付出一定成本,例如制定和颁布规则、惩罚不
服从规则的人,考虑到这一点,就可以引入权利概念,把权利作为可以

有效地促进社会效用的手段。这就是功利主义的权利概念,与最近几个世纪以来政治生活中的人权概念相比,它所涵盖的道德内容更多。

不论是康德还是密尔都没有尝试按照出现在自身历史传统中的人权概念来探究它。他们之所以使用“人权”(或“自然权利”,或者在密尔那里,仅仅是“权利”)这个概念,只是为了解释他们自己提出的一般的道德理论服务。只要我们不被这种做法所误导,它就没什么错。不过,在他们笔下,“权利”这个术语的外延实质上很不同于启蒙运动的权利概念的外延,于是我们就可以认为康德和密尔是在引入一个不同的概念,并实际上改变了论题。在我们时代,约翰·罗尔斯在这方面遵循康德和密尔的做法:他之所以使用“人权”这个术语,也是为了服务于他对民族之间的政治正义的总体论述,而且使之在外延上显著不同于启蒙运动的人权概念,尽管人权概念的外延在他那里更为狭窄。

为什么我不采取康德和密尔的做法,而是试图做得更好呢?如果他们的最高层次的道德原则作为起点来说是错误的,那我为何不从正确的原则入手呢?我确实试图把人权推导出来,而如果在我的尝试中出现的东西,就像在康德和密尔的情形中那样,是一种相当不同的扩展,那也就罢了。但是,正如我们已经看到的,这种做法有可能改变主题,而这是我不愿意做的。那个历史概念不仅在我们的政治生活中格外有力,而且在我看来,已经一般地成为推动人类社会向好的方面发展的一股力量。与此同时,它也是伦理学中的一个核心观念。按照对“人的尊严”这个说法的某种解释,在我们当中,很多人都会把人权观念与尊严说法相联系。我们认为人权就是对人的尊严的保护,因此,我们认为人权也与一个熟悉的哲学关注具有潜在联系,那就是对人的尊严的关注、对人的不可侵犯地位的关注、对追求共同善的限制的关注。实际上,这个观念让我们面对伦理学中的那个关键抉择,即在义务论和目的论之间的选择。不论是在政治学和伦理学中,还是在理论伦理学和应
3 用伦理学中,这个观念都留下了足迹。康德和密尔对人权的探讨是从

上往下的，而我所偏爱的那种从下往上的探讨最终可能会与他们的探讨相遇。在纠正人权概念在含义上的不确定性，在明确其内容，特别是在认识到如何解决人权之间的冲突时，从下往上的探讨将不得不在理论抽象方面上升到很大高度。它是否必须上升到康德的绝对命令或密尔的效用原则的抽象层次，仍然是一个拭目以待的问题。从人权的历史概念入手有很多好处。

如前所述，我提议把人权视为对我们的规范能动性的保护。这不是试图把人权从规范能动性中**推导出来**，而仅仅是一个立足于如下猜测的**提议**：这种纠正人权概念的不确定性的方式将最佳地符合这个概念在伦理学中的作用。这个概念应与伦理学相符，这一要求让我们有望提出一些标准来决定对人权的一种说明究竟是“正确的”还是“错误的”，而且，我应该补充说，这个希望是可以得到实现的。我要做的事情不同于康德和密尔的工作，也与艾伦·格沃斯近来的工作有一定距离——他试图通过诉诸某些逻辑必然性把人权确立起来。人的能动性的概念在他的计划中也占据中心地位，但他的计划并不因此就接近于我的计划。他的第一步工作是要在与审慎的价值有关的情形中把人权从能动性中推导出来：每一个行动者，甚至纯粹自我利益的行动者，都必须接受“我有权拥有我的行动的最切近的必要条件”，否则就会陷入矛盾。他的第二步工作是要把这种情形推广到普遍情形：由于可普遍化的逻辑原则，行动者必须接受“所有其他行动者同样有这些权利”，否则就会陷入矛盾，于是就可以把这些权利确立为**人的**权利。相比较而论，我并不声称我的提议（把人权视为对规范能动性的保护）具有逻辑必然性。实际上，一些同事不仅拒斥了我的提议，而且提出一些貌似有理、免于矛盾的相反提议。这些提议是我们必须用某种方式来严肃评价的。

如何评价我的提议呢？根本上说，通过判定它是否向我们提供了某些人权，而这些人权符合总体上最好的伦理学。更直接地说，通过阐明它的后果,尤其是对我们发现有争议的或不清楚的那些假定人权的后果。也可以通过用相反的提议来评价我的提议,例如这样一些相反提议:人权的根据并不仅仅是规范能动性,也要包含某些其他价值;人权的根据不是规范能动性,而是基本的人类需求;等等。甚至通过回答那些在很大程度上属于经验领域的问题,比如说,为了避免给自己带来严重的实践问题,我们必须让"人权"这个术语的含义有多么确定。这
4 些评价是不能仓促做出的,而是需要用一本篇幅很长的书来加以处理。

在为"人权"这个术语**提出**一个含义时,我看起来只是在规定其含义。倘若如此,我采取的方式就是那些在中世纪晚期首次引入"人权"的现代概念的作者们规定其含义的方式。不过,他们压根儿就不是在武断地规定,而是在试图抓住某些东西,那些东西即便不是道德上根本的,至少也是道德上重要的。

对于人权概念的不确定性,我提出的纠正当然不是学界唯一的纠正。我的纠正是要补充那个概念的评价性内容。除了我的补充外,不仅还有其他可能的类似补充,也有非评价性的纠正。有些人认为,国际法已经用自己特有的方式纠正了这种不确定性。另一些人则认为,国际法现在已经权威性地确定了"人权"这个术语的外延,并在确定其外延的时候也因此决定了其含义。

国际法决定了"人权"这个术语的外延吗?无论是谁,都不可能仅仅通过宣称一项人权是一项人权就把其存在确立起来。我们可能会弄错一项人权,因此在这里我们就应该注意对错标准。例如,联合国颁布的《世界人权宣言》包含了一项定期带薪休假的权利,对于这项权利,人们已经做出了压倒性的、欢欣鼓舞的反应,但是不管那个假定的应得权利是什么,它肯定不是一项人权。《世界人权宣言》也包含了一项民主参与的权利,但是,我们可以用一种思想上负责任的方式去争辩它是否实际上是一项人权。我们应该再次注意我们将如何解决这样的争论。人们对福利权也有广泛怀疑,例如,福利权是人权还是仅仅是公民

权,或者,其中一些福利权是否还没有被慷慨大度地确立起来。我们很想知道把这些权利视为人权的理由到底有多强,而有这样的想法也是合理的。如何提出这样的理由呢?我们所需要的不只是一份人权**清单**,也不只是人权的**名称**。我们也必须知道人权的内容。但是,如何确定人权的内容呢?我们需要知道如何解决人权之间的冲突。在国际法庭上,法官不能只靠**命令**来解决冲突。解决方案必须立足于理由和判断。但是,什么算作好的理由呢?即使目前国际法中的人权清单是有权威的——我认为没有理由相信这一点——它也不会向我们提供我们所需要的一切。我们也需要回答上述问题。

在我看来,为了得到答案,在把"人的尊严"这个短语用作人权的根据时,我们应该为其中的"尊严"这个概念寻求一个令人满意的说明,因为显然不是一切尊严都可以用作人权的根据。为了丰富"人权"这 5
个概念的内涵,就需要寻求一个更好的理解。

对于"人权"这个概念,我们还不具有一个充分确定的含义。法律可以对这种确定性做出更大贡献。法律尤其擅长于从对具体案例的研究中得出对关键问题的更加一般的理解。不过,并不是在确定性上的一切提高都是在含义的确定性上的提高。后者必须具体地与正确和不正确地使用"人权"这个术语的标准上的确定性相联系。不过,只要法律把有待解决的问题弄得更清楚,它就对含义的确定性做出了贡献。我的论点是伦理学也必须做出贡献,但不是唯有伦理学才能胜任这项工作。若没有伦理学的贡献,我们就不会达到充分确定的含义。我之所以对国际法谈得不多,只是因为我对它缺乏深入理解。

总结性地重申一下,这些就是给予本书以方向,并让读者能够看清本书方向(我希望如此)的思想。以下我将用一种更加辩证的精神、利用某些学术工具来探究这些问题。 6

第一部分

对人权的一种论述

第一章
人权:不完备的思想

1.1 启蒙运动的人权计划

"人权"这个术语的使用开始于 18 世纪末(例如,在法国 1789 年颁布的《人和公民的权利宣言》中),但只是在 20 世纪中期才广为流行。在 18 世纪末,人们谈论的是"自然权利"而不是"人权"。这两个术语来自同一个连续的传统,具有大致相同的外延[1],尽管内涵不同。一般认为"自然权利"来自"自然法"。正如我们即将看到的,要说"人权"原本来自于什么则更为困难。

自然法学说在古希腊和罗马都各有根源,不过,对它的最有影响的表述是由托马斯·阿奎那提出来的。上帝已把各种天赋的自然倾向置于一切事物中,不过,只是在人那里,他才植入一个理性倾向——把引导行为的各种准则产生出来的倾向,比如说如下准则:要维护自己的存在;要繁衍我们的种类;要寻求对上帝的知识并崇拜上帝;要和平地生活在社会中,等等。[2] 这些准则和其他准则构成了自然法,而自然法则充当自然权利的标准。然而,阿奎那在这里提到的"权利"根本就不是现代意义上的"权利",后者是一个人所**具有**的一项资格。相反,阿奎那所提到的"权利"是一个事态的一种性质,即这个事态是正当的、公正的或公平的。对于自然法和自然权利,阿奎那有很多论述,但他是否持有现代意义上的自然权利概念则是一个有争议的问题。[3]

实际上,现代意义上的“自然权利”这个术语,尽管在中世纪晚期就开始出现了,但直到17世纪和18世纪才得到广泛应用。让我回顾
9 一下从阿奎那到启蒙运动的一些发展阶段。把人类引向善的一个主要的自然倾向显然就是合理性,它引发了“遵循实践合理性”这一准则。这个准则大体上缺乏道德内容,更像是获得道德内容的一项指令——实际上,这项指令无所不包,以至于有取代所有其他准则的危险。如果人类理性已足以把自然法鉴定出来,那么在自然法中还需要上帝来做什么呢?弗朗西斯科·苏亚雷斯,托马斯主义传统在17世纪最有影响的理论家[4],对此给出了一个回答。虽然人类理性让人类具有了某种相对于上帝的独立性,但这种独立性是有限度的。人类确实可以不依赖于上帝来理解自然法的内容,不过,他们所理解到的东西只是因为上帝的意志才有了律法(一种具有力量的命令)的地位。

新教徒雨果·格劳秀斯采取了进一步的举动,他论证说,甚至无需诉诸上帝,就可以说明自然法如何向我们施加了义务。于是,格劳秀斯就获得了作为自然法的现代世俗理论的奠基者的名声。他写道:“我们一直在说的东西[即:存在着自然法,自然法向我们施加了义务]将有某种程度的有效性,即使我们竟然承认了只有在冒天下之大不韪的情况下我们才能承认的东西——上帝并不存在,或者人类事务与上帝无关。”[5]格劳秀斯,一位虔诚的基督徒,绝没有让自己做出这种“邪恶的承认”。不过,在他看来,不管我们在宗教问题上持有什么信仰,通过那种对我们所有人都开放的理解,我们就可以把自然法确立起来;也就是说,我们必须按照我们的理性本质来行动,必须做各种有助于维护社会的事情,而社会尽管与理性相一致,却是由像我们这样在动机上不相一致的成员构成的——一方面,我们天性渴望社会,另一方面,自我利益又是我们本性中一个根深蒂固的要素,因此就会危害社会。

就像格劳秀斯一样,塞缪尔·普芬多夫认为,尽管上帝的启示可能有助于我们认识到自然法,但“甚至在不借助于启示的情况下,自然法仍然可以由理性能力来加以研究并确定性地得到证明”。[6]在他看来,有一个问题特别需要经验研究,那就是:既然人类是一种具有非社会的社会性(unsocial sociability)的生物,那么,为了把一个合理的稳定的社会从那种生物中产生出来,需要哪些准则?[7]

经过这些阶段我们就到达了启蒙运动时期。按照我的理解,启蒙运动开始于17世纪最后十五年左右,到18世纪结束。[8]在《政府论》中,约翰·洛克仍然在其论证中赋予自然法和自然权利以中心地位,并且也认为自然权利来自自然法。[9]然而,洛克几乎没有去关注自然权利 10
是如何从自然法中引申出来的;他把自然法的语言当作一种恰当地确立起来、相对不成问题的说话方式来使用。[10]在他看来,理性本身就能把根本的道德原则确立起来——实际上,能够确定地把它们确立起来。对于洛克来说,这种推理的核心,就像他之前的普芬多夫所说的那样,是要对一些律法进行经验研究,而为了能够把有着非社会的社会性的个体转变为一个恰当地组织起来的社会的成员,就需要这些律法。在这个推理过程中,我们无需诉诸任何关于人类生活的目的的观点——实际上无法成功地诉诸这样的观点;洛克认为,就人类生活的目的而论,理性的人们会有分歧;因此,尽管一个关于最高善(summum bonum)的信念在古典思想和中世纪思想中都处于核心地位,不过,在这里,人们对它的关注至多也只是处于次要地位,因为它不能赢得普遍同意,因此就不能有效地引导在思想观念上具有本质差别的社会成员。[11]洛克确实不时提到上帝,但那是自然神论者的上帝:上帝就是宇宙的设计者,让这台巨大的机器开始运转,然后就退出场景——不再干预,不再发布启示。在《政府论》中,洛克主要关心的是对统治者的武断行为进行道德约束。于是,毫不奇怪的是,他所关注的自然权利涉及在没有正当的司法程序的情况下剥夺一个人的生命、自由和财产,这是君主恣意统治人民的三种最常见的方式。

在一开始我就提到“启蒙运动的人权计划”。现在我应该说明一下我如何理解这个说法。为什么说“**启蒙运动**的计划”呢？很难说权利就是启蒙运动作家唯一关心的东西。更有甚者，并不存在一个单一的“自然法”或“自然权利”的观念，为一切启蒙运动思想家所分享；实际上，一些启蒙运动思想家对谈论“自然法”和“自然权利”很不以为然，完全抛弃了这种话语。[12] 不过，在启蒙运动进程中有一个一般化的思想运动。随着人的理性能力的不断扩张，自然法和自然权利学说都受到了一种连续的世俗化。与此密切相关，在自然法和自然权利学说的形而上学或认识论背景中，也有很多东西被抛弃了。坦率地说，这些做法在洛克那里并不完全存在：为了把现在有时被忽视的平等原则确立为其政治思想的基础，他求助于上帝；但是，对于洛克在 18 世纪的诸多继承者来说，他们都采取了这些做法。在启蒙运动结束之际，对自然法的接受似乎已经变得与差不多所有的形而上学和认识论观点相容。在这个宇宙中，就像阿奎那所设想的那样，万物都有自己的目的，由上帝来加以指定。不过，经过启蒙运动，人们就可以把人类的目的看作是自然的一部分，并可以从自然中读解出来。这个观点，若以某种方式加以发
11 展，就可以支持一种强形式的自然法。例如，它能够支持一种形式的道德实在论，即如下观点：人类的善，甚或道德原则，都不是人类构造出来的，而是一个独立于人类思想和态度的实在的一部分。这种道德实在论接着为如下认知观点提供了支持：在我们对自然的报告中，那些更加令人熟悉的报告是有真假可言的，在这个意义上，关于人类的善和道德原则的判断也可以有真假。这将是对自然法的自然属性的最强解释，也有一些逐步弱化的解释。例如，对于关于自然法的判断，我们或许仅仅要求它们应该是客观的，也就是说，不只是表达人们的态度。在 17 世纪和 18 世纪期间，存在着自然法这一主张变得更弱，而且往往被认为归根结底就是如下主张：存在着不依赖于实证法和社会习俗的道德

原则。这个主张变得就像我们今日对“自然正义”这一概念的使用,而在当今律师口中,这个概念仅仅意味着存在着一个不依赖于实证法和社会习俗的正义标准。这个很弱的主张实际上符合一切伦理观念,例如甚至包括休谟的主观主义,只有伦理相对主义是个例外,因为在那些日子里,伦理相对主义无论如何都是一个罕见的观点。

因此,在启蒙运动进程中,有关权利的一般思想运动并不仅仅是一个世俗化的问题。实际上,这种世俗化完全是由启蒙运动之前的哲学家发起的。不过,在启蒙运动进程中,有了两个进一步的发展。启蒙运动的作家们旨在全面地列举各个自然权利或者说人的权利。[13] 当然,这种权利清单很久以前就被提出来了,不过,它们是已被期许或正在被期许的实证权利的清单。在公元 313 年君士坦丁大帝签署的《米兰诏书》中,他并未声称基督徒在任何地方都有了宗教自由;他把宗教自由赋予他们以及罗马帝国的其他人:“无论是谁,都不应被否决真心服从基督教或者他认为最好的那种宗教的机会。”在英国, 1215 年颁布的《大宪章》关系到某些社会阶层和机构的权利:伯爵、男爵及其遗孀和子女;英国国教会;伦敦市;神职人员;商人;自由人;等等。它所关心的是为那些必须分享权力的人确立一种权宜之计。这些权利不是立足于人性;它们不是所有人都拥有的,当某些男人拥有这些权利时,某些女人只是作为妻子间接地拥有这些权利。不过,随着时间的推移,这些清单上的
权利和特权开始逐渐应用于更加广泛的群体。1688 年颁布的《英国权 12
利议案》所要关心的是“证明和断言他们自古以来就有的权利和自由”,在这里,“他们”指的是“有圣职的上议院议员和神职人员以外的上议院议员,以及普通平民”;这份议案中的一些权利,例如在法庭上得到公正判决的权利,确实应用于一个更大的群体,即便如此,其中没有一项权利是直接从“生而为人”这个思想中推导出来的。在 17 世纪和 18 世纪期间,从有时具有反抗情绪的北美英国殖民地涌现出来的一切宣言实际上也是如此;这些宣言要求得到的只是“英国人的权利”,在祖国

的普通法中已被确立起来的权利。这些宣言，就像 1606 年的《弗吉尼亚宪章》所说的那样，“几乎在所有方面……要求一切自由权、参政权和豁免权，就好像那些权利在英国本来就存在且是永恒的。”[14] 美洲殖民地的开拓者无疑认为他们是在更有希望的基础上要求得到已被应允的权利，但是，当那个策略无果而终时，他们最终的独立宣言（1776 年）就只能依靠**自然**权利了。在 18 世纪结束之际，我们看到了各种各样的权利清单，例如《人和公民的权利法国宣言》（1789 年）以及《美国权利议案》（1791 年），其中的权利被认为是最基本的或最重要的自然权利或者人的权利。[15] 随着这些人权法典的出现迎来了第二阶段的发展。这些权利清单登上了政治生活舞台的中心。它们为反叛做辩护——在洛克捍卫 1688 年的光荣革命的情形中，用一种超然的、回顾的方式[16]，而在美国革命和法国革命的情形中，则用一种更加投入的方式。自然权利或人的权利于是就成为了一种流行的政治力量。[17]

在启蒙运动结束之际凸显出来的那个人权概念，也可以被合理地称为启蒙运动的人权概念，就是我们当今持有的人权概念。从那时以来人权观念本身就没有理论发展了。当然，并不是说没有任何形式的发展。国际联盟通过条约（在国际上保护人权的基本机制）而发展起来。通过普遍宣言以及随后的工具，联合国缔造了一份基本上得到同意的人权清单，这份清单已经深入政治生活的很多方面。国际法现在把人权体现出来并发展出复杂的裁决机构。[18] 在这些方面的发展有很多。不过，即便有很多这样的变化，人权观念本身再也没有发生变化，仍然是这样一个观念：我们乃是因为是人而具有了权利（在这里，对于“人”这个概念意味着什么，不再提供进一步的说明）。确实，确定这个术语的外延就是决定其含义的一种方式，国际法有时被认为已经确定了“人
13 权”的外延。但是，国际法实际上还没有做出任何如此具有决定性的事情。它有（或者说，应该有）雄心把由不依赖于法律或习俗的伦理考虑来决定（至少部分地决定）的人权整合进来。稍后我会谈到国际法的

目的。[19]

自然法一开始是作为一种目的论形而上学的一部分而出现的,这种形而上学能够支持对一个问题的很强的解释,那就是:道德如何在自然中有其根源? 在18世纪结束之际,自然法以某种接近空虚的东西而告终。[20] 这不是说那些很强的、具有思想内容的自然法观念没有自身的问题。[21] 不过,经院哲学家对自然法所提出的很多想法至少向我们提供了某些东西,让我们可以判定存在着什么自然权利。但是,一旦他们所提供的形而上学和认识论背景被抛弃,就像在启蒙运动的进程中那样,还有什么东西留下来呢? 留下来的东西足够我们理解自然权利或人权吗?

1.2 "人权"这个术语的不确定性

人权话语在当今处于什么状态呢? 考虑两个例子,第一个来自联合国。在一份通过联合国安理会颁布的声明中,三十位世界领袖宣称父母"有权利决定孩子数目和生育孩子的时间间隔"是一项基本人权。[22] 若是这样,中国的计划生育政策实际上侵犯了一项人权吗? 在一篇讨论堕胎的著名论文中,一位杰出的美国哲学家用如下说法来支持其论点:一个人有权决定在其身体中发生以及对其身体发生的事情。[23] 但是,我们有这样一项广泛的权利吗? 如果政府打算禁止我们出卖自己的身体器官,就像很多政府正琢磨要做的那样,我们的人权就会受到侵犯吗? 这位哲学家提议的那项权利不是不像一个被广为接受的权利,即人身安全的权利。然而,即使一个人的人身是安全的,那也很不同于他的身体在各方面都处于自己的决定下。如何判断我们是否具有这样一项很强的权利呢?

我们不知道。"人权"这个术语几乎毫无标准。几乎没有什么标准来决定它何时得到、何时没有得到正确运用——不仅在政治家当中,在 14

哲学家、政治理论家以及法理学家当中，也是如此。人权的语言就这样降低了自身的价值。

为了让我的计划派上用场，我把“人权”这个术语所具有的某种缺陷鉴定出来，其他人无需在这一点上同意我的观点。几乎人人都同意人权观念在某个方面是严重不完备的，在其运用具有它应该具有的那种合理性之前，它需要得到更多的说明。我的计划应该设法满足大家都感觉到的这一需要。不过，在我看来，“人权”这个术语在其含义的确定性上有着突出的缺陷。

必须承认，含义的确定性是一个程度问题；人们可以学会与某种不确定性相处。一个普通名词有使用的标准，可以让我们按照标准来决定它在所有情形中是否得到了正确使用。但是，这种情形很罕见，在大多数情况下，至少有一些情形是不明确的。如果除了一般公认的模糊情形外，还有很多其他情形，在那些情形中，我们无法确定一个术语是否得到了正确使用，那么这个术语就有严重缺陷了。“人权”这个术语远不如大多数普通名词那么确定，甚至不如大多数伦理术语那么确定。我们有一系列很专门的伦理术语，它们在含义上显然没有不可接受的不确定性。我们都很清楚一个行为是因为什么而被称为“勇敢的”或“考虑周到的”。“正义”这个更加广泛的术语也没有遭受这种不确定性。当然，“正义”的观念碰到了一个麻烦：它很有弹性——它有时被用来涵盖整个道德领域，有时被用来指称道德的一个特定部分，有时应用于几个不同的特定部分（分配正义、惩罚性正义、程序正义等）。在这个意义上，它是模棱两可的。不过，在我所说的“不确定”的意义上，说一个东西是模棱两可的、含糊的或模糊的，并不是说它是不确定的。而是，在每个场合我们需要弄清楚，在“正义”这个概念可能具有的确定含义中，我们是在哪个含义上使用它。

有人或许认为，“人权”这个术语并不比某些极其广泛、内容空泛的伦理概念（例如“错的”这个概念）更糟糕，而我们总是有办法继续使用那些概念。但这个说法也不成立。假设在某个行动是否是(道德上)错的这个问题上,你我意见不一。即便如此,在什么东西影响我们对这个问题的回答这件事情上,我们之间会有很大程度的一致,甚至完全的一致。当然也可能有分歧。你可能会引用一个禁令,而我对它很怀疑,例如下面这个几乎绝对的禁令:不经无辜者同意,就不能有意夺走其生命。当然,我一点也不怀疑那个禁令与目前的争论有关;人的生命有重大价值,这个认识会产生一个严格的道德禁令。我们两人之间的分歧可能出现在这样一些问题上:把人的生命的价值表述为一个行为规范 15
的最佳方式是什么,或者这个规范允许多少例外。在某个行动是否是错的这个问题上,我们最终可能无法达成一致,因为在如何把这个道德规范表示出来的问题上,我们不能达成一致——或许因为你是从宗教信念中得到了你的规范,而我不相信任何宗教。尽管我们不能达成一致,我们仍然能够看到争论的焦点——在我所描述的那种情形中,争论的关键可能是上帝是否存在,或者我们是否能够知道上帝想要什么。我们可以把这种情形与我们在如下问题上发生分歧的情形相比较:是否存在着一个广泛的人权,以此我们可以决定在我们的身体中发生、对我们的身体所发生的一切?在这种情形中,在争论的焦点究竟是什么的问题上,人们实际上没有一致看法。我们都同意人权来源于“人的地位”或“人性”,后面这两个术语被认为向我们提供了标准,不过,在它们的相关意义是什么这个问题上,我们实际上没有一致的看法。

我是否夸张了“人权”这个术语所碰到的麻烦呢?不是说这个术语全然不可用。至少有**一些**标准决定它何时得到了正确使用、何时没有被正确地使用。我已经说过,有一个启蒙运动的人权概念,它有一个内涵要素和一个外延。前者是,人权是我们因为是人而具有的一种权利;后者大概就是在美国权利议案、法国人权宣言以及联合国的某些关键文本中所发现的权利。尽管启蒙运动的人权概念的内涵很薄弱,其外延可以发生变化,但它不是一个完全空洞的概念。因此我们经常可以做出否定性的判断，而且确实做出了这样的判断。联合国1948年颁布的《世界人权宣言》是其人权清单中最有节制的，但它却冒失断言一项定期带薪休假的权利，而这项权利，正如我在《导论》中所说，已被广泛拒斥。当然，我们都同意几项典型的人权：言论自由、信仰自由等等。通过从这些典型的案例中进行外推，我们必定可以确定一些更加艰难的案例。不过，在这里资源仍然很贫乏。与“人权”这个术语相联系的标准太少了，因此就很难确定它在很多情形中的运用，而这些情形还不仅仅是模糊的情形。公民权利和政治权利是我们能够达成一致的典范，即便如此，我们还是无法回答很多问题。我们有决定我们想要多少小孩的人权吗？我们有决定在我们的身体中发生、对我们的身体所发生的任何事情的人权吗？

我已经指出“人权”这个术语有一个很罕见的缺陷，有人可能会认为我至少夸张了这种情形。真的是这样吗？在“人权”的情形中，我所渴望的进步难道不就是人们在很多其他的道德观念中所寻求的那种进
16 步吗——也就是，用罗尔斯在《正义论》中所引入的那个区分来说，[24]从“抽象概念”到“具体设想”的进步？比如说，我们对“正义”有一个共同的概念，进一步需要做的工作就是把它充实为一个具体的设想，例如罗尔斯的正义作为公平的思想。我正在主张的是，在“人权”这个术语的情形中，甚至在“概念”这一边就有严重缺陷，而在（比如说）正义的情形中，则没有类似的缺陷。

当然，“正义”和“人权”这两种情形只是在程度上有差别。在“人权”的情形中，我们可以用来判定这个术语何时被正确地使用、何时没有被正确地使用的标准是如此稀少，以至于甚至在哪些考虑可以被视为相关考虑的问题上，我们基本上仍一片茫然。相比较而言，在什么东西与我们对“正义”这个词的正确使用和不正确使用有关这一问题上，我们大体上能够达成一致。“正义”和“公正”这两个词，正如我们在日常话语中看到的，具有如下特征：只要语境或说话者表明所要讨论的是

什么正义,例如分配正义、惩罚性正义或程序正义等,我们大体上就可以在争论的焦点上达成一致。然而,在“人权”这个术语的情形中,那种程度的一致不是我们所能得到的。我们有一项人权决定我们想要多少孩子吗?我们甚至能够判断什么东西与这个问题相关吗?我们确实知道“人权”这个概念意味着我们仅仅因为是人就对其他人有了一项要求。但是,对于一般而论的道德主张,这个含义也成立,而且不是一切道德主张都能把权利产生出来。例如,一个人可以要求其他人不要无缘无故地让他痛苦,这个主张就不是一个可以把权利产生出来的主张。要么从人权中产生出来的主张不仅仅是一个道德主张,而是一种特殊的主张,要么把它产生出来的那种东西,即人的地位,是一种比“人是道德义务的主体”这一观点更专门的东西。除非我们已经在诸如此类的问题上达成一致,否则“人权”仍然是道德术语中一个很薄弱的概念。

在 17 世纪和 18 世纪,含义上的这种不确定性并不是很重要,因为当时人们能够在范例上达成广泛一致。那时迫切需要关注的问题是专制统治者,对该问题的解决于是就自然而然地集中到一系列公民权利和政治权利。[25] 然而,到了 20 世纪,在范例上的广泛一致已经消失。宪法和国际条约开始包括备受抵抗的福利权 [26] 以及某些可疑的条目,例如和平的权利、[27] 继承遗产的权利、[28] 在自己国家居住自由的权利。[29] 这些权利被认为也是人权。但果真如此吗?“人权”的外延在我们的时代一路增长,于是就使得对其内涵有某种把握变得更加迫切,而其内涵竟然是如此薄弱的东西。 17

这不是说我们现在就必须对“人权”这个术语拿出一个定义来,例如发现其同义词,或者列举其本质特点。[30] 我们甚至不清楚“权利”这个构成性的概念在那个意义上是可以定义的,即使几个当代哲学家对它提供了一个定义或者某种与之相似的东西。[31] 很多术语有令人满意的确定含义,但不是因为它们可以被定义,而是因为它们有很确定的用法。然而,“人权”这个术语有一个在很大程度上不确定的用法。它是一个理论术语,被用来作为另一个高度理论的术语即“自然权利”的后续,但在这样引用时却没有充分考虑必要的背景。我们可能不需要定义这个术语,但我们肯定需要对它提出进一步的说明。

在我们的时代,哲学家、法理学家和政治理论家的工作就是要纠正这种不确定性——做启蒙运动没有去做的事情。

1.3 对这种不确定性的纠正

一种彻底的纠正就是完全放弃人权话语。如果这种话语那么不令人满意,干吗不抛弃它呢?

但是,不管边沁如何说,“人权”这个术语并非毫无意义,我们不是没有办法纠正其不确定性。如果人权在整个道德结构中是根本的,那么我们就不可能取消这个术语。不过,我认为人权并不是根本的;人权好像是居于整个道德结构的中间偏下的层次,不过,我这样说的理由仍有待于阐明。[32]

然而,有一个问题是我们可以立即回答的。如果我们的伦理词汇足够丰富,因此我们可以去掉“人权”这个术语,继续用一种更加迂回曲折的方式来谈论同样的事情,那么我们是否就因此而失去任何重要的东西呢?有人可能认为人类已经处于那种状况。近来人们已经对一个问题讨论颇多,那就是:古希腊人和罗马人是否有一个人权概念——不是一个大致具有同样含义的术语,而是人权的概念。[33] 这就提出了一个一般问题:拥有一个概念究竟是怎么回事?如果我们在一个概念上绕来绕去,那究竟是不是让我们怀疑我们拥有那个概念的初步理由?我们无法判断古代人是否具有现代的人权概念,除非我们知道那个概
18 念是什么,在后面我会进一步论述这一点。在我看来,古代人所收集的那些迂回曲折的表述总是不足以阐明我们的现代概念。

但是,仅仅是因为缺乏一个单一的词或简单的术语来表示人权,就会丧失某些东西吗? 拥有简单的术语可以满足几个实际目的:突出某个考虑,让我们对它加以注意,把它在我们文化中的重要性标明出来,提高它具有某些社会效应(例如在政治行为中易于传播和发挥作用)的机会。这样一个术语可以推进深层次的道德转变,例如个体主义在中世纪结束之际的出现。它很容易成为政治口号,为人民运动提供核心基础。它允许各种"人权"清单,因此就为大赦国际和人权观察组织所从事的那种监控活动提供备忘录。[34] 它能够把权力赋予个体。最近有人向我讲述了一位塞内加尔妇女的故事,[35] 她的丈夫离她而去,把孩子也带走了,这些事情都是他在法律上有权做的,不仅如此,他还占据了他们曾经赖以为生的土地,而那是她在结婚时买的。尽管"人权"这个术语进入他们的语言中才几年时间,但在人权观念的鼓舞下,这位妇女仍有力地公开抱怨:她说她有权得到部分土地、有权去看望自己的孩子。她已经不指望长辈会帮助她,不过,在她那充满自信和坚持不懈的抱怨下,他们最终被打动并承认她所提出的要求,即使这样做不符合当地习俗。

伦理学不仅应该关心把对错鉴别出来,也应该关心实现正当的事情、阻止错误的行为。拥有"人权"这个简单的术语对于后者来说很重要。这样一个术语可以不是"人权",而是"宪法权利"、"基本权利"或"根深蒂固的权利",我们可以把一个令人满意的确定含义赋予这样一个术语,比如说一个具有正面本质的含义:我们可以说,"宪法权利"是公民通过某种协议选择出来的权利,在法律制度中被赋予了某种根本地位。当然,通过采取这条途径,我们也会失去如下思想:某些权利之所以在社会中具有根本地位,不是因为它们在协议或者在法律制度中占据一定地位,而是因为它们的道德地位。这是我们无需丧失也不应丧失的东西。

不管怎样,作为哲学家、法理学家和政治理论家,我们不可能削弱

"人权"话语及其调控世界的雄心壮志,即使我们尝试这样做。对我们来说,唯一现实的选择是一个相当乐观的选择,那就是去影响、发展和
19 完善人权话语。[36]

1.4 说明权利的不同进路:实质性的说明和结构性的说明

我们需要对"人权"提出这样一种说明,这种说明至少要让人权的概念具有足够内容,以便在不考虑困难的边界情形的情况下,我们可以判断任何被称为"人权"的东西是否确实是一项人权,是对什么东西的权利。

在对权利的说明中有几个这样的说明:不管它们给予我们多少东西,它们并没有提供我们在这里所需要的东西。几个现代哲学家主要试图按照权利的结构特点来描述权利的特征。例如,乔尔·范伯格对权利的说明基本上是结构性的。在他看来,一个权利就是一个具有两个特点的主张:首先,它是**针对**某些可以指定的个体而提出的一项主张,其次,它是以一个人的名义**针对**那些人的行为或不作为而提出的一项主张。或者更严格地说,在得到法律或道德原则的充分支持时,它就是这样一个主张,因此是有效的。[37]但是,范伯格提出的说明是针对一般而论的权利,而不是特别针对人权。在他的框架中,通过对他所设想的一个或多个道德原则(可能是一个把我们作为人的地位的价值表示出来的原则)补充一些具体内容,我们显然就可以得到对人权的一种说明。不是,这样做当然是要补充某种实质性的评价,而范伯格无疑会同意这一点。

罗纳德·德沃金把权利视为"王牌",这是另一种高度结构性的观点。[38]但是,权利,甚至德沃金心目中的基本的法律权利,其要点不可能

像他所声称的那样,是要充当王牌来助力于对一般福利的诉诸。德沃金的主张会有这样一个后果:在抑制历史上曾用权利来抑制的大多数行动者这件事情上,权利毫无用处。那些行动者包括狡诈的教皇、专制君主、无产阶级专政、攫取政治权力的刺客恶棍,说得好听一点,他们当中并不是所有人都把一般福利作为目标。当然,我们或许认为德沃金提到的只是理想的政治条件,例如国家承诺要不偏不倚地追求福利的最大化,或者追求它对如何促进人民的利益的最佳设想,不管这种设想如何。但是,即便我们用这种更有同情心的方式来重新解释德沃金,他的主张也不会因此而变得更加合理。[39] 在这种情况下,我们可以认为德沃金所说的是,在那些理想条件下,权利的要旨就在于充当王牌来助力于那种促进所有人的利益的最佳政策。但是这也不可能是正确的。如果有人否认人权在历史上发挥的作用,那么德沃金的权利概念也无助于缓解那种否认的不合理性。此外,正义和公平有时候也有可能助力 20
于对所有人的利益的促进,而且,正如我们在后面会看到的,[40] 正义的领域和人权的领域只是部分重叠,而不是完全吻合。如果除了权利外还有其他王牌,那么我们就不能用"以王牌取胜"这个说法来表征权利。也许一般的善会有某个特别高的层次,在那个层次上,它将推翻一个权利,正如德沃金自己承认的。[41] 在哪一个层次上呢?为了回答这个问题,我们就需要知道如何把道德权重赋予权利和不同层次的一般的善。如果我们赋予权利的权重不能是任意的,那么我们就必须对权利所代表的价值有一个充分丰富的理解——不管我们对"人的尊严或价值"这个现在被广为使用的短语有什么恰当的理解,**人权**最有可能要求我们对它有一个充分丰富的理解。[42] 因此,为了对**人权**提出一个令人满意的说明,就必须把"人的尊严"这个极端模糊的术语的某种轮廓包括进来,当然不是把它包括在这个术语的各种用法中,而是把它包括在这个术语作为人权的一个根据而发挥的作用中。于是,与德沃金提供的说明相比,这个说明就必须包含更有实质性的评价要素。[43]

罗伯特·诺齐克把权利理解为“边际约束”。这种理解比德沃金的理解多了一点伦理内容,但在很大程度上仍然是结构性的:权利对个人善或公共善的可允许的追求施加了限制;不过,在很罕见的“大灾难”的情形中,边际约束可以被推翻。[44] 然而,若不对“大灾难”这个说法提出一个解释,诺齐克的提议也没有什么帮助。诺齐克解释说大灾难就类似于核恐怖。但这个例子仅仅是把抵制协定的层次设定得很高,却没有精确地说要有多高,也没有提出任何理由来说明为什么它就把底线设在那个地方。例如,恐怖主义者在 2001 年 9 月 11 日攻击曼哈顿,设想他们再次攻击曼哈顿,但这次他们使用一枚能够摧毁曼哈顿南部的小型核弹,如此产生的威胁在相关的意义上构成了一次“大灾难”吗?对曼哈顿南部的摧毁极其恐怖,但仍算不上是核恐怖。此外,这种不够严重的威胁为美国政府(如果它碰巧想起了这种可能性)后来引入不经审判就进行拘禁的做法提供了辩护吗?我们不知道;“大灾难”这个词所能提供的帮助太少了。不管怎样,诺齐克并不把“只能被一场大灾难推翻”这个说法视为人权的一个本质特征或人权的要旨。如果那就是
21 人权的一个本质特征,那么,只要一个人对推翻条件采取一个不太严格的标准(即便这个标准所要求的东西仍然多于一般的善减去那个权利后的盈余),他就会对人权是什么做出一个错误判断,不过,实际情况显然不是这样。相反,诺齐克引入了一个具有伦理实质的要素:权利表达了个人分离性的道德重要性。但是,我们也不是很清楚那个重要性究竟是什么,诺齐克对此没有提出任何进一步的说明。为了在这些问题上取得进步,我们至少需要进一步说明个人分离性的思想。即使诺齐克已经把这种伦理实质给予我们,我们仍然需要更多的东西。

一般来说,对于人权,我们需要提出一个比范伯格、德沃金或诺齐克给出的说明具有更多的伦理实质的说明。我说“**更多的**伦理实质”,因为对人权的任何说明都不会是纯粹结构性的,也不会是纯粹实质性的,而是需要把二者结合起来。我们需要的那种具有更多的伦理实质

的说明本身也会有结构性的含义。我并未提出这样一个一般论点:为了说明人权,结构性说明必须变得更有实质性。这类结构性说明并未得到很好的定义,除此之外,在上面提到的那三种特定情形中,都不缺乏结构性的说明。我的评论至多是暗示性的——我想暗示的是,与我们目前具有的那些著名的、主要是结构性的论述所提供的说明相比,对人权的一种说明应具有更多的实质性评价的内容。

1.5 一种不同类型的实质性说明

然而,我现在不想表达这样一个意思:为了把对人权的一个说明变得更加具有伦理**实质**,就只能直接把人权建立在实质性价值的基础上。这个想法是约翰·罗尔斯近来已经挑战的一个信念。[45] 罗尔斯正确地指出,通过详细阐明人权在一个更为宏大的理论中的作用,也可以让这样一个说明变得更有实质性,而在罗尔斯的情形中,这样一个理论就是人民之间的一个政治正义理论。罗尔斯认为,为了把一个万民法确立起来,就需要一套在一个实际的政治语境中切实可用的概念和原则,在这样一个语境中,秩序良好的人民可能具有很不相同的宗教、哲学和道德信念,而在没有受到强迫的情况下,他们将会同意对他们彼此的行为进行制约的规则。良序人民的集合,除了包括自由民主社会外,也包括他所说的"具有等级秩序的得体的人民",他们没有侵犯性,尊重人权,并具有一个其成员都接受的法律体系,由此他们就可以忠诚地把道德责任施加于自己,他们也遵循一个关于共同善的正义观念,具有一个基 22
本的政治结构——即便不是民主的,但至少包含某个基本的"协商式的等级结构"。[46] 不过,罗尔斯特意把他用来支持他所设想的那个万民法的主张置于一个自由主义社会的视野中,并从那个视野出发,通过一个两阶段的步骤向外扩展万民法。罗尔斯首先论证说,一群自由民主社会的人民希望互相达成公正的行为规则,因此就会同意他所设想的那个万民法。他接下来论证说，一群自由民主社会的人民同样希望把他们与得体的等级社会进行交往的公正规则确立起来，因此就会就同一个万民法与后者达成一致。罗尔斯由此断言这种万民法就被确立为一切良序人民的万民法。

罗尔斯似乎合理地相信，在自由制度下行使理性的人们往往会达成不同的全面性的宗教、哲学和道德观点；简而言之，自由培养了这种多元主义。[47] 罗尔斯说，为了其论证的每个阶段在良序人民之间达成一致，人们就必须诉诸公共理由——这种理由不是来自任何特定的全面性的观点，将被协议各方接受为权威性的。若是在自由的人民和具有等级结构的得体人民之间来签订协议，情况就变得有点复杂了。在这种情况下，我们必须避免民族中心论。正如罗尔斯所说，我们应避免提出这样的说法："人具有道德人格，在上帝眼中有着平等的价值；或者，他们具有某些道德能力和理智能力，并因此而有资格享有权利"；罗尔斯认为，我们不想直接在这些评价性的概念中来寻找权利的根据，因为具有等级结构的得体人民可能会认为那些概念是"自由的或民主的，或者以某种方式标志着西方的政治传统、对其他文化持有偏见"，[48] 因此要加以拒斥。罗尔斯转而认为，万民法背后的原则"仅仅是由一个政治观念及其政治价值来表达的"。[49] 这些限制产生了一份比自由民主社会共有的人权清单要简短一些的人权清单。[50] 罗尔斯自己的那份清单更加简短，它忽略了某些典型的人权，例如言论自由、结社自由（除了良知自由和宗教信仰自由所需要的条件外）、民主参与的权利以及任何超越了单纯的生存权的经济权利。[51] 按照罗尔斯对人权的理解，人权的作用很有限：其作用仅仅在于为战争及其行为提供辩护性的理由，为一个国
23 家何时可以强制性地干预另一个国家设定条件。[52]

关于罗尔斯的提议，就说这么多。在历史进程中，已经出现很多不同的权利清单：罗尔斯为万民法所设想的那份简短清单是其中的一个例子，更长的清单包括某些宪政民主社会采纳的清单，从联合国文件中

编辑出来的清单,从托马斯主义、康德主义或功利主义之类的全面性的道德观点中推导出来的清单,等等。只要稍微反思一下,问问那些清单中的哪些条目几乎普遍地吸引了“人权”这个名称,就可以清楚地看到那就是在第二份(某些自由民主社会)或第三份(联合国)清单中的那些条目。罗尔斯说,他的那份更加简短的清单是第二份或第三份清单的一个真子集。[53]既然如此,为什么他采纳“人权”这个名称来标明他的那份清单呢?我们追问这个问题,是因为罗尔斯没有充分的理由这样做。即便他正确地认为万民法需要一份缩减的清单(对此我很怀疑,我会在后面说明理由[54]),那也不是他应该把那份清单看作一份“人”权清单的理由。他没有提出理由来说明人权实际上就是(或者现在最好被认为就是)那些东西。他也没有试图表明,人作为人,或者在他想对“人”这个概念提出的任何其他解释下,仅仅具有他那份清单上的权利。他说他的那份清单包含了“一类很特别的紧迫权利”,[55]但却没有告诉我们那些权利有多么迫切,而自由民主社会的清单中拒绝接受的那些权利就不紧迫了。为了表明罗尔斯的那份更加简短的清单表达了我们现在对人权的最佳认识,就需要一个更为有力的论证,例如这样一个论证:自由民主社会的人权清单的所有版本都有着无可救药的缺陷。这样的论证确实存在,[56]不过,据我所知,其中没有任何论证把如此之强的结论确立起来。对于罗尔斯来说,人权旨在把国家之间的战争规则以及一个国家可允许地干预另一个国家的条件确立起来,但是,他对人权的**作用**的这种刻画同样缺乏充分的动机。对于人权,我们有一个几乎得到普遍接受的理解,按照那种理解,人权的要旨比罗尔斯所设想的要宽广得多。例如,人权显然在国内也有一个作用:为反叛做辩护,为和平改革提供理由,钳制专制统治者,批评多数人对少数民族的对待。联合国和非政府组织用人权来颁布个别国家的定期人权记录,而这种记录是从一个内部的观点来看待的。人权也被用来批评一个社会的内部制度。很多医院因为否定病人的知情同意权而受到谴责。一些父母

24 因为违背了成年孩子的自主性和自由而遭受合理的批评。

当然，在寻求各个良序人民在万民法上所达成的一致时，我们应该尽可能利用跨文化的语言。罗尔斯更强烈地主张我们应该使用“公共理性”，并认为那是我们达成一致的最好希望。不过，这是一个经验主张，他自己从未试图加以辩护，反而认为它是明显的。但是，事实恰恰相反，他的主张很可疑。在我看来，罗尔斯关于民族中心论的观点很快就过时了。[57]

希尔琳·艾芭迪，2003 年诺贝尔和平奖获得者，在获奖宣告后的一个访谈中说，伊朗以人权为基础的改革运动“不可阻挡，在每个社会，人民都希望自由的时代必将来临，而这样一个时代在伊朗已经来临。”[58]这个观点在受过教育的伊朗人中广为流行，正如大规模的学生示威显示出来的。中国和东南亚也是如此。民族之间的不受强制的协议并不要求每个成员都采纳人权的语言；只要政治上更加警觉、更加积极的人们这样做就够了。坦率地说，中东一些部落社会还没有为自由做好准备。不过，如果人们想要一条通向万民法的**实际**途径，希望理想的万民社会也具有**现实的可行性**，就像罗尔斯所说的那样，那么他们就会促进联合国的人权清单（也许略加修正），正如我即将论证的。

不管怎样，国际话语要求一份大体上得到认同的人权清单，这份清单是否需要得到一致公认的辩护，这是另一个问题。最近五十年来，我们已经有了一份在很大程度上得到认同的清单。当联合国在 1947 年设立一个委员会来起草一份人权宣言时，新创立的联合国教科文组织设立了一个由哲学家构成的相应的委员会来指导起草委员会。联合国教科文组织从所有主流文化中召集哲学家，很多时候是通过投票来选举哲学家的代表。那些哲学家几乎没有碰到什么问题就在一份人权清单上达成一致，那份清单与 1948 年最终出现的《世界人权宣言》很相像。雅克·马利坦，法国托马斯主义者，联合国教科文组织设立的那个委员会的成员，报告说：一个在文化上如此多样的群体竟然能够在一份人权清单上达成一致,会议的一位来访者对此感到很惊奇,而在这个时候,他被告知“我们在这些权利上达成一致,只是因为无人去追究我们为什么达成一致”。[59] 哲学家们在这个问题上保持可理解的沉默,这种沉默就类似于法律对于其下属规范的辩护保持沉默。例如,就刑法而论,社会成员很容易就哪些犯罪是恶性犯罪达成一致,但是,在“什么东西使得恶性犯罪成为罪行”这一问题上,在他们之间往往就会出现实质性的分歧。[60] 25

不过,只是在一份人权清单上达成一致,而不是在其背后的根据上达成一致,是有很大缺陷的。如果人们能够在一份人权清单的辩护上形成重要共识,他们就可以更全心全意地促进人权,而在哪些人权具有优先性的问题上,也可以减少争论,于是就可以对人权之间的冲突提出更为合理、更加统一的解决方案。这一切都很值得想望。

但是,这件事情发生的最有可能的方式是什么呢?这是罗尔斯提出的经验问题。我应该说,有两种最有可能的方式。第一种是继续传播主要是在西方被激发起来的人权话语,这种传播是我们在最近六十年来所看到的。人权话语的核心是如下思想:人是独特的,我们是按照上帝的形象被造出来的(《创世记》1 : 27),我们也是创造者——我们自己的创造者,并通过我们的行动而成为我们周围的那部分世界的创造者,我们也会因此而接受审判。《创世记》是“本书提到的人民”(犹太人、基督徒以及穆斯林)所共有的。“我们是按照上帝的形象被造出来的”这一思想具有平等主义和个体主义的含义,这些含义潜伏在基督教中,直到中世纪晚期才显现出来。于是,教会中那条权威主义的线索就为一个观点提供了一些依据,那就是:若不对自己的行为负责,我们就得不到奖励或惩罚;若不是自主的,我们就不可能是负责任的;若不能践行个人良知,我们就不可能是自主的。仅仅屈从于权威是没有尊严的。人权被认为就是对人的这种高尚地位的保护,尽管在这种辩护究竟如何工作的问题上,人们可以提出很多不同的说明。从功过到个人良知的思想转变并不是西方独有的;这种转变对于一个人把自己视为其他道德行动者中的一员是本质的。坦率地说,我们实际上无需采取最后那个步骤,即从道德能动性的思想出发采纳人权话语;但是,人的道德能动性应该得到保护,而这个思想是如下思想的一个不可分离的部分:人的道德能动性具有特别高的价值。后者又是道德观点的一个深层要素,因此就有了这样一个理性期望:这个思想的吸引力并不局限于西方世界。在一些西方作者中有这样一个说法:把人权的观念与我们西方人对人权的特定理解绑在一起会让我们“不堪忍受”,[61] 但是,不愿意放弃那个道德观点(按照我们的理解,我们的人权观念乃是深深地植根于它当中,尽管可以与之相分离)很难说就会让我们不堪忍受。

第二种最有可能的方式就是去发现在非西方文化中出现(即使只是潜在地出现)的辩护性观念,而借助于这种方式,我们就可以在辩护
26 上达到更大的共识。几位学者最近一直在为这种观念寻求非西方的文化。[62] 他们发现的观念经常显示出与西方世界所使用的思想,例如个人责任、自主性、自由以及人的尊严的显著重叠。[63]

与第一种方式相比,第二种方式显得不太具有民族中心论的色彩,因此更有希望。我将在后面论证说,[64] 与现象相反,第一种探讨更有希望。

然而,这两种方式都不是契约论的方式。二者都没有诉诸罗尔斯认为很有必要的那种公共理性,相反都涉及人们直接在价值观念上达成的一致——当然,不是在一种全面性的道德观点上达成一致,而是在一种特别深刻的能动性的思想上达成一致,这个思想出现或者说能够出现在那两种探讨中,而不会产生令人畏惧的困难。因此,人权可以直接在价值中发现其根据,而又不致变得在文化中受到限制。不管罗尔斯对万民法提出了什么说法,他都不应该妨碍我们一如既往地追求对人权的自由主义理解,或者通过直接在价值中去寻找人权的根据,把一种具有实质性的伦理内容的说明发展出来。[65]

1.6 人权的观念应如何得到完善?

为什么近来的作者如此偏爱对权利提出一种结构性的说明(例如范伯格、德沃金、诺齐克),或者按照法律的功能来提出的说明(例如罗尔斯、贝茨)呢? 大多数作者早就放弃了自然法的说明(除了最弱的自然法的说明外)。今天,大多数作者也希望避免那种包含广泛的伦理承诺的说明:他们认为,用这种方式来说明权利纯属渲染情感、会带来无休无止的争论。除了那种最模糊的说明(例如联合国提出的如下主张:人权来自"人的尊严")外,没有任何实质性的说明取得了流行地位。这些作者认为,如果一种说明变得不太模糊,我们就会卷入我们自己持有的各种不相容的全面性的伦理信念中。正是因为这个缘故,洛克告诉我们不要诉诸"最高的善";正是因为这个缘故,休谟声称伦理判断就是表示情感,而这个主张在20世纪很流行。即便如此,我们觉得仍然需要用更多的东西来说明权利的观念尤其是人权的观念。我们缺乏一个恰当地制定出来、与现代精神相一致的实质性说明,因此我们就自然地转向其他地方。 27

很多人希望对人权提出一种大体上是结构性的或诉诸法律功能的论述,但是,正如我们已经看到的,这种论述缺乏充分的说明能力。几个世纪前,哲学家们并未表示他们不愿意提出更加丰富的实质性说明,比如说,通过把权利整合进入他们提出的全面性的伦理观点中。康德在晚期的《道德形而上学》中就对"自然权利"采取了这种做法,密尔在《功利主义》最后一章也对"权利"采取了这种做法。这些规定当然无助于解决"人权"这个观念的不确定性问题。我也说过,没有好的理由接受罗尔斯的规定。对于康德和密尔来说,情况就不同了;他们的规定已经存在了很长时间,因此我们就可以断言,尽管有些哲学家接受了他们那种更加宏大的理论,但与此相比,那些规定并没有得到很多说话者或作者的接受，因此也没有成为“权利”或“人权”这个术语的正确使用标准的一个公认部分。

在康德、密尔和罗尔斯的规定下，“人权”这个术语的外延实质上不同于它在启蒙运动传统中具有的外延：正如我们已经看到的，这个术语的外延在罗尔斯那里显然更小，而在康德和密尔那里则更大。[66] 如果对这个术语的一个规定所产生的外延与它在启蒙运动时期具有的外延很不相同，那么有什么理由认为那个规定就是**最好的**呢？有什么理由认为它说明了我们一开始打算说明的那个术语呢？难道它不是正好改变了主题吗？

尽管如此，我们不能反而决定去淡化启蒙运动的“人权”观念。这个观念确实很不完备。不过，为了对人权达到一个令人满意的理解，我们无需淡化那个观念，而是要去完善它。

与此同时，我要立即提出的问题依然是：我们应向人权的概念补充
28 什么内容？

第二章
说明人权的首要步骤

2.1 从上往下的说明和从下往上的说明

在前一章结束之际我们看到,哲学有两种一般的方式为人权提供一种更为实质性的说明。有一种从上往下的研究方式:我们开始于一个主导原则或一些原则,或者一个权威性的决策程序,例如效用原则或绝对命令,或者各方通过契约来达成协议的模型,然后从这种东西中把人权推导出来。当今,在哲学领域中,对权利的大多数说明是从上往下的。然后还有一种从下往上的研究方式:我们开始于实际的社会生活中政治家、律师、社会活动分子以及各种理论家所使用的人权,然后看看我们可以用什么更高的原则来说明人权的道德分量(当我们认为它们有道德分量时),来解决它们之间的冲突。

这两种途径都应该受到欢迎,我们看看每种途径能够向我们提供什么帮助。我偏爱从下往上的途径。为了说明需要加以说明的东西,我们可能并不需要一路上升到从上往下的途径中所使用的高度抽象的道德原则。因此我们无须假定(至少在一开始)这些有争议的抽象的道德原则中的任何一个原则都是正确的,或者甚至假定大规模的体系在伦理学中是可能的。不管怎样,若不首先说明人权概念在社会生活中是如何被使用的，从上往下的途径就不可能行得通。我们需要这样一个说明来检验从这些高度抽象的道德原则中可以推导出来的东西是否**就是**人权，而且**只是**人权。我们无须认为，这个术语在目前的社会生活中的应用是不可修改的，但是，对于“什么人权不依赖于被认为可以把它们推导出来的原则”这个问题，我们需要有某种理解，人权的社会用途就是其最有可能的来源。

那么，我们应该把什么内容赋予人权概念呢？如果我们采纳从下往上的途径，这项工作就有两个部分。这个内容在某种程度上显然要
29 由“人权”概念的使用标准来决定；这些标准，即便不充分，已经与人权概念相联系。因此，在我们的工作中，首要任务是要考虑把人权概念产生出来的那个漫长的传统，发现在那个传统中已经存在的内容。尽管这个概念是不完备的，它也不是完全空洞的。

对我们来说，17 世纪和 18 世纪对人权的论述仍然是人权观念最近的主要发展，但留下了很多有待于我们去补充的东西。因为这就是我们的任务，我们今天处于这样一个地位：既要把对人权的一种实质性的说明创造出来，又要把人权本身创造出来。我们所需要的那个说明，正如我们即将看到的，最终会有一个规定的尺度。由此我们也得到了一些自由，尽管是在约束下的自由。首先是这个传统的约束，然后是为了满足实践需要并与伦理思想的其余部分相适应而需要满足的约束。

2.2 人权传统

在我看来，权利观念有一段最可靠的历史，现在就让我来总结性地概述一下这段历史。[1]

正如我在导论中提到的，一个具有“权利”的现代含义的术语是在中世纪晚期出现的，大概首先出现在博洛尼亚，在宗教法规学者的著作中，这些学者对宗教法规以及罗马法的民事方面进行注释和评论，试图

在某种程度上让很多并不总是一致的法规相和谐。在12世纪和13世纪期间,"ius"这个拉丁词的意义在应用上有了扩展:这个词原来指的是"公平的东西",那时被扩展开来把"权利"的现代含义(权利是一个人拥有、控制或要求某个东西的资格)也包含在内。现代作者最终把自然权利(ius naturale)的这两个含义称为"客观"含义和"主观"含义。例如,阿奎那经常谈论"自然权利",但从未用过一个可以被译为"自然权利"的术语,尽管一些人相信他确实有那个概念。[2]

1280年,在捍卫反对教权的一桩案子中,枫丹的杰弗里使用了现代主观意义上的权利概念。[3]不过,对这一概念更加一贯的用法出现在那场关于贫困的古怪争论中。在阿西西的圣方济死后,方济会修士自身开始争论他们信守贫困的誓约到底有什么意义。可想而知,主教们不久就被一个教条搅得心神不安并加入了这场争论,那个教条就是:为了过一个理想的基督徒生活,就必须弃绝财产和权力。有一个引起关注但不合常理的论证大概是这样说的:当某人向方济会修士提供一块肉、一片面包作为晚餐时,他显然不是在提供一项贷款;一项贷款要求细心照看并最终归还好处;然而,给予方济会修士的好处本来就是用来消费的;因此,一旦得到这些好处,方济会修士就必须拥有它们,因此还没有 30
真正弃绝财产。[4]另一个论证是奥卡姆提出来的,大概是说方济会修士还没有弃绝财产。在有迫切需求时,我们每个人都对物品拥有一项不可转让的自然权利。把这项权利转让出去是不允许的,因为这样做无异于自杀。[5]在这场争论中,所提出的论证背后是对财产的某种理解。上帝把世界上的财富给予我们,让我们共同使用。但是,除非特定的人对特定的物品负责,否则它们就不会得到维护,或者不会被有益地利用。因此,并非上帝而是人引入了财产制度。但是,财产所有权只有托管的地位;物品在需要时可以被纳入公共储存。在这些争论中,我们可以发现词语形式上的一种转变:一开始有这样一条自然法(ius),即一切事物都被共同拥有,因此有迫切需要的人从有富余的人那里拿点东西就不算偷窃；然后有了一个新近出来的观念：有需要的人有权利（ius）从有富余的人那里拿点东西，因此不是偷窃。12 世纪和 13 世纪的评论者开始针对一种能力或官能来使用"ius"这个词，强化这个概念的主观含义：一种能力或官能，例如理性能动性，是一个个体所具有的某种东西。[6] 在 12 世纪，有两个改变世界的事件发生了，一个是复原了全部罗马法著作，另一个是出现了某些教会法规文本的一个评注版，即格拉提安的《法典》（*Decretum*）（1140 年）。我们大概可以合理地认为，"自然权利"这个概念的主观含义并不是很晚才出现的，[7] 而是，在那些评论家试图规整和理解那两套法律的努力中，这个含义就已经出现了。

奥卡姆的威廉遵循一个可以追溯到早期宗教法规学者的传统，认为理性赋予我们以自由，而自由则给予我们以尊严。皮科・德拉・米兰多拉，文艺复兴早期的一位哲学家，曾于 1477 年在博洛尼亚研究教会法，对人的自由和人的地位的尊严之间的关系提出了一个很有影响的阐述。上帝确定了所有其他事物的本质，但唯独让人自己来确定自己的本质。就此而论，人就像上帝。人也是创造者——他自己的创造者。人被允许"拥有他所选择的东西，成为他所意愿的样子"。[8] 这种自由构成了"人的尊严"，正如皮科的那本成名作的标题所说。

在 16 世纪早期印第安人关于西班牙对新世界原住民的奴役的争论中，自由与尊严的联系也处于核心地位。很多宗教法规学者断然论证说，美洲原住民是行为主体，这一点无可置否，因此，他们的自主性和
31 自由不容剥夺，而西班牙指挥官却在到处剥夺他们的自主性和自由。在 17 世纪和 18 世纪的政治思想中，尊严的概念也占据中心地位，当时，它在卢梭和康德手中得到了最有力的发展。不过，我将就此打住；最后这些评论已经把我们带入现代时期，而那就是第一章的历史评注开始的地方。

我已经概述的是在中世纪晚期和文艺复兴时期占据主导地位的自然权利观念。当然，也有很多与这个主导观念相偏离的思想。例如，

有段时间，有人发展了一个理论，试图切断自然权利和能动性之间的联系，允许把动物和无生命的物体也包含在权利的持有者中。[9] 不过，这种偏离常规的解释并不长久。此后不久，弗朗西斯科·德·维托里亚（1492 年—1546 年）又开始断言“我们持有权利”和“我们是按照上帝的形象被造出来的”这两件事情之间的联系。

2.3 一个实质性说明的提议

人权传统并不必然把我们引向任何具体的实质性说明。我们有理由在一个新方向上来看待一个传统，或者完全与之决裂。不过，在我看来，对人权的最好的实质性说明仍然是本着人权传统的精神提出的说明，大致如下。人的生活不同于其他动物的生活。我们人类对自己、对我们的过去和未来都有相应的观念。我们进行反思和评价。对于一个好的生活会是什么样子，我们形成了各种想象——当然，我们经常只是小规模地形成这种想象，偶尔也大规模地形成这种想象。我们试图实现这些想象。当我们说“人是一种独特的存在”（就我们所知是独特的）时，我们就是在这个意义上说的。也许大猩猩比我们通常所想的那样分享了我们的更多的本质，但是没有证据表明，除了人种外，还有任何其他物种也能对一个值得过的生活形成观念并追求这些观念。不过，在宇宙中其他地方，也可能存在一些能够慎思、能够行动的智慧生物。倘若如此，我们就应该考虑如何修改**人权**的思想来适应那些生物。只要我们并不忽视这一可能性，继续谈论一种独特的“人类”存在也没有什么害处。我们把我们作为人的地位看得很高，甚至经常高于我们的幸福。这种地位的核心就是“我们是行为主体”这一思想——我们能够慎思、评价、选择和行动，以把我们心目中所设想的好生活创造出来。 32

人权于是就可以被认为旨在保护我们作为人的资格，或者就像我将要说的那样，保护我们的人格。通过解析能动性的概念，我们就可以把人格的概念分解为几个更加清晰的要素。在我们能够成为行动者的最充分的意义上,为了成为一个行动者,一个人必须(首先)选择自己的生活途径,也就是说,没有受到其他人或者某种其他东西的支配或控制(把这称为“自主性”)。(其次)一个人的选择必须是真实的;一个人至少要有某种基本的教育和信息。在做出选择后,一个人必须能够行动;换句话说,一个人至少要有资源和能力方面的最低限度供给(把这称为“最低限度供给”)。然而,若有人从中阻挠,这些东西也都派不上用场;因此(第三)其他人也必须不要强制性地阻止一个人去追求他为自己所设想的值得过的生活(把这称为“自由”)。既然我们把很高的价值赋予每个人的人格,我们也就认为人格所要活动的领域应享有特权并受到保护。

这就是关于人权的直观的核心思想。在本章中,我想粗略地概述我对人权提出的实质性说明,然后在后面的章节中来充实和发展我的说明。

2.4 人权的一个根据:人格

我们应把人权的根据放在哪里呢?当然主要是放在人格当中。从人格的概念中,我们可以得到传统的人权清单中的大多数权利。我们拥有一项生命的权利(没有生命就不可能有人格),我们拥有一项人身安全的权利(出于同样的理由),我们拥有一项在政治决策上表达自己声音的权利(自主性的一种关键运用),我们拥有一项言论自由的权利,我们拥有一项集会自由的权利,我们拥有一项出版自由的权利(若没有这些权利,自主性的运用就会变得很狭隘),我们拥有一项宗教崇拜的权利(这与我们对生活意义的理解密切相关)。我应该说(即使这一点很有争议),人格也产生了一项积极自由的权利,即享有基本教育和最低限度供给的权利——对于一个人类个体来说,为了作为人而存在,而不仅仅是作为生命有机体幸存下去，就需要这些东西。人格也产生了一项不受折磨的权利，因为折磨除了有很多恶果外，也会摧毁一个人做出决定和坚持决定的能力。人格的概念还有很多其他含义，这里不一而论，不过，现在应该清楚的是，这个概念具有很强大的生产力。

我把人格视为中心概念，这也有助于进一步解释我对人权的说明
为什么是实质性的。我早先提到的一些结构性说明也旨在提供人权存 33
在的条件。但实质性的说明前进了一步；比如说，我的说明不是在某些形式特点中来寻找人权的根据，也不是按照人权在一个更大的道德结构中的作用来说明人权，而是直接在一系列核心的实质性价值即人格的各种价值中来寻找人权的根据。

在人格中来寻求人权的根据意味着对人权的内容施加了一个明显约束：并非任何促进人类的**善**或人类**繁盛**的东西都可以算作人权的对象，唯有人的**资格**所需要的那些东西才可以成为人权的对象。人所特有的生活是一种有点严峻的状态，人权是对这种状态的保护，而不是对一个好的、幸福的或繁盛的人类生活的保护。那个更加严峻的概念一方面受到人权传统的支撑，另一方面也要求我们要做出恰当规定。要是我们对一个好生活或幸福生活所需要的一切都有权利，权利的语言就会变得多余。我们已经有一种完全恰当的方式谈论个人福祉以及任何有可能促进它的义务。我们充其量只有**追求**幸福的权利，或者说，有权享有得以把一个幸福生活建造出来的基础，而不是对幸福本身享有一项权利。

这对于我们应如何理解“人权”这个概念中的“人”这个关键词语有什么含义呢？在这里，“人”不可能仅仅是指“是人种这个物种的成员”。婴儿、智力严重发育不全的人、不可逆转地处于昏迷状态的人，都是这个物种的成员，但并不是行为主体。于是，有些学者就忍不住把“人”鉴定为“行为主体”、把他们从生物物种中完全抽象出来。然而，并非只有人类才是行为主体，从太空船上出现的外星人也将是行为主

体。不过,这条思想路线很危险。它把权利拥有者转变为一种很贫乏的抽象实体,仅仅用合理性和意向性来表征他们。在我看来,这也太不靠谱了。那种很贫乏、很抽象的行为主体的一个特点是自主性;如果能动性概念要产生任何权利,那么自主性当然是这个主体需要拥有的一个特点。康德认为,只有当一个人的行动来自一个完全理性的、具有表达能力的中心,而不是由该中心之外的任何东西(例如一个人的生物学构成或者他所生活的社会)来决定的时候,他才是自主的。当然,康德是在把本体的自我和众所周知的现象自我相对比,后者是由自然和培育来塑造的。但是,合理性要求思想,而思想(至少关于要如何生活的思想)要求语言;语言是一种文化产物,深深地受到我们这样的动物所实践的那种生活形式的影响。若把一切关于我们的、由自然或培育来塑造的东西都剥离掉,也就没有太多的东西留下来了。

因此,自主性应该在现象世界中来予以说明——它是我们在现象世界中发现的,而且,我们发现它被深深地缠绕在现象世界的因果网络
34 中。于是,我们所感兴趣的那种自主性就会把人所特有的那种体验世界、用概念来表达世界的方式反映出来;那种自主性是由人类特有的关注以及对重要性的感受来塑造的。我们不知道成为火星人或金星人是怎么回事。我们所要理解的自主性必定就是人类特有的自主性,而不是一种贫乏的、抽象的自我的自主性。于是,我们应该把“人权”这个短语中的“人”大致理解为一个发挥功能的人类行动者。人权因此不可能完全是非历史的。

但是,人权究竟多么深刻地被包嵌在一段特定的历史中呢?如果关于人性的陈述可以被认为是对自然界的某个部分的构成和运作的观察,正如一些古典自然法理论家所认为的那样,那么那些陈述就可以轻而易举地要求跨文化的正确性标准。[10] 然而,表面上看,这好像是在试图把价值(人权)从事实(人性)中推导出来,但一代又一代的哲学家已被告知这是不可能的。不过,只是在我们对自然的某种理解下,把人权

从人性中推导出来才是不可能的，而按照那种理解，自然就是自然科学特别是物理科学所描述的东西。在这种理解下，自然排除了价值。按照这种狭隘的理解，我对“人”提出来的那种理解就不是自然的。我用自主性和自由这样的概念把发挥功能的人类行动者挑选出来，我之所以选择这些特点，是因为它们是特别重要的人类利益，因此才可以把权利从这种利益中推导出来；权利是强有力的保护，因此就要求某些特别有价值的东西来吸引保护。因此我对“人性”和“人类行动者”的理解已完全处于规范领域中，在试图把权利从具有丰富的评价含义的概念中推导出来时，我并未陷入明显的谬误。

上面指出，通过把“人性”和“人的能动性”的概念放在规范领域中，我们就可以捍卫这种推导，但这种捍卫似乎牺牲了人权传统的一个中心特点：人权是从某种客观的、事实性的东西中推导出来的，因此要求普遍承认。不过，若有人认为评价性的东西不可能也是客观的，他就太仓促了。认为评价性的东西不可能是自然的也太仓促了。休谟对事实和价值的两分取决于他对事实的狭隘理解。但在我看来，有一个很有分量的理由让我们认为基本的人类利益是世界的特点，这些利益被满足或不被满足是在世界中发生的事情。我们的一项基本利益是避免痛苦。事实上，我们的痛苦概念是由两方面因素构成的，一方面是我们
如何感觉到痛苦，另一方面是那些感觉如何与众不同地出现在人类生 35
活中——我们想要避免和减轻那些感觉，等等。因此，如果我说我痛苦，那么我既做出了一个事实陈述，也做出了一个评价性陈述。在我看来，对“自然”这个概念的最合理的解释不是休谟的解释，而是一种更为广泛的解释，既包含了人类的基本利益之类的特点，又包含它们被满足或不被满足这样的事件。这一切都需要更多的分析，而在几年前出版的一本书中，我已经试图提出部分分析。[11] 我将在本书中再次考虑那些分析。[12] 但是，如果这种经过扩展的自然主义得到了支持，就像我所认为的那样，那么它就有望恢复人权传统的中心特点的一种形式——人权

在关于人类的自然事实中有其根据。

在伦理学的核心有不同的方式去理解人格的分量。有人可能像康德那样把“人”与纯粹的“物”做比较:“物”有“价格”,因此有等价物(一物的丧失可以由另一个具有同样价值的物来补偿)。然而,“人”有“尊严”;人具有独特的价值,因此没有等价物。[13] 因此,有人可能想把某种与王牌的力量类似的东西赋予人权,认为人权可以推翻其他道德考虑的一切聚集体。不管怎样,道德并不仅仅在于促进人类获得更好的生活;人格有一种不依赖于那种促进的价值。这有助于说明为什么如此之多的哲学家认为(尤其是按照基于人格的说明)人权本质上是义务论的。

然而,这只是理解人格的一种方式。另一种方式是认为我们对人格的运用(也就是说,我们自主地、且无疑是反复选择我们的生活途径,并自由地追求它们)本身就是一个目的,这个目的的实现往往强化了我们的生活质量。自主选择显然是人类生活的高度重要的特点,但并不是原则上不可以与好生活的其他要素做交易,那些要素包括成就、某些类型的理解、深厚的个人关系、喜悦等等。按照这种理解,正是因为这些特定的人类利益具有特殊的重要性,尽管不一定是绝对的重要性,我们才用人权的概念来护卫它们。这将说明我们如何可以在一个目的论的道德中来看待人权,在这里,“目的论的”这个术语比“后果主义的”或“功利主义的”更为广泛。

我们可以在对人格的这两种理解之间做出选择,而这种选择也是关键的,因为它解决了如下问题:在什么程度上人权可以抵制与其他价
36 值做交易,抵制的来源是什么?对人权的最佳说明将使得人权抵制交易,但不是过于抵制。这当然只是一个人人皆知的说法,但却是一个很难得到满足的说法。究竟要选择对人格的哪一种理解,这不是一个不会产生麻烦的问题。在后面我会谈到这种选择。[14]

2.5 第二个根据:实用性

人格能够成为人权所需要的唯一根据吗？我认为并非如此。即使我们采纳了人格的概念,许多人权仍然处于很不确定的状态。人格的概念告诉我们,每个人都有一项人身安全的权利。但这恰好提出了我此前问到的一个问题:是否可以认为我们有权决定在我们的身体中发生、对我们的身体所发生的事情？在我看来,人身安全的权利不会像后面所设想的那个权利那么宽泛,人格的根据向我们提供了一些思想,让我们可以理解为什么人身安全的权利可能更狭隘。这项权利仅仅是针对为了维持一个个体**作为人**的存在而需要的东西,而决定在我们的身体中发生、对我们的身体所发生的一切事情的能力是一种广泛的能力,远远超越了人身安全的权利。如果我的血液中有某种神奇的因素,在一分钟的时间内从我的手指中无痛苦地抽取的几滴血就能拯救很多人的生命,那么人格的根据好像就产生不了需要被推翻的权利。用针刺一下我手指很难说就摧毁了我的人格。但是,如果我们提高要求,那又会发生什么呢？我的人身安全的权利难道没有对我进行保护、防止卫生当局从我这里取走一个他们想要的肾脏？我确实需要一段时间才能从肾脏摘取中恢复过来,但这并不妨碍我仍然能够过正常的生活。这种界限要在何处划定呢？显然,人格的考虑本身往往不足以决定一条实际上可以派上用场而且比较明确的分界线。我们也需要思考社会。有一些实际考虑:为了有效,这条界线必须很清楚,不要有太多复杂的转弯抹角的东西;我们很容易破例做出让步,因此大概就需要留下一个充裕的安全地带。这样,为了让人身安全的权利具有比较明确的内容,可以有效地引导行为,我们就需要一个进一步的根据,不妨称之为“实用性”。在引出这条界限时,我们也需要考虑人性、社会的本质等等。

有时候我们并不需要考虑实用性;人格本身就可以确定权利的内

容。在我看来,不受折磨的权利就是这样一项权利。[15]不过,在大多数情形中,我们确实需要考虑实用性。在那些情形中,若没有一条比较明确的界限,我们就不太愿意说一项权利已经存在。我们所要寻求的是
37 一项人权的存在条件。其存在必须在某种程度上取决于如下事实:人权的概念在含义上要足够确定,以便把具有恰当内容的人权产生出来,让它们成为对其他人提出的一种有效的、社会上易于管理的主张。社会上易于管理这一要求似乎会对人权的普遍性造成威胁。为了让人权成为对其他人提出的、社会上易于管理的主张,有可能不止需要含义上的确定性。某些社会制度,例如警察和法庭,也有可能是必要的吗?必要的东西难道不会随时随地发生变化,因此削弱了人权的普遍性吗?[16]但是,这些忧虑误解了我正在主张的东西。我所主张的是,"人权"这个术语,为了充当对其他人提出的一种有效的、社会上易于管理的主张的**概念上适当**的部分,就必须**在含义上**足够确定——只要在含义上足够确定,那种主张就是有效的、易于管理的。对人权的一种哲学说明可以被合理地指望要做的事情,就是通过人权的存在条件把"人权"这个术语的一种含义鉴定出来,而这种含义允许我们在合理的限度内充分决定个别人权的内容——不仅决定它们是人权,而且也决定它们是**对什么东西**的人权。为此,我建议引入人性和人类社会的本质的一些特点,把它们作为一个第二根据。那些特点就是我所说的"实用性"。纯粹的价值,例如人格的价值,若不用我所说的实用性来补充,往往只会产生高度不确定的规范,这一点不仅对于人权来说是真的,对于一般而论的道德规范来说也是真的。

我所说的实用性不是与特定的时间或地点相联系。它们是普遍的,正如权利的存在条件是普遍的:任何人,仅仅因为是人,就必定具有某些权利。实用性是关于人性和人类社会的经验信息,尤其是关于人类理解和人类动机的限度的经验信息。不过,即使普遍性要求被建构在人权的观念之中,那也不意味着一项人权的内容不能提及特定的时间

和地点。我在后面会谈到基本的普遍人权（例如言论自由）和引申的、非普遍的人权，这种人权是通过把基本人权应用于具体环境而产生出来的，例如出版自由。[17] 当今仍然有一些社会没有出版业，在一些社会中甚至连出版的概念也没有；在这些社会中，出版自由的人权于是就没有相关性。

实用性根据向我们提供一个进一步的理由把人权限制到正常的人类行动者，而不是一般而论的行动者。我们需要实用性来确定很多人 38
权的内容，它们所引入的考虑可能完全是人类生活所特有的。

但是，我们是否可以合理地指望，只有普遍的特点（人格以及具有普遍论域的实用性）才会向我们提供充分确定的含义？回答这个问题的最佳方式是看看几项人权，看看实际上需要什么东西才能获得所要求的那种确定性，我将在后面（尤其是在第二部分和第三部分）处理这个问题。这个问题也提出了一个进一步的问题：在什么意义上人权必定是"普遍的"？我马上就要讨论这个问题。

2.6 是否存在着第三个根据：平等？

存在着第三个根据吗？那个最有可能的进一步的根据就是平等。人权的观念是随着平等主义的发展而出现的，下面就是一个显明的思想：平等是人权的一个根据，甚至在一个深层次上是人权的**唯一**根据。

在思考平等时，我们所面临的困难是：有太多伦理上重要的平等原则，很容易被混淆起来。道德观点本身认为：我们都有道德人格，因此要求某种平等尊重。为了简便起见，我们把这个思想称为"平等尊重原则"。这个原则不同于，甚至有可能不蕴含物品的平等分配原则，而后者又不同于平等机会原则，等等。

显然，按照对"平等"的一个解释（即平等尊重）以及按照对"根据"的一个解释，平等确实是人权的一个根据。平等尊重表示了道德观点本身，而如果人权充当了道德标准，那么人权也必定表示了道德观点。一些哲学家已经把平等尊重本身视为一项人权，在实际上把它看作唯一绝对的权利——例如在某些程序中得到平等尊重的权利，而这些程序决定了所有其他非绝对的权利之间的相互妥协和协调。[18] 这项权利是绝对的，因为它就是道德地位本身，而道德绝不可能建议把道德观点悬搁起来。不过，不能确定的是，平等尊重，作为道德的总体，是否应该被看作是一种与任何一项人权同样专门的东西。不管怎样，在我目前所使用"根据"这个术语的意义上，平等尊重不可能是人权的一项根据。罗纳德·德沃金谈到"对政治权利的一种有利论证"：政治权利是从"对
39 （平等）关怀和（平等）尊重的抽象权利"中推导出来的，而那项权利"应被视为不证自明的基本公理"。[19] 让我把注意力集中到他对平等尊重的诉求；即使他也谈到平等关怀，这个事实也不会影响我要说的东西。平等尊重原则很含糊，需要用进一步的概念（例如理想的观察者或理想的签订契约者）来补充内容，尽管那些具体概念本身也有不小的模糊性。平等尊重的概念本身很空洞，我们不能从中把任何有内容的东西例如一份人权清单推导出来。这不是说在我们试图把这份清单推导出来之前，我们必须把更多的内容植入平等尊重的概念中，因为正是通过解决某些不太抽象的问题，例如存在什么人权这一问题，我们才能把更多的内容放入那个概念中。道德同时是在很多不同的普适性层次上建立起来的，并没有把某种优先性展示出来，以便我们可以从最高层次的、公理性的观念中对较低层次的观念实施所谓的"推导"。因此，在寻找人权的**根据**时，我们现在寻求的是这样一些观念，它们在很大程度上有助于我们解决存在什么人权、人权的内容实际上是什么之类的问题。因此，那些观念本身也具有大量内容，所以很可能与人权处于差不多同样抽象的层面上。

不过，有人可能会说，在某个地方，我们必定可以发现平等确实是人权的一个根据，只要人权是从中世纪晚期的平等主义中产生出来的。

在那之前,一个人的重要权力和特权乃是来自其社会地位:领主、自由人、奴隶等等。在中世纪晚期,重要权力和特权据称完全是来自一个人作为人的地位。我们在社会地位上是有差别的,但我们在人的地位上是平等的。在这个意义上,不可否认的是,人权是立足于我们作为人的平等地位。然而,如果我们希望把人权的存在条件鉴定出来,我们就不会指望我们因为是人而拥有的平等地位,而是要去诉求人的地位本身,而人格的根据已经抓住了这一点。在中世纪晚期的平等主义中,其他形式的平等,例如物品的平等分配,尽管往往很重要,却是没有保障的。说我们都被平等地赋予了权利,并不是说我们都被赋予了一个享有平等的权利,在这里,这项权利蕴含了其他形式的平等。

不过,有人可能继续问道:难道我们不具有享有**某些**其他形式的平等的人权吗?那些形式的平等难道不也是建立在某个背景的平等原则之中吗?设想如下情形。你和我都是 17 世纪新世界的定居者。在船
到达岸边时,你在我前面跳下来,宣称这个岛屿郁郁葱葱、富饶丰富的 40
那一半是你的,而把岩石林立、贫瘠荒芜的那一半留给我。在我提出抗议时,你对我说,我的那一半,若细心加以照料,至少会产生一个可辨别的人类生活所需要的基本资源,而那就是按照我自己对人权的论述我有权得到的东西。你可以确信我会用洛克的说法抗议说:不管你宣称什么,你要为我留下足够的同样好的东西;我们是道德上平等的,我的生活就如同你的生活一样重要,我有权得到与你所能得到的资源同样多的资源。“平等”这个词会从我的口中蹦出来,而且是正当地蹦出来。在我为自己所主张的东西中,有一部分就是平等尊重以及由此而产生的一切,例如公正和公平。

然而,人权是一个很特殊的道德考虑。人权没有穷尽全部道德领域,甚至也没有穷尽公正和公平的全部领域。[20] 如果你在公交车上逃票,你并未侵犯我的权利,尽管你行为不公。这说明了为什么启蒙运动的传统把法庭上的程序正义视为人权问题,而不是分配正义或惩罚性

正义的问题。程序正义保护我们的生命、自由和财产。有各种各样的分配正义，就其重要性而言，它们与我们的人格无关——只要享有最低限度供给的人权已得到尊重。人权本身有分配的含义，但被限制到对人格的保护。事实上，大多数社会中的大多数人从来就没有引起警察或法庭的注意，因此，他们的利益很可能更多地受到分配正义问题的影响，而不是受到程序正义问题的影响。不过，尽管正义问题不是人权问题，它们在我们的生活中仍然可以具有高度的重要性。

对平等有很多不同的道德上重要的考虑，公正的情形也与此类似。在对公正的考虑中，其中一些考虑是内在于人权的。如果一个社会尊重男人的人权，但不尊重女人的人权，那么女人就被否认具有平等的权利。一个人因为是一个规范的行动者而成为权利的持有者，女人在规范能动性上与男人是平等的。因此，否定她们的权利是不公正的。还有一种公正被包含在人权中，正如我们已经看到的，那就是公正判决。不是，也有某些形式的公正不是人权所关注的，例如，逃票以及在打牌中不公正的作弊。我的要点是，人权和公正的领域相重叠，但不是完全吻合。

某些形式的区别对待是有非议的，因为它们在根本上违背了平等
41 和公正，因此，它们也与人权相重叠，但不是完全吻合。一些有非议的区别对待显然违背了人权，比如说，当政府的暗杀部门随机抓捕一个受到仇视的少数民族的成员、让他们遭受痛苦虐待时。乍一看来，这种定期虐待不一定会摧毁受害者的自主的能动性，但它经常会产生这种结果。只要一个人是一个受到仇视（或者甚至只是被蔑视或轻视）的群体的成员，仅仅因为这一点，他作为行动者的生活很有可能就已经受到削弱。一个受到仇视的少数群体的成员会被禁止大声谈论不流行的问题，被禁止用一种将会得到多数群体关注的方式来行动。如果他们生活在受到警察虐待的社会中，他们就会受到更大的限制。如果一个人所生活的社会总体上来说让他觉得自己受到贬低，那么，在这种情况下，他

就很难维护自己的自尊，就很难不陷入纯粹的消极状态。不过，即便这就是侵犯人权的一个实例，人们对它所提出的最明显的说法是一种不同的东西：那是一种令人恐惧的不公正，是对平等尊重的明目张胆的侵犯。

有些有非议的区别对待并不是人权问题。设想一个跨国公司的两个上层主管具有同样的竞争力、承担同样的责任，却得到不平等的待遇，只是因为其中一人是公司总裁的弟弟。在他们当中，即使一个人得到的报酬较少，但他仍然具有可观的收入，他的人权就没有因此而受到侵犯；就这种情形而论，值得反对的是不公正，是那种没有好的理由来支持的不平等。当今，让我们甚为忧虑的区别对待的情形主要是种族主义[21]和性别歧视，它们介于这两种极端之间。在这个中间地带，往往很难把有非议的区别对待和没有非议的区别对待辨别开来，也很难把侵犯人权的区别对待和没有侵犯人权的区别对待辨别开来。在我看来，一般来说，种族主义和性别歧视，因为可以潜在地对行为主体的自我形象产生摧毁性的影响，因而很有可能侵犯了人权。然而，年龄歧视的情形，例如强制性的退休年龄，是否有可能违背人权就很不清楚了。我在后面会回到这些问题。[22]

不久前我评论说，人权的领域包括法庭上的程序正义，但不包括很多形式的分配正义或惩罚性正义。不过，这只是一个大致的说法。正如我们看到的，人权至少包含了一个分配性的要求，即最低限度供给，因为它是人格所要求的。出于同样理由，人权也包括一些惩罚性的要求，例如罪刑相当以及禁止残酷的和异常的惩罚——罪刑相当，因为那是对自由的一种保护；禁止那种惩罚，因为一般地说那是对能动性的一种保护。例如，我在后面会简要地讨论折磨，折磨往往会削弱能动性， 42
而这恰好就是折磨的目的所在。但是，某种犯罪要求什么样的惩罚，应得本身是否能够为惩罚辩护，这些是惩罚性正义的问题，而不是人权问题。

回到前面提出的例子，我抱怨说我应该获得岛上资源的一个平等份额，在这样说时，我引用的是平等分配原则，我们可以认为该原则涉及平等尊重，正如我们设想的对话所表明的。我确信你**应当**与我平等地划分岛上的财富。但是，把这件事情处理为权利问题就会产生实质性的争端。我们似乎碰到了两种类型的平等尊重的道德要求或者说正义的要求：一种要求本身就是权利，但另一种要求不是权利。于是，除了按照基于人格的说明在它们之间划出一条界线外，我们还能在哪里划出界线呢？如果我们在其他地方划出这样一条界线，那么我们的根据是什么呢？这样一条界线可以被很明确地划定吗？

我曾建议把某些（但不是所有）形式的正义和公正从人权的领域中排除出去，这个建议违反了当前的一个并非不同寻常的信念：人权的领域与正义的领域是同一个领域。但是，这个信念很不符合启蒙运动以来人们对“人权”的外延的理解。在后面，我确实会求助于平等、公正和正义来论证我对人权提出的结论，但我提到的平等、公正和正义往往是内在于人权概念的。例如，我会像很多其他人那样声称，我们享有自由的人权被限制到那种与所有人的平等自由相容的自由，而这里所说的平等就来自如下主张：作为规范的行动者，我们都是平等的。[23]不过，有时候我也会求助于对公正的一种理解，而这种理解不是内在于人权概念的。我认为，在指派与某些福利方面的人权相关联的责任时，我们必然会诉诸我们对公正所持有的一般理想。[24]在阐明人权的含义时，完全不考虑一般而论的公正和正义是很奇怪的做法。然而，即使一个价值对于阐明人权的这些含义是必不可少的，我们也不能错误地推断说：对于人权的概念来说，它是基本的。我们不应该对如下这一点感到很忧虑：把某些形式的正义从人权领域中排除出去意味着一些最有分量的道德义务与这些权利（例如“我要求获得岛上的富饶土地的一个平等份额”这个完全得到辩护的主张）无关。有一个想法，尽管现在很常见，却是一个严重错误，那就是：既然我们认为权利在道德领域中特别重要,我们就必须把道德领域中所有特别重要的东西都转变为权利。后面我会多次谈到正义领域与公正领域的不相吻合。[25] 43

因此,我提议人权只有两个根据:人格和实用性。一项人权的存在条件因此就是这两个根据。为了把一项人权的存在确立起来,我们可以表明:首先,那项拟定的权利保护了人的地位的一个本质特点;其次,它的确定内容来自我此前大致概述的那些实用考虑。

2.7 “能动性”应如何得到理解?

如果我们采纳基于人格的进路,我们就不得不进一步深化“能动性”的概念,因为它是这条进路的核心。

可以合理地认为能动性是有程度地出现的。儿童需要通过很多阶段才能成为行为主体。在反思或获得价值方面,一些成年人好于其他成年人,或者比其他成年人更有效。于是,一种基于人格的说明是否必定意味着人权也是在一种成比例的程度上出现的呢?在对社会的一种柏拉图式的设想中,不同阶层具有与其不同的反思能力和执行能力相适应的权利;这种基于人格的说明对社会的理解是否还不如那种柏拉图式的理解那么具有平等主义色彩,并最终为之提供了一个辩护呢?[26]

这个忧虑之所以产生,是因为有些人使用了对“能动性”的一种特定理解,而这种理解不同于对人权的一种说明应该采纳的理解。正如我们不久前看到的,权利的概念是在特定的历史时期凸显出来的,当时人类平等的信念开始排挤一种自然的社会等级制度的信念。到了某个发展阶段,平等主义就成为一系列事实主张(虽然往往与评价相结合)的集合。其中一个主张是,社会群体之间的很多显著差别,例如一些群体有着更加粗俗的趣味和判断,不是自然预先注定的,而是社会剥夺的残酷结果,或者是文化发展的偶然效应。另一个事实主张是,在正常人当中,在智商和对生活中重要事情的理解之间没有多少关联。这些主张，以及那个集合中的其他事实主张，都可以按照经验根据来捍卫。趣味和判断上的差别会因为剥夺的继续存在而持续存在，即便如此，占据主导地位的道德兴趣不是看重这些差别，而是消除剥夺。当然，平等主义也是一个伦理论点。我们认为有价值的东西，我们认为把尊严给予人类生活的东西，就是我们选择和追求我们对一个值得过的生活的设
44 想的那种能力。精神缺陷在这里提出了困难的界限问题，当然也有这样一个问题：儿童何时成为行为主体？不过，绝大多数成年人都能够达到（这是一个事实主张）这个有价值的状态（这是一个评价主张）。任何一个人，只要跨过这条界线，只要在任何程度上处于这条阈线上，就都平等地属于行为主体这个类，因为这个类中的每个人都因此而具有了我们很看重的那种地位。[27] 当然，在这条阈线上，某些东西仍然有着程度上的差别，比如说智商、对一个生活因此而成为好生活的那些特点的敏感、描述那些特点的技能、在知道如何实现这些价值上的敏感和技能等等。但是，在这些有程度的差别中，没有任何一种差别会妨碍人们可以因为通过了那条阈线而获得一种地位——那种没有程度上的差别的地位。我们可以把这种地位称为“人的尊严”，就像联合国所做的那样。人们可以对价值有不同程度的敏感，在实现价值的技能上也会表现不同，但是，对于一个人成为规范的行为主体或者说成为人权的拥有者，总而言之，对于一个人具有人的尊严，那些差别不再会有任何重要性。[28]

我说过，在对人权的这一说明中，我们认为有价值的东西是一种能力，即我们选择和追求我们对一种值得过的生活的设想的那种能力。因此“能动性”这个词本身是不够的；在一种可接受的意义上，我们也可以说动物是行动者。“理性行动者”这个术语也不很精准。我们所关心的是在过一个值得过的生活中所涉及的那种能动性，不妨称之为“规范能动性”。

由此我们就达到了如下观点：规范能动性就是人类特有的条件。

但是,对一个值得过的生活有一种设想难道不是一项很稀罕的成就吗?当然,我们无须把“对一个值得过的生活有一种设想”与“有一项生活计划”混淆起来。有一项生活计划确实很稀罕,即使值得向往,也很可能成问题。我们总是在不断地认识世界,我们的价值观念也总是在不断地成熟,我们的生活计划在很大程度上肯定是错误的,在这种情况下,还有什么理由按照一个生活计划来生活呢?如果一个人应该采纳一个生活计划,那么他至少也应该准备不断地修改它。一个人无法预测他在生活之路上会碰到什么机会或不幸,无法知道他的情感依附会如何发展或者其他人会如何行动,无法回避一切必然会进入他的理性计算中的环境因素,哪怕这种计算只是针对一个很原始的生活计划。一个人可能会把一个大致的、不完备的生活计划表述出来,但这样一个计划仅仅相当于一些方针,例如花费更多时间与家人待在一起、更经常去听音乐会等等。在为自己设定了这样的目标后,某种规划无疑就会 45
变得合理,例如规划每周的日程安排,以便能够切实履行那些活动。这就像我们大多数人都会做出或应该尝试做出的规划,但每周的日程安排仍然说不上是一个生活计划。

我们也不应该把“对一个值得过的生活有一种设想”与苏格拉底意义上的“过一个经过审视的生活”混淆起来——苏格拉底曾说过一句著名的话:一个未经审视的生活不值得过。苏格拉底认为美德即知识,恶习即无知。我们是通过一种漫长的辩证思维过程而达到美德的:怀疑、挑战和承认我们的无知,然后慢慢地把我们理解善的方式思索出来。有人或许认为这种辛苦的辩证思维对于人类生活很有必要,因为这种思维的运用本身就是人类卓越的顶峰,或者因为它是达到好生活的唯一途径。但是,这两个说法无一是真的。合理性的运用并非是人类卓越的顶峰;这个顶峰充其量不过是理性的运用可能把我们引向的地方。说苏格拉底意义上的一个未经审视的生活不值得过,这也不是真的。为了自主地获得一个好生活,一个人并不需要定期进行理性慎思。有些人碰巧天生就擅长于把真的价值观念和假的价值观念区分开来，在这些问题上有很敏感的嗅觉。如果一个人有能力把善鉴定出来，不管那种能力的程度和来源如何，那么他就具有了我所说的“对一个值得过的生活的一种设想”；在什么东西使得一个生活变得更好或更坏的问题上，他们就会有某些想法，其中一些想法是可靠的。这些想法不是或者不应该针对生活的全部轮廓，而只是零散的，在各种程度上都不完备。不过，只要一个人拥有了这样一种把善鉴定出来的普通能力，他就应该得到人权的保护。

人们对“能动性”的概念还有另一个忧虑。基于人格的说明所碰到的一个明显异议是：即使一个人被否认了宗教自由，甚至受到残酷迫害，他仍然可以是一个行为主体。谁能合理地否认至少一些殉道者是行为主体呢？恰恰相反，在某种意义上，我们可以说迫害甚至可以强化能动性。当亚历山大·索尔仁尼琴被发配到古拉格集中营时，与以往相比，他好像变成了一个更专注、更坚决的行为主体。然而，对能动性的这种描绘不是我在对人权的说明中所采用的那种核心描绘。我对能动性的描绘更加宽广，所针对的是一个自我决定的人（一个自主的人），在某些限度内，这样一个人未被阻止去追求他对一个值得过的生活的设想，换句话说，他也是自由的。如果自主性或自由缺失了，那么，按照我对能动性提出的那种更加宽广的理解，一个人的能动性就有了缺陷。我们所需要的是对能动性的一种规范描绘：自主性和自由对我们来说
46 特别有价值，因此就吸引人权的特殊保护。此外，人有这样一个本质特征：他们并不是一劳永逸地选择自己的目标。人会逐渐变得成熟，其价值观念会发生变化。自由就是过这种逐渐演变的生活的自由。

最后这些评论有助于回答另一个关于能动性的问题。能动性肯定不只是意味着具有某些能力（自主地思考和执行行动的能力），也意味着运用这些能力。人们可以践踏一个人（例如索尔仁尼琴）的很多人权，但至少没有损害那些**能力**。一般来说，为了**具有**人权，一个人所需要的

就是那些能力，但是人权所要保护的东西则更多：人权也要保护一个人对那些能力的运用。此前我说过，按照基于人格的说明，我们享有一项接受教育的人权。但是，一个目不识丁的农民在我们所说的意义上仍然是一个行为主体吗？如此看来，教育好像不是这种能动性所必需的；如果基本的识字能力不是必要的，那么小学教育、中学教育或大学教育也不是必要的。这样一来，教育如何成为一项人权呢？教育是一项人权，因为教育对于这种能动性的**运用**来说是必要的。人权背后的价值不仅包括能够成为这种行动者的尊严，也包括作为这种行动者而存在的尊严。然而，这种能动性的核心就在于能够对一个值得过的生活形成一种设想，然后去追求这种设想，而这就是其尊严的来源。因此，如果一个生活完全致力于避免肉体和灵魂发生分离，那么这种生活对于人的尊严来说仍然不够。我们千万不要有这么低的眼界。我们必须了解世界所提供的选择，或者能够提供在人类能力的范围内所能导致的变化，否则我们就会因为无知而得不到充分的选择，而一旦我们处于这种状态，我们的自由可能就会受到侵犯，正如我在后面即将论证的。[29]我们的选择必须满足某些知情标准。读书识字是知情的一种重要手段。我们也需要有能力追求我们的目标，而这就超越了读书识字的单纯要求，例如还要求某些技能，要求对世界（包括超越了直接经验界限的世界）具有某些知识。我们不仅需要知识来保护我们的自主性和自由，也需要知识来保护其他权利，例如，在很多发展中国家，降低死亡率（比如由艾滋病所导致的死亡）的最好方式就是提高识字率。当然，我们面临一项任务，即确定由人权所保证的教育水平，这对我们一开始考虑的思路提出了更多的要求。但我们也以某种方式面临另一项任务，即确定与大多数人权相适应的教育水平，而且，我们面临这项任务，不只是按照那种基于人格的说明，也按照对人权的任何合理的说明。[30]

对“能动性”的一个最终澄清。我已经说过，在基于人格的说明中，我所说的“能动性”既包括具有某些能力，也包括运用那些能力。我现 47

在想补充说，在目前的语境中，"运用"这个说法也必须包括这样一个目的：在某些限度内成功地实现这种运用。假设政府官员想要我们过一种简单的生活，为此就让我们的社会变得比实际需要的更加贫乏，于是就把很多人发现更加值得选择的选项封锁起来。乍一看来，基于人格的说明好像不会有什么抱怨。我们的政府官员毕竟让我们仍然能够形成一个值得过的生活的观念并去追求它；只不过在很多情形中，我们几乎没有机会去成就这个观念。但是，在这种情况下，政府官员所做的无异于强迫——对我们的自由权的一种侵犯。规范能动性中有价值的东西也必须包括这一可能性：我们实际上能够利用某些东西来改进我们的生活。如果规范能动性并不经常让实现我们目的的最终阶段变得可能，它就丧失了大部分价值。当然，自由权并没有提供成功的保证；追求幸福的权利不是享有幸福的权利。此外，所谓"追求"的权利也不局限于一项仅仅是进行努力的权利，而至少是在没有受到有意妨碍的情况下进行努力的权利，在这里，"有意妨碍"这个说法仍然需要进一步阐明。实际上，"追求"这个说法也需要进一步明确，我只能在讨论自由权的时候再来处理这个问题。[31]

"能动性"这个词或多或少是被广泛地使用的，从慎思到选择、从选择到行动、从行动到结果都涉及能动性。在基于人格的说明中，它被广泛地用来包含所有这些阶段。如果其中一个部分丢失了，我们也就失去了在这个说明下充当人权根据的那些价值。

2.8 在什么意义上人权是"普遍的"？

看来人权必须是普遍的，因为人类行动者被认为只是因为具有规范能动性而拥有人权。

但是，一些理论家已经提出如下怀疑论思路。[32]我们所引用的几乎所有人权的例子事实上都不是普遍的，因此不是真正的人权。如果存在着**任何**真正的人权，即在人类行动者这个类中确实是普遍的权利，那么对于我们来说，那些权利就不是特别重要。对我们来说重要的是那种纯属假设的人权，例如言论自由，但这种权利不是普遍的，因此不是真正的人权。

这个论证大概是这样说的。举例来说，言论自由在某些社会环境 48
中很重要，而在其他社会环境中一点都不重要。像我们这样生活在民主政治制度的社会中，具有不同程度的文化，行使一种需要劳动力流动、必须吸收快速发展的科学技术的复杂的经济制度，这种社会迫切需要言论自由。在这种环境中，对我们来说，为普及这项权利并为施加相应的责任做辩护就很重要。然而，如果一个人生活在传统的中世纪村庄中，具有静态的技术和一种未受挑战的社会传统，必要的技能在那里是通过生长在那个地方而获得的，那么他就可以很正确地对言论自由持有相对次要的兴趣，这样一个兴趣因此也不足以辩护为了设定一项权利而需要施加的沉重负担。于是，不管言论自由是什么，它不是一项人权，因为它不是普遍的。

然而，这个论证误解了言论自由的权利所要保护的东西。不错，为了让那个中世纪村庄的经济繁荣昌盛，我们可能不需要这项权利。不错，如果我很害羞，没有说话的愿望，那么我可能不太介意别人不让我说话。但是，言论自由的根据在于对能动性的一种规范理解：我们是自我决定的行动者；而这就是人的地位的尊严的一部分。为了成为一个相当成功的自我决定的行动者，一个人往往需要有能力提出问题、倾听别人的想法等等。我很害羞，可能不去运用言论自由的权利，但这与我具有这项权利无关。其他人可以要求答案或提供答案，这本身就对我有帮助。中世纪村庄也可以有很强的压迫性。一个人可能很想质问地方领主或修道院院长强加于他的那种生活，想发现其他人是否也有不满，想与他们一道决定怎么办。地方领主或修道院院长可能想要维护正统而压制言论自由。在任何社会环境中，一个人作为一个自我决定的行动者的地位都很脆弱。把这项权利应用于那个中世纪村庄可以得出某些引申的原则,这些原则可能不同于把它应用于一个庞大的现代工业社会时所得出的原则。然而,在一个充分肯定的意义上,我们仍然可以说,即使这项权利在不同的社会环境中有各种各样的应用,但其本性仍然保持不变。

我刚才说过,一个人作为自我决定的行动者的地位在任何**社会**环境中都很脆弱。这难道不是一个问题吗?非社会环境(例如以家庭为单位的狩猎者,他们之间没有社会结构可言)又如何呢?人权对于他们来说也适用吗?为什么不适用于他们呢?甚至在他们那里也有脆弱性:一个人仍有可能被其他人谋杀、奴役、压制。然而,即使人权不应用
49 于狩猎者,它们仍然有一种限制性的但足够好的普遍性。人们完全可以提出如下解释:他们可以说,人权是我们所有人仅仅因为是**社会中的人类行动者**而具有的权利。不管怎样,这必定就是最早倡导人权的那些人所梦想的普遍性。除此之外,按照基于人格的说明,在人类存在者这个类中,人权是普遍的,被限制到规范的人类行动者这个亚类。即使我们进一步把人权限制到社会中的规范的人类行动者这个类,那也说不上是什么革命性的举动。在我看来,甚至道德也不是不顾条件而普遍地应用于道德行动者:例如,如果生活条件变得很令人绝望,人们处于所谓的"大溃退"(sauve qui peut)的状况,那么道德就不再适用了。即便如此,我们仍然可以完全合理地继续主张说,道德原则是普遍地适用的,也就是说,仅仅因为我们都是道德行动者而适用于我们所有人(如果道德根本上可以应用的话)。

当然,确实有一些人权(例如出版自由)显然并不适用于所有社会。目前仍然有一些社会,而在过去则有很多社会,其中并没有出版业,甚至连出版的概念也没有。普遍性的这种表面上的失败已被用作一个理由,要求我们抛弃"人权是建基于普遍的人性本身当中"这一思想,去采纳权利的一个有着不同根据,甚至可能经过很多修改的人权清单,[33] 例

如罗尔斯的那份很简短的清单。[34]然而，我们必须记住，基本权利不同于所谓的应用权利或派生权利。权利可以在不同的抽象层次上表现出来。当我们系统地阐述我们赋予能动性的那些价值时，最高的层次就出现了；如前所述，那些价值包括自主性、最低限度供给以及自由。当我们把最高层次的考虑应用到具体情景并留心它们的具体特点时，对权利的不太抽象的表述就出现了。在某些社会环境中，出版自由是从言论自由派生出来的。我们应该想得到的是，在把抽象地加以表述的权利应用于一个特定社会的具体条件时，需要按照那个社会的时间、地点和实际关怀来表述它们；我们应该想得到的是，没有谁会特别注意到抽象水平的下降什么时候就从全局性的词汇过渡到了地方性的词汇。我们只应该声称：普遍性乃是处于那些比较高的层次上。

然而，如果我们声称我们仅仅因为是人就具有这些权利，那么难道我们不也可以由此认为，甚至在自然状态下我们也应当具有这些权利吗？是的。不过，这样一来，我怎么可以如此轻而易举地承认人权只有在社会中才能有意义呢？“甚至在自然状态下我们也应当具有这些权 50
利”这一主张应该被认为意味着：我们只是因为我们的人性的特点而拥有人权，而不是因为具有任何社会地位或处于任何社会关系而拥有人权。我们的规范能动性也许只有在社会中才需要保护（但我怀疑这一说法），不过，规范能动性是我们独立于社会而具有的一项资格。

但是，对于现在被广泛地当作人权来接受的全部福利权，又能说些什么呢？难道它们没有违背普遍性要求吗？传统的自由权无疑是普遍的：所有人类行动者都具有那些权利，也都负有相关联的责任。不过，福利权好像有一种双重的特殊性：只有一个特定社会的成员才能要求那些权利，而且只能从他们自己的社会中来要求那些权利。在传统自由权的情形中，人们从这种权利的内容就可以得知责任的承担者：不受干涉的权利对所有其他人施加了一项不干涉他人的责任。但是，福利权所表达的是需求者因为需要帮助而提出的主张，这样一项权利的内容并未指明在能够提供帮助的人当中哪些人有责任帮助。实际上,康德认为,帮助的责任,作为“不完全”的责任,即没有被完全(充分)指定的责任,缺乏相关联的权利。这是最强的怀疑:所谓的“福利权”不仅实际上不是人权,而且在根本上说也不是任何类型的道德权利。有人可能继续认为,既然福利权本身并没有指定相关的责任承担者,相关的责任承担者就只能由一个有权威的社会机构来指定,因此福利权不可能像它们被假设的那样不依赖于社会。[35] 在我看来,这些推理路线都失败了;一些福利权是人权,而且就像所有人权一样是普遍的——实际上有一种双重的普遍性。不过,对这个结论的论证涉及很多进一步的问题,必须留到后面来加以考察。[36]

2.9 我们需要一个更加多元论的说明吗?

我提出的那种基于人格的说明可以被看作是一种三元论的说明(如果我们可以在“一元论”和“二元论”下面杜撰一个词的话)。按照我的提议,人权的根据就在于人格的那三个价值,即自主性、自由和最低限度供给。我把人权的根据限制到这三个价值,这种做法当然处于我的尝试(向“人权”这个术语提供一个充分确定的含义)的核心,而这是任何人都必定会采取的尝试——只要他有兴趣让这个术语成为对道德的严肃思考的一部分。不过,有一个明显的忧虑:是否所有人权都可
51 以从这样一个相对薄弱的基础中被推导出来。怀疑论者可以承认人格是人权故事的一个重要部分,但否认它是整个故事。他们可能会说,人权既需要一个更加广阔的基础,也能够具有这样一个基础。[37]

考虑一个例子。长期以来人们都把不受折磨视为一项权利,这项权利好像不是从规范能动性的价值中衍生出来的。不错,由于经受折磨,我们往往不能为自己做出决定或者坚持我们做出的决定。但是,折磨之所以是错的,并不只是因为它因此而削弱了规范能动性,也因为它

涉及让人在肉体上或精神上遭受痛苦。因此如下说法看来更合理,而且肯定也更直截了当:避免痛苦是人的一项基本利益,这项利益本身就有很大分量,因此可以为普及一项反对折磨的权利、向其他人施加相应的责任提供辩护。也请思考一下接受教育的权利。教育是获得有效的能动性的一个必要条件,这项权利的根据就部分地在于这个事实,这一点是无可置疑的。不过,接受教育的权利还有另一个明显的根据:我们对获得某些形式的理解抱有浓厚兴趣。类似的例子还可以举出很多。

在我对人权的说明和那种更加扩展性的多元论说明之间还有很多争论,在这里我们无法最终解决这些争论,但我们可以着手讨论一下。

如果我们被问到折磨究竟有什么错,最明显的说法当然就是:折磨引起巨大痛苦。不过,我们现在关心的不是如此广泛的问题。我们的问题是:为什么折磨是一个人权问题?答案是:折磨不可能是因为引起巨大痛苦而成为一个人权问题。一个人会无缘无故地让另一个人遭受巨大痛苦,这种情形有很多,但它们并不涉及人权问题。例如,在一场失败的婚姻中,一方可能会很冷酷无情地对待对方,使后者深受痛苦,这些痛苦成年累月地积累起来,就会成为一种比短期的身体折磨还要糟糕得多的东西。然而,尽管一方很残酷,但他或她并没有因此而侵犯对方的人权。又譬如说,一位长兄可能不时殴打弟弟的头部,因为他觉得自己的地位被弟弟取代了,这是一种常见的怨恨;不过,即便这种做法很令人痛苦,我们也很难把它称为“折磨”,除了在下面这种扩展的折磨的意义上:任何不能忽视的痛苦(例如阳光暴晒)都可以被称为“折磨”。

折磨有其特有的目的。折磨被用来让某个人取消一个信仰,揭露一个秘密,不管是否有罪都“坦白”一项罪行,放弃一项事业,听命于他人。所有这些独特的目的都涉及削弱别人的意志,让他们去做自己不想做的事情,或者甚至决定去做自己不想做的事情。[38] 这些目的都以某种方式涉及对规范能动性的攻击。如果那位长兄是为了榨取一项秘密

52 而殴打弟弟头部，那么说他"折磨"弟弟就更合适了。我们可能无意中给别人带来了很大痛苦，并因此摧毁了他们的规范能动性，与此相似，我们也有可能不给别人带来巨大痛苦就有意摧毁了他们的规范能动性。人们往往是因为别无他法才用折磨来削弱能动性。这也是我们现在有时候做的事情：有一些让人讲真话的药物，这种药物有时有助于榨取秘密；不时地也有一些更为成功的无痛苦的技术，用来把自己的意志强加于他人，或者发现他们在想什么。[39] 我们不可能把这些事情都称为"折磨"，因为折磨的一个本质特征就是把招致痛苦当作手段。不过，在这里，我们所关心的是，用化学手段无痛苦地摧毁另一个人的意志是否提出了任何人权问题。这种做法确实提出了人权问题，因为无痛苦的支配仍然是对人格的一种严重破坏。

这条思路也可以用来说明前面提到的另一个例子：接受教育的权利。教育可以产生各种各样的好处，因此是一种有价值的东西，不过，在这些好处和让教育成为一项人权的东西之间仍然有一个差别。人权有一个最低限度的特征，尽管不同作者会用不同的方式来说明这个特征。按照我的理解，这个特征就在于：人权是对规范行动者的那种更为简朴的生活的保护，而不是对一个充分繁荣的生活的保护。不过，我们都应该承认，有一些高度有价值的教育方式，它们超越了人权的要求。这是一个普遍现象；在不同层次的健康、[40] 各种形式的隐私 [41]，以及几项其他的人类利益当中，我们也可以看到这种现象。这些例子本身并不足以表明我们需要对人权提出一种更加多元论的说明。

一种更加多元论的说明也面临一些理论问题。显然，不是任何人类利益都会成为一项人权的一个根据。那么，那种更加多元论的说明如何把作为一个根据的那些利益鉴定出来呢？它将如何应对我们一开始提出的那个紧迫问题——必须让"人权"这个术语的含义变得更加明确？[42] 若有人想要在我的那种基于人格的说明和一种更加多元论的说明之间做出选择，他就碰到了一个问题：哪种方式是谈论人权的更好方式？几乎人人都希望看到“人权”话语有一种不太随心所欲、有更多的标准来制约的应用。除非那种更加多元论的说明能够降低人权话语的高度含糊性，否则它几乎不可能取得我们所期望的那些效应。我已经承认，所缺乏的不是“人权”这个术语的字面定义；通过让这个术语具有一个确定用法，哪怕是一种更加复杂的用法，它就可以获得一个明确含义。有权威的制度，例如国际法，难道不可以成为让这个术语具有确定含义的力量？正如此前所说，[43] 我认为并非如此。通过遵循适当的程序，合适的国际制度上可以就人权达成协议并宣告协议，但这仍然 53
不够。国际法是制定法，因此肯定可以把制定的权利产生出来。但是，人权的国际法至少旨在或者应该旨在把某些不属于法律的伦理标准整合于其中。国际法的制定者并没有说、也不可能合理地说他们看作是人权的东西**就是**人权，在这个问题上他们绝对不会犯错误。国际法中的人权应该把某种伦理的东西整合于其中，既然如此，在确定“人权”这个术语的用法时，我们还有什么理由不去考虑伦理思想所提供的影响呢？这个问题必须得到更多的讨论，稍后我也会进一步谈到国际法。[44] 有些人或许认为，对“哪种方式是谈论人权的更好方式”这个问题的回答就是：不管人权在实践上具有什么效应，只考虑人权的道德内容提出的要求。但我认为并非如此，在后面我会回到这个问题。[45]

一种更加多元论的说明的倡导者可能就会沿着如下思路来回应挑战。对于能够充当人权的一个根据的那些人类利益，是存在着各种约束的。这些利益首先要被限制到个体作为人类存在者而具有的利益，由此就产生了人权所具有的那种普遍性。不过，安康，甚至高层次的安康，也有资格成为这样一项人类利益。于是就有了一个进一步的明显约束：与人权相关的人类利益应该是**重要的**，或者是**主要的**或**迫切的**。但是，并不是所有重要的（或者主要的或迫切的）利益都能合理地成为一项人权的一个根据。某些事情对我们的生活可能很重要，实际上其重要性大于很多人权问题，但这些事情本身并没有因此而成为人权的根据。此前我曾提到这一点。按照人权传统,程序正义是一个人权问题,但很多形式的分配正义并不是,尽管在大多数人的生活中,分配正义可能比程序正义要重要得多。也请回想一下前面提到的那个冷酷无情的配偶的例子:冷酷无情地对待自己的配偶可能比侵犯对方的某些人权(例如略微侵犯对方的隐私权)要糟糕得多。

现在,一种更加多元论的说明的倡导者,可能会像我在不久前阐述这种说明的时候所做的那样,去诉诸对“权利”的一种很有影响的说明——最早由约瑟夫·拉兹提出的那种说明。这种说明在应用于人权的时候大概是这样的:当存在着普遍的人类利益,足以为把相应的责任施加于其他人提供辩护时,一项人权就出现了。[46]这个定义有如下优点:它允许我们设置更多的人类利益(多于我所设置的自主性、自由和最低
54 限度供给)来充当人权的根据;不过,这个定义也对那些额外的利益施加了一个约束:这些利益应该能够辩护把某种责任施加于其他人。然而,这仍然不够。对于那个因其伴侣冷酷无情而遭受痛苦的配偶来说,其痛苦肯定足以辩护把一项停止那种对待的责任施加于其伴侣。这种情形只是普遍忧虑的一个实例:不要把人权扩展来填充安康的大部分领域。例如,生活中应该有一系列丰富的选项供我们选择,这是我们的一个重要利益。具有一系列丰富的选项能够为我们带来很多好处,这些好处相当大,因此就可以辩护如下做法:我们可以把促进那些好处的负担施加于某些行动者(也许我们自己的同胞)。这个权利概念的麻烦在于:如果我们认为甚至对高层次的安康我们也具有一项人权,那么这个权利概念很有可能就会为这样一项权利做辩护。在某个层次上,只要有关的好处很大,因此足以为施加相应的负担做辩护,这个权利概念很可能就会为这样一个层次做辩护,不管它有多高。一个繁荣昌盛的生活,例如具有一系列丰富的选项、从中可以把一个生活建立起来的那种生活,是有很多好处的,这些好处往往很重大,因此很可能就会为把某种负担施加于其他人做辩护,尤其是在这种负担不是很大时。为了

具有一系列丰富的选项，就得具有一种高水平的社会财富和一种很发达的文化，那些东西是我们大多数人已经有独立的动机要产生的。但是，这会破坏我们所持有的一个信念：只是在某个可接受的最低限度上，我们才对物质资源和文化资源具有一项人权，超越了那个层次，那些东西就**不再是**权利问题了。

让我进一步追究更加多元论的说明在理论上所面临的问题。有人可能会像拉兹本人那样认为，好处必须足够大，才能为把某些责任施加于其他人做辩护，而且，所施加的责任不是任何类型的责任，而是一种特殊责任——这种责任提供了一种“排除性的理由”。[47] 一个排除性的理由是把某些其他理由排除在予以考虑的范围外的那种理由。许诺是一个典型例子。如果一个人做出了许诺，那么他就不能认为只要一个考虑对自己方便，就可以推翻他做出的许诺，尽管那些考虑在其他情景中可以具有恰当分量。不过，我很怀疑引入排除性的理由就够了。不太容易看到这个特殊的义务论概念（具有那种排除效应的一项责任）在伦理思想中应如何发挥作用，也很不容易看到它在何时出现。在我们所讨论的那些情形中，从配偶双方的轻微争执到最有伤害性的冷酷行为，我们在哪个地方碰到了把一个排除性的责任产生出来的利益呢？在安康或繁荣的生活的各个层次上，我们在什么地方达到了那一点呢？
很难说。这些例子都不具有许诺的例子所具有的那种清晰性。只有当 55
我们大致理解了我们要在这些层次的哪个地方进行突破时，我们才会理解一项人权是什么。并不是没有办法说明这一点。人们可以像我所建议的那样认为，在残忍的伴侣的案例中，当这种残忍开始破坏对方充当行为主体的能力时（在某个点上残忍肯定会破坏这种能力），那种突破就出现了。但是，这只是把我们带回基于人格的说明。我相信拉兹的说明并没有为一项权利的存在提供一个充分条件，因此就会有很多情形，在这些情形中，即使有关的利益足以为把一项合适的责任（不管是什么）施加于其他人做辩护，但那些利益仍然不是人权问题。为了把那些利益接受为人权，至少就需要用一种激进的方式来修改我们的直观认识。

本章只是为进入我们所要探究的领域热身，随后我会讨论有关
56 细节。

第三章
当人权发生冲突时

3.1 伦理学的一个核心问题

权利是可以发生冲突的,检验对人权的一种说明的最佳方式,就是看看它可以对权利的冲突提出什么合理说法。通过阐明如何解决在人权中所涉及的冲突,就可以更好地把关于人权的思想推进到一个更深的层次。如果一项人权与另一项人权发生冲突,或者与某些其他道德考虑发生冲突,那么,我们通过用某种方式来权衡发生冲突的条目,试图解决冲突。为了进行权衡,我们必须首先决定什么东西给予它们以分量。例如,如果我们偏爱基于人格的说明,我们就需要在对人格的价值的两种理解之间做出裁决:一种是义务论的理解,另一种是目的论的理解。这会一下子把我们引入规范伦理学的核心。

此前我提到理解人格的价值的两种方式。[1] 我们可以像康德那样把"人"与"物"进行对比。"物"有"价格",于是就有等价物。然而,"人"有"尊严",具有独一无二的价值,因此没有等价物。于是,我们可能想把某种特殊的东西赋予人权,例如那种推翻其他道德考虑的一切聚集体的力量。或者,我们可能想提出一个较弱的主张:尽管我们也需要促进其他价值的一种纯盈余,但这个事实不能推翻人格的价值;而是,人格的价值只能被一种实质性的盈余所推翻。换言之，即使某些目的使得一个人类生活成为一个好生活，但人格具有一种不依赖于对这些目的的促进的特殊价值。

理解人格的价值的第二种方式，是把我们对人格的运用看作这样一个目的，这个目的的实现强化了生活的价值。人格的这个特点显然是一个高度重要的特点，但不是原则上不可以与使得一个生活成为好生活的其他东西相权衡，例如成就、某种类型的理解、深层的个人关系等等。按照这种理解，正是因为这些特殊的人类利益具有特殊的重要
57 性，尽管不一定是独一无二的至高重要性，我们才用人权的概念来保护它们。这种观点说明了我们如何可以把人权放入一个目的论的道德中。

这是一种解决人权冲突的方式，不过，我们不应把这种方式算作一种补充说明，或者认为它仅仅在于阐明一个已被独立地决定的人权理论的后果。对于我们来说，最重要的问题是人权的存在条件，而在试图解决这个问题时，这种方式应该占据中心地位。

3.2 人权之间的冲突

我们在人权本身之间所看到的一些冲突实际上只是虚假的冲突。一旦我们充分阐明表面上发生冲突的每项人权的内容，我们经常会发现其中根本就没有冲突。例如，人们广泛认为一个人的自由很容易与另一个人的自由相冲突。按照一个日常的说法，大鱼的自由乃是小鱼的死亡。然而，自由权的内容是有某些约束的。我的自由的根据是你的平等自由的一个根据；这个根据不能为我应该比你更自由做辩护。对这项权利的内容的一个形式约束于是就被鉴定出来了：每个人的自由都必须符合所有人的同等自由。倘若如此，被建构进入人们的自由中的恰好是某种程度的和谐，而不是冲突。自由权也有一个实质性约束：按照基于人格的说明，正是因为自由是人格的一个构成要素，自由

才成为一个重要价值，要求一种强有力的东西例如一项人权来加以保护。我可以满足一个心血来潮的念头，比如说驾车在单行道上逆行，但这肯定不是我们所说的自由；另一方面，我可以追求我所设想的一个值得过的生活的核心特点，这才是我们所说的自由。假设我声称我有一项驾车逆行的人权，你声称你有一项让交通秩序得到有效管理的人权，这两项宣称的权利并不冲突，但二者都不是人权。只要进一步澄清了自由权的内容，人们所设想的很多冲突就消失了。当然，为了捍卫对自由权的这种理解，还需要说很多，后面我会回到这个问题。[2]

这个结果促进了如下思想：当我们完整地理解了所有人权的内容时，我们就可以发现它们之间没有冲突吗？我们可以看到为何有人会 58
这样认为。此前我把说明人权的两条进路区分开来：从上往下的进路和从下往上的进路。[3] 我们可以看到某些从上往下的进路如何有可能说明人权的和谐。后果主义者或许可以表明（尽管我怀疑他们的计算足够可靠，因此也许不可以被认真看待），我们可以用这样一种方式来建构一套人权，以至于只要把它们充分地表达出来，并考虑到总体上最好的后果，它们就不会发生冲突。不过，更有希望的进路是康德的进路。我们可以把康德的所谓“普遍正当原则”表述为一个对自由进行分配的原则；它所说的是：“如果一个行动可以按照一个普遍法则与每个人的自由相共存，或者说，如果按照这个行动的准则，每个人的选择自由都可以按照一个普遍法则与任何其他人的自由相共存，那么任何这样的行动都是**正当的**。”[4] 不久前我采纳的那个对自由的形式约束就有点类似于康德就自由的分配所提出的约束：一个人的自由必须符合所有人的同等自由。康德的约束确保一个人对一项人权的行使必定与另一个人的行使相共存吗？[5]

然而，目前我想继续推进我所喜欢的那种从下往上的进路，不去假设任何高度抽象的、系统的道德观点的正确性。当然，只要我进一步发展基于人格的说明，它不久就会让我们面对康德式的观点和共存性问题。

按照我的那种从下往上的探讨，仍然可以有一些关于人权的和谐的论证，例如，我刚才用来消解自由权的某些表面上的冲突的那种零散的论证。尽管那种虚假的冲突由此可以得到很大的扩展，就像我感觉到的那样，但我想声称的是，仍然有一些权利冲突抵制这种消解。有一个观点被广为接受，也许几乎被普遍接受，那就是：如果国家的生存受到了极大威胁，国家保护公民的生命和自由的能力危在旦夕（总而言之，处于极端急迫的情况下），那么政府就可以不考虑某些人权。在美国内战的早期岁月，就在萨姆特堡陷落后不久，林肯就在敌军采取军事行动的联邦地区把人身保护令的请求权束之高阁，并在对这一决定的有力辩护中夸张地问道：“除了这条法律（即人身保护令的请求权）外，难道所有其他法律都没有得到执行、政府自身就变得瘫痪、人们的权利就会受到侵犯吗？”[6] 还有，在 20 世纪 70 年代和 80 年代，当恐怖主义在北爱尔兰达到顶峰时，英国政府引入了随便拘禁的做法。在 2001 年 9 月 11 日纽约和华盛顿遭受恐怖袭击后，美国和英国都引入了不经审
59 判就拘禁的做法。在非常时刻解除某些法律的明确说法散布于 20 世纪基本的人权文本中。[7]《世界人权宣言》（1948 年）第 29 条第 9 款在这方面就特别宽大，也许过于宽大；[8] 它所说的是：

> 每个人，在对自己的权利和自由的运用中，都将只受制于法律制定的限制，而法律制定这些限制，只是为了确保在一个民主社会中其他人的权利得到适当的承认和尊重，只是为了满足道德、公共秩序和一般福利的公正要求。

在我刚才提到的那三种情形中，威胁是否足够大，以至于可以辩护不经审判就拘禁的做法，这是可以争议的；我想声称的是，如果威胁确实很大，那么我们可以不经审判就拘禁嫌疑犯。[9] 我们可以承认，我

们有可能因此会把某些无辜者与真正的恐怖分子一同拘禁，因此肯定是在侵犯**他们的**自由。我们不可能把真正的恐怖分子的自由扩展到炸死或炸伤无辜平民，但被拘禁的无辜者的自由肯定包括去从事他们完全清白的事业。如果他们的真实自由受到侵犯，那么我们认为能够辩护这种侵犯的就是：只有通过不经审批的拘禁，才能挽救很多平民的生命。如果拘禁时间很短，那么我们肯定更愿意接受这种交换。这难道不是一种人权冲突吗——被拘禁的无辜者的自由权与平民享有生存和人身安全的权利相冲突？[10]

3.3 人权是共存的吗？

也许，并不是一切道德领域本质上都免除了冲突，只是其中一些领域（在某个严格的意义上，包括我们对人权的行使）才免除冲突。一些作者就这样认为，例如，罗伯特·诺齐克说（尽管没有给出任何说明）"个人权利是共存的：每个人都可以按照自己的选择来行使自己的权利。"[11]也许我刚才提出的反例并不属于这类核心情形。

我已经暗示说，支持共存的最佳案例是康德的案例。康德所说的"自然权利"（这是他用来描述"人权"的术语）是什么呢？他对"自然权利"提出的最完整的说明出现在《道德形而上学》这部晚期著作的第一部分，并构成了他的更广泛的"权利学说"的一部分。他用来谈论"权利"的说法有很多："正当的"（Recht）、"权限"（das Recht）、"权利"（ein Recht）："正当的"是一个形容词，用来修饰正当的事情或行为；"权限"是一套决定何为正确、何为错误的原则；"权利"则是一个现代概念，用来表示一个人所具有的应得权利。[12]康德进一步把**天赋的**权利和**获得的**权利区分开来。一个"天赋的"权利"天然地属于每一个人，不依赖于把一项权利确立起来的任何法令"，"获得的"权利则是要求这样一个法令的权利。[13]天赋权利只有一项，即"自由（不受别人的选择所约束）， 60

就它可以按照一个普遍法则与每一个其他人的自由相共存而论";它是"因为每个人的人性而属于每个人的唯一原始权利"。[14] 康德在这里做出了一个重大举动:这个主导权利的内容就等同于他所说的"普遍正当原则"(不久前我曾提到过)。[15] 因此康德也暗示了如下观点:这个天赋权利以及从中推出的权利涵盖了道德的大部分领域。这不是说康德认为权利涵盖了整个道德领域;例如,他所说的权利并不包含美德学说(《道德形而上学》第二部分)中的责任以及从先验根据和后验根据的结合中产生出来的责任。[16] "自然"权利,与"制定"权利相比,仅仅取决于先验原则,尤其是取决于普遍正当原则。[17] 一项"自然权利",康德更明确地认为,"是从公民宪法的先验原则中推导出来的权利"。[18] 从那个天赋权利可以把一些自然权利推导出来,在这些权利当中,康德提到了如下权利:程序正义和分配正义的权利,[19] 惩罚性正义的权利(由主权方代表我们行使的一项权利),[20] 大赦的权利(也是由主权方代表我们行使的),[21] 在面对不公正的指控时捍卫自己声誉(甚至在一个人死后)的权利,[22] 结婚的权利(如果伴侣想要使用一个人的"性属性"的话),[23] 在危难之际得到帮助的权利,[24] 以及可能还包括不要无故遭受苦难的权利(我没有在康德的文本中发现他明确提到最后这个权利,但它是一项消极权利,可以被公共地管辖和强化)。

康德对"自然权利"所说的东西和我按照人格对"人权"的说明有很多重叠,因为二者的核心都是"尊重人"这一思想。不过,也有一个重要差别。我所说的"自由权"是一个人追求自己对一个值得过的生活的设想的自由;自由权是其他权利中的一项权利,在同样高的抽象层次上,其他两项权利是自主性和最低限度供给。[25] 这些权利要保护的是一种很特殊的东西,即我们作为规范行动者的地位。康德所说的"自由"比我说的要广泛得多:对于康德来说,所谓"自由",就是在把权利学说要求我们做的事情和禁止我们做的事情排除在外后,留给我们的那个行动领域。因此,康德的那个重大举动(上面曾提到)确实产生了一份权利清单，比启蒙运动传统的权利清单要长得多。正如我早先指出的，[26] 尽管启蒙运动传统把程序正义（法律中的公正程序）包含在人权中，但它令人惊讶地不包括很多形式的分配正义或惩罚性正义，或者大 61
赦的权利，即使那些东西在道德上都很重要。这个传统也不包含与自己的性伴侣结婚的权利，尽管可能有道德理由支持这项权利（这样一个理由当然有可能很微弱，因此康德本人并没有把它提高到一个理由的地位）。[27] 即使康德相信有一项不要无故受难的权利，但在启蒙运动传统中那也算不上一项权利。回想一下我以前提到的一个例子：在一对配偶中，一方让另一方遭受无情的烦恼，结果就让后者蒙受痛苦，尽管这种痛苦尚未到达让后者丧失人格的地步。[28] 在启蒙运动传统对自然权利语言的运用中成长起来的大多数人，都会发现如下说法有悖于直观：在上述例子中，一方因此就侵犯了另一方的人权。前者确实对后者做了一件道德上严重有错的事情，但这是不同的。在康德手中，与在启蒙运动传统中相比，自然权利所涵盖的领域要大得多，不仅如此，它们也有了一种不同的道德分量。对康德来说，自然权利是绝对的，而在启蒙运动传统中，它们并不是绝对的。

我们应该如何评价这些差别呢？它们是否如此巨大（尤其是在它们所发生的影响上），以至于我们只能猜测说康德的论述毕竟只是对“自然权利”的一种说明？抑或，他的高层次的权利学说，在与绝对命令相结合时，是如此有力，因此就让我们心甘情愿抛弃启蒙运动传统（包括我们从中得到的语言直观）？从《道德形而上学》第一部分我们可以清楚地看出，康德的兴趣是要阐明什么东西可以从绝对命令中被推导出来，尤其是从权利学说中被推导出来，而不是去做一项调停的工作，即表明周围那些生活在启蒙运动顶峰的人们是如何使用“自然权利”这个术语的。康德只是征用这个术语来为自己的宏大理论服务。

现在回到我们的问题：康德对自然权利的说明把它们的共存性确立起来了吗？我认为没有。康德对绝对命令和权利学说的利用并没有说服我。不过,不妨假设有人被如此说服了,并进而接受他的自然权利概念。即便如此,启蒙运动的人权概念依然留存下来,并具有相当不同的外延。为了让这个概念消失,就只能表明这个概念缺陷重重,因此最好加以抛弃。我此前说过,尽管偶尔有人提出这样的论证,但都没有成功地把与这样一个很强的结论相接近的东西确立起来,[29]在本书最后一章我会说明为什么。[30]不管怎样,无论我们是不是康德主义者,在提
62 到"人权"并追问人权是否可以共存时,我们实际上想起的正是启蒙运动的人权概念。因此,目前我们就这样回答我们如此理解的那些问题。

不久前我提到了不经审判就拘禁的例子,在这个例子中,政府是作为其中所涉及的一个行动者而出现的,因为我们实际上碰到的这种例子就采取这种形式。不过,政府的出现只是让问题变得不必要地复杂——这样一种复杂性出现,是因为在这个例子中我们可以认为,政府要采取行动的责任不仅仅是来自公民的自卫权(政府是为了公民而采取行动)。我们可以认为,譬如说,这项责任也是来自政府和公民之间的一种准契约关系。不过,这个例子是可以简化的。我们不妨认为,某个群体的成员,当其生命在此时此刻明白无误受到威胁时,有一项自卫的人权;为了有效地行使这项权利,他们就只能去拘捕对他们造成威胁的另一个群体的成员;不过,他们也知道,被拘捕的人中有一些人很可能是无辜的。我们的自卫权来自他们的生存权,他们对这项权利的行使与无辜受到拘禁的人行使自由的合法权利相冲突。这是一个更加简单的反例:某些人对一项人权的行使与其他人对一项人权的行使发生冲突的一个实例。

如果存在着绝对权利,那么它们必定是可以共存的。不过,如下说法是错误的:按照启蒙运动的人权概念,自然权利是可以共存的。因此,通过否定后件推理,我们就可以推出,不是所有自然权利都是绝对的。按照我的那种基于人格的说明,每个人都具有与所有人的平等自由相容的最大限度的自由,"平等自由"在此意味着所有人都拥有同样的自

由权，但在这里，这项权利的内容不是如此完备，或者可以变得如此完备，以至于所有人权的行使都能相安无事。

3.4 人权与其他类型的道德考虑的冲突

人权是否有时候会与福利相冲突呢？在这里也有很多虚假的冲突。很多作者把对一个人想要做的事情的任何限制都视为对其自由权的侵犯，即使这种侵犯无疑往往是有辩护的。他们说自由权与效率相冲突。单行的交通规则侵犯了我的自由权，不过，这种自由不太重要，在分量上比不上提高效率。但是，正如我们早先看到的，说一个人有自 63
由权，并不是说不管他想做什么，他都应该得到保护。如果我们认为自由就是这项权利的道德和政治价值，那么在交通规则的例子中，自由权甚至无关紧要，因此没有冲突。

不过，在这里也有真正的冲突。假设一个国家正在考虑是否要把一定比例的国内生产总值用于对外援助，若要这样做的话，应该拿出多少。它决定在这些问题上实行公民投票。在一个民主社会中，至少在现代条件下，自主性的权利要求在某些重要决策上要与公民商榷，因为这种决策会影响对他们做什么、为他们做什么之类的事情。一项危机在一个邻国出现，引起了重大苦难（为了简化问题，让我们假设不是引起死亡），需要尽快补救。政府宣告说，由于没有时间等待投票公决结果，它将提供援助。政府解释说，邻国遭受的苦难广泛而严重，邻国人民与我国有着长期的友谊和互助关系，对本国公民所否认的那种自主性并不具有高阶的重要性（那种做法毕竟只是政府采取的一次性行为，而且，如果公决结果最终不支持进一步的对外援助，这种援助就不会被重复）。苦难和行使自主性的重要性都必定有这样一个层次，在这个层次上，苦难在分量上超过自主性的丧失。

这是权利与福利相冲突的一个例子，这种冲突得到了最为广泛的讨论。但是,除了人权和福利外,也有其他类型的道德考虑。例如,有对正义的考虑,而尽管正义的某些部分与人权相重叠,但并非所有部分都是如此。我想简要地提醒诸位我在前面提出的论证,那个论证诉诸了广泛而有力的语言直观。[31] 正义有很多类别:惩罚性正义、分配正义、程序正义、公正(我应该说,有理由认为前面提到的那些类别并未穷尽公正的领域)等等。现在,假设你知道公交车上其他乘客都买了票,因此,即便你逃票,那也不会造成什么伤害,于是你就逃了票。在这种情况下,你并没有侵犯我的人权,尽管你的做法显然有失公正。这有助于说明为什么启蒙运动传统会把法庭上的程序正义视为人权问题,但不会把整个分配正义视为人权问题。它把程序正义的要求视为人权问题,简单地说,是因为那种要求是对生命、自由以及生活必需品的重要保护,而那些东西都是能动性的条件。人权当然有自己的分配结果,比如说,享有为了充当行为主体而需要的基本的物质资源的权利。但是,对于在那个层次之上的分配问题,例如是否应该平等分配资源或福利,
64 或者是否应该允许一种特殊的不平等(让处于最不利地位的人过得更好),人权是保持沉默的。

如果权利的领域并未穷尽正义的领域,那么在权利和正义之间就可能会有冲突。例如,想想一个被监禁或被处决的罪犯,对他的判刑是恰当的。一个人被认为仅仅因为是人而具有人权。即使这个罪犯有罪,他仍然是一个规范行动者,在这个相关的意义上,他并非就不再是一个人,因此他好像保留了所有人权,包括生存权和自由权。如果我们认为惩罚带来的好结果能够为惩罚提供辩护,那么在这里我们就碰到了权利和福利的一种潜在冲突。不过,很多人会强调说,应得也可以为惩罚提供辩护。若是这样,在这里我们就碰到了权利和正义的一种冲突吗?

如果人权竟然成为公正惩罚的障碍,那么我们就陷入了一个古怪的理论困境。有些人认为,一个关于丧失权利的学说避免了这个困境。[32] 一个罪犯因为犯罪而丧失人权。若是这样,这种情形也就因

此而变成另一个虚假的冲突。然而,权利丧失学说代表了一种不自然的标准,从来就没有得到深入阐明。按照这个学说,谋杀者或小偷因为犯罪究竟失去了什么呢?一般而论的权利?生存权?自由权?人身安全的权利(例如不让别人把自己的手砍下来的权利,即使伊斯兰教的教法好像规定了这种惩罚)?回答这些问题的恰当方式就是诉诸应得:什么样的惩罚与罪行相称?惩罚涉及取消某种对人来说往往是有价值的东西,例如生命、自由或财产。把什么好东西、多少好东西从冒犯者那里拿走要由他的应得来决定。我们或许认为,冒犯者因犯罪而失去的不是一个无限制的权利;“所丧失”东西就是最终成为公正惩罚(不管是怎样的惩罚)的那种东西。在某些情形中,不同的惩罚都同样是公正的:例如,犯罪者可以被监禁六个月,或被处以两万英镑罚金,或被处以三年社区服务。因此,在“因犯罪而丧失”这一说法中,冒犯者要么丧失了六个月的自由权,要么丧失了两万英镑的财产,要么丧失了为期三年的自由。不过,在这里,重要的是关于应得的判断——如果我们细心的话,我们就可以从这种判断中推出有关失去了什么的判断。但是,为什么我们要细心呢?“因犯罪而丧失”这个说法意味着:那项权利以某种方式从现场消失了。然而,它并未消失。恰恰相反,我们已经看到,基于人格的说明没有为“因犯罪而丧失”这一说法留下余地,因为冒犯者仍然是人。这就是为什么一个冒犯者仍然保留了(比如说)不受折磨的权利的原因。这样说更清楚:正义的要求有时可以在某种恰当的程 65
度上推翻对人权的保护。因此在这里我们就可以合理地谈论冲突——在人权和正义之间的一种冲突。

那么,难道正义不仅可以推翻一项人权,也可以推翻我所说的那种为了解决冲突而进行的计算吗?难道对分配正义的考虑,比如说最大化处于最不利地位的人的地位,可以改变对权利冲突的解决,例如按照人格丧失的程度来提出的解决?原则上是这样,但很罕见。只有当我们知道有关人员(要么是个体,要么作为群体)的福利水平时,我们才能应用最大最小化原则。考虑临时的任意拘禁的例子。一般来说,我们并不知道有关人员(要么是个体,要么作为群体)的福利水平。即便我们确实知道这一点,但因为有很多人的生命危在旦夕,知道了也差不多无济于事。

总的来说,冲突可以出现在权利和权利之间、权利和福利之间、权利和正义之间,也可能还有更多的冲突。我认为确实还有更多的冲突,其中一些冲突既不可取消,也无法解决。[33]

3.5 一个提议和一个限定

价值冲突的解决受制于一个一般要求:如果解决不是任意的,我们就必须知道哪些价值至关重要,如何权衡它们。不管人权在整个道德结构中可以占据多么基本的地位,仍然可以得到一种语言,它允许我们至少部分地说明为什么人权如此有价值。这种语言无须是目的的语言,它也可以是责任的语言。正如我们所看到的,康德说人是因为自由而具有“尊严”,人的尊严让人不可侵犯。非康德主义者可以提出一个相似的观点。我们都需要理解为什么人被认为特别有价值。自中世纪晚期以来,很多作者就已经通过指出人性的一个特点来回答这个问题,那个特点也是我一直在强调的,即我们具有规范能动性的能力。我们很容易明白为什么“尊严”这个术语与我们作为规范行动者的地位相联系,为什么其他形式的动物生活被认为缺乏尊严。这不是说我们只能采取从“尊严”走向“人权”的说明方向;有可能的是,把人权的轮廓勾
66 画出来是理解“尊严”这个特别含糊的术语的一种必不可少的方式。

我们的能动性并不是简单的,它有一些构成要素:自主性、自由和最低限度供给。一个人可以失去其中一个部分而没有失去其他部分。每个部分本身又可以具有不同程度的重要性。例如,有微不足道的自由和事关重大的自由,有对自主性的微不足道的运用和至关重要的运

用。当我们把自由权和自主性的运用区分开来时,我们是按照它们对人格具有多大的重要性来区别的。例如,我们自由地访问其他国家、其他文化、其他政治制度、持有其他态度的人们。美国政府禁止其公民访问卡斯特罗统治下的古巴,这是对他们的自由权的一种侵犯,但这种侵犯不如禁止所有对外旅行那么严重,后者又不如禁止一切对外接触那么严重。因此,在提到对权利的事关重大的侵犯和微不足道的侵犯时,我们所依据的是这一思想:有某种东西受到了攻击,这种东西比较接近或比较远离一个人的能动性的核心。一个人的自由、一个人的自主性在不同时候都具有多多少少的重要性。此外,也有一个时间的维度:自由或自主性的丧失可以是短期的,也可以是长期的。[34]

我在这里对能动性程度的谈论不符合我前面所说的东西吗?我现在所说的是,一个人可以丧失能动性的一个成分而不丧失其他成分,可以在不同程度上丧失每个成分。但我在前面所说的是,人格是一个阈限概念:一旦处于"人"这个类里面,就没有在不同程度上"是一个人"的问题。有两种含义的能动性是我们主要关心的。有一种能动性使得我们成为人权的拥有者,那种能动性就是我们拥有自主性和自由的能力;有一种能动性是人权旨在保护的,那种能动性不仅是对那些能力的拥有,也是对它们的运用。因为各种原因,譬如说其他行动者所采取的行动,或者某些疾病(例如小儿麻痹症或者运动神经疾病)或事故(这方面的原因更常见),一个人可以丧失自己运用自由的自然能力。一个人可以因为对自己的身体没有充分的控制,而不再去追求他对一个值得过的生活的设想的各个部分。这是一种能动性的丧失吗?对一个人的人权我们又可以说什么呢?我认为明显的是,不管我们如何说明人格和权利的拥有,这样一个警觉的人,即使因为身体不能正常发挥功能而陷入困境,仍必须被当作一个人、当作一个**权利的持有者**来看待。这是没有争议的,它也可以被容纳在基于人格的说明中。由于人格的价值,我们有了一项与人权相关联、恢复那个人的行动能力的责任。比如

说,我们认为,对于残疾人来说,我们应该为他们修建专用通道,以便他
67 们可以方便地到达学校、博物馆、音乐厅等场所。同样,我们可以帮助在身体上无法正常发挥功能的人们;比如说,我们可以因为他们行动不便而帮助他们,可以帮助他们落实他们对一个值得过的生活的设想,也许甚至帮助某些这样的人实施安乐死。后面我会回到最后这个问题。[35]

现在来考察"人权是绝对的"这一思想。我们已经看到人权是可以发生冲突的——不仅互相发生冲突,也可以与其他类型的道德考虑相冲突。因此人权不可能是绝对的。确实有一些直观似乎支持绝对主义。一些成对的价值具有这样一个特征:不管其中一个价值提高多少,它绝不可能到达另一个价值的层次。我在其他地方把这种关系称为"不连续性"。[36] 我们不断碰到福利与福利的冲突,我们都相信功利主义的计算往往是解决这种冲突的恰当方式。例如,我们估算有多少飞机乘客会因为有早航班和晚航班而遭受不便,遭受多大不便,然后估算有多少生活在机场跑道附近的人会受到打扰(假设生活在这个区域不比受到打扰更糟糕),受到多大打扰。但是,某些其他的情形好像很不相同。我们不妨假设,如果我想过我认为值得过的那种生活,而且这种生活对我来说是唯一的,那么我的邻居就会心烦意乱。不过,与机场的情形不同,在这种情形中,我们并不认为我们应该数人数。我们不这样认为,因为只要我们是在日常的意义上来理解心烦意乱,它就绝不可能达到这样一种地步,以至于它与一个人能够过他认为值得过的那种生活具有同样的重要性,哪怕有一百个、上万个乃至一百万个邻居心烦意乱。心烦意乱也不是那种可与一个人的自由权相当的东西。

不过,不连续性的存在一点也不支持绝对人权的存在。相反,承认不连续性不仅符合功利主义,甚至也没有引入一种不可比性,反而倒是引入了一种很令人瞩目的比较。我刚才使用的例子之所以构成了一种不连续性,只是因为那两个发生冲突的价值是有程度地出现的。我的

最核心的自由事关重大、**完全**事关重大，这一点很重要。我的邻居没有体验到任何比心烦意乱更坏的事情，这一点也很重要。反过来说，如果他们遭受了重大痛苦，而我只是暂时丧失一点微不足道的自由，那么我们就应该再想想。

在不同权利之间也会发生冲突。其实，每个人都会同意：通过确定构成人格的那些价值在什么程度上事关重大，我们就在解决这种冲突上实现了一个重大进步。无辜受到拘禁的人在被任意拘禁期间，其自 68
由权受到了侵犯——不是完全受到侵犯，因为在拘禁期间仍然应该为他们保留几项自由权。然而，如果恐怖主义的无辜牺牲者失去了生命，他们也就完全丧失了自由权以及所有其他的自由和保护。现在，为了进行比较，就需要一个具有连接作用的概念，即某个概念背景，它提供了用来对发生冲突的项目进行比较的措辞。[37] 这个具有连接作用的概念本身无须是一个实质性的价值；它可以是对"价值"本身的某种理解："缓解这一痛苦比临时丧失自主性的这个要素更有价值。"它也可以是对"理由"的某种理解："这是一个比那个理由更强的理由。"在解决权利之间的冲突时，"保护人格"就是一个具有连接作用的概念。与其说把一些无辜的嫌疑犯拘禁六个月的做法摧毁了人格，倒不如说拯救二十个或三十个在场的无辜者的做法更多地保护了人格。

对权利与福利的冲突也可以提出大致同样的说法。一旦我们理解了人权的价值，我们就会看到人权的价值在程度上是有差别的。我们可能不打算接受如下做法：为了缓解某种苦难而否定很多人作为行动者的地位；不过，如果那种苦难很大，我们可能就会接受这样一种做法：为了避免这种苦难而部分地、暂时地放弃自主性。在这种情形中，我们是在"什么东西对生活重要"的问题上做出一个相对判断。在权利与福利的冲突中，"对生活重要"这个更加广泛的概念就是一个具有连接作用的概念。

从下往上的探讨必须在抽象水平上有显著的提高，而在这个论证中，目前我们已经达到了这一点。这个论证可能不像某些从上往下的探讨那样上升到如此高的抽象水平，但它必须向那个方向努力。我刚才概述的那两个解决冲突的提议，只要开始实行，就会博得广泛接受。实际上，这些提议从目前的样子来看就像后果主义的提议。那么，难道我们不能通过计算牵涉人权的冲突对生活质量的影响来解决所有这样的冲突吗？如果可以，人权现在难道不可以在一个后果主义的基础上共存吗？很多作者会否认这一点。他们会强调说，解决冲突比后果主义者所设想的要复杂得多。有些作者会认为，我们也必须考虑某些义务论的要素，或者我们仍然需要引入目的论的、但不是后果主义的要素，或者我们必须把美德的基础作用也考虑在内。

这是一个预报，它把我们领入规范伦理学的核心。规范伦理学的核心是一个很庞大的论题，在这里，我只能用一种概括性的方式把它引
69 入我的论证中，不过，只要有人想理解人权，不管是否愿意，在这个地方他必定会面临几个问题。我们至少需要把这些问题揭示出来。在其他地方回答这些问题时，我们已经提出了一些相关的论述，[38] 但还需要更多的论述，即使必须等到另外的场合来提出。我认为，很多读者都会接受到目前为止我就人权提出的主张，也就是基于人格的说明。他们很可能都会承认，人格至少在对人权的说明中发挥了主要作用。但是，在规范伦理学的核心问题上，我们就不能指望取得广泛的一致了。如果有人不同意我现在将要说的，那么他就必定发现某些其他东西来取代我的说法。因此，我们需要看看在什么地方它们可以取代我的说法。

我们计算后果的能力是有限度的。当然，我们无须得出确定无疑的计算结果，因为一般来说我们是靠或然性来生活的。不过，为了准备用或然性来引导生活，我们确实就需要让或然性足够高。我们的计算有时显然具有很高的概率，但有时并非如此。因此，关键的问题是：计算到底有多少次不具有很高的概率，这些失败对于道德生活来说有多重要？如果最合理的后果主义就像我所认为的那样是那种高度间接的

后果主义，那么一个后果主义者就必须能够回答这样的问题：哪一套行为规则和倾向，若要在社会中占据主导地位，将在整个社会中具有长期来看最好的后果？几乎没有谁成功地回答了这个问题。我们所能得到的充其量是某种成本—效益分析，但这种分析是有漏洞的，一旦加以形式化，就很难恰当地把某些关键的价值表示出来，比如说人类生命的价值和环境的价值（尤其是那些不能被归结为对人类来说具有好结果和坏结果的环境价值）。在成本—效益分析中，计算所依据的假定往往被过分简化，因此我们就可以正当地不希望按照那些假定来行动。因此，间接的后果主义者就需要在更大的尺度上来进行计算，这个尺度比任何尝试成本—效益分析的人所依据的尺度要大得多。

有些人会认为，伯纳德·威廉斯所谓的“早期回答”可以对付这个忧虑。这个回答所说的是，完全世俗的伦理学仍处于青年时期，至多只有两个世纪多的发展历史，现代伦理“理论”也只是很粗略地发展起来的。组成这个回答的两个主张都是真的，但是，只有在如下条件下它才会令人安心：在计算后果上，我们所面临的障碍是那种需要花费更多的时间来解决的障碍。然而，这是一个很强的假定。当今的很多哲学家 70
做出这个假定，主要是因为他们假设：如果一个伦理“理论”需要行动者在智识或意志方面具有某些能力，行动者就具有那些能力。然而，只要稍微反思一下，我们就可以发现这个假设很荒谬。

在伦理学中，一个尚未得到充分讨论的重大问题是：伦理学试图管理的那些行动者的能力究竟是什么？我们**有时候**可以很可靠地计算大规模的、长期的社会安排所产生的好的和坏的后果。如果我们所思考的那种安排很极端，那么我们显然能够这样做。例如，假设有一个没有法制或者没有公正的手段来解决冲突的世界，而我们打算迁移到那个世界，那么我们就会做出如下万无一失的猜测：在那个世界中，我们的生活肯定会变得越来越糟糕。不过，我们认为切实可行、值得严肃考虑的情形并不是极端的情形。在这种情况下，我们就会陷入手忙脚乱的状况。考虑如下现实的情形:我们尊重无辜的人类生命的规则和倾向变得不太严格;在战争时期我们开始故意杀害平民百姓(惊吓策略);我们把恐怖主义广泛地当作一种政治工具来利用;我们让我们不喜欢的政治对手"消失";外科医生开始偷偷杀害一个病人来挽救几个其他病人等等。所有这些情形,如果说能够得到辩护的话,其辩护都是以总体上好的后果为依据。但是,这些情形就更好吗?我很怀疑有人可以比较肯定地回答这个问题。也很难看到"早期"这个说法能够有什么相关性。我们都知道我们所面临的那个重大问题:鉴定和收集有关信息,把它们恰当地表达出来,以便最终可以可靠地得到一个唯一的答案。往后的日子怎么会让这件事情变得更容易呢?

减少对无辜的人类生命的尊重的例子暗示了一些进一步的东西。也许大多数人都会同意,如果我们在比较的是两个相似的可能世界,那么我们现在就不能在一种可靠的或然性程度上进行后果主义计算,在某个可能的未来也做不到。但是有些人认为,后果主义需要做的仅仅是针对某些偏离现状的变化做出一种小规模的、更易于处理的计算。然而,减少对无辜的人类生命的尊重的例子就是一种偏离现状的变化,但并没有因此而变得更易于处理。

对后果主义有一种很常见的捍卫:如果有适当的经验证据表明人类在智识和意志方面确实受到了限制,那么任何相关的限制都可以被整合到那种计算中。我们应该问的是:当行动者在智识和意志方面受到了这样那样的限制的时候,哪些倾向、规则和原则,若在社会中占据
71 主导地位,将在整个社会中具有长期来看最好的后果呢?但是,这不是对上述怀疑的回答,反而让那种本来已经很可疑的计算变得更加困难。

另一个常见的回答就在于利用一个区分:在决策程序(我们实际上应该决定做什么的方式)和正确性标准(什么东西最终决定做什么是正确的)之间的区分。这个回答继续说,在决定做什么时,我们往往不能把后果可靠地计算出来,但这无关紧要,因为我们并不需要可靠地计算

后果，只要正确地遵循根深蒂固的倾向或固定的规则（或者诸如此类的东西）就行了。但是，这种捍卫后果主义计算的方式也太弱了。正确性标准也有一个认知约束：如果一个“标准”超出了我们应用它的能力，它就不能充当一个标准；它不会履行对我们的决策程序进行裁决的职能。

人类也受到几个其他限制，它们具有塑造伦理学的作用。[39] 并不是每个行动都属于人的正常的动机能力的范围。在这里我只考虑一个例子。如果人们能够具有爱和情感，能够具有对某些人、制度、职业和事业的深厚承诺，正如我们历来指望的那样，那么某些行动就超越了他们的动机范围。一个人不可能想有这些承诺就有这些承诺、不想有就取消它们，而后果的计算可能要求这一点。在轮船沉陷的时候，我会救自己的孩子，而不是众多的陌生小孩。按照对“‘应当’蕴含‘能够’”这个原则的最有道理的解释，我不可能无视自己的孩子去救其他人，因此无视自己的孩子去救其他人不是我应当做的事情。很多哲学家相信，“我没有义务去救其他小孩”这个说法的根据不是在动机之中，而是在道德之中：我在道德上有义务公平地对待每个人，但我对自己的孩子的关爱应多于对其他孩子的关爱。他们认为，我们在这里处理的是一个道德限制，而不是一个动机限制。不过，我们也是在处理一个动机限制。动机限制是实实在在地存在的，而且，既然“应当”蕴含“能够”，这种限制就有道德后果。

我刚才就人类动机的限制提出了一些主张，对于这些主张，当然存在着一些有分量的答复。我只考虑其中的一个例子。人们正确地认为人类动机是有弹性的，例如，动机可以由知识来扩展。慈善组织知道，只要把一张真实地反映一场饥荒的照片拿出来摆到我们面前，我们当中很多人就会去拿支票本。然而，即使我们有了更多的知识，典型的人类行动者并不因此就能满足任何伦理学可能施加的任何要求。实地工作的饥荒救助人员，即便具有充分的动机，很了解他们所目睹的苦难，

但一般来说,他们也不会牺牲自己以及他们所爱的人到了这样一个地
72 步,以至于他们所做出的进一步的牺牲超过了由此为饥饿者所带来的进一步的好处。不错,对于那些已经提供援助的人来说,经常有很好的、不偏不倚的最大化理由要求他们提供更多的援助,但是,他们至少必须有能力继续援助,而饥荒救助人员一般来说也不会做出这样的自我牺牲。

也许我们需要一种更加令人振奋的伦理学。肯定有些伦理学乏味、狭隘、令人沮丧,而一种激动人心的伦理学会帮助我们上升到伦理学的最大要求。这种伦理学也许是某种宗教伦理学,或者是对善的那种柏拉图式的洞察,艾丽斯·默多克曾认为,这种伦理学能够鼓舞集中营中的一个囚徒站出来,顶替排在毒气室外的一个陌生人去死。然而,在我看来,这种思想的问题在于:如果一种伦理学要求我们在动机上实行如此极端的革命,它就不合理,合理的伦理学不可能对我们提出这样的要求。但是,不可企及的目标难道不可能起到一个重要的伦理作用吗?这种目标会让我们极度紧张;即使我们应当且有可能变得更加慈善,但我们当中大多数人分明成为不了那个样子。不过,说"我采纳了我接受为一个'不可企及的目标'的那个东西",这个说法是一个矛盾修饰法。不管你从我嘴里听到了什么稀奇古怪的声音,我都不可能严肃地告诉你:我正**试图**在没有任何辅助设施的条件下在空中跳跃100英尺。

但是,难道正确的教育或严格的训练不能扩展动机吗?难道我们没有时常看到军事训练是如何把普通人转变为愿意为国捐躯的人吗?在"文化大革命"期间,中国政府成功地把红卫兵创造出来,其中一些红卫兵打破了原先的行为模式,把持不同意见者、资产阶级乃至他们的学识渊博的父母交给警方。但是,这种训练并没有成功地普及开来或者持续很长时间。红卫兵及其最热情的合作者的那种难以置信的个性是不稳定的。

除非我们对一般而论的道德规范有了深入认识,否则我们也不可

能深入理解人权。我只是很粗略地概述一种规范伦理学，它是目的论的，但不是后果主义的。它大概是用亚里士多德伦理学成为目的论伦理学的那种方式成为了一种目的论伦理学：在把道德原则推导出来时，人类生活的目的就是它所使用的唯一价值，不过，除了那些目的外，还有更多的东西进入那种推导中。除了人权的人格根据外，还有实用性方面的根据，而且，尽管这个方面的一些考虑归根到底是对生活质量的考虑，但并非所有考虑都是。例如，我们不得不把人身安全的权利的界限确立起来。任何特定的社会所选择的界限在某种程度上都将是任意的。并非因为我们很有可能计算出把界限确立**在这个地方**可以产生最大效应，这种界限因此就被选择出来了；我们可以排除某些极端选项， 73
但是，在一个很大的中间地带，仍有很多我们无法可靠地排列的取舍。还有，“不要滥杀无辜”这个规则是立足于我们赋予人类生命的那个重大价值，但不仅仅是立足于那个价值。这个规则在很大程度上是由人类的局限性塑造出来的。我们采纳这个规则，并鉴于人类生命具有很高的价值而认为应该**严格**遵守这个规则。对这个规则的严格遵守会用各种各样的方式显示出来，并重要地体现在如下要求中：任何打破这个规则的情形都必须得到强有力的辩护，例如在小心谨慎地界定的安乐死的情形中。在这种情形中，辩护大概是按照好的后果来做出的，或者大体上是按照如下说法来做出的：需要无痛苦地死去的人所得到的好处，在分量上超过社会在其他方面付出的代价。但是，好的后果并未抓住“不要滥杀无辜”这个规则中的**政策**要素，那就是：只有当一种例外具有特别强的辩护时，才允许它出现。这个规则及其例外构成了一个组件，而即使这个组件能够最大限度地促进好的后果，它也没有因此就获得它的权威。我们不知道它是否具有这种效应。由尊重生命的规则及其例外构成的其他组件还有很多，但是我们不能按照好的结果来排列它们。有时候，对我们唯一开放的道德生活涉及**尊重**价值，而不是**促进**价值。在这里，所谓“尊重”人类生命的价值，我主要是指（比如说）不要自己动手夺去无辜者的生命，尽管这不是尊重这个价值的唯一含义；所谓“促进”人类生命，我指的是使用一个人所能得到的任何手段来维护尽可能多的生命。[40] 我们必须弄清楚人性的某些限制如何决定了道德义务的限度。

从 18 世纪到现在，大多数哲学家被自然科学家（显著的例子是牛顿）的成功所迷惑，于是就去寻求高度系统的理论。道德哲学家试图把所有变化多端的道德思想都归结为一个原则，或者少数几个原则。康德自觉地接受牛顿的鼓舞，于是就停留在这个地方：他认为道德义务可以被归结为一个单一的先验原则，即绝对命令。休谟、亚当·斯密以及功利主义者走得更远，不仅去寻求高级的理论体系，也去寻求系统的经验观察。这大概就是我们现在所处的位置：在一种牛顿式的抽象层次上去寻求道德“理论”，打算用融贯性或反思平衡检验来评价那些理论，但是，这种检验之所以在自然科学中变得有效，只是因为它有了一些在伦理学中并不存在的特点。[41]

我认为，除了在伦理学中采取一种高度实践的转向外，我们别无
74 选择。这种转向不仅要确保抽象原则与实践相适应，也要容纳我们的实践（我们那种本身就有局限性的人性以及实际社会的需要），用来决定那些原则的内容的方式。我提出的那种实践转向使得遵循规则和训练倾向在伦理学中占据核心地位，例如转向某些二阶规则，它们关系到“不要滥杀无辜者”这条规则的本质。这条规则不太像一个牛顿式的原则，其中包含了主要的政策要素。我们之所以遵循这条规则，并不是因为这样做对每一个不偏不倚地加以考虑的人来说都是最好的；我们只是遵循它。这条规则是实践性的，不仅因为它引导实践，也因为它是由我们这样的行动者可能具有的那种实践来塑造的。我们过着那种对我们都开放的道德生活。尽管我说这是“我所提议的转向”，但这个转向其实在很久以前就是由日常伦理学和法律来采取的转向，而日常伦理学和法律为了能够让自己具有权威和有效性，并不需要在背后用一种

高度抽象的系统道德来支持自己。我在这里所确认的不是日常伦理学目前的内容，这种伦理学不假装体系化，但包含了很多值得向往的东西。

回到我们的主题：人类的这些局限性不可避免地塑造了人权。“不要滥杀无辜”这条规则在历史上曾经是生存权的第一要素。实际上，在17世纪，生存权基本上被认为只比一项所谓的“消极权利”多一点点，那就是：不要不经过正当的法律程序就夺走一个人的生命。如果通过让一位激进的改革者“消失”，阿根廷和智利成千上万的公民就会觉得更安全，那么，仅仅通过考虑生活质量所受到的影响，是不能解决他们的福利和那位改革者的生存权的冲突的。我们不可能很精确地把那些影响计算出来，而那些影响无论如何也不足以抓住“不要滥杀无辜”这条规则的本质。我们确实不应滥杀无辜，除非我们所面对的情形属于一种强有力地得到辩护的例外；不管一些中产阶级的阿根廷人或智利人是否正确地觉得他们因此会变得更安全，他们所面对的情形肯定不属于那种例外。

这样的道德规则确实存在，而这个事实就让冲突的解决变得复杂。有时，通过确定人格或生活质量受到影响的严重程度，我们就可以解决与人权有关的冲突。但是，当一个道德规则不是从生活质量的概念中派生出来、而我们必须考虑这个规则时，我们就不能用这种方式来解决冲突了。因此，道德慎思必定主要是出现在日常生活的常识思维的层次上。我们通常用“谋杀”（即“故意杀害无辜者”）、“父子关系”、“生存权”、“言论自由的权利”之类的说法来进行思考。虽然冲突的解决要求我们使用更抽象的语言，但我们也不能因此而废弃这方面的所有日常
词汇。 75

3.6 超越直观的一步

人权抵制交易,但并不完全抵制交易。这种非绝对主义观点的最强变种是这样一个观点:唯有与一场大灾难譬如说核恐怖相接近的东西才能推翻一项人权。正如我们已经看到的,这就是诺齐克的观点。[42] 我已经提出为了解决冲突应予以关注的各种考虑。我的提议似乎表明:如果把少数有嫌疑的恐怖分子拘禁几个月就可以防止曼哈顿的一半区域受到核武器摧毁的威胁,那么那样做就会得到辩护。然而,曼哈顿的一半区域被摧毁,尽管是一件很可怕的事情,仍然说不上是核恐怖。按照我的提议,人权的例外不可能如此罕见。不过,那些接近绝对主义者的人可能会抱怨说,我其实尚未把关键的考虑引入解决冲突的标准中,那个考虑就是对人的尊重。但是,我不是没有引入这个考虑:我已经详细阐明那个漫长的人权传统认为与我们作为人的地位相联系的价值。我(或者说,那个传统)遗漏了什么呢?一个可能的回答是:尽管我已经把对人的尊重的**一种**解释包括在内,但我还没有把大多数义务论者所强调的那种康德式的解释包括进来。我使用"康德式的"这个说法,是因为康德是一个绝对主义者,而我们现在是在谈论非绝对主义的一些强的形式。因此,那种接近绝对主义的康德式的解释就必须具有充分的丰富性,以便可以表明转折点在什么地方,为什么就定在那个地方。我无法发现一个合理的回答。尽管我的回答并非定论,但不妨谈谈。

非绝对主义观点有一个普通变种,那个接近绝对主义的观点就是该变种的一种特殊情形。这个变种认为,一项例外不是由价值对一项人权的简单盈余来辩护的,而仅仅是由一种充分巨大的盈余来辩护的,在这里,"充分"这个说法可以与灾难相联系,或与某种即便不是灾难、也仍然很严重的事情相联系。这个普通变种诉诸了两个标准,但它们究竟是什么呢?好像我们必须能够判断与一项人权相竞争的价值在什么时候**正好**超过那项人权，然后按照一个新的标准来判断那种盈余何时是充分的。这两个标准的构造涉及一种概念上的复杂性，这种复杂性究竟在何处呢？在这里，按照我的猜测，我们那个模糊不清、发育不全的思想大概是这样的：第一种比较诉诸了一个关于安康的标准，第二种比较诉诸了一个关于道德重要性的标准——也就是说，第一种比较诉求生活质量方面的考虑，第二种比较诉求规范的权重。但是，这个说法不可能是正确的。举例来说，我们判断说，缓解如此这般的苦难可以 76
为丧失某些方面的自主性做辩护。如果此前我精确地描述了我们对这种情形的思考，那么，在这里，那个具有连接作用的概念就是在生活质量方面的得失：在我所描述的情形中，缓解苦难的收益远远大于自主性的某些很微不足道的要素的丧失。这好像就是我们所假设的那两个标准中的第一个。从生活质量方面来考虑，我们判断说缓解苦难刚好超过了自主性的丧失。但是，仅仅是从构成辩护的那些条款来看，前者才正好超过后者：一种收益辩护了一种丧失。然而，有辩护就是有辩护。“一种**充分**盈余的辩护”这一思想是无意义的。

由此看来，与我们的初步印象相反，在这里我们具有的必定不是那两个假设的标准中的第一个，而是第二个。有没有什么材料可以让我们把第一个标准构造出来呢？有人可能会猜测说，当我重新引入自主性与苦难相冲突的例子并附带加上我此前对它提出的评论时，我的做法是成问题的。他们可能会认为，此前我对这种冲突的说明已经揭示了我的目的论取向；生活质量比较相对来说容易理解一点，是现代经济思想的标志。不过，赞同这种目的论取向可能是在简单地假设义务论是错误的。因此让我们绕远一点去寻找另一个标准。人们可能会做出这样一个判断：缓解苦难为自主性的部分丧失提供了辩护。我们不妨假设，这样一个判断必定是在采纳最终的标准，它所说的是，福利方面的考虑推翻了自主性的权利。这样一来，我们就需要材料来构造一开始提出的那个标准，它所说的是，福利**正好**超过权利。但是，我们找不到这样的材料。

上述非绝对主义的观点提出了两个要点,不妨称之为“两个要点模型”。这个模型可能会让义务论的核心要点(权利往往优先于善)变得模糊不清,因此让我放弃它。“应该有**充分**盈余的善”这一要求难道不就是对权利所具有的那种独立分量的一种表达吗?难道没有那两个要点就不能把这个要求表达出来吗?按照这个建议,在“我们何时达到这种充分性”这一问题上,义务论者做出的判断可以是基础的和直观的,我无法反驳这种判断的这一特点。我为了解决冲突而必须做出的判断可能也是这样。不过,请再次思考一下自主性与苦难相冲突的例子。假设我们只是权衡有关人员所能得到的好处,暂不考虑这项人权的义务论分量。一方面,邻国人民正遭受苦难,另一方面,在这项决定中,如
77 果我们不把自己的说法表达出来,我们就丧失了自主性。在这种特定情形中,一个人可以想象自己直观地做出了如下判断:缓解苦难正好超过自主性的丧失。在做出这个判断时,他又是在把有关人员所得到的好处视为其决定的根据。但是,好像没有必要再做出一个进一步的判断;在这里我们已经对这种交易有了辩护。

为了试图避免这个结论,我们或许转而提出如下说法:自主性的权利应具有独立的义务论分量,而我刚才设想的那个判断已经把那种分量结合起来。但是,这个说法是在用对“尊重人”的那个康德式的解释来确定交易点,正如在上述例子中,我是在用我自己对“尊重人”的解释来确定交易点。不过,这并不表明这些交易点在所有情形中都是同样的;它们是否是同样的取决于那个康德式的解释实际上说什么。我不能声称我对“什么东西至关重要”的解释有一种不成问题的清晰性,但是,如果义务论不仅要向我们提供关于对错的理由,也要向我们提供理由来说明“尊重人”这一考虑何时正好被生活质量所推翻,并且要用为行动提供辩护的措辞来说明这一点,正如在目前所讨论的情形中那样,那么义务论就总是要与“尊重人”这一思想的模糊性作斗争。我们

希望那个康德式的“尊重人”的思想有更多的内容,以便我们可以知道这种判断究竟是如何做出的。即使人们准备进行这种排列,这个事实本身几乎也无法表明他们的排列就是合理的;除了合理性外,也可以用人的心理来为这种排列探路。

当代契约主义受到了康德的鼓舞,因此,也许有人可以从这种契约主义中得到我们正在寻求的那种更具康德式的色彩的解释。但是,他们为此就得与朱迪思·贾维斯·汤姆森对契约主义提出的那个强有力的挑战相辩论:

> 从我这方来说,我始终无法让自己相信,为了(譬如说)好玩而把婴儿折磨至死的错误**就在于**,这种做法“得不到对行为进行一般规定的任何规则体系的允许,而这种规则体系,作为知情的、没有受到强迫的普遍同意的一个基础,是任何人都不能合情合理地加以拒斥的”。在我看来,对这种行为的道德说明恰好要从对立的方向入手——正是这种行为的明白无误的邪恶,说明了人们为什么在不允许这种行为上能够达成一致。[43]

托马斯·斯坎伦在他所提出的那种契约主义中对这个异议提出了如下回答:[44]

> 汤姆森引用的那个契约主义准则旨在说明“一个行为何以是错的”。一个行为是**因为**某些性质而成为错误行为,也正是因为那些性质,允许那个行为的任何原则就成为可以被合情合理地拒斥 78
> 的原则(在汤姆森的例子中,相关的性质就是不必要的痛苦和婴儿的死亡这两个性质)。

在这里,斯坎伦把两个问题合理地区分开来:一个问题是“一个行为**何以**是错的”,另一个问题是“什么东西**使得**一个行为是错的”。这种做法产生了一个结果:它要求我们按照一个行为的道德上相关的特点(使得一个行为是正确的或错误的那些性质,例如痛苦和死亡)、而不是通过思考一个行为是否符合道德正确性标准(关于道德对错的标准)来处理很多道德思想。

在我们正在考虑的情形中,使得那个行为是正确的或错误的东西,就是我们的自主性的丧失以及邻国人民的苦难。它们也是使得那个行为在某种程度上是正确的或错误的东西。在思考这个情形时,我们会考虑苦难有多么深重,自主性的丧失有多大规模、是长期的还是短期的。这表明,如果非绝对主义的义务论者遵循对“尊重人”的这种契约主义解释,而行动者遵循我的解释,那么他们不仅会得到同样的结论,而且是出于同样的理由而得到同样的结论。

众所周知,在说明人权上,功利主义的处境格外艰难。我同意这个说法,但我想补充说,在说明人权上,义务论所面临的处境也好不到哪里去,这就不是人人都知道的了。我们不仅需要对权利与福利的冲突提出一个说明,这样一个说明是我一直在讨论的,此外,我也相信具有那两个标准的模型旨在与这样一个说明相适应。我们也需要说明权利与权利的冲突、权利与正义的冲突等等。

3.7 人权抵制交易的一些方式

目的论很容易说明为什么人权并不过于抵制交易。但是,它能够首先说明为什么人权**抵制**交易吗?

我已经暗示说,一项人权在不同的情形中可以受到不同程度的威胁。福利显然可以对人权造成威胁。为了解决人权与福利的冲突,我们希望弄清楚人权或福利受到了多大威胁。只要我们按照“多大”这样的说法来进行慎思,我们就仍然希望最小化人格的丧失或最大化人格的保护。一旦开始尝试这种最小化和最大化，有一种恐惧可想而知就会出现，那就是：我们是在尝试一种道德算术，譬如说，为拯救五个人而杀死一个人之类的行为做辩护。 79

不过，我所建议的不是任何形式的功利主义或后果主义，而是另一种目的论。功利主义和后果主义当然是两种目的论的理论，但它们把对道德正确性的检验限制到按照某种合理性要求（例如最大化）把尽可能多的善产生出来，或者按照对合理性的另外一种理解，在一种令人满意的程度上把善产生出来。但是，目的论可以采取一些其他的方式把正当建立在善的基础上。[45] 为了进一步说明这一点，接下来我将考察人权在目的论的框架内能够抵制交易的各种方式。

一种方式来自与我们的人格相联系的那种重大价值。我们认为人格具有这样一种重大价值，尤其是，只要我们已经在物质生活方面处于某个可接受的最低限度水平之上，实际上，所有生活在第一世界的人都处于这种状况。这意味着，一般来说，人格抵制与福利进行交易。只要我们已经处于那个可接受的最低限度水平之上，福利就需要在有了很大分量的时候才能超过人格。这个说法反映了前面所说的“充分盈余”，但并不要求那两个标准。

人格抵制交易的第二种方式特别显著，那就是通过某种不连续性。某些价值，例如我们作为人的地位，具有这样一个特点：不管某些其他价值具有多大分量，它们也不能与那些价值相比或超过那些价值。我们赋予人格的价值不能受到这些其他价值的挑战。这个说法反映了人们有时提出的一个说法，即存在着绝对的人权，但它实际上并不支持那个说法。

第三种方式是我不久前曾讨论过的。在前面，我曾诉诸在“尊重”善和“促进”善之间的区分。[46] 就像促进善一样，尊重善也可以是一种目的论的见解；二者都可以认为善在道德结构中是基本的，正当是从善中衍生出来的。我此前提到的例子是：必须尊重生命，必须真诚地遵守

“不要滥杀无辜”这个规范——必须遵守这个规范,因为它是我们这样的存在者所能得到的唯一的道德生活,尽管人们可能也会采纳如下方针:只有在支持例外的理由特别有说服力的时候,例外才是可允许的。“要求一种**特别**有说服力的理由”这一说法反映了前面所说的“价值的**充分**盈余”,但它所要传达的并不是同样的要点。“一种**特别**有说服力的理由”这一说法引入了一个认知标准,而不是另一个道德标准。这种说法阐述了一项方针,而且显然是一项保守的方针,因为它所说的是,当某些与人类生命同等重要的东西危在旦夕时,应该做什么;而我们对有关价值的计算是如此飘摇不定、残缺不整、思想不清,因此我们就不
80 愿意靠这种计算来生活。

3.8 小结

在本章中,我采取了逐步递进的论证方式,有别于哲学中的大多数论证。因此,按照如下形式对我的论证做个总结可能很有帮助。

(1)我们需要为人权提供存在条件。

(2)人权的存在条件特别需要具有某些实质性的评价要素,以便把与人的地位相联系的价值表示出来。

(3)那些实质性的评价要素因此就对人权的内容施加了具体约束,例如,按照基于人格的说明,人权所保护的不是我们理性地欲求或者受益于我们的任何东西,而是我们作为规范行动者的地位。

(4)规范能动性可以被划分为三个部分:自主性、最低限度供给和自由。

(5)规范能动性的每个部分都可以受到其他人的威胁,在不同程度上受到威胁:一个人在其自主性、最低限度供给或自由方面的丧失可以很小,也可以很大。

(6)这些程度是由对一个人的人格的影响来决定的,例如,一种次

要的自由是这样一种自由，其丧失仅仅是在很小的程度上贬损一个人的人格；而一种主要的自由是这样一种自由，其丧失实质上贬损一个人的人格。

（7）当我们能够解决与人权有关的冲突时，在权利与权利相冲突的情形中，我们是通过诉诸那种冲突对人格的影响来解决冲突的；在权利与福利相冲突的情形中，我们是通过诉诸那种冲突及其对福利的影响来解决冲突的；在权利与正义相冲突的情形中，我们是通过诉诸那种冲突以及所涉及的正义的分量来解决冲突的；等等——不过，在所有这些情形中，我们有时也通过诉诸一个道德规则来解决冲突。

（8）这些解决需要一个或一些具有连接作用的概念，以便我们可以用充分相似的术语来决定发生冲突的那些考虑的分量，从而确定哪一个考虑具有更大分量。这样一个具有连接作用的概念本身无须是一个实质性的价值，例如，它可以是对审慎的价值本身的一种理解。在一些冲突的情形中，可能没有具有连接作用的概念。

（9）在权利与权利相冲突的情形中，具有连接作用的概念是人格上的得失。在权利与福利相冲突的情形中，具有连接作用的概念必须更加广泛：生活质量上的得失。 81

（10）在这两种情形中，得失必须是可以跨人际比较的。

（11）所有这些关于得失的考虑都与解决我特别提到的那两种涉及人权的冲突（权利与权利的冲突以及权利与福利的冲突）有关；某些道德规则也与此相关。此外就没有其他相关的考虑了。

（12）那些接近于倡导绝对主义观点的理论家并没有对他们所设定的转折点提出适当的说明。更为温和（也更加普通）的义务论者并没有对我们如何鉴定他们所设定的那两个要点（为了推翻一个人权而需要具有的善的简单盈余和充分盈余）提出适当的说明。 82

第四章

谁的权利?

4.1 这个问题的范围

人类婴儿不是规范的行为主体。人类胎儿、具有严重精神缺陷的人、痴呆症患者也不是规范的行为主体。那么,这些人都没有人权吗?[1] 也许我们不应该如此拘泥于“人权”这个名称的授予标准。在那些人当中,难道没有任何人仅仅因为是人而至少具有某些一般的道德权利——即使这种道德权利只是与人权相似,但从一切实际目的来看,它们具有与人权同样好的地位?

4.2 潜在的行为主体

我将集中于儿童的情形,不过,我相信我就此提出的结论可以扩展到其他不太容易处理的边沿情形,在本章最后,我会讨论那些情形。

正常的成年人有一种自然的平等:他们都同样是规范的行为主体,他们都达到了我们所规定的那个阈限,进入这类行动者的行列。这意味着,就人权而论,除了行为主体和非行为主体[2]之间的区别外,所有其他差别,比如说男人和女人、黑人和白人、教育程度很高的人和教育程度很低的人之间的区别,都是无关的。然而,不清楚如何看待婴儿和成年人之间的区别。正如洛克简明扼要地指出的:“我必须坦诚相告,儿童并非生来就处于平等的完整状态,尽管他们生而平等。”[3] 对于婴儿来说,正常的自然命运就是要成为行为主体,这也是我们需要高度关怀婴儿的一个理由。什么让杀害婴儿一般来说成为一个严重过错呢?答案的主要部分(但不是整个答案)必定就在于:婴儿有可能过上一种幸福快乐、富有成效、有所回报的生活,而否定这种可能性是一种严重的剥夺。婴儿具有这种潜力,因此就必须认为婴儿有某种道德分量。 83

那么它有多大分量呢?是一种允许我们把人权从中推导出来的分量吗?潜在的行为主体是有能力成为行动者的存在者,其能动性处于一种潜伏的或待发育的状态(in posse)。[4] 存在着这样一个明显的困难:从这个含义来看,胎儿、受精卵、胚胎乃至受精过程中的精子和卵子都是潜在的行为主体,因此都具有道德分量,甚至可能具有生存权。很多人发现这个观点接近于一个归谬论证,我认为确实如此。另一个困难是:这个定义没有抓住我们的一个有力直观——婴儿仅仅是因为其潜力而具有道德分量。不过,我们的直观根本就不是如下简单说法:一切处于潜伏状态或待发育状态的行动者都具有道德分量。这个说法包含了太多的东西,例如受精过程中的精子和卵子等等。我们的直观是:婴儿之所以具有道德重要性,是因为婴儿有成为行为主体的潜力。这个直观很流行,而且经常与如下直观相伴随:晚期胎儿也具有道德重要性,尽管在道德上有可能不如一个婴儿那么重要,但比早期胎儿或胚胎更加重要。因此,如果我们想要抓住这些直观,我们就必须缩小我们认为把道德重要性产生出来的那种潜力。具体地说,那种潜力就是婴儿的潜力,或者晚期胎儿的潜力,或者某种其他东西的潜力(只要我们能够确定那条界线)。于是,潜力的道德重要性就不仅取决于它是针对什么的潜力,也取决于它是什么东西的潜力。因此,我们必须能够断定婴儿、晚期胎儿、早期胎儿等等的道德分量。若没有这些进一步的限制,能动性的潜力就不会把与生存权相接近的权利赋予任何东西。因此，这些有力的直观至少会继续存在，而我也假设它们是可靠的。

对潜力还需要施加一些进一步的限制。比如说，有严重脑缺陷的新生婴儿不会发展成为行为主体，除非为了治愈这种缺陷而对大脑实施干细胞移植，但这种治疗目前仍然不可得到。[5]这样一个婴儿，仅仅因为有潜力成为一个人或一个行为主体，就会具有与后者的道德分量相类似的东西吗？如果不是这样，我们就应该对“潜力”施加另一个要求：潜力应该是在必要时就可以用可得到的资源来实现的。

我们也有这样一个有力的直观：婴儿之所以在道德上重要，是因为婴儿是一个物种即智人的成员，而智人的一个典型例子就是行为主体。这个信念是我能够认同的。因此，我们必须承认，一个在精神上严重残疾的婴儿，或者一个患有脊柱裂的婴儿，尽管在出生后几个月就会死去，仍然具有道德上的重要性。考虑在这方面的一个极端例子：一个无
84 脑畸形的婴儿。尽管有很好的理由对无脑畸形的婴儿表示尊重，其中一个理由就与我们都属于人类这个事实相联系，即便如此，这样一个理由并不是把与规范能动性（或者甚至在上述限制性解释下的潜在的能动性）相联系的那种价值赋予那种婴儿的理由。

在 1989 年颁布的《联合国儿童权利公约》中，联合国强调的不是儿童的潜力，而是其脆弱性。[6]这份公约把很多权利赋予儿童，但可以有意义地赋予婴儿（有别于儿童）的权利仅仅是那个得到公认的生存权以及两个没有得到明确确认、更有争议的权利——出于福利上的考虑而得到保护和照料的权利以及“尽可能在最大程度上”得到发展的权利。[7]儿童的脆弱性肯定向我们施加了某些实质性的义务，而对于那些能够照料自己的人，我们则没有这种义务。不过，我们千万不要把对义务的辩护与对权利的辩护混淆起来。有一些义务，包括某些高度重要的义务，并不与一项人权相关联。我们也必须留心道德人权和法律人权的差别——前者是在道德理由的基础上建立起来的，后者是在与

法律有关的更加广泛的理由的基础上确立起来的,而道德也可能出现在这种理由中。联合国机构倾向于谈论“权利”,而不是明确地谈论“人权”,其目的是要提出它们认为所有政府都应该加以保证的对待标准(在目前的情形中,对待儿童的标准)。这个目标本身无可非议,不过,对于它们提出的某些权利,人们可以表示怀疑。我们真的希望承认我们有责任保证一个儿童最大限度地得到发展吗?具有这项责任意味着在最终的程度上发展一个儿童所具有的每一项潜在的才能和能力,对于抚养健全且健康的儿童来说,这项政策显得格外可疑,更不用说我们对一个儿童的责任或者一个儿童用权利对我们提出的主张了。[8]

儿童确实很脆弱,但这个事实本身并不表明他们就是人权的承载者。有很多东西都是脆弱的:植物、精子、胚胎等等。就潜力而论,在我们能够达到任何道德结论之前,我们必须对植物、精子、胚胎等等的价值有独立的理解。如果一个东西本身不值得维护,其脆弱性就没有向我们提供理由来保护它。因此,不管是“脆弱性”的概念,还是“脆弱性”本身,都对我们帮助不大,尽管在我看来一个恰当的伦理学仍然能够用某种方式容纳它们背后的有力直观。 85

4.3 从道德重要性推出人权

我们现在应如何着手呢?我们应该首先确定婴儿、晚期胎儿、早期胎儿等等的道德重要性,然后在此基础上决定他们具有的那种重要性是否能够为把人权赋予他们提供辩护吗?所幸我们无须这样做。

正如我此前所说,不能从某个东西是道德上重要的就推出它具有人权。有一些理由表明某个东西是道德上重要的,甚至具有高度的道德重要性,但这些理由不是把人权赋予它的理由,比如说这样一些理由:那个东西是要求正义的人类个体,或者是能够感受重大痛苦的动物。[9]

也不能从婴儿是一个"人"就推出婴儿具有人权,即使我们最终应该断言婴儿确实是人。我们可以在几个意义上来使用"人"这个概念,但并非所有的意义都允许这种推理。我们仍然需要决定在什么意义上一个存在者是一个人,这样一个含义在我们对一项人权的根据的最佳说明中是否会占据中心地位。例如,对"婴儿是人"这一说法,存在着如下论证。[10] 一个充分发展起来的正常的人类存在者具有相当大的道德分量,也许有几个理由支持这个主张,但其中一个理由是:那个人类存在者是一个人。人本质上是什么类型的存在者呢?我们是具有身体的心灵,也就是说,是一种有能力支持意识的东西。那么,作为这样一个存在者,我何时开始存在呢?答案肯定是:在我的大脑首次获得支持意识的能力的时候,我就开始存在了。于是,只是对于那些也是人的实体,才能说我与他们都同样是人。我可以说我与那张照片上的新生婴儿是同一个人,因为新生婴儿事实上已经获得上面所说的那种能力,因此是一个人。然而,即使早期胎儿或胚胎在生物学上是那个婴儿的一个先前阶段,我也不能说我与那个胎儿或胚胎是同一个人,因为胚胎或早期胎儿缺乏支持意识的能力。不过,有人可能会说,[11] 我与先于那个婴儿的晚期胎儿是同一个人,因为晚期胎儿可能已经发展了那种能力。不管怎样,有了对个人同一性的这一论述,我们就可以终止前面提到的那种在时间上后退的增殖——生殖过程中从婴儿到胎儿、从胎儿到胚胎、从胚胎到受精卵。

但是,我们现在有了两个相当不同的语境,在这两个语境中我们都
86 在使用"人"这个词:在说明什么东西构成了个人同一性的时候,我们使用这个词;在描述一个特别有价值的地位的时候,我们使用这个词,而那个地位就是人的尊严,或者按照早期的说法,在按照上帝的形象被造就出来时随之而来的那种价值。有人或许认为,只要我们发现某人是道德上重要的,我们就可以推出,任何与之同一的东西也是道德上重要的。然而,这个说法是可疑的。我们肯定不可以从那个观察中推出:

按照这个同一性标准,与某人具有同一性的任何东西都具有**同样的**道德重要性。例如,如下论证显然是最不合理的推理:因为一个正常的成年人具有人权,任何与之相同一的东西也具有人权。

对最后这个主张有一个回答。有人可能会说,在那个个人同一性标准中出现的人的观念,就是某个具有道德分量的东西的观念。如果一个存在者已经有了支持意识的能力,上升到了这个能力水平,那么它就值得我们重视,因此就成为**我们这样**的一个实体,与我们具有同样的本质。它是**我们当中的一员**,这是一种重要资格。至少在如下意义上,它是“我们当中的一员”:我们与它分享某些特征。但我们与之分享的并不是人的意识。婴儿具有高度有限的意识;婴儿会对饥饿、疼痛、光芒和噪音做出回应,但很多其他物种的新生婴儿对周围世界的意识比人类婴儿要强得多。正是因为这个缘故,在我刚才对同一性提出的那个说法中,我只是声称人类婴儿具有**支持**意识的能力,而人们也可以补充说,除了具有那种能力外,人类婴儿还有能力巩固那个资格、支持**人所特有**的那种意识。不过,人类婴儿尚未具备那种意识,对“自我”、“他人”、“未来”和“对象”没有任何感觉。

人类婴儿不仅还没有时间学会这些东西,而且在能够开始学会那些东西之前,其大脑仍需在物理上加以发展。当我们说婴儿的大脑具有支持意识的能力时,我们所说的是,大脑当中把意识产生出来的各个部分都具备了,但在大脑的物理发展的某个阶段,实际上不会把典型的人类意识产生出来。因此婴儿和晚期胎儿只是具有把人类意识产生出来的**潜力**,就类似于早期胎儿有潜力产生典型的人类意识:在有利条件下,它会逐渐获得这种意识。如果这就是“我们当中的一员”的意义所在,那么就很难看到那种地位究竟与什么价值相联系。

总的来说,我们想要确定婴儿是否拥有人权,而认识到婴儿的道德重要性并不足以让我们判断婴儿是否拥有人权。我们也需要知道人权的承载者所要求的那种道德重要性。此外,知道婴儿是否是一个人也 87

不足以让我们做出这个判断;我们需要知道什么样的人格支持人权,而在这些关于个人同一性的观点中,没有什么东西能够解决这个问题。[12] 按照我的基于人格的说明,关于婴儿权利的决定可以往两个方向走:在经过适当的发展后,这种说明可以把婴儿包含在权利的范围内,也可以把婴儿排除在外。究竟往哪个方向走在某种程度上取决于规定。待会儿我就会处理这个问题。

4.4 对人权的需求说明

现在我们需要停下来反思一下对我提出的那种说明的另一个主要取舍。[13] 如果人们相信婴儿具有人权,那么他们可能就很想去探究如下思想:这些权利不是立足于人格,而是立足于某些特别基本的需求。婴儿(以及处于脑死亡状态的人类存在者等等)肯定具有某些需求。

对需求的陈述总是采取如下形式: x 为了做某件事情而需要 a。一个元素为了导电而需要一个自由电子;一个恐怖分子为了安置一枚炸弹而需要冷静的神经。[14] 在试图按照需求对人权提出一个说明时,首要任务就是要指定用来作为人权的一个根据的那种需求。貌似合理的提议是:人权的根据就在于"基本的"人类需求。对"一个'基本的'人类需求"这一思想所提出的一般说明大概是这样的。可以把两种需求区分开来:一种需求是人们因为选择了某个特定目标(如果我要安置一枚炸弹,我应该需要冷静的神经)而获得的偶然需求;另一方面,某些目标在某种意义上说不是人们所选择的,而是人类生活的一般特征,另一种需求就来自这种目标。作为人类存在者,我们为了生存而需要食物。尽管在某些特殊的情形中生存可以变成选择的目标,但在正常情形中并非如此;生存是人类生活特有的一个目标。一般来说,人类存在者需要空气、食物、水、居所、休息、健康、陪伴等等。作为一个初步定义,我们或许说,一个基本的人类需求就是人类存在者为了避免疾苦、伤害或功能失调而需要的东西，或者正面地说，是为了正常地发挥功能而需要的东西。[15]

为了让基本需求的概念变得足够明确，以便为人权提供一个令人满意的说明，我们显然需要超越这个初步定义。有趣的工作是一项基本需求吗？若没有它，就会产生异化——一种社会心理疾病。教育是一项基本需求吗？若没有它，人们的才智就会萎缩。多大程度的教育才算一项基本需求呢？ 88

我们提出这些问题，不是要对需求说明提出一个异议，而只是要指出这种说明仍然必须做的工作。但是，我们有理由怀疑这样一项进一步的工作能够得以执行。需求说明看来指向了错误的方向。它的核心概念是正常地发挥功能的概念。典型的案例是人的身体和心灵的正常运作。为了让“功能”这个概念具有内容，我们可以对人在生活中所扮演的典型角色或所要承担的典型任务作出一个描述，并把它添加到正常运作的思想上。如今，作为对基本需求的一个说明，这是一个有吸引力的、尽管仍然很原始的提议。但是，如此来理解的基本需求并没有为人权提供一个有希望的根据。若有人在某个场合否认我有参加宗教仪式的自由，我的人权就会受到侵犯。但我们是否就可以合理地认为，我应该为此而感到苦恼，我的身体或心灵因此就会发生功能失调？这种说法把功能失调放错了地方。运行得很糟糕的是我所生活的社会。对于基本需求的一个有用的概念来说，健康（精神健康和身体健康）的观念可能是中心的，但试图以此来说明人权则是误入歧途，因为这个观念太狭隘了。人们可以拓展这个观念，但我认为，就像宗教自由的例子所表明的那样，最终我们必须有力地抛弃健康或正常运作的思想，用一个很不相同的思想取而代之。

有一个密切相关的要点。为了避免疾苦和功能失调，我们需要某些东西。如果所有这些东西都需要用人权来保证，那么人权就会陷入这样一种危险：任何东西都有可能变成人权的对象，而这是不合理的。

只要社会有资源,我就可以用权利的名义要求社会把资源奉献出来治疗我所具有的任何疾苦(不管它是多么微不足道),矫正我所体验到的任何功能失调(不管它是多么琐碎)。然而,几乎人人都承认:恰恰相反,只要疾苦和功能失调很微不足道,它们就不可能用权利的名义对其他人提出治疗的要求。我们在感冒时很苦恼。我们都有微小的心理障碍,这些障碍有时在我们这里引起功能失调,例如,我们当中一些人会因为约会迟到而恼火。但是,如果有人认为这种烦恼让我们有了一项要求治疗的权利(哪怕是一项很容易被推翻的权利),那么他就完全违背了直观。也许,如果一个社会很富裕,感冒或微小的心理障碍可以用药片来治疗,那么国民医疗保健制度就应该提供这种治疗。但是,我们很难在需求说明中找到资源来引出我们在这里想要划出的界限。[16]

到目前为止我提到了疾苦和功能失调,它们仅仅是我此前用来定义"基本的"人类需求的三个术语中的两个。第三个术语是"伤害"。
89 有人可能认为基本的人类需求就是为了避免伤害而需要的东西。[17]不过,这也不够。胎儿、试管婴儿等等也可以受到伤害。特别针对人的伤害远远超过了人权的任何合理根据。通过不断地做令一个人不快的事情,就可以伤害他;事实上,人们经常用这种方式伤害别人,即使这样做并没有侵犯后者的权利,但与否认别人的某个微不足道的自由相比,这种做法造成的伤害更大。需求说明必须回答的问题是:什么样的伤害侵犯了一个人的权利?正如最后一个例子所表明的,答案不可能只是:那些更大的伤害。我们所要追究的是伤害的质量,而非伤害的数量。[18]

即便如此,我最好不要夸大需求说明和基于人格的说明之间的差别。基于人格的说明产生了一个积极权利,即为了支持一个正常行动者的生存而需要的最低限度供给的权利,这项权利比单纯的生存权在内容上更加丰富。因此我所提出的说明也面临这样一个困难问题:如何编制和辩护一份基本需求的清单?在这个意义上,我的说明可以被看作是一种需求说明:为了作为一个正常行动者发挥作用而需要的东西。所需要的将是空气、食物、水、居所、休息、健康、陪伴、教育等等。从这两种说明中产生出来的清单显然有很大重叠。在典型的人类生活中有一些特别基本的角色,例如作为父母、家长、工作者和公民而承担的角色。[19] 如果需求说明要利用这些基本角色来阐明“正常运作”的概念,那么这两份清单就会有更多的共同点。不过,它们不会是同样的。基于人格的说明在它所指定的角色上更加专注和专一:为了作为正常行动者发挥作用而需要的东西。

4.5 一类自成一体的权利?

把儿童的权利(如果他们根本上具有权利的话)处理为一种人权可能是一种错误做法。在开始的时候我曾提到,儿童的权利或许形成了一类自成一体的权利,即儿童因为是儿童而具有的一般的道德权利——这种权利只是与人权相似,但也许仍然是权利。

如果儿童仅仅因为是儿童而具有这些权利,那么我们就应该对一个问题有所把握:儿童究竟是因为什么而要求这种强有力的保护?换句话说,我们需要知道这类一般的道德权利的存在条件。如我们所知,联合国用儿童的脆弱性来作为这种权利的根据。然而,受精卵、胚胎、胎儿以及很多形式的动物生命也是脆弱的,但我们并不认为这个特点 90
足以让它们具有权利。

一个更好的提议是:儿童权利的存在条件就是儿童具有成为人的潜力。他们具有这种潜力和这种脆弱性,而这个事实就充分表明:我们对他们所感觉到的那种特别强的义务是有根据的。但是,从我早先提出的理由来看,那种潜力和脆弱性好像并不是一类很狭窄的道德权利的存在条件。

4.6 规定的作用

我此前说过，婴儿需要得到严格的道德保护，但保护他们的根据不一定也是他们具有人权的根据。例如，我们有理由保护婴儿不受谋杀，但这些理由并不等同于把他们看作人权的承载者的理由。之所以如此，是因为后面这个问题包含了一些至关重要的东西，而这些东西并不出现在前面那个问题中。在前者当中有一个规定的要素，而即使在后者当中也有某种规定，那也是一个不同的规定，需要自己的辩护根据。

如果甚至关于婴儿权利的任何结论都具有部分的规定性，为什么不提出一个与我偏爱的那个规定不同的规定呢？一个人通过规定获得了自由。为什么不规定说，尽管婴儿只是潜在的行动者，但在与人权的根据相关的意义上，也可以把他们看作是“人”？为了避免把胎儿视为不能被谋杀的对象，为什么不进一步规定说，在那个相关的意义上，一个人必须已经出生？刚才提到的那个规定，若要变得流行，最终可能就需要在那个相关的意义上让“人”这个概念具有一个固定的用法，那个规定最终也可能会产生一个令人满意的确定含义。

我们可以规定婴儿应被视为人权的持有者；我们也可以规定婴儿不应被看作是人权的持有者。基于人格的说明可以容纳其中任何一个规定，在这个意义上，这种说明在这里无关紧要。但是，第一个规定在我看来是错误的。我对此提出的论证是经验论证，我也必须承认有关的事实不太容易确定。成功的规定有一个标准：它改进我们总体上的伦理词汇，使之变得更为丰富、更加清晰明白或者对使用者更加友好。另一个标准是可行性；如果我们做出的一个规定几乎会完全受到忽视，那么我们就没有必要做出这样一个规定。当然，一个规定可能赢得了
91 少数理论家的认同，他们或许发现那个规定有助于澄清他们的伦理思想，或者有助于澄清他们之间的争论。但是，如果另一个规定会被更广泛的人群所接受，比如说所有希望认真看待人权、受过教育的人，那么

那些理论家可能也愿意接受那个规定,因此放弃在他们那个小圈子中所得到的改进。不管怎样,在婴儿是否具有人权的问题上,受过教育的人们持有两派意见:有些人认为婴儿有人权,有些人否认这一点。因此我们就可以有意义地追问:在这个问题上,哪一个规定会更好?

我们的根本目的是要让"人权"这个术语具有一个令人满意的确定含义。这个术语经受了一些强有力的通货膨胀式的压力,因此就被(正如我早先所说)贬低了,而那种压力仍然在发挥作用。人们广泛地相信人权标志着道德中最重要的东西。于是,社会中的任何群体视为最重要的东西都会被忍不住看作人权。这样一个群体时刻准备着为了自身的关切而加强这个术语的力量。现今,也有一个共同的、不是没有道理的信念:为了把人们广泛接受的东西变成一项法律权利,把它变成一项人权是一个好的起点;于是有人就忍不住断言说,人们希望用法律来保障的任何东西都是人权。把某个东西当作一项人权来接受,这种做法改变了一个人的状况。一个人可以从乞丐("你应该帮助我")转化为选择者("那是我有权得到的")。如果一个人能够用权利来提出主张,他就不依赖于其他人的恩惠、善意或慈善了。人权话语的这些特点既产生了很好的东西,也导致了很坏的东西,其中之一就是这个话语本身的恶性膨胀。

我相信,如果我们规定只有规范的行动者才有人权,没有例外,也就是说,婴儿、具有严重的精神残疾的人、永远处于植物人状态的人等等都没有人权,那么我们就有更好的机会改进人权话语。为了改进人权话语,在正确地和不正确地使用这个术语的标准上,人们就必须取得相当广泛的一致。这些标准无须取得普遍一致,不过,在认真看待人权的人当中必须有相当广泛的一致,这些人包括道德哲学家和政治哲学家、法理学研究者、国际法学者、有关立法和文件的起草人、人权活动家、新闻记者。在这些群体中,如果相当一部分成员逐渐同意这些标准,那么其余的成员很可能就会跟上来,而公众本身最终也会在某种程度上接受这些标准。

为了在人权话语上达成相当可观的改进，就需要这一连串的事件。
92 于是，为了推进这串有益事件的发生，我们需要做点什么呢？一开始，我们就需要对人权提出一个实质性的说明，这样一个说明不应太复杂，但可以把“人权”这个概念的规范内涵清楚地界定出来，并在那些认真看待人权的人当中得到越来越多的人的关注。当然，我们得不到这样一个机制，通过利用它，我们就可以一致认为，人权概念的新内涵只有少数例外，没有更多的例外。即使存在着这样一个机制，但在我们这里，那种通货膨胀式的压力依然存在，而且仍然很强；人权的概念是否得到正确使用的标准不久就会碰到很多例外，因此就不可能保持充分明确并进而把所需要的那种改进产生出来。

我应该再次强调，我的动机不是要把那种增加权利的做法颠倒过来。对于存在着多少人权，我没有什么说法。人权的表述也有很多不同的抽象层次，因此我也不知道如何列举人权。我们之所以在一种贬义上来谈论人权的“增殖”，只是因为我们怀疑某些被宣称的权利其实不是真正的权利。我讨论这个话题，目的是为了终止“人权”这个术语在含义上的那种有害的不确定性。

人权植根于人性之中，这是自然权利／人权传统的一个核心主张。于是，一旦人们允许把规定的要素引入人权的根据中，他们难道不是在放弃那个传统吗？我认为并非如此。恰恰相反，在这种规定中体现出来的决定，是仅仅从某些构成人性的价值中把人权推导出来的决定。即使存在着规定的要素，构成规范能动性、自主性和自由的那些价值也不会因此就变得不太“客观”、不太“自然”，或者甚至在某种意义上不太“真实”。我很快就会讨论人权的形而上学。[20] 不过，不能否认的是，在对规范能动性所施加的限制上，除了采纳我所推荐的那种限制外，也有几个切实可行的取舍。例如，在基于人格的说明中，也有一种说明可以被扩展来包括那些有潜力成为人的存在者，比如说婴儿；存在着基本需求说明;此外,正如前面指出的,[21]与我提出的说明相比,还有一些说明具有更多的多元论色彩,这种说明除了把规范能动性的要素包括在内外,也包括福利的其他要素。在这些进一步的说明中,任何一个说明都可以被采纳,尽管我认为采纳它们的好处不多。我可能不是在简单地强调说,仅仅从规范能动性中**就可以**把人权推导出来;为了辩护这个信念,还需要做很多工作。虽然一些可供取舍的说明(例如需求说明)可能是有缺陷的,因为它们不能恰当地说明人权,但其他可供取舍的说明(把潜在的人类主体包括进来的那种说明,或者更具多元主义色彩的那种说明)可能没有缺陷。对后面这种说明的异议来自实用的考虑:它们 93
并没有向我们提供我们所能得到的人权概念的那种有益的确定含义。这就是为什么我正在做出的那种规定不是武断的,而是必须加以辩护。

有不同类型的规定。当然,其中有很多规定是任意的,例如一本书的一开始就通告说,"所谓'富裕',我指的是'有多于250万英镑的个人资产'"。有了这种通常的规定,一个人就可以随兴所至。但是,一些规定是一项训练有素的计划的一部分,例如,寻求用来思考并为行动奠定基础的最佳语言。实际上,整个人权的语言就是这样一项计划。此前我们看到,人权的观念是在一个话语转变为另一个话语的过程中产生出来的——前一个话语关系到**什么东西**是实际上正当的,后一个话语直接提到**拥有**一项自然权利。[22]在我看来,即使没有自然权利的话语,伦理学仍然可以行之有效,仍然可以谈论它所需要的一切。[23]当然,自然权利的话语有其独特的优点,把焦点集中到从人的尊严、而不是从社会地位或者特殊才能或技能中产生出来的义务并突出这种义务。拥有人的地位就有了人的尊严,但这个地位并不是人类个体所具有的唯一重要的或者说最重要的道德地位。我们之所以把这种地位突出出来并对它加以特殊保护,主要是出于某些实际考虑。通过这样做,它就在社会生活和道德生活中获得了突出的地位,易于传播和得到有效的强化。我在这里做出的规定就是这样的。

4.7 阶段性的权利

出于这些理由,我认为我们最好是为规范行动者保留“人权”这个术语。这样一来,我们就得去解决一个涉及边界争论的重大问题:一个人类个体什么时候是一个规范的行为主体?在儿童的自然发展中,自主性和自由的能力是分阶段出现的,因此(理想地说)对其人格的尊重也应该在相应的阶段逐步提高。但是,父母、学校和政府都面临这些困难的界定问题,比如说,在决定家长式统治何时可以得到辩护、在什么程度上能够得到辩护时(例如,在决定一个小孩的意愿在离婚监管决议中应具有多大分量时)。

我认为明显的是,很多儿童,不同于婴儿,是能够具有规范能动性的。因此,即使我对婴儿的权利有所怀疑,但这种怀疑并未全盘扩展到儿童的权利。联合国儿童权利公约把“儿童”定义为不到法定成年人
94 年龄的任何人(在大多数国家,18 岁以下的任何人)。从这个定义来看,我肯定不应该怀疑很多儿童是有权利的。实际上,比法定成年人年龄年轻得多的儿童能够具有某种程度的自主性。甚至几岁大的儿童的自主性有时也应得到尊重,在得不到尊重时,他们会正确地认为他们的尊严受到了冒犯。儿童的能动性是在不同的阶段获得的,因此,我们应该认为他们也是分阶段获得权利的。[24]

因此我倾向于得出这一结论:人权不应该被扩展到婴儿、处于植物人状态或高度痴呆状态的病人、在精神上具有严重残疾的人。如果人权并不扩展到那些人类个体,那么我们大概也没有理由把人权扩展到胎儿。

这个结论符合如下观点:对这些种类的人类成员,我们仍然具有最大分量的义务。我们必须不断提醒自己:把一切道德上重要的问题转变为权利问题,尤其是转变为人权问题,是现代社会的一个毁灭性趋

势。我们的道德词汇的其余部分是有力量的,我们必须恢复我们对这种力量的把握,例如对正义和公正的把握。我们必须去再次感受“谋杀”这个术语的力量。如果我们在一个更有限的意义上去谈论“人权”,并因此赋予这个术语以比较明确的应用标准,那么我们的状况就应该好得多。这样说就够了或者应该就够了:恣意夺取婴儿的生命是谋杀,而且是一种最难以忍受的谋杀。剥夺一个婴儿达到成熟、练习成熟和享有成熟的机会,是一件比侵犯大多数人权更可怕的坏事。一旦我们恢复了全部道德词汇的含义,我们就不再觉得有必要把一切重要的道德主张都转变为权利的主张。我提出的那种基于人格的说明在三个相关的方面是紧缩性的。它为拒斥某些实际的人权宣言提供了一个根据。它倾向于缩小个别人权的内容。它降低了人权的重要性。我认为,我们不必为这三个紧缩效应感到遗憾。人权只是涵盖道德的一个特殊部分;在人权领域外,还有很多高度重要的道德领域,例如对正义和公正的某些考虑,某些形式的平等,人们互相残忍对待的很多实例。此外,人权也可以用于一些不是很重要的方式:一个很微小的自由,或者对自主性的一种微不足道的行使。如果在道德上极为重要的东西中有很多都不属于人权领域,那么婴儿、精神上具有严重残疾的人、高度痴呆的病人就找不到他们在人权领域中值得拥有的那种保护吗? 95

第五章
我的权利，但谁的责任？

5.1 导论

谁负有与一项人权相关联的责任？很多康德主义者有现成的答案。他们说存在着三种义务。一些义务是普遍的（所有行动者对所有其他行动者负有的义务，因此是双重普遍的）和完全的（负有义务的人和被亏欠义务的人都可以被完全指定）。一些义务是完全的、但不是普遍的，因为负有义务的人和被亏欠义务的人这两个类不太普遍；许诺是这种义务的一个明显例子。刚才描述的那两种完全的义务都有相关联的权利——在第一种情形中是普遍的权利（人权），在第二种情形中是特殊的权利。最终，一些义务既不是完全的也不是普遍的，比如说对其他人施以善意、帮助或慈善的义务。这种义务略显不足，但不是作为义务而显得不足，而是因为没有明确指定责任的落实对象而显得不足。没有明确指出要对哪些人施以慈善或帮助的义务，因此责任的持有者就可以自由选择要对谁履行这项义务。不完全的义务因此不可能有相关联的权利。谁能够涌现出来作为权利的拥有者呢？我估计这个康德式的模式[1]基本上导致了如下信念：把与人权相关联的责任的持有者鉴定出来不是一个问题。非也，在我看来，这恰好是一个问题。

如果人权并非完全是消极的，也就是说，如果某些积极的权利（例如基本福利的权利）也是人权，或者那些看似消极的权利（例如自由的权利）不是完全消极的，而是，经过仔细审视，我们也可以从中发现某些积极的要素，例如为了维护法庭而必需的东西、能力卓著的法官、阻止威胁的警察，那么这个康德式的三分法就被削弱了。人权在这两种方式上都不可能完全是消极的。[2] 96

5.2 什么责任？

让我从“什么责任？”这个问题入手。在这里，答案其实很直截了当。一项人权的内容也是相应的责任的内容。一方可以用人权的名义来要求的东西，另一方有某种义务提供。我们只需知道人权的内容。不过，对这个问题做出判断当然不总是一件容易的事情。例如，考虑生存权。按照基于人格的说明，支持这项权利的直观理由大概是这样的。我们把一个很高的价值赋予我们作为规范行动者的生活。于是，并不令人惊奇的是，我们不仅应该把自主性和自由包括在人权当中，就像人权传统长期以来所做的那样，而且也应该把生存权包括在人权当中。我们能够看重用一种人类特有的方式来生活，却不看重生活本身以及使之成为人类特有的那种生活的自主性和自由吗？如果人权就是对那种生活形式的保护，那么人权不仅应该保护那些生活形式，也应该保护生活本身。只要我们承认这一点，支持生存权的理由就很清楚了。

因此，人们可以满足于说某项人权存在，却不清楚那项权利是对什么东西的权利。在17世纪，生存权的很多倡导者好像都是在用一种消极的方式来设想它——把它设想为不经法定诉讼程序就不能剥夺一个人生命的权利。但是，自那时以来，那项权利的假定内容已经扩大，后来积极地膨胀：从反对任意终止生命的权利到得到援救的权利，到保护任何被认为由“生命的圣洁”这个术语来涵盖的东西的权利，其中包括反对阻碍生命的权利（比如反对安乐死、堕胎、绝育等等的权利，很多主张保护胎儿权利的人都在利用这项权利），再到得到适度的基本福利保障的权利，最终到享有一个充分繁盛的生活的权利。[3] 最后这种扩展显然太不靠谱了。

生存权的内容是什么呢？在我看来，人格的根据支持一项既包含积极要素又包含消极要素的生存权。目前，我只是用一个很直观的例子来说明这些积极的要素，而把对它们的论证留到后面。[4] 按照基于人格的说明，我们可以认为人格具有某些特点，而人权的基本根据就在于与那些特点相联系的那个重大价值。如果有人恣意抛弃生命，生命的
97 价值就受到了攻击。而除了谋杀外，看来也可以用其他方式恣意抛弃生命，比如说，当你被淹没在水中时，我不想费劲把救生圈扔给你，或者一般地说，即使一个人用不着自己付出多大代价就能救另一个人，但他却不这样做。

如果我们接受"生存权要求积极的责任以及消极的责任"这一说法，那么我们就面临着一个重大问题：积极的责任究竟要达到多远？一个看似合理的界限是这样的：这项权利仅仅是作为一个规范行动者（也就是说，作为典型的人类存在者）而生存的权利，而不是享有那个根本的人类目标（一个好的、令人满意的、繁盛的生活）的权利。那个根本的人类目标（一个充分繁盛的生活）会对其他人施加很多要求，因此不是**任何**人权的题材。生存权只是作为行动者而生存下来的权利。

即便如此，这项权利依然很苛求。在危及生命的艰难处境中，你有权得到援救和帮助。任何其他人（第三世界中数百万挨饿的人们，种族屠杀的潜在牺牲者，任何身患致命疾病、但可能又不得不接受一个冒失的医疗研究计划的人）也有这项权利。

援救或援助会给自己带来什么损失呢？洛克添加了一个明显的限制性条款：一个人无需以牺牲自己为代价来挽救别人生命。不过，这是一个很弱的附带条件；一个人所要付出的代价其实可以很低，但他仍然

无须付出这样一个代价。此前我曾提到另一个传统的附带条件：只要自己遭受的损失很微小。不过，这个条件无疑也很弱，尽管是在对立的方向上很弱；一个人所要付出的代价其实可以微乎其微，但他仍然不得不付出这样一个代价。不管怎样，这些限制性条款需要一个理论依据。

在我看来，确实有一个理论依据，而且一直都存在，尽管我也得承认那个依据很粗略。此前我已经讨论过一个异议[5]——很多积极责任提出了很苛刻的要求，因此看起来很不合理。现在，这个理论依据对于处理这个异议大有帮助。"'应当'蕴含'能够'"这一原则在这里登场了。人的理智和动机都有很多限制。大规模的、长期的社会安排会导致好的后果和坏的后果，有时候我们可以很可靠地把那些结果计算出来，有时候则不能。一般来说，我们在理解上的失败对道德来说不是不重要，而是很重要，因为这种失败意味着：在如何为生活奠基的问题上，我们没有任何信念可以依靠。而且，并非一切行动都处于人类动机能力的范围内。我们天生就有偏向性，不能随意进入和退出我们的一切特殊承诺。这两种限制帮助塑造了义务的内容。[6]

不错，有人会说，我们应该成为某种人，且没有充分的理由不成为那种人。人们固然可以要求这样一种生活理想，但这些要求是有限制的。我们被要求成为的那种人可以为别人而牺牲自己及其家庭，为此而付出的牺牲也许甚至多于日常伦理的要求，但仍然有一个限度。这个限度很难精确地界定，而只要有人试图为它定位，就不得不容忍粗略 98
和任意。不过，这些东西就是（或者不管怎样应该是）伦理生活的常见特点。这意味着，对于任何对福利进行再分配的计划可能要求的东西都是有限制的。这样一个计划提出的要求必须是社会试图管理的那种人在动机上能够接受的。我们应该按照现有资源来尽可能提高贫困者的待遇，让他们具有一个基本上可接受的生活水平。但我们自己要用多大代价来实现这个目标呢？对这个问题的回答必然是粗略的，不过会沿着如下路线：那种代价必须是我们实际上能够成为的那种人所能付出的。当然，也有其他限制，但这是一个主要限制。仍然有这样一种可能性：政府可以通过征税和慈善机构强烈要求个别公民去帮助穷人。不过，这根本就不意味着我们目前的日常伦理已经在正确的地方划出界线。

现在，让我具体来阐明我的例子。如果生存权包括我已经提到的那些积极要素，那么它就包括一项健康的权利——至少是针对规范行动者为了生存而需要的那种程度的健康。实际上，联合国在其人权清单中也把健康的权利包括在内。这项权利提出了多大的要求呢？在后面我会充分讨论这个问题，[7]但现在让我概述一下我的回答。

针对健康的人权不可能在字面上被理解为享有健康的权利。我们对健康的控制很有限。如果一种无法预防、不能治愈的癌症把我击倒，我的权利并没有受到侵犯。“应当”蕴含“能够”：在很多情形中，我们对维护健康无能为力。健康权也不完全是一项享有保健的权利。有些活动并不属于通常所理解的保健领域，但它们往往能够最佳地促进健康。例如，在很多国家，降低婴儿死亡率的最佳方式是提高女性的识字率。健康权是一种福利权：有权享有那些对健康具有支持作用的福利供给，其中当然包括抗生素和其他医药，但也包括污水管道、妇女教育或者改变饮食习惯方面的建议。

但是，健康权是在健康方面得到多少支持呢？《联合国经济、社会和文化权利国际公约》，一份被很多其他国际文件效法的公约，宣告说：对于“身体健康和精神健康的可得到的最高标准”，我们享有一项人权。[8]然而，不可能是这样。身体健康和精神健康的可得到的最高标准甚至不是一个合情合理的社会目的，更不用说是一项权利了。富裕社会可以仿照曼哈顿计划，在能够治疗某些疾病的情形中采取某些紧急措施，
99 但是，它们往往不这样做。它们认为它们可以自由决定它们何时已经在健康上花够了钱，即使它们远远没有达到可得到的最高标准，而是把它们所具有的必然有限的资源投入到教育、环境保护以及其他主要的

社会福利目标上去。

在 2000 年召开的一次会议上，[9] 联合国经济、社会和文化权利委员会对如何才叫“侵犯健康权”提出了一个说法。按照这个说法，“可得到的最高的”健康水平要求每个缔约国只需达到“它在可得到的最大限度的资源”的基础上所能达到的水平。然而，目前没有任何国家，不管多么富裕，把它“可得到的最大限度的资源”花费在健康上。它也不应该这样做。

当然，“可得到的资源”这个说法本来就是一种让步：一个国家的花费无须多于它所能得到的。这种让步精神暗示了一个与我刚才采纳的解释很不相同的解释。也许，当这份公约的起草人写道“可得到的最高标准”和“可得到的最大限度的资源”时，他们本来就考虑到了我在批评中指出的现实条件。所谓“可得到的最高标准”，他们可能指的是：在国家也应该满足其他标准的情况下可得到的最高标准；而所谓“可得到的最大限度的资源”，也许他们指的是：在其他重要的社会目标得到合适配备后所能得到最大限度的资源。如果他们确实是这个意思，那么我们就可以合理地追问为什么他们没有这样明说。不管怎样，这个解释并不更好。一项健康权利至少必须大致指定我们有权享有的健康水平，否则这项权利就很不确定，很难成为一个有用的社会主张。说在其他有价值的社会目标得到开支后，一个人有权享有那个可能的健康支持水平，但又没有说明哪些其他的社会目标是有价值的，或者相对于健康来说具有什么价值，等于什么也没说。第一个解释使得这项权利不合理地慷慨大度；第二个解释使得它近于空洞。

按照基于人格的说明，我们有一项生存的权利，是因为生存是规范能动性的一个必要条件。按照这种说明，为了作为规范行动者发挥作用，我们就需要必要的健康支持，而对于这种健康支持，我们也拥有一项权利。对生存权和健康权的这些陈述仍然很不精确，而为了让它们足够确定，以便能够在政治生活中发挥作用，还有很多工作要做。不过，我应该说，在基于人格的说明中，没有什么东西意味着生存必须尽可能得到延长，或者健康必须尽可能强壮有力。这看来是直观上正确的。

那么，健康权是对什么东西的权利呢？有很多形式的不健康并不威胁规范能动性。我们都不时有鼻塞。鼻塞是病态的、是一种疾病。
100 但鼻塞并没有阻止我们成为行为主体。按照联合国人权公约的说法，我们有一项让鼻塞得到治疗的人权；而按照基于人格的说明，我们没有这样一项权利。尽管如此，如下说法符合基于人格的说明：如果存在着治疗鼻塞的便宜药剂，而我们的社会也很富足，那么我们就应该得到那些药剂。有一个很好的理由支持这个主张，只不过不是一项人权，而是如下事实：得到那些药剂会提高我们的生活质量。但是，“健康”并不等同于“安康”，尽管世界卫生组织在其宪章的序言中实际上声称健康就是安康。

按照基于人格的说明，在健康权的情形中，我们的主要计划是要详细阐明为了作为一个行动者来生活而需要的东西——在能力和机会方面的某种基本装备。这一概述必然很粗略，在某些要点上很专断，但粗略和专断贯穿了几乎所有的道德原则。

这里是描述那种基本装备的一个起点。保护规范能动性要求保护某些人类能力，若没有它们，一个人在生活中的选择就会严重萎缩，作为一个规范行动者的生活就会因此而受到破坏。作为一个规范行动者来生活要求一段合理的生存时间和健康水平。儿童只有随着年龄的增长才会逐渐成长为行动者；一个人需要历经很多岁月才会形成成熟的目的，有时间去实现其中一些最主要的目的。很多人会随着年纪变大而自然地失去能动性方面的一些能力，他们在生活中取得的主要成就往往已被抛在后面。这大概并不意味着不再有道德理由关心老年人，但能动性在其中可能起着比较小的作用。因此，健康权要求把某种高度的优先性赋予一段有希望的生活，但它在老年时期的要求可能有所减弱，比如说，在决定如何分配稀缺的医疗资源的时候。

5.3 谁的责任？

有了这些准备，我们现在可以转到我们的主要问题：谁的责任？

正如我一开始提到的，人权被广泛地认为具有双重的普遍性。但是，一般而论的福利权，尤其是健康权，好像具有双重的特殊性。我们认为只有一个特定群体的成员（比如说某个国家的公民）才可以对福利提出要求，例如只能从自己的政府要求福利。如果人权必须具有双重 101
的普遍性，那么福利权就不是人权。

但是，我刚刚假设，享有某些形式的福利的权利实际上是人权。我认为我的假设是正确的，将在后面讨论这个问题。[10] 不管怎样，传统的自由权并非完全是消极的；它们有时也会产生要求落实的责任，这种责任的落实往往需要付出昂贵的代价（想想一个切实有效的司法系统的成本），与此相应，也就有了把相关的责任拥有者鉴定出来的问题。我认为，一般来说在福利权的情形中，特别地说在健康权的情形中，我们可以解决把一种不太普遍的责任拥有者鉴定出来的问题，但无须因此而削弱这种权利作为人权的地位。

在伦理学中，我们接受了一个一般义务：要去帮助遇难者——至少在我们给予的好处很大，而我们自己付出的代价很小的情况下。如果我看见一个小孩掉进池塘中，只要涉水去拉他一把，就可以把他救出来，而周围没有其他人去做这件事情，那么**我**为什么必须去做这件事呢？要求援救的权利具有双重的普遍性，是我们每个人对其他所有人提出的一项要求。那么，为什么这样一项要求竟然特别地落到**我头上**呢？显然是因为我碰巧是唯一在场的人。我碰巧能够帮助别人，这是一个偶然事实，不过，这样的事实就可以对我施加道德责任，而且，也没有任何比这种状况更加特殊的东西可以产生这种责任了。当然，在涉及需求的很多情形中，有能力进行帮助的是一个人自己的家庭、当地社区或中央政府。在历史上不同时期，不同的机构都已经具备了这种能力。当然，受困者的家庭有额外的理由帮助他们。中央政府可能也有这样一个理由，但除了来自特殊关系的理由外，能力本身至少仍然是把帮助的理由产生出来的一个考虑。我们可以按照成员身份来分配帮助的负担，例如，家庭有责任帮助其成员，中央政府有责任帮助其公民，但除此之外，在这个世界上，能力也为负担的分配提供了一个根据。

能力也可以说明这种负担为什么可以随着时间的推移从一个群体转移到另一个群体。[11] 在中世纪晚期和早期现代的英国，教会具有资源和高度发达的组织机构，中央政府在社会中发挥的作用不如现在那么大，于是提供养老院之类的设施就落到了神职人员头上。随着修道院和宗教团体的解体，就必须为福利寻找一种新的来源。1572 年颁布的穷人法案把对贫困者的支持变成了一件世俗的事情：帮助的责任从教会转移到当地的公民机构（“每个城市、自治市镇、城镇、乡村、小村庄”），资金通过地方税收而得到提高。到 18 世纪为止，在农业革命和
102 工业革命之后，地方福利供给不再面对这个问题。穷人法案假设了一种静态的劳动力，而新的经济体制需要一种流动的劳动力。于是，向国民福利供给的转变就断断续续地开始了。1834 年，边沁主义者、穷人法案理事会秘书长爱德温·查德威克促进了穷人法案修正案，把提供资金归为地方政府的一项责任，但引入了由穷人法案理事会来实施的中央控制。查德威克也设计出有益的方案来改进供水和污水处理系统以及住房供给。1906 年自由党政府引入一系列更加广泛的社会福利措施，由中央政府来提供资金；1945 年劳工党政府创造了一个“福利国家”。有完全可靠的理由把承担福利的责任指定给具体机构。而在最近，援助责任的全球化的一些迹象已经显示出来，待会儿我们就会回到这一点。

不久前我说过，能力是把援助的理由产生出来的一个考虑。不过，道德生活比这要复杂得多。很多其他的考虑也塑造了道德规范，比如

说我在前面提到的这样一些考虑:好的生活是对特定的人、事业、职业和制度有着深厚承诺的生活;深厚的承诺用一些重要的方式限制了我们的意志;我们大规模地计算什么东西能够最大限度地促进好的结果的能力也是有限的。这些其他考虑也可以把理由产生出来,而如果不强调这些考虑,我提出的那个提议(能力能够确定谁应该去帮助)可能就很古怪。比尔·盖茨或约翰·保罗·盖蒂之类的人很有能力帮助有需求的人。这种能力无疑意味着他们有超过平均水平的帮助的义务。但是,只要他们的边际损失已经到了与需求者的边际收益相当的地步,他们所要承担的义务也就可以终止了,对我们来说也是如此。伦理故事比这要复杂得多。我们获准充分尊重自己的承诺、追求自己的利益,盖茨们和盖蒂们也同样如此,而这种许可就限制了我们的义务。我想声称的是:在决定要把帮助的责任放在何处时,能力仅仅是其中的一个考虑。

我只是对如何鉴定一项人权的内容提出了初步评论,与此相似,在鉴定相关的责任拥有者的问题上,我所提出的评论也仅仅是开端。这项工作不仅是长期的,也是艰难的和容易引起争议的。在我看来,有时候我们不可能提出一个明白无误的成功案例,以此来表明究竟谁是合适的责任承担者。有时这种鉴定会包含专断和约定的要素,有时则受制于在特定的时间或地点进行的协商。我们能够知道存在着某个道德负担,却不知道谁应该来承担这一负担。 103

不过,在福利人权的情形中,当财富和权力集中在中央政府时,我认为把中央政府视为责任的首要主体是合理的。如果中央政府因贫困而不能担当这项责任,那么我们终究会考虑如下问题:是否也应该把这项责任放在那些富裕国家身上——尽管为此我们就需要在一些问题上做大量工作,比如说,哪些国家算作“富裕的”,对它们能够提出多大要求,在它们之间做出什么样的负担分配是公正的。为了检验福利权在一个深入的道德层面上是否具有双重的普遍性,我们应该考察一下如下问题:当所指定的责任承担者在某个具体时刻不能履行这项责任时,会发生什么事情?福利权是一项人权,这个主张符合如下说法:也存在着其他类型的要求福利的权利,比如说,在社会契约、固定期望或者对政府职能的一致规定的情形中,人们可能有一项特殊的权利要求福利。

5.4 首要责任和次要责任

迄今为止我一直在讨论与一项人权相关联的主要责任,即被定义为与相应的权利具有同样内容的那些责任。不过,也有一些责任与人权的联系比较松散,我们可以称之为"次要"责任。

例如,人权要由谁来**促进**呢?除非有人声明和宣传权利,用它们来教育人民,在社会上给予它们以分量,否则权利基本上不会发挥作用。通过把权利转变为国内法或国际法,权利可能就会受到重视;通过把一项权利议案在宪法中固定下来,权利可能就会具有进一步的分量,尽管权利议案总体上说是否对社会有好处仍然是人们积极争论的一个话题。所有这些促销权利的试图都希望在我们的行动中给予人权以恰当的地位。在 20 世纪,某些组织接受了促进人权的责任,把促进人们尊重人权视为己任,这些组织主要包括联合国,但也包括国际特赦组织之类的非政府组织。

那么,谁来监督人权的遵守呢?甚至当人权已被并入国际法时,起诉和惩罚那些冒犯人权的国家仍然做得很有限。在这种情况下,监督对人权的遵守就很重要了。如果法律制裁不管是出于什么理由而变得
104 不可得到,那么就应该用羞耻来进行制裁。

最重要的是,当对人权的服从实际上切实可行时,谁来确保这种服从呢?例如,谁来保护我们的自由,以免我们受到国内外敌人的威胁?谁来发现、检举和惩罚人权的侵犯者?在这里我们需要立法者、法官、律师、警察、军队等等,而这些都是复杂而昂贵的制度。在 17 世纪的一

个边远小镇上，有一小群人不得不把正义交到其中一个人手中，他们在这样做的时候可能显得完美无缺；他们可能天性就行为公正，甚至在程序细节上也是如此。不过，这样一个社会，即使不是不可能的，也很不同寻常。在实际社会中，我们需要设立公共机构来立法、追踪和宣传法律、制定处理被告的程序、保护这些程序的参与者不受威胁等等。当然，创造和维护一个法律制度的责任并不严格等同于上述例子中的那项主要责任，但在实际的社会条件下，这两项责任很接近，因此我们可以出于实际目的把它们处理为同一项责任。

一些次要责任与有关的主要责任相去甚远。不过，认为这样两项权利不是同一项人权也有点矫揉造作：其中一项权利是享有程序正义的权利，另一项权利是为了在现实条件下落实程序正义而要求相应的社会制度的权利。同样，在现实条件下，尊重人民的自由的主要责任不可区分于用警察或军队之类的制度来有效地保护人民的自由的次要责任。不是所有次要责任都以这种方式与其主要责任相融合，但一些次要责任确实是这样。

5.5 非洲的艾滋病

让我考虑一个例子，即使这样做只是为了进一步承认：把责任承担者鉴定出来有时候是多么艰难。就健康权而论，如今，在紧急情况下，与此相关的责任首先落在权利拥有者所属的政府那里。然而，在发展中国家，艾滋病传染目前是如此广泛，而切实有效的治疗（1996 年引入的抗逆转录病毒“鸡尾酒”疗法）又是如此昂贵，以至于一些政府负担不起。例如，最近一段时间，成人艾滋病感染率在博茨瓦纳是 35.8%，在南非是 19.94%，而在西方国家，抗逆转录病毒疗法的成本是每年一万到一万五千美元。[12] 用我前面强调的一个词来说，这些政府缺乏能力。不过，其他机构有这个能力，在这里我只提到两种这样的机构：一些富裕

105 国家和一些制药公司。我们应该断言这项责任现在转移到了另一个机构身上吗？如何决定是哪一个机构呢？在买不起有效药品或技术的国家，除了艾滋病外，也有一些致命疾病，既然如此，这些其他机构必须把责任承担多远呢？或者，暂时退一步说，这些问题是否表明，我对这项责任要落在何处的判断肯定是错误的？

一个问题是：按照我的说明，责任有变得不堪忍受的危险。我已经对这种威胁提出了一个部分解决方案：道德义务是有限制的，例如有些领域允许偏倚性存在。在第三世界目前的贫困条件下，道德要求过于苛刻的问题，是我们这些生活在第一世界中的人作为个体都会面临的问题。不管道德要求的限度要被定在什么地方，这个位置要么不容易决定，要么不容易捍卫。不过，这个问题不是人权特有的问题。

现在，在我此前描述的那种状况中，如果帮助非洲很多艾滋病患者的责任从他们的政府中被转移出来，那么这项责任要去到何处呢？进行帮助的能力是我们的指南，因此我们大概可以自然地认为，这项责任要由第一世界的政府来承担。要是我们遵循这条思路，我们就需要投入大量工作来解决如下问题：这项负担在“富裕”国家之间的公正分配是什么样的？甚至在不考虑这个问题的情况下，在援助的全球化方面已经有了一些举动。2004 年 5 月，布什总统许诺在未来五年内投入一百五十亿美元来治疗发展中国家的艾滋病病毒感染。[13] 在这项决定中当然有自我利益的考虑。贫穷国家是很可怜的贸易伙伴；贫困会导致政治上的不稳定和敌意，在最糟糕的情况下会产生恐怖主义。慈善背后的动机向来总是如此。英国 1572 年颁布的贫困法案，在把援助交到地方政府手中时，旨在阻止在乡下四处游荡、对比较富裕的阶层进行威胁的穷人结成更大的群体。不过，援助背后的动机往往也不完全是出于自我利益的考虑。

但是，有些人也会冒出了这样一个想法：也许也可以恰当地对制药公司提出这个要求。抗逆转录病毒药品仍然受到专利保护，但生产这些药品的公司已经从中捞取大量利润。既然制药公司现在能够掌控生死大权，既然存在着一项生存权，这些公司就处于一个特殊的道德地位。如果南非国家目前艾滋病的死亡率在生产能力最强的年龄组中继续下去，那么未来几代人看来就注定要生活在贫困的深渊中了。专利权让这些公司得到了一种几乎垄断的地位，它们已经从这种地位中获得巨额利润，而正是国际社会通过确立专利法把那种具有特权的地位 106
赋予了它们。不错，某些国家可以改变专利法，比如说，改变这样一项规定：抗逆转录病毒药品的专利目前要维持二十年时间；但是，在立法中可能得到的调整仍然是有限度的。也许我们不应该等到新的专利法生效再来解决某些危机（例如非洲艾滋病）。情况正在发生变化：国民紧急状态现在被认为为特殊的商业安排提供了辩护，一些政府现在获准在特殊许可下使用那种药品的比较便宜的仿制品。[14]

要是我们遵循第二条思路，我们就需要解决如下问题：从目前的目的来看，从新药品的发展中获利多少是“充分的”？如果我们希望把某些基本原则发展出来，以便决定第一世界的政府和制药公司何时必须承担那项责任，我们可能就需要加快解决这个问题。我们可能也需要决定哪些其他的经营单位可能受制于一个类似的义务。当然，我们必须决定这个复杂的方案是否可行或是否公正。如果这个方案不可行或不公正，那就表明我们需要再次思考第一世界政府或者那两种机构的某种组合。

我把这个问题留在这里。如果艾滋病危机的例子恰好表明把责任承担者鉴定出来有时是多么艰难，那么，在我们目前对人权的理解上，我们已经取得了某种进步。

5.6 可以有不能把责任承担者鉴定出来的权利吗？

若不能把有关的责任承担者鉴定出来，难道我们就没有权利吗？

权利在这个意义上必须可以得到认领吗？一些作者认为是这样。[15]根据可认领性要求，他们当中的一些人论证说福利权不可能是人权。与一项福利权相关联的责任，按照他们的说法，属于我们只能用“某些行动者”这个模糊的说法来描述的那些人，因此实际上不能把任何一个可以对之提出要求的实际行动者鉴定出来。因此，如果某些社会制度（例如政府）尚未出现，以便可以据此来确定这种责任的内容和承担者，福利权就不会满足可认领性要求。[16]因此，这种类型的权利只能是公民权，而不是人权。[17]当然，并非具有相关联的积极责任的**一切**权利都取决于
107 某些社会制度的存在。当一个婴儿掉在池塘中时，几乎无需考虑某些制度，我们往往也很容易把援救责任的承担者鉴定出来。也许应该做出的最强主张是：对于大多数具有积极责任的权利来说，为了能够认领这些权利，就需要制度。[18]

然而，并非如此。艾滋病传染的例子是要求援助的权利的一个典型案例，为了把这项责任的内容及其承担者鉴定出来，我们就需要进行慎思。但是，正如我们刚刚看到的，这种慎思并不要求任何特殊的制度，而是对能力、责任、负担的公正性、能够实施帮助的速度等等的慎思。不管怎样，目前还没有任何国际机构担当了解决这些问题的角色，但我们仍旧可以设法处理有关挑战。当然，我们可以专门设置一个新的小组，这样一个小组也许是由富裕国家、制药公司、受到艾滋病严重打击的国家的代表组成的。在谁应该做什么的问题上，在他们之间并不是不可能达成某项协议，特别是因为在我们周围有一个美国前任总统（比尔·克林顿）急于通过在这件事情上进行斡旋来挽回自己的声誉。但是，即使在他们之间可以达成某项协议，这也不表明存在着一个制度，正如当一个婴儿掉在池塘中时，在谁应该做什么的问题上，旁观者也会达成一致看法。

尽管可认领性要求认为可认领性和权利的存在条件一样强，但这个主张也是可疑的。如果我们知道一项权利的内容，我们因此也就知

道了相关联的责任的内容，即使我们不知道这项权利对谁提出了要求。即使不知道责任的承担者，也完全可以确定一项人权的存在及其内容，因此可以确定相关联的主要责任的内容。之所以如此，是因为这样一个实质性的说明已经通过人类利益的概念为人权提供了丰富的评价内容。这种推理方式从利益入手推出权利，进而推出责任。当然，只要有人相信相关的责任可以先于对人类利益的考虑，他就会抵制这种推理方式，就希望用一种独立的、规范的方式让责任变得丰富。但是，为什么那种更加重大的丰富性必须把责任承担者的身份包括在内呢？在落水儿童的情形中，旁观者可以一致地得出"我们当中的某个人或某些人必须救那个孩子"的结论；当然，这个表述不是很明确，但为什么就不能用这样一个表述来指定责任承担者呢？

此前我们看到对一项人权的陈述如何可以在不同的抽象层面上发生变化——从普遍的形式（例如生存权）到与某些情形相关的更加具体的形式（例如艾滋病患者得到抗逆转录病毒药品的权利）。[19] 一项人权的内容可以把相关联的责任的内容向我们传达出来，既然如此，后者 108
也可以在不同的抽象程度上发生变化。责任的内容变得越具体，潜在的责任承担者的具体轮廓就会变得越清晰。如果上述权利被规定为艾滋病患者的权利，那么第一世界的政府、制药公司、资本主义制度、专利法等等都会进入画面，我们终于可以开始把具体的责任承担者鉴定出来的艰难历程。然而，按照可认领性要求，权利只在这个具体层面上存在，或者在某个大体上类似的层面上存在。更普通的观点是，艾滋病患者的权利来自更抽象的权利（例如生存权或健康权）对他们的处境的应用。按照这个观点，具有完全融贯的同一性标准的同一个权利，是可以在不同的抽象层面上、在很多不同的应用场景中出现的。只要这个普通模型站得住脚，可认领性要求就没有道理。[20]

应该承认，可认领性要求（以及另一个不太合理的更强的要求，即可执行性要求）[21] 背后有一个令人同情的用意，那就是要抑制最近那种不加控制地增加权利的趋势。具有一项人权对我们来说固然很有益，甚至很重要，但一项人权的存在必须具备比那个条件更加坚实的条件，而得到这种条件的最佳方式就是去纠正"人权"这个术语在含义上的那种重大的不确定性。只有当我们已经恰当地理解一项人权是什么时，这种条件才会出现。

与此同时，人权有一种形式的可认领性要求，它比前面提到的那些要求更弱，在我看来是我们必须接受的。不可能存在着一项无法确定**任何一位**责任承担者的权利。一项权利往往是一个主张，而如果一个人心目中没有任何可以鉴定出来的人，对此他可以提出一个主张，那么他就不可能有一项权利主张。比如说，如果法律仅仅规定说我们都有生活在和平中的权利，却不让任何人对取得和平负责（比较联合国颁布的享有和平的人权），那么我们就不应该已经把一项法律主张创造出来。有人可能会说，唯有如此才会提高某个人的幸福，不过，任何一个道德主张都不会只从这个事实中产生出来。由此产生的至多是一个值得赞赏的抱负。我们可以捍卫的最强的要求就是这样一个要求：由一项人权产生出来的主张必须是对某个可以在口头上指定的人（尽管不一定是某个可以当面确定的人）提出的主张。

对责任方所施加的这些要求可以变得多弱呢？相关联的责任甚至有可能不用在总体上满足权利提出的要求吗？"存在着与要求权相关联的责任"这个说法并不意味着：不管权利提出了什么要求，都会有充
109 分满足这个要求的责任。在我看来，没有理由认为在供给方面不可能有所欠缺。如果世界上的富裕国家不是如此富裕，那么，为了消除一切饥饿，它们就需要付出沉重代价。每一个人都有生存的权利，包括在艰难困境中得到援救的权利。但是，对于可以在道德上对我们要求的东西，难道就没有某些限制吗？难道我们不被允许具有某些类型的偏倚吗——比如说，偏向于追求自己在生活中的核心目的，偏向于促进亲朋好友的福利？确实有一条可靠的思路，导致我们去接受生存的人权和

最低限度供给的人权。不过，也有一条可靠的思路，导致我们去接受一个得到允许的偏倚的领域。前一条思路难道不会导致后一条思路并不要求我们去提供的那样一个需求水平吗？这种可能性是否存在部分地取决于伦理学可以渴求什么样的理论体系（如果有的话）。伦理学能够具有这样一种理论体系吗——它保证一条正确思路的结论将总是与另一条正确思路的结论和谐相处？抑或，最合情合理的伦理学有可能不是这个样子吗？

可以接受的可认领性要求所说的是责任承担者是可以指明的，而不是说他们存在。有可能的是，在世界上某些国家，责任落到了某些可以指明的承担者身上，但实际上没有任何人满足这个要求。即便如此，如果最终有可能存在着对责任承担者的某个描述，那么对它加以公开宣传和辩护仍然是有意义的。我找不到实例来支持比这个可认领性要求更强的要求了。110

第六章
人权的形而上学

6.1 两个价值判断模型

有一个价值判断的"趣味模型",它在休谟那里得到了经典阐述,并差一点就在社会科学中占据了统治地位,如今则被广泛地吸收进入常识中。[1] 按照这个模型,价值判断实际上是一个品位问题或态度问题:你有你的看法,我有我的看法。每个人的看法都可以因为在事实上或逻辑上发生错误而被纠正,但是,只要已经做了这件事情,就没有进一步的理由认为一个价值判断好于另一个。事实判断可真可假,价值判断则没有真假可言。事实判断是客观的,而价值判断是主观的——在两个最普通的意义上是主观的。首先,价值判断仅仅是表达品位或态度。其次,价值不属于这个世界的配备;这个世界包含物理对象、性质、事件以及心灵,但没有把价值也包含在内。当一些哲学家认为他们在把自然权利从人性(也就是说,从关于人类存在者的经验事实)中推导出来时,他们实际上是在把自然权利从人的利益中推导出来,在这里,"利益"这个词指的是属于一个人的利益或对一个人有利的东西。换句话说,他们是在从其他文化可能并不分享的价值判断中把人权推导出来。

趣味模型显然很动人,它在当前的流行就证实了这一点。但是,在我看来,它自身在说明上并不充分,因此最终会瓦解。按照趣味模型,我们的偏好固定在一个对象上,这样一个对象因此而变得有价值。但价值不可能是用如此简单的方式来说明的。在我们的**实际**偏好和对我们有价值的东西之间并没有可靠关联。一个人可以得到他实际上想要的东西,有时甚至可以得到他在生活中最想要的东西,结果却发现他并没有因此而过得更好。在生活中,这个事实很令人沮丧,但并非不同寻常。

也许我们可以像很多哲学家和社会科学家那样取消**实际**偏好,支持**理性**偏好。我们可以承认,就像我们确实必须承认的那样,一个东西并不只是因为被欲求就变得有价值;我们的欲望可能立足于错误的或不完备的信息。我们必须更充分地或更精确地了解自然界是什么样子,只有到了那个时候,在这种经过强化的知识状态下,我们的欲望的反应才有可能指向一个可以算作价值的东西。这就是所谓的"理性偏好说明",它大体上有点道理,在哲学家当中如今已成为趣味模型的更常见的形式。但是,"理性的"这个说法表达了什么标准呢?我们或许认为,就像理查德·布兰特所建议的那样,在所有相关的自然事实都被意识到、思想上的一切逻辑错误都被清除了的情况下,如果一个欲望依旧持续,那么它就是理性的。[2] 不过,这就够了吗?考虑我们从约翰·罗尔斯那里得到的一个有教益的例子。[3] 某人在生活中有一个很古怪的目的,比如说,计算各种草坪上青草的数目。他知道没有谁会对计算结果感兴趣,也知道这项信息毫无用处,等等;他也没有犯逻辑错误。然而,我们很难认为那个强迫性的欲望的实现会为他的生活添光加彩——当然,只要他的欲望受挫,他可能就会焦虑不安,而如果我们由此认为我们不应挫败他的欲望,那么我们就是在引入其他价值。我们很难让自己承认,他的欲望的满足本身就会改进他的生活质量。或者,若有人认为罗尔斯的例子很可疑,因为那个人并没有把正常的人类合理性显示出来,那么请考虑另一个例子:一个具有虐待狂倾向的女人。在经过 111

多年的心理治疗后，她很清楚她的虐待狂行为会给自己造成多大伤害，但发现采取这种行为会给她带来强烈快感，因此就很难放弃这种行为。她是一个有常理的人，因此很可能会有两个欲望：想要放弃她的虐待狂行为，不想放弃她的虐待狂行为。第一个欲望是她最明显地感觉到的，第二个欲望在动机上更加有力。不过，这两个欲望都通过了趣味模型的检验：它们都在一切有关事实和逻辑面前幸存下来。一个欲望的单纯持续并不使得其对象对我们来说是好的。第一个欲望就是那个"理性"欲望；她的施虐狂倾向对她造成的伤害大于好处。但是，趣味模型很难容纳这种形式的合理性。

这些例子表明，我们对"理性的"这个术语提出的标准尚未变得足够有力。不过，为了让它变得更加有力，我们可以让欲望在某种意义上变得"理性"，比如说在如下意义上：欲望是在对其对象的本质有了适当认识的基础上形成的。尽管这种方式好像处理了上述反例，但似乎也削弱了对价值的偏好说明。它强调欲望的一种**适当回应**，因此就暗示了这一思想：在欲望的形成中，有一个正确地把握事物的要素。只要一个回应是否"适当"的想法出场了，是非标准也就出场了。一个回应何
112 时是适当的呢？趣味模型没有对这个问题提供现存答案。"理性偏好"这个术语确实保留了"偏好"这个词，但这本身并不表明这个模型大体上说仍有活力。一个人不可能回答说，适当的回应要被理解为"自然的"或"正常的"回应。如果我们认为"正常的"这个说法在这里引入了某种统计标准，例如"最常见的"，那么我们可能就会发现，我们大多数人甚至在知情的情况下仍然会过分期求某些东西，例如维护自己；我们不得不努力约束自己，而这可能恰好就是人性中的一个不幸趋势。如果"正常的"这个说法被认为指的是一种与"正确的"相接近的东西，那么我们就得到了我们在试图说明的那个更强的标准。

我们所具有的批判性资源其实比趣味模型所承认的要多。我们对自己的目的提出的问题可能比趣味模型所允许的更加透彻，而我们在

回答那些问题时所诉求的批评也可能比趣味模型所允许的更加根本。

首先，甚至为了让语言变得可能，某些东西就得已经存在。一个词之所以变得有意义，只是因为存在着使用它的规则，这些规则解决了它是否被正确使用的问题。维特根斯坦已经论证说，从根本上说，语言规则不能被令人满意地理解为我们头脑中携带的一个模板，比如说某个图像或规定性性质的一览表，而只能被理解为共同的社会实践的一部分。这些共同实践只是因为人的信念、兴趣、性情、对重要性的感受等等而变得可能，而后面这些东西就构成维特根斯坦所说的“生活形式”。[4]生活形式提供了语言在其中得以发展、且只有在其中才能得到理解的环境。一种生活形式看来就部分地在于一套共同的信念和价值。正是因为而且只是因为我们认为其他人就像我们那样用某种方式理解世界、关心某些事情、把某些东西看作是重要的，我们才能相互交流。因此，除了需要某些其他东西外，相互交流也需要共享的价值，例如下面这些东西：我们感受到痛苦，我们往往不喜欢痛苦，我们希望避免或缓解痛苦，我们把目标瞄准某些类型的东西，可以因为那些东西而欣慰或失意。唐纳德·戴维森提出了一个类似的论证。[5]在他看来，若不假设我们与其他人具有某些共同的信念和态度，我们就无法解释他们所使用的语言，因此，我们必须假设（比如说）我们的很多目的、兴趣、欲望和关注都是同样的。如果戴维森的说法是正确的，那么普遍怀疑日常的基本价值就是一种自我挫败的做法。某些价值是我们的语言的必要条件的一部分，为我们设立了可理解性的界限。维特根斯坦和戴维森的论证在我看来很有说服力；困难在于去讲明这些论证对我们来说能够具有多深远的意义。这样的基本信念究竟有多少呢？我认为这些信念 113
将被限制到一些最基本的人类利益，即我此前提到的那些利益，例如我们想避免痛苦和焦虑，我们具有某些目标，很关心它们的实现（可能也有一些与这些兴趣密切相关的道德规范，例如残忍的行为是道德上错的）。但是，维特根斯坦和戴维森的说法无论如何都是一个起点，由此出发,我们就可以发现我们对人类利益(在这里,我仍然在前面所说的那个意义上来使用“利益”这个概念)所持有的信念的各种来源。

因此,在可理解性所需要的那个核心领域之外也存在着利益。假设有一天我突发奇想,觉得你的生活在某个方面比我的要好。我觉得我把自己的生命都一点点地浪费在琐事上,而在我眼中,你取得了一些成就,你的生活因此有了分量或意义。我的想法看来有点模糊,因此我应该努力把它变得清晰一点。并非你所取得的任何业绩(比如说,在牛津宽街上散步时用双手去丈量其长度)都会为你的生活添加砝码。有些业绩可以让你的生活变得更有意义,但这种业绩必须是针对某个本身就有价值的东西而取得的成就。不过,这还不够。有些价值规模太小,不足以给予一个人的生活以分量或意义。我必须沿着这个路径继续下去,因此我将努力把我认为在你的生活中具有重大价值的东西隔离出来。为了让这个可能的价值变得更清晰,我将不得不使用富于价值的词汇:“成就”(如果我可以启用这个词来表示我所寻求的东西的话)大概就是给予生活以要点或意义的那种业绩。于是,在把它隔离出来并把它与其他有价值和无价值的东西区分开来后,我需要决定实际上剩下来的东西是否有价值——更精确地说,当对定义的寻求已经包含了富于价值的语言时,这两个过程(对那个可能价值的定义和对其价值的决定)是否会同时并进。一个人并不是通过诉诸自己的主观欲望来决定那个可能有价值的东西及其价值。一个人的主观欲望包含了希望过一个好生活的空洞欲望,除了这个欲望外,也没有什么其他东西可以诉求,但那个欲望在这里帮不上忙,因为目前的任务是要具体确定如此定义的成就是否就是那让一个生活成为一个好生活的东西。在这里,看来具有重大作用的不是我的主观欲望的集合,而是我对成就是什么的理解。这种理解有其自身的成功标准,因此就有可能用某种方式把一个新的价值引入我的生活中,而这种方式是趣味模型无法说明的。这样我们就得到了第二个模型,可以称之为“知觉模型”。

如果要认可任何东西增强了我的生活,就必须认为它用一种一般的可理解的方式增强了我的生活,而这样一种方式就关系到**人类**生活,而不仅仅是关系到我自己特有的生活。为什么应该如此呢?这个说法与流行信念背道而驰。我们之所以抵制它,其中的一个理由是:我们倾 114
向于忽视某些约束,而这些约束是欲望的一部分构成要素——我们感兴趣的欲望是与价值具有某种关系的欲望,这种欲望并不仅仅是对某些对象的原始的心理回应,可以用纯粹自然的术语来加以界定。如若有人这样认为,他就忽视了如下事实:我们也必须把欲望的对象视为在某个方面是好的。当然,存在着不同类型的欲望。一些欲望其实是折磨,例如不切实际的渴望、癖好、心理冲动、后催眠暗示、吸毒成瘾、不良习惯。我们被动地感觉到它们在我们这里出现。不过,也有一些欲望是正常的意向行动的一部分,而这种行动构成了人类生活的主体。我们有选择;我们进行反思、选择和行动,尽管不一定是特别有意识地这样做。这种欲望指向善。行动者的正常行为是要认识到某些兴趣并采取行动来满足它们。这种欲望是我们在说明价值的时候所要关心的,而假若它并不指向我们认为是好的东西,它自身就失败了。这种欲望本质上涉及关于善的判断,尽管只是用一种原始的方式。

我们抵制上述结论的另一个理由是:那个结论好像是漂浮在一个浅显的事实的表面上,那就是:人们各不相同,从生活中获取截然不同的东西。我可能很看重弹好钢琴,你可能很看重成为攀岩高手,但我们两人可能都很不看重其他人在乎的东西。不过,仅仅在乎某个东西并不使之变得有价值。只要一个人试图从某个观点把某个东西看作是有价值的,他也必须能够把它看作是值得向往的。这是对价值提出的一个很一般的要求,是把单纯的向往和那种与价值相联系的向往区分开来的基础。认为某个东西值得向往的一种方式就是在某个普遍的人类利益的名目下来看待它。假若有人认为不是一切价值都是这样,他就必须回答如下问题:我们可以用什么进一步的方式把那些东西看作是值得向往的？若有什么东西可以让弹好钢琴成为一件值得向往的事情，那就是：弹好钢琴在某个方面是一项有益活动——我应该享受这项活动，或者，弹好钢琴是一项成就，等等。对于你的攀岩活动，你也需要做同样的事情。为了认为任何东西让生活变得更好，我们就必须把它看作这样一种东西：它是某种普遍有价值的东西的实例，而且对任何正常人都有价值。

在我看来，对人类利益的慎思终止于一份价值清单。我不太关心那份清单上到底有什么，我更加关心的是如下结论：慎思终止于对价值
115 的一种概述，这个概述勾画了人类生活可以上升到的各个制高点。我自己提出的清单（无疑很不完备）是这样的：成就、乐趣、深厚的个人关系、某些类型的理解以及人格的各个要素，而后者是与人权最直接相关的利益。待会儿我就会回到这份清单中的最后那一项。

6.2 人的利益与自然界

在说明人权时，我们所说的“人性”是自然界的一部分吗？事实主张可以是正确的或不正确的、真的或假的，相比较而言，我们也可以对有关人的利益的主张提出同样的说法吗？

有关人的利益的主张可以立足于生物方面的需要，这种类型的主张可以是正确的或不正确的。人类显然有一个与痛苦和生存密切相关的利益，那就是对食物的利益：若没有食物，我们就会痛苦或死去。另一个明显的利益是对人与人之间的某些类型的联系的利益：一个婴儿可以得到喂养，却被否认了其他形式的养育，在这种情况下，他就会遭受巨大的心理伤害，可能就会死去。营养和其他形式的养育都是人所感兴趣的，在这件事情上，有很明确的判断标准，即：它们消除了很糟糕的负面价值，例如疾病、痛苦和机能失调。为了理解语言就需要一个框架，而这些明显的负面价值就是那个框架的一部分。

现在看看不属于那个框架的价值。其中一个是我此前提到的例子：成就。如果我在生活中一无所成，我就会感到很痛苦，我的生活就会缺乏意义或要点。不过，与婴儿在得不到养育的情况下遭受的严重痛苦和机能失调相比，那种痛苦在经验上并不是很严重。

然而，在语言的可理解性框架外的价值既与其中的价值保持连续，又像它们一样稳固地嵌入人性当中。有些目标在我们这里具有根深蒂固的地位，比如说某些生物学方面的目标（例如与食物、健康以及保护我们的能力有关的目的）和某些心理—生物学方面的目标（例如伴侣、情感和生殖）。但是，我们不仅是能够设立目标和追求目标的动物，也是能够进行反思的动物。只要略为反思一下，我们就会看到，好东西有着程度上的差别，有些东西作为目的是好的，而很多东西只是作为那些东西的手段（而且经常是很遥远的手段）才是好的。我们终究会看到，我们梦寐以求的那个好东西多半并不重要，或者只是作为手段才具有重要性。对于具有意向性和反思性的存在者来说，形成二阶欲望是很自然的事情。我们并不只是想满足不重要的需求，也不只是想满足对手段的需求。我们希望完整的活动（欲望和满足的不间断的继续）本身 116
有时候可以把既不是琐碎的也不是纯粹手段的东西产生出来。我认为这就是具有意向性和反思性的存在者的典型目的。这个目的是典型的，尽管在大多数情况下不是我们明确地意识到的。但是，我们形成了一个逃避“碌碌无为的生活”的欲望，或者说，我们想要知道，要是我们为了一个质量更好的生活而牺牲某些收入，我们是否就不会过得更舒适。不管我们是否天生就有反思精神，几乎对于我们每个人来说，想知道我们是否已经浪费了自己的生命是一件很容易的事情。在从单纯的生物性存在向具有反思性和意向性的存在的进化转变中，这些大规模的、终生的欲望就出现了。非生物方面的利益，例如成就，就像生物方面的利益一样，深深地包嵌在人性中。简要地说，我们是理性动物；生物方面的利益包嵌在我们的动物本质中，非生物方面的利益则包嵌在我们的理性本质中。

从生物方面的利益到非生物方面的利益的转变也带来了我们应该注意的其他变化,比如说,从主要是经验性的伤害形式如痛苦和疾病(这些类型的伤害很容易鉴定出来)向非经验性的伤害的转变。我怎么知道缺乏食物是有害的呢?当然,会出现明显的身体症状。我怎么知道没有成就是有害的呢?因为那种生活是空洞的——也就是说(尽管这样说有循环的嫌疑),缺乏意义或要旨。

对于非经验性的伤害,是否存在着某些标准,借此我们可以认为对它们做出的判断是正确的或不正确的呢?如何把我们感兴趣的某个东西(例如成就)鉴定出来呢?对这个问题的唯一可信的说明是这样一种说明:它把一种作用同时赋予认识和反应,但又不像趣味模型那样把二者截然分离开来。趣味模型所说的是,价值判断首先涉及认识到自然界的某些特点,然后用赞成或不赞成的态度对它们做出反应。但是,正如我们此前看到的,为了说明价值,我们需要的不是单纯的反应,而是**适当的**反应。为了说明一个反应是否适当,我们不只是需要用纯粹自然的或事实的措辞来描述对象,在这里,"自然的"和"事实的"这两个词语具有 16 世纪的科学或 18 世纪的哲学给它们划定的界限,比如说,在大卫・休谟把"事实"和"价值"截然区分开来的那种形式上。例如,只有通过诉诸"成就人生"之类的措辞,我们才能澄清我现在称为"成就"的那种东西,但这种语言并不是价值中立的,而是已经通过选择我们有望看到的东西来组织我们的经验。不过,在我们所需要的那个意
117 义上,"成就人生"并不在于在心理上觉得人生得到了实现,而是在于人生没有白白虚度。当然,诸如"白白虚度"之类的概念本身就是评价性的,因此一个价值已经嵌入"成就人生"的概念中,而正是因为这样一个价值的存在,并非任何对象都可以成为与那个概念相关的对象。赞成的态度不再被随意地固定在某个对象上,而是,其方向已经被固定在我们有望看到的东西中,并且是由那种东西显示出来的。在这里,反应

不再是一种像赞成态度那样简单的东西；而是，某个反应，为了成为我们所认识到的那种反应，就需要合适性标准。另一方面，若不引入某些反应要素，也就不能充分地描述认识本身。

亚里士多德曾追问如下问题：事物是因为被欲求而有价值，还是因为有价值而被欲求？[6] 趣味模型的答案是：是因为被欲求而有价值。按照对知觉模型的某些可靠解释，这种模型的回答是：是因为有价值而被欲求。不过，还有第三种回答：二者都不是——在欲望和价值当中没有哪一个是优先的。我想推荐第三种回答并把它视为知觉模型的一个变体，不过，只要人们喜欢，也可以单独给它起个名字。

因此，最好把“认识”这个概念理解为一种不是完全独立于反应的东西，反之亦然。“认识”，在这个恰如其分的不纯粹的意义上，应该是对世界中的事物所具有的一种敏感。但是，一个人没有资格用敏感性的措辞来说话，除非他能够说明他所说的那种敏感是如何良好地或拙劣地发挥作用的。对于物理感官的运作，我们有一个清晰而可靠的说明。一个关于世界中事物的发生和发展的理论包含了对人类知觉中所发生的事情的说明。我们依靠我们的知觉来辩护那个理论，又依靠那个理论来辩护我们对知觉的信赖。这个理论也说明了为什么知觉在某些条件下就像身体那样可靠，在其他条件下又如何失败，我们有时如何可以发现和纠正那种失败。在价值判断中，是否有可能存在着任何与此相似的东西呢？若没有，为什么我们不应该认为我们对万事万物都已经获得了一种敏感性呢？

如今，若有人认为（就像我所认为的那样）道德判断以某种方式（不一定是一种后果主义的方式）植根于利益（主要是人的利益）中，他可能就会看到，我们有望对“正确的”和“不正确的”这两个概念提出一种说明，而这种说明是可以应用于**道德**判断的。但是，我们现在关心的是对人的利益本身的判断，而只要价值判断是根本的，那种判断好像也是根本的。不过，尽管我所说的那种敏感性很根本，它不仅在运作方式上很复杂,在联系上也很丰富。我们可以大肆谈论它是如何有效地发挥作用的。一个人首先需要对世界具有大量常见的、无可争辩的事实性
118 知识,也要具有充分的人类能力,以便知道(譬如说)乐趣是如何在人类生活中发挥作用的。为了成功地看到某个东西,我们就需要具备某些条件,例如良好的光照、正常的视力以及有利的观察位置;同样,为了成功地对与审慎有关的价值保持敏感,我们也需要满足某些条件,而如果一个人已经有了上述知识和能力,他最终就可以构建出对这些条件的一个说明。这种敏感性可能会失败,而对此提供的说明并不依赖于它应该产生的大多数判断。为了表明这种敏感性在某个人那里失败了,我们就需要表明他缺乏敏感性的概念,或者缺乏信息,或者缺乏某些人类能力,而对这种缺乏的检验是可以从那种敏感性所产生的东西中抽离出来的。例如,为了表明我缺乏某些感受能力,你可以利用经验心理学或生物学来表明我究竟如何偏离了正常的人类心理。如果那种敏感性得以成功的条件得到了满足,那么一个人就应该能够把那些条件的一个说明构建出来。倘若如此,那种敏感性就不同于视力之类的敏感性;之所以有这种差别,不是因为我们根本上无法说明那种敏感性是如何发挥作用的,而是因为我们不太容易知道它发挥作用的条件何时得到满足。当然,这不是说我们永远没有证据表明这些条件是否都得到了满足。我们对人的利益进行慎思,而对这种慎思的充分论述则表明,在正确条件下,我们都会对某些东西让生活变得更好这件事情保持敏感。当然,除了这种敏感性的存在外,对于其中所发生的事情也有其他说明,不过,有一些例子表明这些说明好像是不合理的。例如,只是因为某些根深蒂固的、基本上看不见的社会压力,我们才把目标指向某些东西。但是,也有一些人追赶新的(至少对他们来说是新的)价值观念,比如说成就,即使那些观念还没有被传授给他们,而在他们所生活的社会中,社会风尚也是过一天算一天。最终,对这种变化的最佳说明是:人偶然发现了有价值的东西并对它保持敏感,但是,这样一个东西本身

是有价值的，这一点在某种程度上并不依赖于人们把它看作是有价值的。价值敏感性也很好地说明了为什么人们可以具有某些共同的信念，特别是在可靠性条件得到满足，而大多数其他东西（社会风尚、心理习性、经济阶级）很不相同的情况下。人们可以期待更加简单、更加直接的证据，而这种证据既不是遥不可及的，又不是可以忽略的。

因此我认为我们可以得出如下结论：对人的利益的判断可以是正确的或不正确的。我们对世界上发生的某些事情（得到满足或没有得到满足的利益）保持敏感，而那种判断所要报告的就是从这种敏感性中产生出来的东西。这些利益是人性的一部分，而不仅仅是通过社会来看待的**人性**的一部分。这些判断好像是正确的或不正确的，但不是在 119
（比如说）数学结论是正确的或不正确的意义上，而是在如下意义上：关于自然事实的陈述可以是真的或假的。

“满足一项利益”的概念很像“抚慰”的概念：二者都含有“某个东西得到舒解”的意思。我们认为，某个东西令人宽心和某个东西满足一项利益，用粗略的和直观的语言来说，都不是**在对象当中**的性质，而是**对象之间**的性质——也就是说，这种性质关系到对象与其他事物的相互作用。当然，当我们判断说某个东西令人宽心时，我们做出的判断是有一个丰富的、得到充分理解的因果基础的。我们的伦理信念是有权威的，而如果我们希望得到一些关于这种权威的启迪，那么我们就必须设法弄清那些信念在什么意义上是真的，比如说，我们是否可以把关于人的利益的陈述看作是关于自然事实的陈述。

因此，关于令人宽心的陈述和关于满足利益的陈述必定彼此很相似，因为只要更加仔细地看看，我们就可以发现前一种陈述是后一种陈述的一个实例。比如说，某种膏药缓和某种过敏，后者属于痛苦和不适这个一般的类，而痛苦和不适又都是负面价值的实例。比较“那种膏药缓解我的过敏”和“那项成就让我生活得心满意足”。在第二个判断中，当我们试图说明人们在某些方面为什么就像他们实际上的样子（即具有得到满足或没有得到满足的利益）时，也有一个价值进入我们的说明中。这个价值说明了为什么有些人遭受一种空洞感或无聊感，尤其是在人生的目的方面具有这种感受，而其他人并不这样。即使我们没有意识到这个价值，实际上，即使我们没有“成就”这个概念，这个价值也能对我们产生影响。我们可能对生活有着一种模模糊糊、毫无目的的不满，这种不满在我们能够对它加以说明之前就可以出现，而那个价值的缺乏正好可以说明这种不满。

现在，趣味模型的倡导者当然会抵制我目前的思路。他们可能会回答说，为了说明这种空洞感，我并不需要引用一个价值（就好像我们是在谈论世界中的某个东西）；我需要引用的是“我的生活是空洞的”这样一个**信念**，而为了说明那种模模糊糊、毫无目的的空洞感，我只需要一个模模糊糊、毫无目的的信念。但是，这个回答有两方面的不足。首先，它没有努力说明那种空洞在我们的生活中所占据的地位为什么差不多类似于某种药膏可能缓解的过敏在我们的生活中所占据的地位。这两种匮乏都是人性的一部分。其次，它也忽视了“一个人的生活是空洞的”这个信念本身来自何处。为什么有那么多人在临终时形成了“我的生活一直都很空洞”这一信念？对这个问题的最佳说明很可能就在于：已经存在着一个人类所特有的利益，而这个利益经常没有得
120 到实现。

6.3 最佳说明检验

我们对某些价值保持敏感，而认识和反应是在这种敏感性中相融合的，这就是我们所勾勒的知觉模型。此前我暗示说，我们最好是按照这个模型来思考。我们认识到一种欠缺、一种利益；我们进一步认识到某些东西填补了那种欠缺或满足了那种利益。这就是说，通过认识到某些在人类生活中典型地发生的事情，我们认识到了一个价值。一些

人相信某种东西对我们有利，而对这个信念的最佳说明就是：存在着他们所认识到的人类生活的那些特点。比如说，某个人想出一个新的（对他／她来说是新的）价值观念，例如成就，而对这件事情的最佳说明是：那个人已经用这种方式变得对一个要被满足的利益、一个价值保持敏感。

因此，正如我不久前提到的，在人们之间存在着信念收敛的现象。在规范信念中，关于收敛和分歧的大多数事实是中立的，就像在趣味模型和知觉模型之间一样中立。然而，若要在这两种观点之间做出选择，关键的问题是：什么东西**说明了**收敛或分歧？这是一个错综复杂的经验问题。不过，如果在某种知识、敏感性和思想装备都准备停当的情况下，信念的收敛出现了，而在对信念的形成产生因果影响的其他因素（例如社会压力）都不同的情况下，信念的收敛仍然出现了，那么对这件事情的最佳说明很可能就是：我所提到的那种认识发挥了作用。此前我曾经说明一个人如何可以最终认识到成就的价值；如果我的说明是可靠的，那么大概也可以对多人的情形提出类似说明。

我一直在采用最佳说明检验。我们设想一个不依赖于信念的经验事实的世界，认为它在影响我们的概念、信念以及我们有时在同样的信念上达成的收敛方面发挥了作用。在把某种说明作用指派给一种事物（任何类型的事物，包括价值）时，我们认为它存在于经验事实的世界中。一种能够具有这些存在含义的说明作用（对于那些含义是充分的，但也许不是必要的）看来就是因果作用。这样，我们就可以按照最佳的因果说明来检验经验性的存在：如果一种事物必须出现在对经验世界中所发生的事情的最佳说明中，那么它就具有经验性的存在。如果电 121
子之类的实体或电荷之类的性质必须出现在对经验世界中所发生的事情的最佳说明中，那么就存在着这样的实体和性质。对于人的利益以及这些利益得到实现或没有得到实现之类的事件，也可以提出同样说法。

最佳说明检验往往被看作是对一个事物的实在性的一项检验。实在论(包括关于价值的实在论)究竟提出了什么主张,这是一个很难解决的问题。唯有在人类的自然关注、欲望、利益以及对重要性的认识等等的情景中,也就是说,唯有在维特根斯坦所说的一种“生活形式”的情景中,语言中的很多东西才有意义。于是就产生了这样一种可能性:我们的概念如此根深蒂固地、不可避免地包嵌在人类观点中,因此谈论一个不依赖于信念的实在简直毫无意义。从我所说的一切来看,可能有理由支持一种很广泛的非实在论,它将包含一种更加狭窄的关于价值的非实在论。不过,在这里,我还没有把最佳说明检验作为对价值的一种经过全面考虑的实在性的检验来利用,而只是把它作为对价值的真实性的检验来利用。我一直在努力用一种更充分的方式来理解一个问题:关于人的利益的判断如何可以是真的;到目前为止,我只是满足于断言说,如果关于“令人宽慰”的判断可以是真的,那么在同样的意义上,关于人的利益的判断也可以是真的。

因此我的提议是这样的。前面提到了两种判断:关于某项成就让生活变得令人满意的判断,关于某种药膏减轻痛苦的判断。这两种判断都是对自然界(人性的世界)中所发生的事情的判断。二者都因为是自然界的一部分而是真的。“减轻痛苦”和“成就人生”这两个概念都深深地包嵌在人类视野中,而为了认识到它们的出现,就必然需要一种人类回应,此外,自然界(人性的世界)可能不是完全独立于人类心灵的。但是,这些事实并未破坏这样一种可能性:那两种判断都是有真值的。某个东西之所以会“减轻痛苦”或“成就人生”,是因为其中牵涉到了一种典型的人类回应,但是,这种介入并不像趣味模型所说的那样部分地摧毁了这样一个主张:确实存在着某些标准,由此我们可以判断某个东西是否的确“减轻痛苦”或“成就人生”。我们的观念是由我们对之具有观念的那些东西来塑造的,而随着我们对自然有了更多的发现,或者对我们已经知道的东西有了更深刻的反思,我们就可以改变一个观念,或者甚至取消某些观念,发明新的观念。在这个意义上,某些对象、性质和事件并不依赖于我们对它们所持有的观念和信念。自然就是由那些对象、性质和事件构成的。我们面对自然来确认我们的信念,而这就是真理的对应理论的通俗版本。我们更细致地观察、收集证据、发现反例。正是通过这些日常的方式,我们可以表明一个主张(例如"某种药膏缓解某种过敏")是否是真的。 122

因此,我的提议是,某些人类利益是否得到满足不仅是一个事实问题,**也是**一个价值问题。因此我的建议就违背了趣味模型中所出现的那种事实与价值的截然分离。

我感到痛苦是一个事实问题,每个人都会同意这一点。现在,痛苦有一个现象学的方面(对我们的痛苦经验的内在感觉),不过,同样重要的是,它也有一个积极的方面(避免痛苦、缓解痛苦等反应)。我们学会"痛苦"这个词,一方面是因为我们自己对痛苦有某些体验,另一方面是因为我们认识到痛苦在什么地方被安插到了人类生活中——"痛苦"往往要加以避免或缓解(尽管不一定要普遍地加以避免或缓解)。就痛苦而论,是不能把反应的要素和认识的要素截然地分离开来的。之所以如此,并不是因为在痛苦的情形中很难把这两个要素拆开(尽管它们原则上可以分离),而是因为这两种要素之间的区分在这里不再成立。这个区分不再成立,是因为对于被划在"痛苦"这个概念下的各个感觉来说,我们对其同一性提出的标准部分地就是这样一个标准:所谓"痛苦",往往就是我们要避免和缓解的东西。就痛苦而言,我们并没有认识到一种我们也需要独立地加以反应的东西。我们的反应就是我们的认识的一个构成要素。痛苦以某种方式进入了人类生活中,而那种方式就是痛苦之为痛苦的部分标准。[7]这不是说我们事实上确实发现自己想要避免痛苦,或者想要让痛苦得到缓解。事情更加复杂:我们是**因为**发现痛苦不值得想望而有了这些欲望。我们对痛苦有一个态度;我们发现痛苦很糟糕,而且是出于很明显的理由。一些基本价值是语言所需要的那个框架的一部分，而痛苦的负面价值必定就是其中的一个部分。事实与价值的区分，正如我们在休谟那里发现的，更一般地是在趣味模型那里发现的，在这个节骨眼上变得难以维护。

在我看来，利益得到满足和没有得到满足的情形本身就有资格成为事实世界的一部分。我们把那些情形置于日常的自然世界中，无须诉求任何有点类似于一个分离的“价值领域”的东西。这个结论说出了伦理自然主义中我认为最有道理的那个部分。在谈论人的利益的时候，我们不是在谈论这样一个彼岸世界中的实体，例如可以用直观来发现的那样一个世界，而是在谈论在价值所需要的那个唯一的领域中所发生的某些事情，主要是在人类生活中所发生的事情，例如，某个特定的东西满足一个利益，因此让生活变得更好。问这些事件如何与其他明确地定义的说明层次（例如心理层次）相联系是有意义的。但是，我怀疑我们可以有意义地追问它们是如何与一个只能很粗略地定义的层次（例如用“自然的”、“经验的”或“事实的”这样的术语来定义的层次）
123 相联系的，因为我们用来界定这样一个术语的界限不仅是模糊的，而且对于我们必须要解决的问题也是中心的，这样一来，如果我们做出了某些有关那些界限究竟处于何处的假定，那么我们就是在回避问题的实质。我们开始我们的研究，并不是通过利用这些被令人满意地划出的界限，而是，对于“自然”世界或“经验”世界这样的说法，我们只有一个共同的、格外模糊的直观，一个充满了有争议的本体论假定的直观。因此，我们不应该以追问价值如何与“事实”相联系来开始我们的研究，就好像我们真的知道“事实”所居住的领域，只是对那个领域与外部世界的关系感到好奇。价值与事实的关系不应该像这种方法所设想的那么令人困惑。我的建议是：我们的“事实”概念应足够广泛，可以把满足利益或不能满足利益之类的事件包括在内。因此，正确的见解归根到底仍然是一种自然主义，但不是我们经常见到的那种还原的自然主义。在还原的自然主义那里，“自然的”或“事实的”这一概念的界限维持得比较紧密，大体上处于它们在休谟的观点中长期以来就占据的那个地位，而按照休谟的观点，事实与价值是相分离的，不能把价值从事实中推导出来。然而，看来有吸引力的是一种广阔的自然主义，在这种自然主义那里，“自然的”或“事实的”这一概念的界限被及时向外推进了一点，这样一来，人类利益如今也被包括在内了。

6.4 人权的形而上学

在人类利益的认知地位和形而上学地位中，有多少东西被留给了从中衍生出来的人权呢？如今，在从人类利益转移到人权时，我们是在从审慎转向道德。

这种转变有一个比较容易理解的例子。“那样做很残忍”是一个关于行动的判断，不过，不像用“应当”或“必须”这样的措辞来做出的判断，那个判断仍不足以下达行动的命令；因此，它也避免了随着后面那种判断而产生的进一步的复杂性。“那样做很残忍”仍然包含了一个行为标准。这个道德标准是如何产生出来的呢？为了完整地回答这个问题，就需要利用进化生物学、人类学、心理学、决策论以及那些与伦理学特别相关的辩护模式。我所提出的部分回答主要借助于那些辩护模式。

一个行为残忍的人打算让另一个人遭受痛苦，却没有拿什么好东西来补偿。这个意图对于残忍来说既是必要的又是充分的。如果我为了让你感到痛苦而做某件事情，比如说扭你的胳膊，却意外地免除了你的更大痛苦，例如让你脱臼的臂骨复了位，那么我所做的事情依然是残忍的。如果我试图帮助你，比如说通过让你脱臼的臂骨复位，却让你更 124
加痛苦，例如折断了你的胳膊，那么我就显得很笨拙或很痴呆，不过，这不是残忍。

不过，这样一来，“那样做很残忍”难道就不是一个道德判断，而是一个关于意图的事实判断吗？约翰·麦凯认为是这样。“一个行动是一种有意的残忍行为，比如说，仅仅是为了好玩而引起痛苦，这是一个自然事实，”麦凯问道，“在这个事实和它是错误的这一道德事实之间有什么联系呢？”[8] 麦凯接受趣味模型：我们是用“那是残忍的”这个事实描述来界定那个行动的，然后用不赞成的态度来回应它。然而，在我看来，“残忍的”这个概念并没有为把不赞成视为一个独立步骤留下任何余地。理解“痛苦”这个词已经涉及把它看作是一个负面价值。我们往往消极地回应痛苦，它在我们生活中具有这个地位，而这个事实通常就让我有理由避免让你痛苦或对你残忍。[9]

就审慎而论，有一些价值和负面价值（比如说痛苦）是如此根本、如此重要地嵌入我们的概念框架中，以至于我们大概不会想到要通过慎思来得出“痛苦是一种负面价值”这一结论。若不理解其他人是如何用他们那脆弱的身体和心理来适应这个世界的，尤其是，若不认识到他们会被这个世界所伤害，一个人也不可能意识到他们其实已经若隐若现地出现在我们的生活中。我们没有地方去慎思痛苦的价值。当我们转向道德慎思时，我们发现了差不多同样的事情。诸如“残忍的”这样一个道德概念，因为在观念上很接近“痛苦”，于是就把后者当中很多显而易见的东西继承下来。如何表明我有理由不要对你残忍呢？我的理由部分来源于我们的概念框架的一些不可避免的特点：在把你当作一个人来看待的时候，我已经承认在你的生活中有某些至关重要的基本价值；而当我把那些东西视为价值的时候，我就有了一个尊重它们的理由。慎思在这里又无处入手。

“那样做很残忍”这一判断之所以是显而易见的，也是因为：一般来说，我们是在某些动机限度内来做出这样一个判断的。不要为了好玩而折磨猫，这是人的意志所能掌控的事情，大多数普通人都能设法做到。而几乎对于所有人来说，服从这个判断并没有什么损失。在某些领域中，人类的思想框架很容易处理所要求的行动；“那样做很残忍”这个判断一般来说就是在这样一个领域中发挥作用的，因此被插入“残忍的”这个词中的那种谴责就是恰当的。

同样的说法对于很多规范来说也成立。那些规范提出的行为标准有时是人们完全有能力遵守的。如果我们愿意用“那样做很残忍”这一判断所包含的谴责力量来做出这个判断，那么想来我们也应该接受“不要残忍”这一规范。 125

“那样做很残忍”这个道德判断并没有在很大程度上超越关于痛苦，特别是关于意图的主张。“残忍的”这个性质是痛苦、原因和意图的组合，因此就具有它们所具有的那种形而上学地位，即我所说的作为自然事实的地位。

有些哲学家会强调说，“残忍的”这个术语具有规定性的力量，而我仅仅按照关于意图、原因和痛苦的自然事实所提出的分析不能把握这种力量。面对这些批评者，我们应该承认说，如果“残忍的”这个说法只是意味着它提供了一个行动理由，那么它就确实具有规定性的力量。为什么这个说法具有把理由产生出来的地位呢？在我看来，对这个问题的说明大致类似于对“痛苦”的说明。“那样做会带来痛苦”这个说法可以对我产生一个理由，让我自己去避免那件事情，也可以对我产生一个理由，让我不要对你做那样的事情。“残忍的”和“痛苦”这两个词都具有把理由产生出来的力量，而且前者所具有的力量就来自后者所具有的力量，并与后者具有同样的说明。并不存在任何需要用一种削弱了自然事实的东西来进一步说明的剩余力量。

不过，还有另一种从审慎向道德的转变，这种转变不是在认知地位和形而上学地位上的那种平稳的、几乎不可抵制的、也许涉及很大变化的转变。我们现在就来考虑这种转变的一个例子。回想一下此前对“不要滥杀无辜”这个规范的讨论。[10] 人的生命具有很高的价值，由此我们推出“不要滥杀无辜”这样一个特别严格的规范。不能不经法定诉讼程序就杀一个人，这是生存权的一部分内容，其实也是这项权利在 17 世纪的主要内容；这种理解早在洛克那里就出现了，不过，那时的哲学家也把某些进一步的保护（例如援助极端贫苦者）包含在这项权利中。[11] 但是，正如我早先所说，当我们从人类利益转向道德规范时，我们就需要考虑人类行动者的某些限制，尤其是意志和知性方面的限制。[12] 可以对人类行动者要求的东西是有某些限制的，这些限制参与塑造生存权的内容，比如说在如下问题上：贫困者可以从其他人那里要求多大的帮助？知性方面的限度限制了我们为了决定人权的内容而可以得到的东西。有时候，我们可以很可靠地把大规模的、长期的社会安排的后果计算出来。在这里，所谓“很可靠地”，我指的是我们很有可能会按照计算结果来采取行动。如果这种安排中所涉及的变化很极端，那么我们就可以进行这种计算。但是，在不太极端的情形中，而且往往恰好是在我们看作是活生生的选择的情形中，例如有意杀死战争中的非战斗人员、把恐怖主义当作一项政治工具来利用、为了挽救五个病人而把另外一个病人杀死等等，我们不可能进行这种计算。在这种情形中，我们往往也不能在可靠的或然性程度上把后果计算出来。这种失败是没有明
126 显的补救措施的。在缺乏一项补救措施的情况下，我们发现了其他办法来引导我们的道德生活。更准确地说，在很多情形中，我们从来都不可能对后果进行一种充分可靠并涵盖一切的计算，于是就只能用一种零散的、不很系统的方式来继续我们的道德生活，而实际上人类一直都在使用这种方式。我们已经在不时地提高标准，拓宽我们所关心的考虑，不过还没有令人信服地上升到一个支配一切的系统，反而是在很久以前就把一种探究伦理决策的不同方式发展出来。人的生命很有价值，这个思想让我们对其格外尊重；我们允许“不要滥杀无辜”这个规范可以有某些例外，但是，出于对人的生命的格外尊重，我们也要求例外的情形必须特别有说服力。也就是说，我们尊重生命：我们并不试图通过（比如说）最大限度地增加或保存生命来促进生命。在对人的生命的价值的这种探讨中，有一个政策的要素，我们可以看到另一个社会可能也会采纳某个略有不同的政策。这个规范构成了生存方面的人权的主要

内容,因此这项人权也就包含了一个政策要素。

我提到的那些政策不是被有意识地选择出来的,至少往往不是这样。并非我们首先发现我们的意志和知性的限制,然后再按照那些限制以及其他东西来决定采纳某项政策。我们并未发现我们在这两个方面的限制,因为好像我们从来就不认为我们的意志和知性是无限的。而是,这些政策往往是从一个社会中突现出来的,其中并不存在任何特别有意识的东西,比如一项集体决策。这些政策也不是武断的;相反,它们基本上是由我们赋予人的生命的那个重大价值来塑造的,而且主要是对那个价值的一种回应。当然,人们可以批评这些政策。它们可能过于严格或过于宽大,要求太高或要求不高,过分受到限制因而引起非议或过分不受限制,等等。例如,不久前在我们的社会中就有这样一项政策:善举从家开始。这项政策过去常被解释为善举也终止于家中,不过,如今我们认为,援助的责任有时可以遍及世界各地。有可能的是,我们当前的实际的伦理政策无疑是不适当的,不过我们可以改进它们。既然我们在知性和意志方面是有限制的,道德哲学就不能现实地渴求在根本上废除这个政策要素;达成最好的政策仍然是道德哲学的更加现实的目的,尽管也是一个雄心勃勃的目的。

这个政策要素不是生存权所特有的。人权的两个根据之一是实用性。[13] 只有通过考虑某些实用性,大多数人权的内容才会变得充分确定。基于人格的说明告诉我们,比如说,我们有一项人身安全的权利;若没 127
有这项权利,在能动性方面也就不会有安全保障。不过,基于人格的说明自身不会把一条足够确定的界线产生出来,以便我们可以从中了解到什么事情实际上要被禁止。之所以如此,是因为为了确定这样一条界线,我们也需要考虑人类心理和社会运作的各种方式,并决定我们是否需要一个安全的界限、它大概应有多宽。这里也包含着一个政策的要素。我们选中的界限可能不同于另一个社会选中的界限——不一定是因为各个社会有所差别,而是因为这两个社会碰巧选中的政策有所差别。

如果这个政策要素是决定很多人权的内容的一个必要因素，那么这对人权的形而上学地位会有什么含义呢？“不要滥杀无辜”这个规范表达了一项政策。“一项人类利益得到满足或没有得到满足”这样一个陈述可以是真的或假的，但是，一项政策的表达并不用同样的方式成为真的或假的；它不是一个自然事实问题。当然，二者之间有一个差别：一项道德政策往往是用祈使语气来表达的。不过，即便我们把“不要滥杀无辜”这个规范从祈使语气转译为陈述语气，用一种更适宜于用真假之类的措辞来评价的形式来表达它，例如把它转译为“故意杀害无辜者是道德上错的”，也没有什么重要的东西会发生变化。对后面那种说法的最佳理解仍然在于（至少部分地）把一项政策表达出来，但是，人们不是按照一项政策究竟是真的还是假的去评价它，而是按照它多么好地履行了其职能去评价它。有人或许忍不住由此认为：“故意杀害无辜者是错的”可以被还原为“禁止故意杀害无辜者的政策是一项好政策”，而后者接着又可以被还原为“这项政策很好地履行了其职能”，正如“那是一支好笔”可以被还原为“它很好地履行了一支笔的职能”，而后者本身可以是对一个自然事实的陈述。不过，我们当然不应该受到这种诱惑。把一项政策表达出来不是在评价它。我们不是在断言它是一项好政策——当然，如果我们知道一项政策总的来说很糟糕，或者我们知道存在着一项实质上更好的政策，那么我们就不应该采纳那项政策。但是，在评价“不要滥杀无辜”之类的政策时，我们很早就会达到无法断定一
128 项政策好于另一项政策的地步。

第七章
人权的相对性和民族中心主义

7.1 伦理的相对性

按照我即将采纳的那种理解，伦理相对主义做出了两个主张：第一，伦理判断是在一个基本评价的框架中做出的，而基本评价可以采取信念、偏好和情感等形式；第二，在同一个问题上存在着相异的判断框架，其中没有任何一个框架比另一个框架更有权威。[1] 于是，我们就可以进一步用具体问题具体分析的方法（例如按照对不同的人、不同的社会群体、不同的文化等等的基本评价）来详细说明那个框架。

按照我们最常见的那种表达方式，伦理相对主义是普遍的：一切伦理判断都是相对于一个框架而论的。因此，伦理相对主义的对立命题就是一个特称否定命题：一些伦理判断不是相对于一个框架而论的。我在前一章中论证说，一些伦理判断（即关于基本的人类利益的判断）是客观的，在这里，“客观的”意味着不依赖于一个人的主观状态，而是依赖于某些这样的考虑，这些考虑会让所有成功地利用理性的人都得到同样的结论。因此我断言普遍的伦理相对主义是假的。但是，在哲学家对价值的处理中，他们好像倾向于认为价值有着某种均一性：要么一切价值都是客观的，要么没有任何价值是客观的；要么一切价值都是知识问题,要么没有任何价值是知识问题;要么一切价值都是相对于一个框架而论的,要么没有任何价值是相对于一个框架而论的。在前一章中,我已经对这个均一性假定提出质疑。一些复杂的道德规范,例如“不要滥杀无辜”这个规范,包含了一个政策要素,因此缺乏由经验来确定的真值,而“一个特定的人类利益得到满足或没有得到满足”之类的判断则具有这样一个真值。

相对主义无须采取一种普遍形式。考虑个人的评价框架的相对性,这种评价立足于他们的不同的欲望和情感。价值信念是可以用事实[2]和逻辑[3]来批评的。很多伦理信念是由一个人对经验世界的理解(往
129 往也是误解)来形成的:我们可以理解或误解我们的行为的后果,理解或误解我们的欲望对象的本质,等等。只要一个人的欲望和态度已被纠正,他就可以逐渐改变他的欲望和态度;总有一天,他的欲望和态度就可以逐渐与其他人的欲望和态度发生收敛。然而,相对主义者必须坚持认为:某些有分歧的信念依然存在,会因为相对主义者提出的理由而依然存在。不管怎样,在这里我们感兴趣的是人权。**人权**是相对于一个框架而论的吗?

如何为伦理相对主义提供一个支持呢?最常见的方式就是引用某些特别顽固的伦理分歧的例子(这种做法在论证中其实没有多大力量),意在让人们认为,对这种分歧的最佳说明只能是相对主义的说明。这当然是一种很弱的论证。为了把对顽固的伦理分歧的最佳说明确立起来,就必须去理解发生冲突的信念的一切可能来源以及有可能解决冲突的一切可能资源。但这不是一项简易的工作,实际上很困难。于是,尽管用例子来论证相对主义很不恰当,也还是有很多相对主义者采取了这种简单做法。让我简要地考察一下他们提供的一些典型例子。

一些社会把偷窃视为一项重罪,而其他社会甚至没有“偷窃”的思想所依据的私人财产的概念。[4]有人或许认为相对主义对这种差别提供了最佳说明,但这个主张很难说是明显的。如果人们生活在无需耕

作食品就很丰富的地方，那么他们可能就不需要迫切地把私人财产的制度发展出来。但是，如果人们的生存取决于开垦土地并肩负为自己生产食品的重任，那么很可能就会出现对土地和谷物的某种形式的控制。对上述差别的最佳说明可能并不在于伦理框架的差别，而是在于物质条件的差别。

杀婴在一些社会中得到宽容，在其他社会中则受到谴责。[5] 不过，请考虑对生存造成威胁的贫困的情形。如果人们是因为最令人可怕的贫困而不得不杀婴，比如说，一个人不得不选择是要让新生婴儿活下来还是让年轻孩子活下来，那么大多数人都会为了适应他们所生活的环境而容忍杀婴。在杀婴这件事情上，在一个赤贫的社会和一个富裕的社会之间可能会有分歧，但对这种分歧的合理说明可能并不在于评价框架的差别，而是又在于物质条件的差别。

很多人致力于保护环境，而其他人则看不到掠夺环境有什么可非议的。[6] 这好像是一个确实不可解决的冲突。在我看来，我们不仅可以在环境变化对人类造成影响（例如影响我们的健康或快乐）的时候前后一致地谈论环境价值，甚至在环境变化没有对有感受能力的生命产生 130
影响的时候，我们也可以前后一致地谈论环境价值。环境自身是有价值的。我相信"环境是内在地有价值的"这一思想取决于我们对环境所持有的某种态度是否合适。比如说，对于古老岁月、生物复杂性、大堡礁的美之类的东西，惊奇和敬畏是我们所能做出的唯一合适的回答。惊奇和敬畏激发尊重。如果一个人并不具有某种这样的回答，那么他肯定缺乏某种东西。对大堡礁的恣意破坏将是一种荒谬行为。我应该说，伦理学足够广泛，不仅包括了对错标准，也包括了合适与不合适的标准。现在，如果生活在大堡礁一个岛屿上的当地人决定采矿以改进生活质量，并因此而破坏大堡礁，那么，对于环境保护主义者和环境开发主义者之间的冲突，看似合理的解决就在于按照大堡礁的内在价值来权衡有感受能力的生物的得失。不过，我怀疑这种权衡是我们做不到的。我们必须记住,某些价值在如下意义上可能是不可通约的:两个价值是不可通约的,当且仅当不能按照“大于”“少于”“等于”或“几乎等于”之类的说法来排列它们。[7]在这个意义上说,一对价值,若要是可通约的,就必须存在着一个具有连接作用的概念,据此可以在它们之间做出比较。譬如说,大多数人类利益(我应该说,也许所有的人类利益)是可以比较的。之所以如此,不是因为在它们背后存在着一个实质性的特级价值,而是因为存在着一个形式价值的概念,例如“审慎的价值”、“生活质量”或“人类利益”本身,据此我们就可以在人类利益之间做出比较,并经常进行这种比较。因此我们有概念资源做出这样的判断:与这相比,那更有助于强化我的生活质量;与这相比,那是一项更主要的人类利益;等等。当然,有时候两个相互竞争的价值在本质上是如此不同,以至于在它们之间得不到一个具有连接作用的概念,但我相信这种情形并不常见。比如说,在上述关于环境的冲突想法中,就不存在具有连接作用的概念,因此就做不出比较。这实际上是一个棘手的差别,但并不是来自伦理框架上的差别,而是源自不可通约的不同价值。对这种分歧甚至有一个可能的解决方案:让双方都看到他们打算权衡的价值是不可通约的。

最后一个例子。我们当中有许多人认为应禁止堕胎,也有很多其他人认为应允许堕胎。[8]认为应禁止堕胎的人经常也持有某些宗教信
131 念。然而,根本上说,这是伦理相对性的一个例子吗?其实,如果我们相信一个全善全能的上帝告诉我们堕胎是不允许的,那么我们所有人都会接受堕胎是不允许的。但是,在这样一个背景下,那个棘手的分歧好像就不是来自不同的伦理框架,而是来自不同的形而上学信念。不过,这可能只是意味着我们应该重新考虑我们对伦理相对主义的定义——伦理相对主义是相对于一个基本**评价**的框架而论的。评价是不能被截然分明地与经验信念和形而上学信念分离开来的;我们的基本评价之所以是基本的,部分原因就在于存在着非伦理的信念。但是,就

堕胎而论，如果说这个事实为有关伦理信念的相对性提供了支持，那必定是进一步因为某些事实或某些形而上学的概念框架是相对的。因此，伦理相对性并不是一种孤立的东西。虽然这些进一步的相对性好像比伦理相对性更不可靠，但这个印象也许是错误的。

不过，不是所有关于堕胎的分歧都来自宗教观念的差别。当不是这样的时候，什么东西最佳地说明了那种分歧的顽固不化呢？无疑有很多不同的东西。不过，有一个说明很难变得合理，那就是：存在着两个不同的、由清楚地加以表达和明确地加以定义的伦理信念构成的框架，正是它们产生了这种分歧。这个说法会使我们的思想在这个层次上变得更清楚、更条理。但问题是：那些伦理信念可能是什么呢？我们大概也不能合理地认为那些关于堕胎的有分歧的信念本身就是基本的伦理信念。它们不仅没有达到那个深度，反而自身需要得到辩护。我应该说，看来更合理的是，在这些发生冲突的观点中，每个观点的框架都是伦理信念、事实信念和情感的复合体。这些信念可能是诸如“胎儿已经是生物学上充分地形成的潜在的人，大抵就像新生婴儿”或“早期胎儿在生物学上太原始，因此很难说是一个人”之类的信念。或者，它们可能是这样的情感：一想到杀死胎儿就会感到厌恶，抑或恰恰相反，平静地面对这个想法。不过，这些信念都是模糊的，它们对行动的含义一点也不清楚。我们不得不决定这些厌恶或平静的情感究竟有多大分量。它们有什么权威呢？

上面我给出了四个例子，坦率地说，我对其中每个例子的讨论都不是结论性的——既没有决然地支持，也没有决然地反驳它们的相对性。但这恰好就是我的要点。在能够达到令人满意的结论之前，我们必须进一步挖掘。仅仅引用一个例子根本就算不了什么。现在让我进一步挖掘我们主要关心的例子：人权。 132

7.2 人权的相对性

无论是西方人还是东方人都怀疑人权是相对于西方文化而论的。人权无疑是西方世界的一个产物:由基督徒在中世纪晚期引入,在早期现代、17 世纪和 18 世纪得到了进一步发展。[9] 人权是在那个特定的时间和地点成长起来的个人主义的一部分,是在欧洲和新大陆发展起来的一种新的认识的一部分——对“人的尊严”以及人的自主性和自由的重大价值的认识。

既然人权被视为西方世界的产物,为什么不也认为人权是相对于西方世界的价值观而论的呢?一个论证可能是这样的:把人权衍生出来的那些价值,其中最显著的是自主性和自由,本身就是西方世界特有的价值。不错,一些社会很看重自主性,认为它带来了人格所具有的那种特殊尊严,而其他社会则不太看重自主性,认为它引入了社会原子主义的威胁,导致团结、友爱与和谐的丧失,而团结、友爱与和谐也来自对我们同样有用的价值。但是,任何人,只要严肃地思考我们作为规范行动者的地位的价值以及生活在一个具有凝聚力的友爱社会中的好处,就会认识到二者都是高度重要的。他们会认识到:其他人必须尊重我们的个性,我们有责任关心和照顾其他人,这两者都同样重要。实现个人主义的某些价值和实现共同体的某些价值有可能是不相容的。不过,价值的不相容性并不是其相对性。除此之外,不相容性发生的频率也被夸大了。不是所有形式的自主性都是我们赋予重大价值的那种自主性。[10] 在“自主性”这个词的一种正确的用法上,如果我每年都自己计算收入税,自己决定大爆炸学说的可信性,而不是依靠其他人的专业知识,那么我就会显示出更多的自主性。但是,在这些事情上所涉及的自主性无一是我们赋予重大价值的那种自主性。我们认为具有重大价值的自主性是作为规范能动性的一个构成要素的那种自主性,依靠税务师或天体物理学家一点也不会贬低我们自己的规范能动性。我们认为团结具有重大价值，但它也不要求我们放弃我们自己的规范能动性，虽然它可能要求我们要更加互相信任、在公共标准上要更加趋同。这种形式的团结是对一个人的共同体的成员、对共同体的成功运作的一项共同承诺。不同的社会用不同的方式排列自主性和团结，对这个事实 133
的合理说明并不是：那是一种相对主义的排列。每个人，只要不想犯错误，就必须承认自主性和团结都有很高价值。没有谁会认为自主性方面的丧失比团结方面的丧失更糟糕，或者反过来。在二者之间做出的选择越具体，比如说，为了增强团结而丧失一点自主性，我们可以指望在选择上的趋同就越大。我们好像确实可以比较这些竞争的价值，尽管只是用一种粗略的方式。

对人权的相对性的第二个论证（实际上是从我自己的说明中发展出来的一个论证）是这样的。在前一章中，我们看到如何可以从关于人类利益的判断（例如“那样做令人痛苦”）中把某些道德判断（例如“那样做很残忍”）推导出来。[11]“那样做很残忍”这一判断很少超越关于痛苦、原因和意图的主张，实际上继承了那些主张所具有的形而上学地位和认知地位，即作为自然事实的地位，正如我建议的那样。这间接地表明，而且只是间接地表明，一项人权（一项道德标准）可能也是类似地从某个人类利益（一个与审慎有关的价值）中衍生出来的，并从后者那里继承了一种将会击败相对性主张的客观性。例如，我们或许可以把作为人权的自主性从作为审慎的价值的自主性中推导出来。不过，我也承认，从人类利益中把其他人权推导出来并不是那么简单，比如说生存权，这项权利包含了一个政策要素。“不要滥杀无辜”这个规范是一项与生存权相关联的责任，它部分地表达了一项政策，而不同的社会可能会采纳不同的政策。于是一些人权就有了一个很清楚的约定要素。这些人权也因此有了一个相对性的要素吗？

看看自主性的权利。只要一个人认识到了自主性的价值，他也就认识到他有理由变得自主，有理由不去否认其他人的自主性。人权是对一个人的人格的保护，因此也是对自主性的能力和运用的保护。在这里我们有了两个判断：其一，从审慎的角度来看，自主性是有价值的；其二，自主性是一项人权。有人会问道，前一个判断的客观的认知地位传递到了后一个判断吗？不过，我们应该问的是：与第一个判断相比，有什么更多的东西进入了第二个判断中吗？明显的答案是：第一个判断是一个有关审慎的判断，第二个判断是一个道德判断。在我看来，要去理解从审慎到道德的那种转变的本质是很困难的，不过，尽管我在这
134 件事情上不太确定，我认为这种转变至少是有一种合理性的。有人会忍不住说，当我的自主性受到威胁时打动我的那个把理由产生出来的考虑，不同于当你的自主性受到威胁时打动我的那个把理由产生出来的考虑。这两种情形之间的明显差别是：在一种情形中是**我的**自主性受到威胁，在另一种情形中是**你的**自主性受到威胁。不过，对这两个判断的推动力的最合理的理解其实就是**自主性：因为一个人的生活质量受到了严重威胁**。"我的"和"你的"这样的说法并不是把理由产生出来的那个考虑的一部分。"因为一个人的生活质量受到了严重威胁"这个从句并没有特别提到我或你，但它并不缺乏一个理由应包含的任何内容。有人或许会说，除非"自主性"这个概念与"我的"这个词相联系，否则它就没有资格成为一个行动理由。但是，这样说就等于放弃了我们对如下问题的把握："自主性"是如何作为一个行动的理由而发挥作用的？

现在回到我的问题：与第一个判断相比，有什么更多的东西进入了第二个判断中吗？当然，通过把自主性称为一项"人权"，有一些新的东西被补充进来了。很多哲学家说，"某个东西是一项人权"这个判断本身就意味着那个东西具有一种特殊的道德重要性，例如具有"王牌"或"边际约束"的地位。不过，我已经多次据理反对这种对人权的描述。人权既不是王牌亦不是边际约束。人权甚至也不是权利中最重要的。自主性（或者更一般地说，人格）不一定是最重要的人类利益。人权只

是提出了这样一个可以被推翻的主张：一个人的自主性应被给予应有的尊重，也就是说，因为在任何特定情形中自主性受到威胁而应该得到的尊重。之所以如此，基本上是因为自主性是一个与审慎有关的价值。不错，只要你知道了自主性是一个与审慎有关的价值，你也就知道它具有多大价值：对我们来说，自主性一般具有高度的价值，足以吸引它现在所得到的那种特殊保护，不过，在不同情形中，它的价值可能有所不同，可以被其他重要的价值所推翻。

在这里，我提到了对自主性方面的人权的“推导”，但我并不是指严格意义上的逻辑衍推，而只是表达这样一个意思：只要一个合情合理的人认识到自主性从审慎的角度来看是有价值的，他也会认识到自主性应得到的尊重。这种转变是合情合理的，因此，相对主义者在这里不可能有一个立足点。

另一个重要限定。从审慎到道德的转变当然是一个格外复杂的问题，因此我在这里已经提出的那种简略处理实际上很不够——这个问题是如此复杂，以至于从一些更加简捷的评论入手简直是不得要领。我已经在其他地方对这个论题给予了更充分的讨论，后面会再次论述。[12] 135
如前所述，从审慎到道德的转变涉及一种合理性，我已经简要地概述了那种合理性。现在我需要提醒读者：在这个节骨眼上，我需要一个更充分的论证，但是，如果一个相对主义者想要抵制我的思路的客观趋势，他也必须提出一个更充分的论证。

让我转向我提到的第二个例子：生存方面的人权。相对主义者至少在这里发现了一个立足点吗？我说过，这项权利中有一个政策要素。这种政策确实是社会人为地构造出来的。不过，我们所能说的是，一个不同的社会可能会选择一项**略有**不同的政策。对所能选择的政策存在着强有力的约束。有一些并非任意的要素决定了这种政策的内容，其中包括人的生命的价值（从审慎的角度来看）、有关人性的事实、关于社会如何运作的事实。正是因为人的生命具有重大价值，几乎所有社会都会严厉限制恣意夺取无辜者生命的做法,这种严厉表现在不愿意承认很多例外,尤其是这样一些例外:在人们具有固定偏好的情况下,这些例外本身不能被很清晰地界定,或者必须依靠行动者做出细微区分的能力。即便如此,一些社会在这些限制上表现得比较随便,而其他社会则相对保守。但这个事实并没有为相对性提供可观的支持。如果一个社会采纳的约定可以被视为比另一个社会采纳的约定更行之有效,那么就有强有力的理由让第二个社会采纳第一个社会的约定。如果我们无法判断任何一个约定是否比其他约定更行之有效(通常就是这个样子),那么任何一个社会都没有可靠的理由去抵制解决这种分歧的一个明显方案:在某个共同约定的基础上达成一致。不同社会之间的这种差别所表达的并不是一个不同的基本评价的框架,而只是在无理性的选择上的一种受到高度限制的差别。

我们可以得出什么结论呢?我只是把我对人权的形而上学讨论(在前一章中)和对人权的相对性的讨论(在本章中)推进到了这个程度。在前一章中,我还没有证明与审慎有关的价值的实在性,而只是证明了其真实性:我断言说,如果关于一种药膏减轻痛苦的判断可以是真的或假的,那么,在类似的意义上,关于人类利益的判断也可以是真的或假的。在本章中,我想推断说,关于人类利益和关于人权的判断,并没有明显地比关于自然事实的判断为相对主义留下了更大余地。不过,
136 我也承认,[13] 一个人可以是一个关于自然事实的相对主义者,例如维特根斯坦有时被认为持有的那种全面的相对主义——一切都是相对于一种生活形式而论的。如何评价这种激进的相对主义,读者自己可以去思考这个问题。[14]

7.3 何谓民族中心主义问题?

仍然有这样一些人,他们认为即使伦理相对主义是假的,民族中心

主义问题也依然存在。[15]

民族中心主义问题**究竟是**什么呢？也许是这样的。[16]人权是普适的，或者被广泛地认为是普适的。但是，如果对人权的唯一可得到的辩护是按照西方的说法提出的辩护，那么它们就不具有普遍权威。如果这就是问题，那么，通过向所有理性存在者表明对人权的一个客观辩护是有权威的，就可以克服这个问题。这样一个客观辩护将是充分的，但也许不是必要的。某些形式的主体间的辩护或许也是可行的。

不过，即使这样一个客观的或主体间的辩护不久就可以得到，民族中心主义问题甚至在那时也有可能仍然存在。这种辩护可能还有漫长的路要走，或者某些社会可能需要花费很长时间才能接受这种辩护，而人权的语言是我们如今使用，而且有理由希望现在继续使用的。也许，我们需要发现一个乃至一系列支持人权的案例，这些案例不是用很多人觉得陌生的西方措辞来提出的。也许我们仍然需要避免民族中心主义。

但是，这样的结论是得不出来的。成千上万的西方人已经采纳亚洲的宗教思想，不是因为他们想方设法要为那些在文化上往往很遥远的亚洲信念寻找西方形而上学和伦理学的副本，恰恰相反，是因为他们已经按照自己的想法来看待那些宗教思想，被他们所发现的东西所吸引。没有谁会认为，那些信念的东方起源本身就是一个无法逾越的障碍。外来的东西可以令人困惑，但是，如果西方人可以在东方宗教的情形中克服这个问题，为什么东方人不能在人们更容易接近的西方人权的情形中克服这个问题呢？

撇开完整的、最终的理性辩护不说，正如我此前所说，[17]我认为有两种方式让人们自愿同意接受人权。一种方式是尽我们所能从西方传统的资源中为人权寻求支持，希望非西方人士认真看待这种辩护，并被他们所发现的东西所吸引。另一种方式是为本土的观念寻求各种非西方社会的伦理信念，这可能会为人权（或者为某种不是不像人权的东 137

西）提供一种本地支持。在当前关于亚洲价值的争论中，这种寻求是一个很有价值的要素，很多作者为了达到这一目的对伊斯兰教、佛教、儒家等等的思想资源进行了有益探索。初步看上去，第二种探讨（不妨称之为“民族中心主义色彩较弱的探讨”）显然较好，完全是因为它不太具有民族中心主义色彩。不过，我想建议说，只要仔细审视一下，第一种探讨（不妨称之为“民族中心主义色彩较强的探讨”）总的来说更为可取。

如今，在这个世界主义的时代，我们往往夸大了各个社会之间的差异；社会比外国人对它们的描绘变化得更加迅速。[18] 不错，世界的不同部分有时候已有很不相同的历史，这个事实仍然会影响它们的语言、思想方式、宗教观念和价值观念。不过，在几乎所有社会中，哪怕只是与一百年前相比，人们所受到的影响现在更多的是当地影响和全球影响的混合。从那时以来，由于日益增长的繁荣以及最有可能在社会中发挥影响的那些人的广泛游历和海外学习，在全球交流、经济结构的趋同、生活方式的同质化方面，已经有了大幅度的提高。在当代，有很多作者干脆附和罗尔斯的信念：一个社会在正义和善的观念上持有一种激进的多元主义，这是国际生活的一个普遍而不可根除的特点。但是，很难发现罗尔斯把这些差别视为不可根除的差别的理由。我们尤其夸张了不同的社会在人权上的分歧。几个亚洲国家的政府在 1993 年的《曼谷宣言》上断然肯定人权，尽管它们确实也强调说：“即使人权本质上是普遍的，也必须在设立国际规范的动态的、不断发展的过程的情景中来考虑人权，要记住国家和地区的特殊性的意义以及各种历史、文化和宗教背景。”[19] 宣称人权是“普遍的”，但又用“特殊性”来加以限定，这种做法是要提醒我们注意到那种限定将被用来为什么东西做辩护。不过，人权本身存在漏洞；没有任何人权是绝对的。西方人自己夸大西方人权观念的严密性，而这种做法往往为夸大东西方的差别推波助澜。东方的人权观念中有一种灵活性和限定，其中很多东西也出现在西方的观念中，只不过得到了一个精确的论述而已。有很多条件在重要性上超过人权，或者对人权施加了限制，比如说，在一个好政府的生存受到威胁的情况下，或者可以让很多人免受恐怖主义攻击的情况下。[20]我 138 们必须把两件事情区分开来：一件事情是拥有一项自由，另一件事情是拥有自由是有价值的；二者之间是有重大差别的。这提出了在《曼谷宣言》中也被暗示出来的那个问题：社会和经济权利是否优先于公民和政治权利？我个人认为有关的论证很不利于这种优先性，[21]但这些问题都是合法问题，正如《联合国世界人权宣言》（1948 年）可能也会充分承认的，[22]它们值得严肃地加以回答。不过，这些合法的问题不是由亚洲社会的“特殊性”提出来的，而是由任何社会在某些特殊情况下所具有的特殊性提出来的，例如处于某些紧急状况下，或者处于某些发展阶段，或者面临我们都面临的某些伦理选择（比如说，在个人主义的价值和共同体的价值之间的选择）。

民族中心主义色彩较弱的探讨在当今如何入手呢？一个明显的举措是：每个社会的成员都去寻求本地对联合国所说的人权的根据（“人的尊严”）的理解。人们对那个思想的本地说明无须重述我的说明，即按照自主性、自由和最低限度供给对人权提出的说明；他们的说明也可以包含（比如说）我的说明中并不包含的各种形式的正义和公正。[23]但是，这种减轻民族中心主义色彩的策略有一个问题。民族中心主义色彩较弱的探讨，按照目前的解释，终究会发现与启蒙运动的价值（例如自主性、自由、正义、公正等）相似的当地价值。不管西方世界寻求什么价值来为人权提供基础，那种探讨都会在当地去寻找这样一个价值的副本。于是，它就不得不去依靠当地民众对如下问题的认识：西方的那些价值观念，或者说，在他们自己的文化中密切相似的价值观念，究竟有多少价值，又如何能够充当人权的根据？不过，这其实就是民族中心主义色彩较强的探讨所做的事情。

当然，民族中心主义色彩较弱的探讨有可能旨在取得某种更大的独立性——独立于西方对人权的探讨。它可能不是去寻求启蒙运动的价值观念的当地副本,而是去寻求某些可能并不等价的本土价值观念,但这些价值观念能够充当那个社会自己特有的人权根据。西方的根据和各种非西方的根据最终都可能会支持大致相同的人权清单。本土社会打算在思想观念上不依赖于西方,这种试图或许被认为包含了一个优点:这些社会因此就更容易接受人权话语。用人权措辞来进行的全球对话立刻就可以开始。然而,缺点在于:这种对话很可能在早期就崩
139 溃了。人们有可能在各种权利的**名称**上取得一致,人们对那份名单的认同保证了这种一致,不过,一个有用的人权话语不会仅仅因为有了这种一致就变得可能。为了知道如何解决权利之间的一些冲突,我们也必须能够确定它们的大部分内容。想想看,人权的国际法若只是知道人权的名称将会受到怎样的约束。为了知道人权的内容以及解决它们之间的冲突的办法,我们就必须知道哪些价值充当了人权的根据,并在这些价值上达成某种程度的一致。换句话说,如果国际法渴望和应该渴望把基本人权与伦理重要性结合起来,正如我在后面将论证的那样,它就会要求这种知识。如果国际社会只是在人权的名称上达成一致,那么我们就很难说它能把局面应付得多好;我们现在的状况可能差不多就是这个样子,不过,人权话语依然有了某些不可否认的好结果。然而,如果我们能够在人权的内容以及如何解决它们之间的冲突上达成一致,我们的状况应该就会好得多。这构成了偏爱那种民族中心主义色彩较强的探讨的一个有力理由——如果那种探讨被认为切实可行的话。

这种探讨是切实可行的。历史上最深的文化分水岭不是在西方和中国(比如说,儒家思想,暂不考虑原本来自印度的佛教)之间,肯定也不是在西方和伊斯兰教(伊斯兰教是一种亚伯拉罕宗教)之间,而是在西方和印度(印度教和佛教)之间。西方世界把进步当作目标,希望在人类的物质生活方面取得越来越多的成就;印度教把无时间、无变化的

存在当作目标。西方人认为理解主要在于分析——把事物分解为各个部分,发现它们之间的相互作用;而对印度人来说,形而上学知识是对一个不可分的整体的直观,事物之间的差异是虚幻的。西方人认为知识主要是对外部对象的行为的知识,自然科学是其典范,而且主要是西方的成就;相比较,印度人把实在看作一种无区别的、完全静态的涅槃,等等。[24]

但是,这一深刻的文化差异不是当前甚为严重的"民族中心主义问题"的证据。在这个语境中使用"文化"这个词是完全合适的。西方和印度的差别早就存在了:欧洲的人权思想可以追溯到中世纪晚期,"人是按照上帝的形象被造就出来的"这一思想可以追溯到《创世记》1:27。佛陀大约生于公元前 563 年,而印度教在佛陀出生前好几个世纪就出现了。曾有一个时期,欧洲和印度都很孤立,各自都有自己的"文化"同一性标准,而在这些宗教中,每一种宗教都是在那个时期发展起来的。但那是一千年前的事情了。为了提出**我们的**民族中心主义问题, 140
我们必须考虑我们每个人**如今**在什么地方。

此外,尽管终极的宗教理想也把日常的行为规则传授给我们,但它们往往很不同于那些规则,而且在日常生活中远远没有后者有影响。佛教告诉我们要灭绝自我,但它也提出了一些规则来制约日常生活中的争吵、偷窃和撒谎行为。佛教有五戒:不杀生、不偷窃、不撒谎、不淫乱、不饮酒。耶稣设置了很难达到的标准:完善自己、爱邻如己。但是,基督教从未放弃切合实际的犹太十诫:不要偷窃、不要通奸等等。因此,虽然印度人可能已经偶然听说终极目标和终极实在,但就像其他大多数人一样,他们当中的大多数人也是生活在这个"终极世界"的彼岸。

把印度描绘为精神性的、神秘的、反理性的,与一个科学的、理性的和进步的西方世界形成鲜明对比,这种做法无疑是一种粗暴的简单化。然而,它却成为欧洲人对印度的典型描述,之所以如此,主要是因为它是欧洲殖民主义者为了辩护他们那种自以为是的传教而采取的一种自私描述。但是，正如阿马蒂亚·森等人已经表明的，印度有一个源远流长的世俗理性、科学研究、思想自由的传统，至少可以追溯到阿育王（公元前3世纪印度的佛教皇帝）以及晚期中世纪和早期现代时期。森给出的一个显著例子是阿克巴的自由主义思想，此人是印度16世纪晚期莫卧儿王朝的皇帝。[25] 在19世纪和20世纪期间，这些理性的、自由的思想在中产阶级精英中广为流传。

当印度人开始接触西方自然科学的发展的时候，即使他们的传统观念认为实在是不变的，但在理解实在变化的规律并对此做出贡献方面，他们并没有碰到什么麻烦。同样，当印度人争取从大英帝国的统治下独立出来的时候，尽管他们的传统观念认为自主性和自由都是幻觉，但在把他们的目标明确有力地表达出来方面，他们根本就没有碰到什么困难。当他们被大英帝国告知他们还没有为自治做好准备、他们将会犯错误的时候，甘地回答说："自由，若不包含犯错误的自由，就不值得拥有。"[26] 很有可能的是，既然印度传统把种姓结构视为权利和特权的来源，它就没有这样一个概念，即一个人乃是因为是人而具有权利。[27] 也很有可能的是，既然佛教传统把焦点集中在通过沉思和顿
141 悟来完善个体，而不是集中在改进社会，它也就缺乏那个概念。[28] 但是，这并不重要。争取国家独立的印度教徒（以及穆斯林教徒）在把握自由和自主性的价值上好像还没有碰到什么麻烦，他们的宪法（1950年）确定无疑地表明他们在处理人权的语言上也没有碰到什么麻烦。[29] 昂山素季，印度的近邻缅甸坚定不移的人权倡导者，认为人权不仅符合而且发展了佛教教义。[30]

印度和西方世界的情形表明：在理解人权是什么、为什么重要等问题上，如今并不存在严重分歧。[31]

7.4 宽容

我已经讨论约翰·罗尔斯对人权的看法。[32] 现在我想看看他就人民之间的宽容提出的说法。可能有罗尔斯所说的“得体的人民”，[33] 他们拒斥了启蒙运动人权清单中的一些条目。一项权利可能违反了他们真诚地持有的深厚承诺，例如关于女性角色的宗教信念。然而，只要一个人民算作“得体”，它就值得我们宽容。“宽容，”罗尔斯说，“不仅意味着避免运用政治制裁……来让一个人民改变其方式”，而且也意味着“承认这些非自由的社会是万民社会的资格完好的平等参与者”。[34] 把这种形式的尊重授予得体的、非自由的社会，就可以鼓舞它们实行自我改革，或者至少不会让它们在这方面感到气馁，而否认它们有这种尊重很有可能就会产生这种效应。[35] 不过，也有一个非工具的理由尊重它们——那是它们应得的。

罗尔斯设想了一个具有等级制度的伊斯兰社会卡赞尼斯坦，把它作为一个得体的、非自由的社会的范例。[36] 按照罗尔斯的说法，卡赞尼斯坦和一个西方自由主义国家在政治结构上的差别，主要是由它们的文化差别尤其是宗教差别产生的。从刚才提出的理由来看，罗尔斯的说法在我看来很可疑。不过，罗尔斯的宽容问题无须是由文化差异激发起来的。罗尔斯认为，一个得体且具有等级结构的人民具有两个规定性质：第一，这样一个人民没有侵略性的目的；第二，它的法律制度保障了所有人的人权，把真正的道德义务施加于其成员，法律官员诚实地、不是不合情合理地相信法律是由对正义的一种理解（正义是为了公共的善）来引导的。[37] 不过，罗尔斯在很大程度上缩减了人权清单、降低了人权的职能。[38] 他的人权清单删除了一些典型的人权，例如言论自 142
由、集会自由（除了在良知和宗教仪式的自由所需的那种很有限的形式上）、民主参与的权利以及任何超越单纯生存的经济权利。他把人权的职能降低到两个方面:确定战争的规则和国际干预的根据。

接受罗尔斯的那份经过压缩的人权清单会碰到一个主要障碍,尤其是,如果我们就像罗尔斯那样希望得到一份有现实的机会得到采纳的清单,我们就会碰到这个障碍,那就是:国际社会绝不会接受那份清单。联合国人权清单已经很根深蒂固,因此很难被大幅度地改动。这份清单无疑到处都可以修订,但其核心不会接受罗尔斯提出的那种根治手术。国际社会会坚决抵制把人权话语降低为罗尔斯的那两项职能的做法,会继续用人权来评价任何一个国家的行为及其制度。我相信,我们当中很多人甚至也会继续用人权来评价个别人的行为。不错,罗尔斯并不否认他从那份清单中去掉的那些人权可以出现在一个人民的"基本"权利或"国际"权利中。但他认为那些权利不是严格意义上的人权,而仅仅是"自由主义的抱负"。[39] 然而,这是对那些权利的地位的一种彻底降级,而正是这种降低会受到抵制。这就提出了一个问题,关系到罗尔斯提出的一个很强的、未经审视的假定。罗尔斯说,"我暂不考虑对……权利和限度进行解释的诸多困难,认为它们的一般意义和趋势是足够清楚的。"[40] 人权当然有某种程度的清晰性,它们不是胡言乱语。但本书第一章旨在表明,在"一项人权是什么"这个问题上,有某种程度的不可忍受的不确定性,而正是因为这种不确定性,两个问题的标准就变得不清楚了:一个问题是,什么东西应出现在人权清单上?另一个更加令人担忧的问题是,个别权利的内容是什么?罗尔斯自己的那份减缩名单上的一切权利,例如生存权、自由权、福利权和健康权,也面临同样的问题,我在后面会讨论这些权利。[41] 为了让我们对这些权利的理解适合我们目前的思想,我们就得补充某个进一步的实质性价值。这种补充无需是我的补充,只需是**某种**补充。不过,一旦把这样一个价值补充进来,它就可以决定存在着哪些人权,于是就不能用罗尔斯决定用来限制人权的那种武断的方式来限制人权。

还有一个忧虑。即使一个国家没有侵犯人权,可能也有理由对其

进行干预。此前我论证说，人权的领域与正义的领域相重叠，但并不吻
合。[42]有些正义问题，例如某些形式的惩罚性正义和分配正义，不是人 143
权问题。例如，我们可以想象一个具有这样一种社会结构的国家：在这个国家，它的一切重要财富差不多都落在少数白人殖民精英手中，因此大部分本地黑人只能处于温饱线上。如果这种粗野的不公正有可能持续一段时间，那么外交制裁或经济制裁也许就可以得到辩护。想想一个国家，它在某些方面类似于实施种族隔离政策的南非，但具有一个得体的等级协商制度，在良好地发挥作用的情况下，这种制度可以把穷人提升到勉强糊口的生活水平，但不是提升得比较高。只要罗尔斯的理论仍在运转，他就可以自由地对它加以修改，并断言说：对人权的严重侵犯对于辩护干预是充分的，但不是必要的，而对正义的某些侵害（也许还加上其他东西）对于辩护干预也是充分的。实际上，罗尔斯把对遵守人权视为一个得体的、具有等级结构的社会的一个规定性特征，但却没有提到惩罚性正义或分配正义。[43]应当承认，他确实明确指出，“按照共同善的思想来理解正义”也是这样一个社会的规定性特征，[44]不过，可疑的是，拥有这样一个正义观要求在相当高的层次上接受一个福利分配原则。[45]罗尔斯不可能相信，一个共同善的正义观要求一个社会把其成员的生活水平提高到维持基本生存的水平之上，因为一个得体的、具有等级结构的社会需要做的不过如此而已。前面我提到了一个与南非相似的国家的例子，这个例子对“基本生存水平足够高”的说法提出了怀疑。为了提出一个令人满意的案例来表明生活水平必须高于基本生存水平，我们可能就要诉求这样一个思想：在人的地位中有一种特别有价值的东西，而人的地位不是仅仅由基本生存来保护的。只要那种特殊的价值开始产生权利，就不允许有任何任意的终止点。

罗尔斯对人权的功能说明有一个严重缺陷：他的说明使得他的那份经过缩减的名单的内容（包括那份名单本身的内容以及每项权利的内容）变得很含糊，因此不切实际。比如说，如何确定人权所要求的最

低限度的福利水平呢？如果我们可以诉求某个进一步的实质性价值，例如与规范能动性相联系的那个价值，那么最低限度的福利水平就是对为了作为规范行动者而有效地活动所需要的东西的更加丰厚的供给。但是，表面上看，只要罗尔斯愿意，他也可以用一种完全不同的方式来确定最低限度的福利水平。他可能会问：在什么福利水平上，对最低限度的福利水平的忽视开始为其他人民进行干预提供初步辩护？但是，在面对这个问题时，我们将不知道如何回答？我们需要从某个进一步的实质性的伦理思想中寻求帮助。例如，我们或许求助于“人的尊严”的思想，但这样做也显得很模糊。比如说，在落到单纯的生存那样低的
144 水平之前，我们可能就会丧失我们作为规范行动者的尊严。如果我们只是为了在地球上生存下来而不得不整日劳作，没有闲暇、没有反思、没有希望，饱受生存条件的折磨，那么这种生存状态就缺乏规范能动性应有的尊严。因此，如果这就是我们的思路，那么我们仍需决定什么样的“尊严”在人权中发挥作用。不管怎样，罗尔斯好像没有利用这条途径，而是，正如我们已经看到的，他假设人权的“一般意义和趋势”已经“足够清楚”。但并非如此，正如我已经论证的。

在这里，我不是在为理解“宽容”努力做出自己的贡献，尽管这个问题很重要。我目前的兴趣是人权，我所得出的结论是否定性的。在征用人权的语言来说明干预时，我们不应该效法罗尔斯。他所能提供的语言在含义上太不确定，因此派不上用场，而且，一旦我们让那个语言的含义获得更加令人满意的确定性，它就会包含为了辩护那份更充足的人权清单（启蒙运动传统长期以来所拥护的那份清单）而需要的
145 东西。

第二部分

最高层次的人权

第八章
自主性

8.1 三个最高层次的人权

基于人格的说明认为，人权是对我们的规范能动性的保护。规范能动性有各个阶段。第一阶段在于我们对选项进行评估，由此对一个值得过的生活形成一个设想，就像我在前面所说，[1] 在我心目中，这种"设想"不是一张关于一个好生活的总体的示意图（这种示意图的价值很可疑），而往往是一些零碎的、不完整的思想，关系到什么让生活变得更好或变得更糟。这就是我一直所说的"自主性"。为了形成这样一个设想并加以追求，我们需要各种支持：生命本身就不用说了，此外还有某种水平的健康，某些身体和精神能力，某种程度的教育等。我一直把这些东西称为"最低限度供给"。不过，如果其他人阻止我们，这些东西对能动性来说就不够了；我们也必须自由地追求这样一个设想。这就是我一直所说的"自由"。因此，所有人权都可以被划归在如下三个首要标题中的某一个下面：自主性、福利和自由。它们可以被认为构成了最高层次的人权的一个三元组合。

8.2 自主性与自由的区分

把自主性和自由区分开来的这种方式并不是很新颖,但也不是很常见。哲学家们更惯常用“自由”或“自由权”之类的说法来涵盖我所说的自主性和自由,尽管最近一段时期很多人往往更进一步,把自由或自由权的两个概念(有时是更多的概念)区分开来。以赛亚·伯林把自由的两个概念区分开来,他的区分得到了大量讨论,但完全不是我想在自主性和自由之间做出的区分。[2] 我的区分是用这种方式表现的:规范
149 能动性对我们很有价值,对为什么何以如此的说明分为两个部分,因此我认为在这里我们有两个不同的价值。

我想鉴定出来的东西不是在日常的正确话语中所说的“自主性”,也不是在对这个概念的各种哲学运用中所说的“自主性”。我的兴趣比较狭隘:我把自主性理解为一种特殊的道德和政治价值,这一价值构成了一项人权的基础。说得更具体一点,我感兴趣的是我在自主性和自由之间做出的那个区分,并追问这样一些问题:为什么这种自主性是有价值的,这一价值如何支持一项人权,那项人权的内容是什么。

在中世纪晚期,伦理学开始发生一个渐进而重大的转变。此前,人类基本上被认为是与上帝相分离的,因为不论是在知识和力量上,在人和上帝之间都有着不可逾越的鸿沟。不过,因为上帝的善良,他已经为我们制定了把我们引向救赎之路的律法。然而,到了中世纪晚期,我们开始认为我们具有一种更加崇高的地位——实际上认为我们是按照上帝的形象被造出来的。这个思想首先出现在《创世记》1:26中,但在教会准备从中引出某些极端的道德结论之前,它是几经周折才出现的。我们是规范行动者,因此也是创造者(即使只是在很有限的方面),就此而论我们与上帝相似。我们都是平等的,因为我们是按照上帝的形象被同等地造出来的。

这个新的平等主义精神,对人的能力的这种新的自信,对一种更积

极、更独立的人类的期望，重新设定了道德舞台。我们的道德角色发生了变化，从服从上帝颁布的律法转向服从我们自己颁布的律法。[3] 这个变化（在 18 世纪达到顶峰）是要把一种早就潜伏在基督教中的平等主义和个体主义趋势规划出来，其完成则产生了一个意想不到的结果：一种无上帝的伦理学出现了。

在这个转变中凸显出来的自主性观念就是我在这里要关心的那个观念，即自我决定。并非人们做出的每一个决定都是自主的。很多决定是被外在的影响有效地决定的，这样的影响有很多，比如说，大体上是由其他人来塑造的无意识冲动，某些遗传变异（例如具有两个 Y 染色体的男性），等等。我在这里所说的决定是从一个人对一种能力的运用中产生出来的决定，这种能力就是把正确的价值和错误的价值、把好的理由和坏的理由区分开来的能力；总而言之，我所说的决定是一个规范行动者的决定。

规范能动性不仅在于由自己来决定什么事情值得做，也在于做这
样一件事情。对我们来说，不仅自主的决定很有价值，另一件事情也很 150
有价值，那就是，在我们生活中，我们是通过落实我们做出的决定（比如说，通过实际上缓解某个人的痛苦，或者把一个小孩抚养好，或者公正地对待人们）来取得某些东西的。换句话说，我们也很看重我们的自由。

自主性和自由是不同的价值。[4] 自主性的敌人是教化、洗脑、支配、操纵、顺从、墨守成规、虚假意识以及某些形式的幼稚。自由的敌人是强制、约束以及在生活中没有充裕的选择。一个例子有助于说明这个差别。人们可以是自由的但却不是自主的，比如说，一个人可能是完全在习俗中成长起来的，因此不经思考就赞同社会价值，但他仍然可以按照自己的意愿自由地追求那些价值。人们也可以既是自由的又是自主的，例如经过慎思而选择自己的价值，并按照自己的意愿自由地追求它们。第二种生活更好。自主性的价值和自由的价值是相分离的。

在我们的意义上，自主性是一个特别无所不在的价值。对于什么

东西使得一个人的生活过得好，人们有不同的理解，因此就有不同的清单，尽管这种清单通常有一个共同的核心，比如说在生活中取得某种成就，具有深厚的个人关系，理解某些道德问题和形而上学问题，自由地和自主地生活。但是，没有什么东西算作一项成就（“成就”在这里是一个专门术语，用来表示一种与审慎有关的特殊价值），除非它是一个人自己的选择。对于一个人来说，只有当深厚的个人关系所涉及的爱或友情是立足于他自己对对方的价值的承认的时候，那种关系才有价值。在相关的意义上，理解只能是自主的。若没有自主性，一个人显然就不会自主地生活。

8.3 自主性的价值

自主性为何如此有价值呢？我们所说的自主性难道不是一种在社会上制造分裂活动的个人主义吗？难道不是友爱、团结以及步调一致的道德共同体的敌人吗？这种怀疑很常见，但它是对如下主张的怀疑：自主性是一种纯粹的善，本身就是好的。按照我的论述，自主性之所以有价值，是因为它是人的尊严的一个构成要素。在这里我引用“人的尊严”这个说法，但对其含义也必须予以详细说明，因为“尊严”这个词有几个可接受的含义与人权无关，比如说，应该恰如其分地赋予一个严重
151 的痴呆症患者或者甚至一个人的死尸的那种尊严。然而，与人权相关的那种尊严是一种很有价值的身份的尊严，即我们是规范的行动者。

这些评论并不构成对自主性的价值的一个论证。对人权采取一种基于人格的说明就是采取如下一种做法：在把“人的尊严”这个短语用作人权的根据时，用规范能动性来解释那个短语。这说不上是一个古怪的解释；它是皮科·德拉·米兰德拉在他那部有影响的著作《论人的尊严》中提出的解释，它是人权传统中最常见的解释。[5] 如果规范能动性是有价值的，那么它是内在的有价值的。我们只能试图弄清楚规范

能动性是什么，然后希望其他人看到它是有价值的。[6] 当然，我实际上还没有充分证明我们确实是规范的行动者，或者，如果我们不是规范的行动者，这将会对人权的存在产生什么后果？我很快就会探究后面这个问题。

8.4 自主权的内容

我希望把自主性当作一种特殊的道德和政治价值来加以说明，而与这个意义上的自主性相关的决定是关于所要追求的那种生活的决定，当然，不是所有的决定都是这样的决定。假若一位母亲仍然命令她成年的儿子在餐馆订餐，而儿子倒宁愿自己来做这件事，那么在"自主性"这个词的一个既定意义上，他就不太有自主性，不过，在我们的意义上，这位母亲并未侵犯她儿子的自主性。餐馆的膳食对她儿子的自主性并不是很重要。当然，对于一些很不同寻常的人来说，在餐馆吃什么可能很重要，但对我们大多数人来说并非如此。如果那个儿子让其他人替他做出他的投资决定，或者他在科学和数学上要相信什么的决定，那么在我们的意义上，他可能也没有丧失任何自主性。他让其他人替他做出这些决定，而即使这件事本身不是他自己自主地做出的一项决定，他可能也没有丧失自主性。对大多数人来说，关于投资的决定并不属于他们对一个值得过的生活的思考，也不属于他们对这样一个生活的追求。有时候放弃某些形式的自主性反倒可以是一件很值得想望的事情，比如说出于慎重或出于是否要承担道德责任的考虑。如果一个人在科学方面无能为力，那么他最好依靠权威来形成科学信念。然而，如果那个儿子让他母亲去决定他应如何与生活打交道，那么，在我们的意义上，他显然就丧失了自主性。即使他自愿把他应当如何生活的决定交给他母亲，他仍然会丧失自主性。当然，也有一些我们无法清楚地做出判断的情形。那个儿子可能醉心于自己的事业，例如写小说，只是

152 在选举日那天要他母亲告诉他如何投票。我应该说,诸如此类的情形有时候并不涉及牺牲我们所说的自主性,但有时候会涉及牺牲这个意义的自主性。如果在一场选举上的争端特别重要,一个人就有义务做出自己的决定,不这样做就会严重毁损我所说的意义上的自主性。

这些案例表明,在"自主性"这个概念的某些意义上,"越自主越好"这一主张并不成立。自主性值得想望,但若对此加以夸张,我们对权威的那种有辩护的服从或者我们对其他人的信任就会受到削弱。[7] 在我们的意义上,舍弃自主性可以是合理的(不过这种舍弃并不是对自主性本身的舍弃),因为这种舍弃不是对给予尊严的自主性的舍弃,即对作为一个规范行动者的尊严的舍弃。在我们的意义上,如果一个人对自主性的舍弃本身就是自主行为的典范,例如一个修道士把其自主性交给修道院院长,那么他也没有丧失这种尊严。

在我们的意义上,自主性的要求有多苛刻呢?在当今的医疗实践中,"病人的自主性"实际上往往意味着"知情同意",后者接着又被归结为医生向病人说明即将采取的治疗涉及什么、有什么风险、其他可能的治疗方案是什么,然后与病人签署一项协议。但是,这个标准显然太低。病人很可能受到了多方面的压力,因此只能接受医生所说的。医生的说明很可能太简短或太专业,因此病人无法充分理解。如果一个医生把各种选择描述出来,那么他很可能就是首先决定采取他所推荐的那个选择的人。

于是,在对这一点做出回应时,就很容易把自主性标准设置过高。例如,人们如今可能会说,一项决定是自主的,当且仅当做决定的那个人充分认识到所有相关理由的分量,他的一切推断都完美无缺,而且,他的决定除了受到那些理由和推断的影响外,并未决定性地受到任何其他东西的影响。但是,这个标准太高,因此可能排除了自主的错误行为。假若一个行动只有在来自自主的决定时才是自主的,而一个决定只有在一切理由都被恰当地权衡、所得出的决定都是正确决定的时候才是自主的，那么来自不正确的决定的行动就不是自主的，因此就不值得责备。这是康德经常遭受的一个异议。如果自主的行动，就像康德认为的那样，必须高耸于因果网络之上，不是由感受、态度、欲望、快乐、痛苦之类的“他律的”东西来决定的，那么好像就只有正确的行为才是自主的。很多康德学派成员已经试图反驳这个异议，[8]但在我看来他们都没有取得成功。不过，即便这个异议是可反驳的，康德的那种自主性 153
也要求一种不可得到的“纯洁的”合理性。我们是通过思想来运用我们的合理性；对任何复杂性的思考都要求复杂的语言；语言是一种在文化上被制作出来的东西，因此也是因果网络的一部分。它是文化共同体为了满足各种人类需要、把它对重要性的认识反映出来而设计出来的东西。每种语言在其发展过程中都会碰到一些意外，其中一些是幸运的、一些是不幸的。不太容易知道在语言的发展中已经出现了什么意外，因此也不太容易知道一个人的思想受到了那些意外的多大影响，不管这种影响是好是坏。我们不时修正和改进我们的语言，以便回应我们在其中逐渐发现的歪曲；例如，我们停止谈论“胆汁”，转而发展了生理学和心理学的现代语言。不过，在任何时候，在语言中都有我们没有意识到的歪曲。如果我们就像康德那样仅仅关注在合理性上的公然失败，例如各种矛盾，那么那些歪曲就不那么重要了。但是，康德不仅需要诉诸表述上的矛盾，也需要诉诸意志上的矛盾，而在我们对后者的判断中，至少有些判断可能受到了语言歪曲的影响。

第一种标准显然过低，而第二种标准显然过高，因此，让我们看看它们之间的逻辑空间。想想这样一个常见现象：长时间停留在一个位置会越来越不舒服，为了缓解这种不舒服，一个人改变了他在椅子上的坐姿，但完全没有注意到这件事情。在这个人这里，通常他并没有有意识地把这种不舒服记录下来，也没有有意识地做出缓解那种不舒服的决定；我们只是这样做而已。猫、狗也是如此，而当我们这样做的时候，其中所涉及的精神过程可能很像猫科动物或犬科动物的精神过程。但是,这个事实(如果是一个事实的话)使得一个人改变姿态的行为就成为他律的吗？其原因完全不属于一个在运作上不足以由感觉、倾向、遗传性格等因素来决定的纯粹理性的、有意识的中心吗？康德赞成休谟的说法:感觉、倾向等等排斥理性。就像休谟一样,在对与审慎有关的价值的判断上,康德是主观主义者,或者说,他试图从主体间的角度来做出这种判断,但是,与休谟不同,在道德规范方面,他是客观主义者。不过,在我看来,有充分可靠的理由认为,合理性也重要地进入对人的目的或兴趣的鉴定中,关于后者的判断服从对错标准,而且可以是客观的。这些都是很大的论题,我已经在前面以及其他著作中讨论了它们。[9]

如果确认人的兴趣实际上是一个理性决策问题,那么下面这件事
154 情就是自主决定的一个典型案例:我最终明白,在其他条件都相同的情况下,在一个人的生活中,他在某个方面的成就让他的生活变得更好,比如说,肯定好于我到目前为止一直都在过着的那种漫无目的的生活。而且,因为这样的认识,在条件许可的情况下,我可能会改变自己的生活方式。这个典型的例子具有把一个价值或负面价值记录下来然后采取相应行动的形式。对于什么东西会让一个人的境况更好,或者什么东西会满足人所特有的某些欲望,人们会做出判断;如果这些判断服从对错标准,那么也许它们就可以是自主的。在某种意义上说,我的感觉、欲望、倾向和反应等,就像我有意识地承认的理由一样,都可以是我自己的。在上述改变坐姿的例子中,我的感觉和欲望之类的东西实际上就像所有其他人的感觉和欲望之类的东西,有时与猫、狗的感觉和欲望之类的东西相重叠,而且往往在遗传中具有基础。但是,这个事实并未消除“它们是**我的**”这个说法的一切含义。它们是我的完全合理的反应。它们与我刚才作为自主决定的典范而提出的那个例子具有同样的形式:把一个价值或负面价值(在一种情形中是成就;在另一种情形中是不舒服)记录下来,然后采取相应行动。现在,想想与改变坐姿相似,

但在意识和思想方面涉及越来越多的要素的例子:当水龙头中打开的热水就要烫伤自己的时候,赶紧把手拿开;当眼睛在光下感到疲劳的时候,闭上眼睛;如果发现闭上眼睛还不够,就把所有的灯都关掉。在这些例子中,行动者都或多或少有意识地把一个负面的价值记录下来,然后又或多或少有意识地采取行动来回应那个负面价值。这些行动是自主的还是他律的呢?

我认为,如果我们采用康德的那种把"自主的"和"他律的"这两个范畴区分开来的方式,那么我们就很难回答上述问题。但是,这两个范畴并不是我们在这里所要诉求的。我们感兴趣的是作为人权之根据的自主性,这是一种道德和政治价值。按照基于人格的说明,自主性受到了一个实质性的约束:我们感兴趣的自主性是在对一种值得过的生活形成某种理解时所涉及的自主性。在我所说的典型例子中所涉及的自主性肯定就是我们感兴趣的那种自主性,而其他例子中的自主性就不是,因为下背的不舒服或者手被烫伤的痛苦都处在过于具体的层次上。对一种值得过的生活形成某种理解是在更一般的层次(痛苦或不舒服这些一般概念的层次)上来运作的。当自然权利被嵌入一个基督教的形而上学中时,就我们对这些权利的拥有来说,最重要的是,我们是按照上帝的形象被造出来的,我们是自己生活的创造者。猫可以对 155
不舒服留下印象并因此而改变姿态,但这种能力与那种上帝般的能力相差太远。实际上,除了人类外,就我们所知,没有任何其他物种有能力支持我们所说的那种自主性。这种自主性支持一项人权,对价值和负面价值的表达对这种自主性做出了贡献,但这种表达涉及使用复杂的语言——至少是与审慎的价值有关的语言(这种语言的很多词汇涉及长期的乃至终身的评价),以及为了对价值进行相互权衡、对它们达成一个深思熟虑的判断而需要的语言。除了人外,即便某个其他物种具有一种可以算作发育不全的语言的东西,也没有充分的证据表明它们具有规范能动性所要求的那种复杂语言。[10] 这并不是说把人类在这个方面的独特性确立起来很重要。就我们所知，在宇宙中其他地方，可能存在着具有同样复杂的语言、有理性的外星人。[11] 不过，在我们所知道的物种中，人的独特性足以辩护联合国所采纳的人权的根据——人的尊严。我们可以不成问题地表明我们所寻求的那种自主性具有很高的价值。如若这种自主性并不具有很高的价值，它就不是我们所追求的自主性了。

讨论自主性的作者往往会采取一个共同做法，即寻求一个简要的短语来总结自主性的观念。此前我把自主性称为“自己决定”（self-decision）。在我看来，我们也可以遵循康德和卢梭的那种更加坚定的精神，把它称为“自治”或“自我立法”。不过，只要我们把自主性和自由区分开来，某些短语就是令人误解的。“自决”（self-determination）这个说法不仅暗示对一种值得过的生活形成某种理解，在某种程度上也暗示了对这样一种生活的实现。“自我定义”和“自己生活的原创者”这两个短语同样会令人误解。

因此，我们所寻求的那种自主性的图景是这样的：在人类生活中，有一些与审慎和道德有关的特征，它们让一个生活成为好生活，而自主性就是认识到这些特征的一种能力，这种认识接着可以导致合适的动机和行动。这个意义上的自主性是一个阈限概念，具有很低的阈限。大多数成年人都具有这种能力并因此而有了“尊严”和“价值”。我认为清楚的是，在这个阈限上面，不同的人会有不同的能力认识到那些成就善的特点，只是这些进一步的差别对于我们所说的“尊严”或“价值”来说不再具有重要性。[12] 按照对自主性的这种理解，自主的错误行为仍然是可能的。一个人可以有那种构成自主性的能力，而不去运用它。我可能有能力生动地认识到在我的生活中取得某个成就是有价值的，不过，由于各种可能的理由当中的某个理由，我对那个价值的认识仍不
156 够生动，于是就止步不前，仍旧一点点地浪费我的生命。刚才提到的那种能力不是做正确事情的能力，而是理解和想象的能力，尽管一旦加以

使用,后者也可以导致正确的行动。我没有足够生动地看到取得这样一项成就的好处,尽管我认为我本来可以清楚地看到这一点,因此我应严厉自责。如果我已经清楚地看到了这一点,那么,在合适条件下,我可能就已经改变我的生活方向。

8.5 自主性与自由意志:如若我们不是自主的,那又如何?

如果规范能动性不是有价值的,或者我们绝无可能上升到规范能动性的层次,那么用人格来说明人权的做法就崩溃了。这倒不是说我们因此就没有理由保护我们进行慎思和行动的能力以及那些能力的运用;而是说,按照我的说明,人权就不会是那个样子了。

在我对自主行动的描述中,没有什么东西说明为什么我未能很生动地理解成就的价值,或者为什么在同样的情境中我失败了而你没有失败。这样一个说明可能是:我很沮丧,而且我在内心深处藏着"我不值得过好生活"的强有力的想法。或者,有可能的是,谈论成就让我回想起我父母在穿袜子这件事上对我的长久以来的训导,于是我就突然间变得很沉闷。我相信,尽管我失败了,但我本来可以取得成功。然而,有很多说明可能恰当地削弱了我的那个信念。也许,我决不可能采取我实际上并未采取的行动。

不管自由意志的争论结果如何,都有一种办法维护自主性的价值。一个人可以声称,不论是一般而论的人格还是特殊而言的自主性都只是工具上有价值的。[13] 若是这样,我们是否就不能把人权从对它们的重大的(工具)价值的保护中推导出来呢?实际上,有些人会认为这是对自主性的一种令人喜欢的紧缩的说明。于是,一个人只需声称:让人们的利益和欲望得到满足是件好事,而如果人们是按照一个不如我此前建议的自我决定标准那么严格的标准来做出自己的决定,那么他们的利益和欲望就更有可能得到满足。然而,这个紧缩性举措仍然有其问题。它最终会要求我们对后果进行无比庞大的计算,但这是我们做不到的。

回想一下我们熟悉的对意志自由的挑战。在我看来,也许是因为
沮丧,或者是因为对任何事情充耳不闻(想想上面提到的父母说教的
157 例子),一个人往往不可能采取他实际上没有采取的行动。是否一个人
从来都不能采取他实际上没有采取的行动,这是无法确定的。假设一
个朋友对我说,成就对于好生活来说如何重要,假设我理解了他所说的
"成就" 的意思,并且明白了成就为什么如此有价值,也认识到这种理解
是我后来转变方向的主要原因。可是,不管关于意志自由的真理究竟
是什么,在本书中,试图去证明这样一个真理就有点多余了。我认为,
在试图对人权提出一个说明时,有一个正确的思想是我们可以使用的,
那就是,自主性并不只是在工具上有价值;在我看来,很多其他人无疑
158 也在继续遵循这条思路。

第九章
自由

9.1 最高层次的权利

我已经提议按照自主性、自由和最低限度供给来说明人格。于是，所有更加具体的人权都可以被划归在这三个标题中的某个标题下。例如，在自由的标题下就有了几种众所周知的自由，如言论自由、宗教自由和集会自由等。在这里，我要关心的不是这些具体的自由，而是一般而论的自由，即自由权这个高层次的权利。

9.2 对自由的广义解释和狭义解释

有一个广义的自由概念仍在流行，托马斯·霍布斯、约翰·洛克、杰里米·边沁、约翰·斯图亚特·密尔、以赛亚·伯林等人都曾使用过这个概念，[1] 它把对一种特定行动（我为了得到我想要的东西而采取的行动）的任何限制都视为对我的自由的限制，尽管这种限制常常是有辩护的。例如，如果我想在单行道上逆向驾车行驶，那么，按照这个广义的自由概念，交通限制就侵犯了我的自由，尽管可能是有辩护地侵犯了我的自由。

自由概念的这种广泛应用本身并没有什么错,不论是在日常言语还是在哲学话语中都有稳固地位。但是,这种应用与作为人权的自由无关。后面这个意义上的自由受到了一个实质性的约束。人权所要保护的重大价值不包括下面这件事情:我们可以满足我们碰巧具有的任何心愿,哪怕是一时半载的奇想。它们所要保护的是一种特殊的能力:对一种值得过的生活形成自己的设想(不管与此相关的想法多么零散、多么不完备),然后去追求这样一个设想的能力。因此,自由权仅仅是保护作为我们的人格的一部分而存在的东西,你固然可以自由地在单行道上驾车逆行,但这种自由肯定不是自由权所要保护的。当然,在我
159 的描述中,那个实质性约束来自基于人格的说明。如果有另一个不同的说明被认为更好,那么就会有另一个不同的实质性约束,但仍然是这样一个约束。

自由也有一个形式上的约束。如果我有一个自由权,那么其他人也同样有这样一项权利。我们每个人至多有一个与所有人的平等自由都相容的自由权。因此,用一个明显的例子来说,任何人的宗教自由都不会扩展到由恶棍来实施的谋财害命、由某个印度教派来落实的例行抢劫、由卡莉女神的崇拜者来进行的谋杀,而在 19 世纪早期,这些行为都是英国人正当地加以压制的。一个不太极端的例子是当今的某些宗教教派,它们否认女性具有人权。这个约束也显著地缩小了自由权的内容。

这些论证都被用来支持对自由的狭义解释。在我看来,它们基本上是可行的,但仍然不够深入。我们必须转向这些论证。

9.3 “追求”

一个人可以对一种值得过的生活形成某种设想,自由权所要保证的不是对这种设想的实现,而只是对它的**追求**。这是另一个需要加以

说明的词语。当社会承认它有责任保护追求的自由时，它究竟做出了什么承诺呢？

一个人的自由可以用很多方式被否决。一个人可以被约束：在身体上被另一个人约束，或者受到一个具有严厉处罚的法律的约束，或者因为一个专制统治者的威风凛凛的出现而受到约束，或者被严厉的社会职责所约束。或者，一个人可能被迫用一种他不想接受的生活方式来生活：被一个国家、教会或家庭所强迫，其中每一个都对一个人应如何生活有自己的想法。又或者，一个人可能发现自己被置于本身只允许很少的生活方式的状况，而他自己理性地选择的生活方式并不包含于其中。

约束和强制都是自由的众所周知的敌人，尽管它们所采取的形式并不总是很容易被认识到。对自由的否定无须采取积极干预的形式。如果一种强有力的力量能够进行干预，那么，仅仅是这种力量的出现可能就足以恐吓人们，于是，他们不得不去进行自我审查。自由并不只是因为一个人实际上所选择的生活方式未受干预就会得到充分满足；它也提出了这样一个要求：要是你选择了另一种生活方式（实际上，在受自由权保护的领域中选择任何一种生活方式），你也不应该因此而被干预。然而，自由的第三个敌人，即选项的稀缺，是我们不太熟悉的，因此就需要多一点说明。 160

只有另一个行动者才能侵犯一个人的自由权。如果我们的选项是因为人无法控制的自然行为或因为大规模的社会—经济事件而受到削减，那么就没有谁的自由受到了侵犯。几个世纪前，生活在北极冰屋中的年轻男性因纽特人，在生活方式上几乎没有什么选择；这样一个人及其家庭的生存都取决于他把大部分不眠时间用来猎取食物。对他来说，他的生活方式是由格外严酷的大自然来决定的。但是，我们不可能指责说大自然侵犯了他的自由。

因此，考虑一个对立的情形。在塔利班掌权时，他们允许阿富汗妇女仍旧可以在可得到的选项中自主地选择、自由地追求她们所选择的选项。塔利班只是粗暴地削减了选择范围,只留下那些符合他们对伊斯兰妇女生活的设想的选项,于是,很多阿富汗妇女在她们自己认为值得选择的事情上就没有选择。塔利班当然粗野地侵犯了自由;他们对选项的故意削减就是强迫。

同一种形式的强迫也可以小规模地发生。为了拯救孩子的灵魂,父母可能定居在远离一切腐败社会、没有现代技术、除了《圣经》外无其他书籍可读的地方。在那个地方,孩子们的生活环境很狭隘,这是由父母有意造成的。在那个地方,孩子们仍旧可以自主地选择和自由地追求一种剩余的生活方式,他们只是没有现实的可能性决定成为一名科学家、哲学家、画家、诗人、作曲家;一个人所需要的资源、传统、训练和激励不见了。如果一个人自己渴求的选择在父母为他划定的范围内是找不到的,他的自由权显然就受到了侵犯。

最常见的是,我们所面临的限制是混合的:部分是自然所为,部分是人力所为。在一个人所生活的社会中,即便没有任何人有意地行动,长期确立起来的文化本身可能也会限制他的选项。孩子们可能会发现,仅仅是因为他们的远祖选择了那种生活,他们生来就进入了一个与世隔绝、没有现代技术、《圣经》占据统治地位的社会。不过,一个文化往往包括禁令和要求——即使那些东西不是目前这一代人所施加的,它们也可以被后者解除或废除。在我们所设想的那个社会中,如果有个孩子想方设法获得了一个有见识的欲望,想要反驳整个社会并决定成为(比如说)哲学家,而父母或社区的长辈对他百般阻挠,那么他的自由权就受到了侵犯。
161 权就受到了侵犯。

追求对一个值得过的生活的某种设想要求某些东西,这些东西大体上就是为了追求对这样一个生活的任何合理设想而需要的通用手段:教育、基本健康、最低限度的物质供给、为了克服关键能力的缺失而需要的帮助、一系列很丰富的选项等等。这些东西也是一个社会有时候可能有某种义务帮助提供的。那么,什么层次的通用手段呢?作为规范行动者来生活所需要的那个层次。

比较如下两种形式的选项贫乏。假设所有职业橄榄球队都破产了,于是很多人就失去了一种主要乐趣,超级球迷们则失去了他们对生活的主要兴趣、他们的基本归属感的来源。相比较,假设一切涉及信息和思想流通的公司都破产了。我应该说,社会有一个与人权相关的责任来补救第二种破产,但不是第一种破产。这不是说找不到其他类型的理由来表明为什么社会可能也应该补救第一种破产。不过,假若没有信息和思想的流通,对于一个值得过的生活,人们就不可能恰当地形成某种设想,也不可能有效地追求这样一个设想或令人满意地靠它生活。

社会没有义务确保人人都有平等的机会实现各自的设想。首先,让机会变得平等的做法超越了社会的能力。对一个值得过的生活的每一个设想实现起来自身都有一定困难。某人可能一心一意要当职业哲学家,但是,在这方面的工作职位并不多,比如说,与法律领域相比少得多了。当然,社会可能有能力按照申请人数的比例把更多的职业哲学家的位置造就出来,甚至与法律领域中的位置一样多;但是,对一个值得过的生活的设想随时都有可能突然出现,而对于政府来说,为了让每一个设想圆满完成而让它们平等地得以实现不仅是不可能的,试图这样做也是经济上有害的。此外,有一些设想,比如说,获得一种唯有世界上少数几个人在体力上才能获得的登山壮举,不仅具有很低的成功几率,而且其成功可能取决于想要尝试这种活动的人的体格,而这是社会鲜有能力改变的。

不仅社会无法造就这种机会上的平等,而且这种平等也不应该成为一项人权。人权所要保证的是,一个人应该能够过一个规范行动者的生活。在具有一系列丰富选项的社会中,如果一个人不能实现某个特定设想,那么还有其他的设想,也就是说,他也可以加以重视,而且可以变得很有价值的其他生活方式,因此他就可以依靠其中一种生活方

式来生活。生活中的一些好东西(例如乐趣)往往有很多来源;人们也
162 可以在很多不同的方向上发现乐趣。一般来说,人们可以在各种各样的生活中获得成就感。对于他们当中的很多人来说,在某个更一般的层次上确实有一种机会平等:不是有平等的机会完成一个人对自己可能选择的一个值得过的生活的任何具体设想,而是有平等的机会为自己规划一个好生活。只要人权所保证的各种基础都已安置停当,规划一个好生活的障碍很可能就出现在一个人的内心深处,是其他人力所不及的。

一般来说,我们只能接受运气赋予我们的那一系列选项,从中来构建我们的生活。社会在改变这些选项方面做不了什么,而一个规范行动者的生活并不要求比此更多的东西。

不过,当然是有例外的。我已经强调了社会做不到的事情。但是,甚至在一个已经具有很多选项的社会中,社会有时也能够且应该扩大选择范围。我前面设想了一个与世隔绝的基督教原教旨主义共同体,在这个社群中,长者可以允许那个想要成为哲学家的孩子移居到更大的社会中去,否则他们就侵犯了他的自由权。甚至在我们所生活的那个更加庞大、更为多变的社会中,我们也必须警惕对自由权的类似侵犯,即我们的文化所施加的限制——对于这些限制,我们可能熟视无睹,但消除它们是社会所能做到的。我们的文化不是我们制作出来的,而是已经经历了上千年的演变。不过,如果有某些同性伴侣想要形成某种婚姻和养育孩子,也就是说,想要拥有在大多数人对一个值得过的生活的设想中处于核心地位的那种丰富、稳定、得到公认和尊重的关系,而由于我们的伦理传统,并不存在允许这种做法的社会制度,那么我们就应该在某种形式上把这种制度创造出来。我相信这也是一个自由权问题。不管已经有多少选项,也必须把这个选项补充进去,因为在我们人类对一个值得过的生活的独特理解中,它占据一个中心地位。

但是,在哲学家的工作位置已经满员的情况下,如果我们可以要

求那些想当哲学家的人去选择另一种职业,那为什么我们不可以要求同性伴侣在没有得到法律承认的情况下就生活在一起呢?实际上,为什么我们不能像当今一些人所希望的那样回到一个世纪前的社会状况(对同性成员之间的性关系进行刑事定罪,禁止他们当孩子的父亲,等等)中去呢?同性恋者仍然可以发现独身的替代方案,而这些方案将允许他们具有令人满足的生活、维护他们的规范能动性。

在我看来,我们的回答应该是这样的。人可以得到的一种好生活包含了一些最重要的成分,其中几个成分对于同性伴侣来说也至关重要。在一百年前的条件下,大多数同性伴侣是不可能具有丰富而深厚 163
的个人关系的。他们的感情会受到扼杀。他们不会有孩子或养育孩子,而不管我们是不是同性恋者,对我们大多数人来说,有孩子或养育孩子都是我们在自己的生活中取得某种重要成就的最佳机会。除非一个人很有天赋,属于伦勃朗或莫扎特之类的人物,或者至少是戴维·霍克尼或科尔·波特之类的人物,否则把自己的孩子抚养好大概就是我们所能得到的唯一最大成就。毫无疑问,有些人能够很好地克服一百年前的限制;有些人不想要深厚的个人关系或抚养孩子。不过,大多数人确实想,而一百年前的限制会拒绝把人类生活中一些最重大、最广泛地加以分配、最根深蒂固(有时甚至在遗传上最根深蒂固)、最不容易取代的目的给予同性伴侣。这些关于一百年前的状况的主张,尽管在应用于当今的同性伴侣方面不太有力,但仍然足够有力地适用于支持同样的结论。

前面提到,父母为了阻止孩子成为一名哲学家,就移居到一个简单的、《圣经》占据统治地位的社会。这个例子在一些关键方面不同于另一个例子:在哲学家的工作位置满员的情况下,社会希望那个想当哲学家的人去选择另一种职业。假若自由权要求为那个人创造一个哲学家的工作位置,它也会要求为处于类似状况的其他人做同样的事情。这就会变成一个庞大而昂贵的社会计划;社会的机会成本会变得很重。

尽管在那个更大的社会中仍有一些哲学家的工作位置是可得到的,不过,那对父母仍想挫败孩子的哲学抱负。但是,按照自主性的要求,在对一个值得过的生活的设想上,一个规范的行动者应该成为自己的最终判官。在考虑能动性的时候,我们往往主要是考虑自主性(用我自己使用的术语来说),而低估了自由的重要性——在这里,自由指的是能够用正常的成功几率来追求自己对一个值得过的生活的设想。对这种追求施加一些限制是必要的,比如说,为了保证所有人的平等自由,为了容纳正义的要求,为了防止对公共资金的浪费的、无效率的使用。但是,在这些限制外所施加的其他限制,不管有多少,都是不正当的。这就是为什么当那对父母迁居到《圣经》占据支配地位的那个社会时,他们侵犯了孩子的自由权,而当哲学家的工作位置满员、那个想当哲学家
164 的人必须选择另一种职业时,社会并未侵犯他的自由权。

自由权有广泛的应用,不过我们必须把它限制在合理范围内。[2] 例如,父母正确地认为,让孩子去了解世界、把可靠的价值观念给予孩子是他们的责任。他们给予孩子的很多教育,例如乘法表、在过路口前四处看看,都是无可争议的。这些教训都是真的或有用的,这一点无可反驳。但是,当我们转到宗教、价值或品位问题时,就不总是这样了。孩子于是就处于被教化的危险中。实际上,有时候看来父母不可避免地会在某种程度上侵犯孩子的自由;他们的职责毕竟是要鼓励某些爱好、抑制其他爱好。当然,按照我的说明,很年轻的孩子还不具有任何会受到侵犯的人权。不过,父母的影响可以是长期的,因此,即使他们的孩子已经长大,他们所灌输的价值仍有可能及时地把某些类型的生活向他们的孩子封锁起来。

当这种事情发生时,父母违背了孩子的自由权吗?如果父母的所作所为无异于教化或洗脑,那么答案是肯定的。如果正相反,父母只是在努力恰当地让孩子适应生活,封锁某些选项只是一个意外后果,那么就很难说父母违背了孩子的自由权了。为了尊重孩子的自由权,父母

也应该把心胸开阔、高的知识标准、恰当的怀疑态度教给他们。这不是说父母的意愿就是决定性的；好心好意的父母仍然可能很粗暴，自己本来就应该深入学习。在我看来，具有决定性的是，在某个关头，父母的教育的道德批评就变得不合适了。一般来说，这种教育是为孩子好；孩子的自由，尽管至关重要，并不是一切。我们至少需要把教育的所得与自由的可能丧失相权衡。教育孩子是一个复杂过程，尚未得到很好的理解。道德批评，即便是温和的道德批评，也只有在行动者对结果有了更多的控制（比目前在这里所设想的要多）的时候才合适。不妨把教育的情形与如下情形做个比较：当一个政府在未经审批的情况下就有辩护地拘留有嫌疑的恐怖分子时，它并未侵犯他们当中被无意拘留的无辜者的自由权，即使它确实明显地违背了那个人的自由权。这就是这两个词最终所要做出的区分。但是，对孩子的负责任的教育的情形不同于这些拘留的情形。政府完全知道如何避免违背人们的自由权：指控和审判嫌疑犯，然后释放那些不能被定罪的人。不过，到了某个阶段后，若不冒着永远向孩子封锁某些选项的危险，父母就不知道如何教育孩子了。如今，父母并没有而且可能永远都不会很好地理解为此而进
行的教育过程。如果“违背”这个术语具有道德指责的含义，那么它就 165
是不合适的。同样的说法也适用于批评、责备、惩罚、心理治疗等等；若做得好，它们并未违背自由权。

9.4 自由权的消极方面和积极方面

自由权往往被说成是一项消极权利，因此很容易得到遵守。据说，仅仅通过少管闲事，我们就可以一下子尊重全人类的自由。[3] 不过，只要想想选项的稀缺，我们就可以看到，对自由的描述不会那么简单。自由权可能也包括积极责任。

自由权真的有一个积极的方面吗？[4] 我认为确实有，理由如下。

假设我想成为哲学家，而我的家庭用可以想象的最粗暴的手段阻止我去实现自己的愿望：在我第一次把我的愿望表达出来的时候，他们就把我锁在房间里。这就是我所说的“约束”。不过，假设我父母仍然想阻止我成为哲学家，但他们不是那么粗鲁，而是在我年幼的时候就举家远离一切社会，只留下《圣经》给我阅读。这就是我所说的“选项的稀缺”。施加约束和故意削减选项都只是取得同一个目的（在目前的例子中：阻止我成为哲学家）的不同方式。我应该说，我的父母不应该故意削减我的选项，正如他们不应该把我锁在房间中。现在，假设我是在一个同样贫乏的环境中成长起来的，但那个环境不是最近几代人形成的。比如说，我父母满足于生活在那个环境中，因为它的各种限制碰巧符合他们所寻求的那种单纯的虔诚生活。此外，假设我已经用某种方式发展出想要成为哲学家的合理愿望，而且觉得自己与社会中所能得到的那几个为数不多的生活方式格格不入。不妨假设我的父母能够满足我的愿望（他们有钱让我离开这里去上大学），但是，在他们看来，为了我好，他们决定不这样做。在这里，我也应该说，我的父母已经侵犯了我的自由权。与前一种情形不同，在目前的情形中，他们并不需要把他们此前做出的偏执行为颠倒过来，但他们有一个积极的责任扩大我的选择范围。这个例子表明，积极权利和消极权利之间的那种截然分明的区分是可疑的。

前面我使用的一个更一般的论证[5]也可以表明这一点。一项权利的内容界定了相关联的责任的内容：大致说来，一个人有权要求的东
166 西，某个其他行动者就有责任提供。我把这些责任称为“与权利相关联的主要责任”。不过，也存在着次要的责任：在切实可行的情况下促进人权的责任，对遵守人权进行监控的责任，确保人权得到遵守的责任。在这些次要责任中，某些责任与相关的主要责任具有很密切的联系，因此从实际目的来看也可以被看作是同一种责任。在我们的实际环境中，在对人们的生命、自由和财产做出判决时遵循公正程序的主要责任，与

创造和维护一个公正的司法系统的次要责任是区分不开的。此前我提到了两个相关权利:一个是要求程序正义的权利,另一个是为了现实地维护程序正义而要求把有关的社会制度建立起来的权利;在那里我得出的结论是:认为这两个权利不属于同一个人权会显得很不自然。同样,在我们的环境中,尊重人们的自由权的主要责任和保护人们的自由权的次要责任是不可区分的。一些次要责任用这种方式与其主要责任相融合,而这个事实削弱了如下信念:存在着纯粹消极的权利。

9.5 这项权利究竟有多苛求?

自由权的积极方面究竟有多苛求呢? 为了回答这个问题,让我首先列举相关联的责任将会受到的约束。第一,与自由权的消极方面相联系的形式约束和实质性约束也适用于其积极方面。在这里,形式约束所说的是,一个人所能声称的选项的范围要符合其他每个人的选项的范围,不能大于后者。如果事实表明,甚至从最好的理由来看,我对一个值得过的生活的设想也是如此昂贵,以至于为了让我得到这种设想,就必须关闭一些对你同样重要的选项,那么自由权的积极方面就没有给予我追求这样一个设想的权利。

第二,实质性约束在这里所说的是,自由权应用于能动性的最终阶段,即追求自己对一个值得过的生活的设想。并非我们想要得到的一切对这种追求都很重要。因此,如果某人要求保护其自由权,那么,只有在满足了一个实质性约束的情况下,他的主张才会被社会所接受。那个约束就是:需要保护的东西实际上可以被设想为对我们是否能够充当规范行动者很重要。然而,这个约束显然也有一个危险:社会可能会认为,唯有它视为适意的东西才是可设想的。一群人可能会借自由之名而坚持认为应该允许他们在公共场合性交;对于这群人来说,我们 167
完全可以恰当地用怀疑的态度来面对他们。他们的要求真的是一个自由问题吗?抑或只是公共裸露?甚或是社会被认为应该允许的某些做法,例如在公共场合给婴儿喂奶?

第三,某些选项完全受到了大自然的限制,而自由权可能不要求扩大这种选项。想想前面提到的因纽特人。此外,在那个例子中,任何行动者都无法改变限制他们的选项的原因,即北极气候,而"应当"蕴含"能够"——他们做不到的事情也不是他们应当去做的事情。甚至在一个孤立的、具有很狭隘的虔诚意识的共同体中,某个人要单方面(甚或与其他人一道)缓和一个根深蒂固的文化禁令或要求也并非易事,而且往往是不可能的,更不用说废除这样一个禁令或要求了。

第四,自由权不是享有一个值得过的生活本身的权利,而只是这样一个权利:除了大自然(显著地包括人性)所施加的障碍外,在没有受到其他障碍的情况下去追求这样一个生活的权利。

第五,自由权几乎不要求一个人已选定的那种特定的选项应该是可得到的。对一个值得过的生活的大多数个别设想都有替代,它们在某种意义上都差不多,而且,如果最先选择的那种选项代价很高并降低了其他人的选择范围,那么就可以合理地要求一个人去寻找可替代的选择。

最终,有一个重要的一般约束。我们的选项是由自然、文化、经济增长以及科技进步来提供的。因此,人是可以对它们进行限制的。自由权所施加的一项积极责任就是:我们当中的一些人有时需要做点事情来消除一些这样的限制。不过,很多人(包括我自己)认为,存在着一个相当大的领域,在那个领域中,一个人获准对自己的家庭以及他所选定的制度和目的有所偏袒。这个主张限制了其他人或社会可以对我们提出的不偏不倚的主张,其中甚至包括人权的主张。

从这些约束来看,自由权究竟有多么苛求呢?只要一个人不去管别人的闲事,他就很容易满足自由权的消极方面的要求。

当然,积极方面的要求就不那么容易满足了。在一个故意严加限制的社会中，例如在塔利班掌控的阿富汗，能够有效地进行抵抗的阿富汗人所要承担的责任就会很沉重，但从心理补偿方面来看，他们进行抵抗的自然动机可能也会很大。不过，即便如此，自我利益和所允许的偏袒都对那项责任施加了强有力的限制。

在另一个极端，在具有一系列丰富选项的自由社会中，那个要求就会很轻。这不是说自由社会在落实自由权的积极责任方面不会失败。168
回想一下同性婚姻的例子。但是，从目前的情况来看，我有责任为了引入同性婚姻而努力吗？我可以用很多不同的方式来改进我所生活的社会，在选择要对谁有益这件事情上，我是有余地的。我也有我的得到允许的偏袒的领域。只要**有些人**为了引入同性婚姻而努力就行了，并不需要所有人都为此效力。一些对这件事情具有最直接的兴趣的人已经用同性恋权利组织的形式为实现这个目标而努力。如果某些人有最大的动机来从事这项工作，那么，只要他们愿意，把大部分工作留给他们就很自然。

人们原来认为，自由权的潜在地最苛求的方面完全是消极的，即不干涉，这颇有点反讽意味。如果不干涉的主要责任最好被认为吸收了保护彼此不受干涉的次要责任，那么自由权可能就要求警察、律师、法庭、陆军、海军以及核威慑。不管怎样，捍卫自由权至少要求一些代价很高的保护。为了知道所要付出的代价有多高，我们就必须决定这面巨大的盾牌所要服务的实际目的：它所要服务的显然不只是每个公民的自由权。

9.6 密尔的“一个很简单的自由原则”

大多数英美哲学家都相信，就自由而论，约翰·斯图亚特·密尔已经向我们提供了一个差不多是最终的说明。[6] 密尔的自由原则（即他称为“一个很简单的原则”的那个原则）所说的是，社会（也就是说，不仅包括具有法律制裁的政府，也包括教会以及其他强有力的、含有社会制裁的公众舆论的塑造者）可以强制性地控制公共行动（即影响其他人的行动），但不能强制性地控制私人行为（即影响自己的行为）。[7] 按照我的提议，所要保护的那个领域不是**私人**领域，而是**人格**的领域，二者不是同样的。我是否偶尔打领带，这个问题不会影响我选择和追求我对一个值得过的生活的设想。这件事情太不重要，不会产生那种影响。因此，我应该说，打领带不属于要加以保护的自由的领域。我所在的学院要求每个人在学院大厅举行的某些晚餐会上都要穿学位袍，不管他们自己是否愿意。但是，按照我对人权的说明，这个要求并没有因此而违背任何人的自由，哪怕是一种微不足道的自由。不过，我是否穿学位袍属于我的私人领域：在某些限度内，只要我乐意穿学位袍，我就可以穿，而这样做并没有伤害其他人。因此，在我看来，认为"隐私"对于自由来说是规定性的是不合理的。我们并不把价值赋予就此而论的私人
169 事情。在是否要在晚餐会上穿学位袍这件事情上，假若我不可能一点都不在乎，但事实上并不这样做，那么，当学院要求我穿学位袍时，它就侵入了我的私人领域，不过，很难明白我为什么要对此感到介意。如果一个人为此感到介意，那么他可以看似合理地提出的理由（也许就是密尔自己的理由）就是对人格的隐约诉求。阻止我穿我想要穿的衣服，就像阻止我穿任何一套衣服一样，不会严重地影响我作为人的地位，不过，如果这种做法有点过分，它就会触及我的自尊。否认我可以自由地表达自己的品位，这最终可能会对我作为一个能够做出自我决定的人的地位造成威胁。我选择穿哪件衣服可能并不重要，但是，我是品位和选择的一个中心，而这个地位是重要的。这个说法接近于对人格的诉求，因此可能恰好吸引了对自由的保护，故而开始显得有点价值。

不妨考虑如下例子。立法者们正在辩论是否要在一切室内公共就餐场所禁烟。以前的立法要求吸烟者要在离开不吸烟者一定距离的地方就餐，不过，现在全面禁止吸烟的舆论高涨。吸烟者借助密尔来进行

抗议。他们说,既然他们没有对任何其他人进行伤害,禁烟就会侵犯他们的自由。现在,假设他们确实没有伤害到任何其他人。吸烟者已经远离不吸烟者,因此其他人的健康就不会因被动吸烟而受到威胁。当然,其他人不喜欢烟味,但吸烟者立即指出不喜欢并不是伤害。密尔的伤害检验把过于严厉的证明负担施加于其他人。为什么他们不能直截了当地说吸烟让他们变得不太快活呢?毕竟,对于吸烟者来说,最要紧的往往是:吸烟让他们变得更加快活。若不考虑异常环境,这就是在某些人的乐趣和其他人的乐趣之间的冲突。为什么不干脆通过发现结余的乐趣在何处来解决冲突呢?为什么引入自由权呢?这种做法只是以一群人(可能更多的人)的乐趣为代价、在另一群人的乐趣周围筑起一道强大的防护栅。密尔的伤害检验错误地把这些情形都转变为自由权问题,而我按照人格的思想来提出的检验没有犯这种错误。

必须承认,密尔和我都是在一个自由原则中来寻找不同的东西。我所寻求的是对作为人权的自由的一种说明,这种说明符合所有的情形,从大规模的社会到小范围的人际交往。密尔是在寻求一种更狭窄的东西:社会制度在利用权力来约束个人行为时应受到的限制。[8] 不过,我就自由权所说的东西也适用于社会行动,因此,在我和密尔之间的冲突依然存在。

这个冲突让我回到在对自由的广义解释和狭义解释之间的选择。我在前面提出的评论并未解决如何在二者之间进行选择的问题。这个 170
问题是这样出现的。自由权(实际上,任何一个人权)在整个道德结构中不是基本的,因此就需要根据;它需要充分明确的存在条件,借助于这种条件,我们就可以断定“自由权”这个术语是否得到了正确运用。不过,只要有存在条件(例如,由基于人格的说明来指定的条件),对这项权利的内容的实质性约束也就出现了。按照基于人格的说明,为了决定某个争端是否属于自由权问题,社会就必须决定:在我们是否作为规范行动者来活动这件事情上,什么东西可设想得很重要,什么东西可设想得不太重要。但是,正如我在前面指出的,把这样一个决定交到社会手中似乎太危险了。密尔对自由的说明有这样一个重大优点:它好像避免了这个危险。

那么,我们应该回到对自由的广义解释,即以人的欲望为中心的那种解释吗?人所欲求的东西都是事实问题,而且往往是明明白白的事实问题,这是一个有利条件。甚至我的基于人格的说明也可以让我放弃我初期对狭义解释的忠诚。人权也有第二个根据,即实用性。也许,当我们开始思考如何把一个适合于实际的社会环境的自由原则明确地表达出来时,我们就不得不用广义解释进行简化的那种方式来简化有关问题。

我认为并非如此。对自由的广义解释也不可能没有约束。如果做自己想做的事情会受到限制,那么,广义解释实际上不能合理地把任何这样的限制(例如,对某个狂暴者的杀人欲望的限制,对婴儿要去触摸热水壶的轻率欲望的限制,或者对殖民者要奴役原住民的欲望的限制)都看作是对自由的侵害。第三个欲望会违背"自由要与所有人的平等自由相容"的形式约束。[9] 前两个欲望不是负责任的行动者的欲望。因此,我们就必须用某个合理性要求以及尊重其他人的利益的要求来补充广义解释。

这两个要求都是密尔碰到的:密尔把他的原则的应用限制到"准备接受理性说服"的人们,于是他就碰到了第一个要求;另一方面,他仅仅把那个原则应用于那些没有"伤害"他人的行动,因此他就碰到了第二个要求。这当然只是密尔碰到这两个要求的具体方式,但是,对自由的每一个广义解释都不得不伴随着某些这样的限制。例如,詹姆斯·菲茨詹姆斯·斯蒂芬,维多利亚时期一位著名的法律学家、密尔的具有典型的保守主义倾向的功利主义批评者,也采纳了对自由的广义解释,也
171 对自由施加了他自己提出的很不相同的限制。[10] 斯蒂芬合理地问道,如果自由很广阔,而一种许可也很广阔,那么自由还有什么好处呢?确

实,自由地追求一个人想要的东西究竟是好是坏完全取决于一个人想要什么。[11] 斯蒂芬试图取代密尔的伤害原则,而为了得到一个比密尔的自由领域限制性更强的自由领域,他对可允许的强制施加了一个功利主义检验,这个检验有三个要点:如果“强制旨在获得的目标是好的,强制是被用来实现这样的目标,最终得到的好处胜过强制带来的不便”,那么强制就得到了允许。[12] 在功利主义仍然是一个极端学说的时代,斯蒂芬利用这个学说以及某些关于人性的悲观主义假定炮制出某些结论,它们“与杰里米·边沁和密尔父子所维护的信条相比,更像是霍布斯、伯克或卡莱尔的信条”。[13] 他所提出的一个核心论证大概是这样的:我们大多数人都要求“激励希望、约束恐惧”,而宗教也许是激励和约束我们的最有效的措施,既然如此,社会强有力地灌输宗教也就说不上违背了自由。[14]

再来考虑一下密尔的自由原则。我们真的愿意让社会来决定何谓“伤害”吗?谁实际上“准备接受理性说服”呢?社会在这些决定上留下的记录很令人担忧。只要一个人对“何谓‘伤害’”的问题持有一种比较随便的态度(但不是随便得荒谬),对“谁‘准备接受理性说服’”的问题持有一种比较严格的态度(但不是严格得荒谬),他就可以让20世纪大多数不自由的政体(举一个令人心寒的例子来说,无产阶级专政)符合密尔的自由原则。现在,考虑一下斯蒂芬的自由原则。谁来决定是否避孕、堕胎、自杀、安乐死、同性恋行为、女人试图在家庭之外寻求一个角色之类的事情就是十恶不赦,而阻止它们就是“所得到的好处”?斯蒂芬的原则比密尔的原则更易受到歪曲;他无法处理人们对道德专制主义者的管理所提出的完全现实的忧虑。阿富汗塔利班政府可能会诚心诚意地用斯蒂芬的检验来向世界表明他们也是英国的自由主义者。[15]

在这里,我要提出的是一个用于反驳的论证。这个论证表明,每一个拟定的自由原则都将不得不把某些潜在地具有危险性的决定交到社会手中。当然,危险的程度很重要,但对自由的广义解释和狭义解释在这方面好像没有明显差别。自由社会会把“伤害”和“准备接受理性说服”的标准确立起来;不自由的社会会采纳不自由的标准。同样,在
172 什么东西可以被认为对一个值得过的生活很重要这件事情上,自由社会也会把自由的标准确立起来,不自由的社会也会采纳不自由的标准。我们不可能只是通过添加更多的词语就把一个防止愚昧或恶棍的准则制作出来。我们最终不得不在某种程度上依赖于一个解释者的善心善意。

在我们现代的思想工具中,自由的广义概念是我们最熟悉不过的一个工具,以至于不管我说什么,它都会被继续使用。这种做法在我看来是完全合理的。我不想否认广义解释可能是我们在政治思想的其他地方需要的解释,但我仍然想说,它不是我们在说明自由方面的人权时需要的解释。实际上,也许我正在忽略一个与密尔所谓的私人领域相联系的价值。私人领域被定义为(对他人)没有伤害的领域,既然伤害显然是没有价值的,隐私或无伤害显然就是有价值的。不过,我并不认为这样说就能把自由的广义概念的一个作用鉴定出来。当我们这样来定义私人领域的时候,它包含了一大片价值中立的区域,该区域处于两个东西之间:一方面是我所采纳的、对我的人格来说必不可少的那类行动,另一方面是我所采纳的、有害于他人的那类行动。一个例子是晚餐会上我是否应穿学位袍。考虑如下问题会更有希望:一个社会从实际出发所要采纳的最佳政策,是否就是从所能得到的最广泛的自由入手,把证明的负担留给那些想要限制这项自由的人。不过,不管一项政策有多好,这可能都不会改变如下事实:因此而得到保护的很多东西可能都没有正面价值,或者可能只有轻微的价值,因此就不太可能把自由原则所产生的那种限制性作用赋予它们。

也值得提及广义自由和狭义自由之间的一个差别。广义自由有很大的范围,因此就必须受到限制。密尔和斯蒂芬都对广义自由施加了

外在约束,以此来限制它。狭义自由已经具有内在约束——以前我提到的形式上的约束和实质性的约束,它们规定了这种具有内在价值的自由究竟是什么;因此这种自由就更加有限。在政治理论中,在我们想要引入自由观念的任何地方,我们都应该问问:在对自由的这两种设想中,哪一种设想得出了看似更加合理的结果。

我们可以用一个有影响的例子来说明这一点。某些"终极价值"的不相容性是以赛亚·伯林的著作的一个显著论题:

> 无论是对个人还是对社会来说,自由……都是人类的一个永恒理想。平等亦然。但是,完全的自由……与完全的平等并不相容。如果一个人自由地做他所选择的一切,那么强者就会挤压弱者,狼 173
> 就会吃掉羊,平等也就被摧毁了。[16]

在这里,伯林恰好假定了广义自由。然而,按照狭义自由,强者并非自由地挤压弱者。诚然,按照狭义自由,强者最终仍有可能比弱者要过得好得多,但不甚清楚的是,一个人最终比另一个人过得更好就像一个人挤压另一个人那样是道德上有异议的——如果说根本上是有异议的话。一些作者确实相信,两个人最终不平等这一事实本身看来就是一件很糟糕的事情。但是,他们在这里所诉求的那个平等原则的内容究竟是什么呢?有很多不同的平等原则,正如有很多不同形式的道德上重要的平等,例如平等对待(即道德观点本身)、平等权利、平等机会、平等安康等等。为了把必要的内容给予"平等"这个名称,我们必须能够回答"什么东西的平等"这一问题。显然,伯林指的是安康的平等或安康的各个构成要素(例如财富、社会地位以及成就)的平等之类的东西。但是,这种形式的平等也是一种其道德重要性很成问题的平等。如果所有人都生活在某个最低限度地可接受的水平之上,那么人们在安康水平上的差别本身是道德上有异议的吗?一旦我们把内容的问题提出来,伯林的案例就变得很可疑。[17]

9.7 对这些结果的概括

我对自由采取的这种评论也可以对所有其他人权重述。人们可以从这样一个要求入手:对于一项人权的存在条件,我们所要提供的说明应比目前已经确立起来的说明更详尽。既然我们感兴趣的是人权,而不是一般而论的权利,我们需要的说明就会(至少部分地)具有实质性的评价内容;我们必须说明在这样的语境中作为“人”而存在究竟意味着什么。在我看来,要求一个更详尽的说明是不可抗拒的。不过,一旦我们有了这样一个说明(基于人格的说明只是它可能采取的一种形式),它也就意味着对每项人权的内容施加一个实质性约束。在理解人权的时候,仅仅有一个名称是不够的;仅仅知道我们对**自由**、对**生命**、对**健康**等等享有一项权利是不够的。我们也需要知道这些权利的内容。
174 正是形式上的约束和实质性的约束决定了它们的内容。这些权利的内容,一旦被确定下来,最终往往会让我们诧异不已。不仅20世纪在权利数量上的膨胀要受到挑战,在个别权利的内容上的膨胀也要受到挑
175 战。与自由权的情形相比,在其他情形中,这一点的含义要更为广泛。

第十章 福利

10.1 权利的历史增长

与流行信念相反,福利权并不是 20 世纪的发明,而是在人们所要求的第一批权利中就出现了。当现代人对权利的设想在 12 世纪和 13 世纪首次出现时,他们所提供的一个最早的例子就是这样一个例子:具有迫切需要的人有权从富余的人那里得到援助。[1] 这项权利被用来明确表达在中世纪教会中盛行一时的那种很有吸引力的财产观。上帝给予了我们一切共同的东西,不过,除非物品被分配到特定个体,否则那些东西就不会得到关心、就不会得到有益的发展,于是我们就创立了财产制度。然而,在这些制度中,所有者只不过是监管人。因此,如果我们有一天陷入了迫切需要帮助的境地,我们都有权得到必需品,或者,在做不到这一点的情况下,从富余的人那里获得帮助。

人们往往会发现,那种貌似福利方面的人权的东西在启蒙运动时期就被宣称了,例如被约翰·洛克、托马斯·潘恩以及威廉·科贝特所宣称。[2] 追随启蒙运动的做法,人们频繁地把福利权写入国民宪法,例如 1790 年法国宪章、普鲁士民事法典(1794 年)以及瑞典(1809 年)、挪威(1814 年)、荷兰(1814 年)、丹麦(1849 年)的宪法——然后跳到

20世纪,苏联的宪法(1936年);当然,起草这些文件的人是否把这些基本的公民权也视为人权,这个问题就不总是很清楚了。到19世纪结束之际,政治理论家开始提出理由来表明,如果公民和政治权利是基本的,那么福利权几乎在同样的意义上也是基本的。[3]不过,正是富兰克林·罗斯福竭尽全力把福利权引入公共生活中。《大西洋宪章》(尽管由罗斯福和丘吉尔共同签署,但在这个方面主要是罗斯福的创议)宣
176 称:除了经典的公民自由和政治自由外,也有免于匮乏和恐惧的自由。在1944年的国情咨文中,罗斯福极力声明:

> 我们已经对如下事实达到了一个明确认识:若没有经济上的安全和独立,也就不可能有真正的个人自由。“贫困的人不是自由的人。”……在我们时代,这些经济学方面的真理已经被逐渐接受为不证自明的。可以说,我们已经接受了第二个人权法案。……这些权利包括:享有有益的和有报酬的工作的权利,……为了获得充足的食物、衣服和娱乐而挣足够的钱的权利。

在埃莉诺·罗斯福的领导下,联合国专家委员会授命起草《世界人权宣言》(1948年),其中包括了大多数现今标准的福利权:社会安全的权利、工作的权利、休息和闲暇的权利、医疗护理的权利、教育的权利、“享受艺术以及分享科学发展及其利益的权利”。在各种权利文本中提出的福利权已经变得非常广泛,在有些人眼中甚至多少有点挥霍无度,《世界人权宣言》就是这方面的一个典型例子。

实际上,17世纪和18世纪的一切经典权利(有时被称为“第一代”权利)表面上看都是消极的——可能只有生存权和财产权(后面我会对它们提出进一步的论述)是个例外。20世纪中叶的福利权(“第二代”权利),作为积极的权利,好像不仅增加了权利的数量,而且也增加了权利的种类。[4]如果不伤害的责任,就像很多哲学家认为的那样,一般

来说比援助的责任更严厉，那么福利权就可以构成一种不太苛求的权利——在作为第二代权利的同时也处于第二队列。很多作者猜测说福利权甚至可能有望成为人权。

10.2 福利：只是一项公民权，而不是人权吗？

一项人权是所有人类行动者对所有其他人类行动者提出的一项主张。正如我此前所说，它在双重的意义上是普遍的。[5] 至少自由权被认为就是用这种方式运作的：我们都有不受支配或不受阻挠的权利，而相应的责任就落在每一个其他个体、群体和政府的头上——简言之，落在每一个行动者的头上。不过，这不是我们大多数人思考福利权的方式。我们认为，只有一个特定共同体的成员才可以要求福利，而且只可以从自己所属的共同体那里要求福利。这意味着福利权至多是一个人作为 177
公民而具有的伦理权利——福利权是公民权，而不是人权。[6]

对这个观点的最强论证来自我所说的康德式的模式，即把义务划分为完全的普遍义务、完全的非普遍义务以及不完全的义务。[7] 按照这个模式，帮助有需求者的义务是不完全的，不存在与之相应的自然权利。这被认为说明了人们所设想的福利权的各个特点，例如无法明确指定责任的承担者。此前我已经讨论过这些问题。[8]

下一个最强的论证是按照如下思路展开的。福利权的根据就在于一个人在共同体中的成员资格，特别是这种资格往往会牵涉到的合作和互惠。想想一个小规模的边远社区，每个人都从生活在该社区中得到好处——相互保护、某种分工、社会生活等等。每个人往往都对这些利益做出了贡献。如果有一年某个家庭颗粒无收，那么其他人就会站出来帮助；他们之所以这样做，部分是出于在一个小规模的社区中自然而然地具有的那份同情心，但也是因为他们觉得自己是一个合作群体的一部分，每个人都有益于他人，也因此受益于他人。这种特殊关系为要求某种互相关心和互相帮助提供了辩护。

这种特殊关系也延伸到大规模的现代社会中。比如说，表面上看，社会完全是出于慈善，才对一个生活在现代城市贫民窟的单身母亲提供财政支持，这与互惠互利毫无关系，但事实上并非如此。生活在贫民窟中的孩子在成长过程中是对社会充满疏离感和敌意，还是具有合作精神和生产能力，这对社会来说很重要，而在最终会导致什么结果这件事情上，母亲也起到了至关重要的作用。因此就应该认为，一旦单身母亲得到援助，她们就会回报社会，从而以这种方式对社会做出贡献。[9]我们大多数人都会认为，维护这种互惠互利的模型至关重要。因为这个缘故，我们为各种福利发明了新的名称，例如“求职津贴”和“劳动福利”。对互惠互利的强调让不值得帮助的穷人受到冷落，不过，我们待会儿再来考虑他们的命运。

对于把福利视为一项人权的做法，还有几个潜在地有点分量的异议；其中一个异议在我看来就是如下指责：一项福利方面的权利会破坏自由。这个异议继续说道，这项权利会奖励不成功者、处罚成功者；通过强制性地把成功者的资源重新分配给贫穷者，它就对成功者实施处罚，而这种强制也侵犯了他们的自由。这是一个一般的要点，对此，罗伯特·诺齐克已经提出了一个众所周知的歪曲解释。[10]我有两个肾脏，
178 只需依靠其中一个就能活下来：在这个意义上，对于我要生活下去的基本要求来说，我的一个肾脏是富余的。然而，我们大多数人都会认为，如果政府要求对我的一个肾脏进行器官移植，它就严重侵犯了我的人权。我可能愿意把我的一个肾脏捐给某人，但这件事情是不能强求的。诺齐克认为，大致的说法对于我的财产来说也成立。我的一部分也是我的财产：我的思想、我的努力都与之密不可分。我可以选择把我的财产的一部分给予贫穷者，但是，如果政府把我的财产充公，哪怕是为了同样的目的，它也侵犯了我享有自由的人权。强制性地重新分配一个人的收入，哪怕是为了一项值得追求的事业，实际上也是强迫一个人为

国家效力一段时间。这是一种强迫性劳动;政府僭取了我的人身的部分所有权。因此,一如奴隶制侵犯了我享有自由的人权,强迫性劳动也侵犯了我的这项权利。于是,按照道德理由,就应该取消这种劳动。不过,这样一来,按照同样的理由,也应该取消人们所假定的福利方面的人权。

人们已经对诺齐克的这种异议提出了很多回答,这些回答在我看来是成功的。[11] 很早以前,我自己就想对它提出一个批评。诺齐克误解了自由的政治价值的本质。这不是说对一个人想要做的事情的任何干涉都是对自由权的侵犯。[12] 只有通过阻止某人去追求他所设想的有价值的生活,一个人才会侵犯他的自由权。即使政府对某个人(尤其是对在最低限度的生活水平之上过得很舒服的某个人)的收入征税,这并未阻止他去追求或甚至去过一个有价值的生活。即使出于再分配的目的对我的收入进行纳税,这也不会摧毁我的自由权(若恰当地加以设想的话),正如我对行善的道德义务的承认不会摧毁我的自由权。二者都对我有所要求,尽管是以不同的方式,但都不会摧毁我的自由权。二者都不是一种形式的奴役,或者说并不等同于奴役。如果一个奴隶按照自己对好生活的理解想方设法要过上一个好生活,那么就只有全凭运气他才有可能取得成功。但是,如果一个人收入很丰厚,对其收入的三分之一进行纳税并不会阻止他去追求一个值得过的生活,也不会妨碍他具有完成这样一个生活的合理希望。对诺齐克的这一回答,也是对以自由之名来提出的其他类型的异议的一个回答。

10.3 支持福利方面的人权的一个理由

支持福利方面的人权的直观理由看来是这样的。人权是对人的资格的保护。我们把很高的价值赋予我们作为规范行动者而追求的生活——我们自主地选择、自由地追求我们对一个值得过的生活的设想。

179 于是，并不令人惊奇的是，我们不仅应该把自由权包括在人权中，也应该把生存权包括在人权中，就像人权传统从一开始就这样做的那样。如果人权是对一种自主的和自由的生活的保护，那么它们就应该保护那种生活形式以及生命本身。但是，如果人权保护生命，难道它们不应该保证为了让身体和灵魂保持在一起而必需的手段，即某种最低限度的物质供给吗？既然单纯的生存（即让身体和灵魂保持在一起）过于单薄，不足以确保规范能动性，难道人权不也应该保证作为规范行动者也需要的闲暇、教育以及了解其他人的思想的渠道吗？

这就是上面提到的那个理由的核心。它所诉求的是我们对人的能动性的描绘，并论证说生命和某些支持手段都是人的能动性的完整部分。生命和某些支持手段是自主性和自由的必要条件。[13] 通过利用这个必要条件论证，很多哲学家试图把福利方面的人权确立起来，或者至少试图表明这项权利同任何其他权利一样基本。[14]

为了享有自主性和自由，一个人就得满足某些必要条件。然而，并不是每一个必要条件（比如说，一个人被孕育）都进入了人权这个类中。如果我们把每个必要条件都用权利的形式表达出来，那么由此构成的那个必要条件的链条就会失去控制，从而变得可笑。不过，通过把必要条件限制到"切近的"必要条件，我们就可以阻止这件事情发生，尽管我们由此也需要为"切近的"这个概念制订一个标准。自然权利的早期倡导者无疑是在努力为典型的人类行动者争取某些具有伦理价值的东西；不过，若不补充某些疑难案例，例如潜在的人类行动者、不属于人的行动者、胎儿、新生婴儿等等，那就是一项很艰难的工作。因此，作为确立上述标准的一个起点，我们可以认为，能动性的必要条件，只有在对于已经在发挥能动性的人类行动者来说是必要的时候，才是"切近的"。

我也想诉求这个必要条件论证；但我想我应该只去巩固它。自由权和福利权是"不可分割的"，这是当今的一个共同说法。[15] 但是，这个说法也太弱，它所断言的是：若不享有福利权的好处，也就无法享有自由权的好处，反之亦然。不过，我们仍然可以把某些更强的思想表达出来。某些形式的福利从经验的角度来看是自主性和自由的必要条件，但也有一些形式的福利是逻辑上必要的：当我们说一个人具有自由和自主性的权利时，我们也是在说，他至少享有那些形式的福利。人权所依据的价值是与规范能动性相联系的价值。从这个价值中产生出来的规范当然禁止人们去攻击其他人的自主性和自由。但是，它所要禁止 180
的东西不限于此。那个有关的价值就在于**成为**一个规范的行动者，按照上帝的形象被造出来的一个自我创造者。这个价值并不仅仅在于一个人具有未经开发、未被使用的自主性和自由的能力，而且也在于运用那些能力——不仅有能力变得自主，而且实际上也是自主的。与这个更加复杂的价值相联系的规范会处理未能成为一个行动者的其他方式。它会要求我们去保护另一个人（至少在这样做并不需要我们付出很大代价的时候），以免他失去自己的能动性；它会要求我们去帮助另一个人恢复他已经丧失的能动性，比如说，通过给残疾人提供方便或给盲人引路——当然也是在上述限定条件下。这一切都仅仅涉及**享有**自主性或自由的权利。福利方面的主张已经是这些权利的内容的一部分。那么，我们应该像通常那样把基本权利划分为“经典的”自由权和福利权吗？自主性或自由的权利又被划分在这两类权利中的哪一类呢？诸如生存权、财产权、追求幸福的权利、人身安全的权利、隐私权之类的困难的临界个案又属于哪一类呢？明智的回答就在于取消这个区分。

不仅如此，福利权**就是**一项人权。回想一下我此前就如何鉴定与人权相关联的责任承担者时所进行的讨论。[16] 那时我说，帮助的能力在决定责任承担者上起到了一个重要作用（尽管不是独一无二的作用），这种能力可以随着环境的变化从一个机构转移到另一个机构，比如说，在英国，从教会（在中世纪时期）转移到地方政府（在修道院解体后），然后断断续续地转移到中央政府（特别是在19世纪和20世纪上半叶），而在现在，在第三世界的艾滋病危机中，则转移到了富裕国家。帮助的能力不是决定责任承担者的唯一因素;例如得到允许的偏袒的领域也对责任和责任承担者施加了限制。

对贫困者进行帮助的历史暗示了两个结论。首先,在决定谁负有责任的问题上,帮助的能力无疑发挥了一个主要作用。其次,这项权利并没有把责任承担者限制到政府,也没有把权利拥有者限制到一个公民。对福利权的最合理的解释把权利拥有者和责任承担者都包含在内;福利权是我们每个人面对所有其他人而具有的权利。当然,在这种情形中,对权利持有者和责任承担者确实有着严厉的限制,不过,我们最好认为,这些限制首先来自帮助的能力和所允许的偏袒的领域。

这种普遍化有助于说明政府为何没有在实际上把福利权仅仅视为
181 公民权。例如,加利福尼亚州近年来试图否认非法移民(以偷渡等特别恶名昭彰的方式成为不了公民的那些人)有权享受各项福利服务。1996 年 8 月,时任州长彼得 · 威尔逊签署一项行政命令,终止了他们享受一系列广泛的福利待遇(其中包括产前保健、长期医保以及公共住房)的资格。[17] 但是,他的命令并未到达否认他们应该得到紧急救助的地步。这位州长是在联邦法律的一项条款下来颁布其法令的,而这项条款使得所有非法移民都没有资格享受州和联邦政府的一切救济,尽管也有一些类似的例外;联邦政府法律也排除了急救和赈灾之类的服务。有一个明显的正当理由支持那些例外:存在着某些形式的援助,而只要一个人完全能够提供这方面的援助,他就有责任帮助任何一个迫切需要援助的人,不管这两个行动者是否像政府和公民那样相关联。[18]

很多作者坚持认为(这就是以赛亚·伯林的版本),“自由是一回事,自由的条件又是另一回事”。[19] 若从字面上来解释,这个说法很明显,无须多说;当然,一个东西与其必要条件是有差别的。不过,在我看来,关键在于:在自由的情形中,这个区别被忽视了。这些作者暗示说,很多东西都在被偷偷摸摸地运入自由的概念中,其目的是为了利用自由在修辞学上的那种无可争辩的魅力。但是,我不是在把福利权偷偷摸摸地运入自由权中。它们是两个不同的权利。不过,此前我已经讨论了积极权利和消极权利的区分,[20] 我的讨论表明,假若把人权限制到完全消极的关注,那么,甚至对于人权所依据的价值,我们也提不出一个适当的说明。自由已经具有积极的要素。

10.4 这项拟定的权利过于苛刻吗?

我通过人权的方法来描述福利权,会因为让那项权利变得过于苛刻就失败了吗?我几次使用"只要自己付出的代价很小"这个常见的限制性条款,但是,一个人所要付出的代价确有可能有点大,而他也不得不付出这一代价。而且,对方得到的好处确实也不如生命本身那么大,而一个人也不得不提供这一好处。这两个分界点究竟在何处呢?

不久前我说过,能力本身只是把援助的理由产生出来的一项考虑,对于施加于我们的要求,还有另一个限制,来自于所允许的偏袒的领域。这个限制仍然留下了这样一种可能性:在帮助贫困者方面,政府承 182
受着沉重的要求,而通过征税,公民也承受着很大的要求,此外,仁慈也会直接对个人提出要求。

存在着第二个限制——从这项权利的内容中衍生出来的限制。贫困者可以用人权的名义来要求多少东西呢?联合国[21] 以及几位哲学家[22] 都声称这项要求是对一个"令人满意"的生活标准的要求,然而,依靠"令人满意"这个词的显著困难就在于:这个词的含义往往会随着时间和地点而变化。什么东西似乎是"令人满意的"可能也是相对于社会财富而论的。我们需要的是某个稳定的、非任意的、具有规范根据的标准。当然,按照基于人格的说明,存在着一个标准:分界点取决于规范能动性的切近的必要条件何时得到满足。这个分界点高于单纯的生存,但低于当今富裕社会特有的福利水平。诚然,对分界点的这种理解留下了很大一片中间地带,而就"规范能动性的切近的必要条件"这个思想而论,为了使之变得更精准,也还需要做很多艰难的解释工作。不过,这个思想向我们提供的初始的思想材料,没有社会在很多情况下不得不利用的思想材料那么贫乏。

主要的不确定性(在我看来最重要的不确定性)仍然是:我们有可靠的经验证据相信,在一场饥荒中,受到侵袭的国家仍然有充裕的食物让所有人活下来,只是饥饿者没有有效的办法获得食物而已。[23] 我们也有理由相信,与采取其他形式的管理的国家相比,自由民主国家发生严重饥荒的可能性更小。[24] 此外,我们还有理由相信,把食物火速运往饥荒地区往往只是一种临时采取的短期手段。在这些国家,为了进行长期的改进,往往就需要深刻的政治变化。导致这种变化发生是一项与福利权相关联的责任吗?生活得更好的国家因此就必须干涉其他国家的内政吗?将有一长串很好的理由表明为什么不应该或不需要进行干涉:干涉的结果可能是高度不确定的;所采取的手段可能很昂贵;等等。不过,在这里我们感兴趣的只是福利权的内容:这项权利的内容是否包含对其他人提出的一个初步要求——在必要时帮助导致激进的政治变化?

为了回答这个问题,我们必须转到人权的作用——人权是要在拥有和运用规范能动性的能力这两个方面保护这种能动性。举一个极端(但一点也不异常)的例子来说:想想一个很穷的人,他生活的地方不断发生饥荒,他一家也都患上了慢性营养不良。在饥荒发生期间,食物援
183 助在改变那个人的生活方面可能收效甚微。这种援助可能只是让他活到下一场饥荒发生,而且大概一直都会饱受慢性营养不良之苦。最不可能的是,在这种环境中,一个人能够上升到规范能动性的水平:没有教育,没有闲暇,没有希望,没有抱负,没有长远考虑。对于这样一个人来说,规范能动性所需要的就是纠正这些不足。在很多情形中,为了进行这种纠正,确实就需要实施激进的政治变化。如果人权既要保护我们的能动性能力,也要保护我们对这种能力的运用,那么与福利权相关

联的初步责任有时就会包括对别国事务的政治干预。由此类推，这项责任可能也包括在本国导致激进的政治变化。当然，仔细掂量一下这个初步责任，我们就会发现用来约束我开始汇编的那份长长的清单的一切可靠理由。

福利权苛刻得令人难以接受吗？在我看来，非也。我提出的那一系列对立理由就是平衡这项权利的恰当力量。

10.5 不值得帮助的穷人

很多政治家和理论家强调说，应把福利援助限制到值得帮助的需求者（deserving needy）。（这个说法好于 deserving poor，即“值得帮助的穷人”；亿万富翁可能需要从国民医疗保健制度中获得肝移植，而这是他能够得到器官移植的唯一来源。）实际上，一些哲学家把对值得帮助的需求者的限制写入权利的定义中。[25] 如果他们是正确的，那么福利终究不能成为一项人权。这个限制不符合如下主张：权利拥有者的类必须是普遍的。如果福利是一项人权，那么看来我们就不能把应得引入权利的陈述中。

不过，在不放弃普遍性要求的情况下，我们确实有办法引入这个限制。即使我们不能把对“应得”的限制写入人权本身当中，应得仍然是引导行动的一项考虑，在发生冲突的情况下可以把这个考虑与权利相权衡。潜在地不值得帮助的人有很多：一个为了要求福利支持而故意怀孕的十几岁女孩，一个把所有钱都赌输了的赌徒，一个需要器官移植的严重吸烟者或饮酒者，一个对安全的性生活的警告无动于衷的艾滋病患者，一个在各种工作都可得到的情况下却害怕工作、只靠福利生活的人。按照一个有所妥协的现代观点，吸烟、喝酒和赌博都是上瘾行 184
为，惧怕工作、只靠福利生活的人与社会发生了疏离，等等。按照这个观点，我们都是牺牲者，不值得帮助的需求者的类是个空类。不过，安全的性生活不是一种上瘾行为；所有采取安全性行为的人也没有与社会相疏离。某些定期吸烟者的上瘾水平大概很低，因此是可以控制的。倘若如此，在应得和福利权之间就有了冲突。如何对二者进行权衡呢？如果惧怕工作、只靠福利生活的人被迫自立，那么个人和社会可能都会变得更好；因此，在某些情形中，比如说，在只靠福利生活的人被告知有合适工作的时候，我们就可以认为与那项权利相关联的责任被免除了。十几岁女孩为了要求福利支持而故意怀孕，这是社会可能想要阻止的事情，不过，在这种情形中，不太容易明白如何做到这一点，于是，不得已而求其次，政府可能就不得不继续这种支持。

福利与应得的冲突的最明显的例子显然就是如下例子：不值得帮助的吸烟者会因为得不到肺移植而死去。但是，为什么这个吸烟者不值得帮助呢？因为他所需求的东西乃是来自他自己的过错。因此，更为深刻的问题是："一个人所需求的东西来自自己的过错"这个事实应具有多大分量呢？过错肯定至少像一个打破平局的因素那样具有同样的分量。如果我显然不值得帮助，而你完全值得帮助，而医院却认为我们两人都对下一轮可得到的器官移植资源（某个活体肺）具有同等的主张，那么你就可以恰当地抗议说，医院决定优先性的方式是不公平的。因此公平的观念也发挥了作用并至少对优先性产生了影响，而慈善作为一个不可避免的平衡力量也会参与发挥作用。如果经过器官移植我还有三十年生机勃勃的生命，而你尽管值得帮助，却只有一年严重受损的生命，那么这个事实也应该具有一定分量。这样一来，福利权、一个人的应得以及最终所能获得的效益这三个因素的相对的道德分量是什么呢？

这个问题从未得到令人满意的回答，不过，所幸它不是我们的问题。我们的问题是：应得是否是一个要被用来权衡福利权的独立考虑，抑或它已经作为一个限制而被整合在那项权利中？按照基于人格的说明，规范能动性的能力以及对规范能动性的运用都具有重大价值，这一价值对我们提出了如下要求：不仅不要去摧毁规范能动性的能力和对规范能动性的运用,而且也要在某些限度内保护和促进它们。它们所具有的价值根本就不依赖于一个行动者的应得。在“在某些限度内”这个限定中所提到的“限度”没有(至少往往没有)被整合到对那项权利本身的陈述中(例如,想想看,我们促进他人福利的责任是有限度的, 185
这个限度来自最终所能获得的效益的分量,或者来自所允许的偏袒的领域)。道理很清楚:为福利权打下基础的那些价值并不是这些具体限度的根据。后者的根据位于道德领域中的其他地方,应得的根据也是这样。

10.6 人权、法定权利和联合国规定的权利

让我们再次看看《世界人权宣言》中的福利权。这次我们希望用更有批判性的眼光来看待它。《世界人权宣言》仅仅是劝告性的。它所宣扬的权利只是在1966年的两个公约(《经济、社会和文化权利国际公约》和《公民和政治权利国际公约》)被批准后才获得法律效力,而且也只是在批准国内部才获得法律效力。但是,所有这些权利,从基于人格的说明来看,实际上都是人权吗?即使我们表明有成功的道德理由把某项权利授予人们,这也不足以表明这样一项权利就是人权;富裕社会经常认为它们有很好的理由让其公民在法律上有权享有比人权所要求的福利水平更高的福利水平。可以有福利方面的(法定)权利,这些权利甚至很重要,不过,它们不是人权。

在《世界人权宣言》中,往往有一种显著但很令人遗憾的趋势:在人权的设置上不加批判地过于慷慨大度。在后来的权利文件中,这种趋势一般来说变得更加糟糕。第25条第1款断言,一个人有权“享有足以维护……自己和家庭的安康的生活标准”。它并未说“某个最低限度的安康水平”,而且,“安康”这个术语本身就过于大方:“安康”涵盖了所有从最低到最高的生活质量水平。第24条貌似有理地宣称有“一

个享有休闲的权利”,但接着又难以置信地把“定期带薪休假”也包含在这项权利中。尽管某种闲暇对于规范能动性来说是必要的,带薪休假肯定不是必要的。(顺便说说,第25条第1款用一种极为罕见的“吝啬”做法把福利权限制到值得帮助的穷人;该条款规定,一个人的需要必须归咎于“他无法控制的环境”,因此让联合国陷入不久前提到的矛盾中。)

联合国也把正义一揽子地包含在人权中,这种做法也很可疑,尽管(我应该说)与其说这种做法过于慷慨大度,倒不如说它含混不清。《世
186 界人权宣言》不仅包括程序正义,也包括分配正义和公平。不只是联合国采取了这种做法,很多哲学家也这样做。[26]但这就是我此前试图挑战的一个假定。[27]那时我论证说,不论是人权传统还是牢固的伦理直观,都把程序正义视为一项人权(比如说,享有公正判决的权利),但并不认为正义的所有其他领域也属于人权。我们目前的论题(福利权)倾向于加强这个观点。第23条第2款宣称人们有同工同酬的权利——这是一个公平问题。第23条第3款又补充了一项享有“公正而有利的报酬”的权利。[28]不过,想象一下,在一个很大的跨国公司中有两个得到高薪支付的管理人员,他们得到同样的报酬,尽管其中一位比另一位工作得更努力、更负责任,于是就抱怨没有得到更多的报酬。这里有一个真正的公平问题,但大多数人都不愿承认这两位得到高报酬的管理人员的人权因此就受到了侵犯。基于人格的说明对此有一个解释:人权与某种最低限度(对于能动性来说接近于必要的那个最低限度)有关。人权对物质资源的要求有一个切断点,而正义的要求并没有这样一个切断点;或者说,如果当社会达到了很高的富裕水平的时候正义问题就消失了,那么这两个切断点至少就不是同样的。

在我看来,《世界人权宣言》中有几个很可疑的条款。如果我在这一点上是正确的,那就留下了我接下来要考虑的一个问题:如果可以在
187 这几个条款上做点事情的话,那么应该做什么?

第三部分

应用

第十一章
人权:在哲学和国际法领域中的差异

11.1 基于人格的说明的相关应用

在第一部分中,我对人权提出了一种基于人格的说明。在第二部分中,我阐明了三种较高层次的权利:自主、自由和最低限度供给。在第三部分中,我将通过有选择地论述某些较低层次的人权来进一步澄清前面的论述。

11.2 哲学理论与法律实践之间的弥合

对于从一位理论家的慎思中出现的人权清单和法律中所供奉的人权清单之间的偏差,我们既不应该感到惊讶,也不应该特别感到困惑。当然,如果这种偏差很大,那么我们可能就会开始怀疑理论或者怀疑法律。如果它不是那么大,我们就仍然需要对它加以说明,仍然需要决定理论和法律哪一个处于更好的秩序,或者是否二者都处于足够好的秩序,也许因为二者具有不同的职能。

我将着重考察下面两种人权清单所存在的差异:一种是最佳的哲学论述,另一种是国际法中最为权威的宣言。基于某些明显的理由,我不得不将基于人格的说明视为最佳的论述。

人权的国际法深受自然法传统和启蒙运动的影响。但是,在20世纪重要的人权宣言中,理论痕迹并不是很明显。在1966年联合国大会通过的《经济、社会和文化权利国际公约》以及《公民和政治权利国际
191 公约》(由于1948年的《世界人权宣言》仅仅具有劝告性的效力,这两个公约旨在赋予《世界人权宣言》法律效力)的前言中,都包含着这样的条款,"承认这些权利是从人的内在尊严中推衍出来的。"[1] 因此,在这里我们也同样可以说这些权利的基础是人格,尽管人格这一观念的确切含义还没有得到充分说明。事实上,上述条款是在这两个公约中唯一的理论姿态。它们很少注视相关的理由或辩护,这也是国际宣言的一个一般特征。[2]

以上观点并不是一个批评。因为不纠缠于辩护工作是法律中的一种正常现象;不同群体,尤其是不同的文化群体,都有可能同意存在着人的尊严这样一种东西,在很大程度上也会同意权利是从人的尊严中产生出来的,但他们对"尊严"的确切含义却可能有不同的理解。因此,在"人的尊严究竟是什么"的问题上保持沉默往往是明智的,而且,尽管基于人格的说明事实上对这个问题提供了最佳的实质性说明,它也同样应该在背后保持沉默。但是,这个合理的思想却与本书的同样合理的驱动性思想处于一种紧张关系中,那就是:为了避免对人权提出几乎没有标准的主张,我们就必须对人权是什么提出一个更为充分的实质性论述,并接受这种论述的指导。这两个思想并不是相互矛盾的信念;但是,尽管二者的确存在紧张关系,我们必须看看如何同时持有它们。

11.3 从基于人格的说明中出现的人权清单

按照我的论述,人权有两个根据:人格和实用性。人格原初性地产生出诸种权利;实用性在必要的时候则赋予这些权利以一个充分具体

的形态。

从一种充分发达的人格的观念中,我们应该能够把所有的人权推衍出来。首先,我们拥有一种自主权。在私人生活中,这意味着,只要我们有能力就我们自身的事情做出主要决定,父母和老师(甚至一般意义上的所有权威人士)就不应该使我们屈从于他们的意志。在公共生活中,自主权则产生出了下面一种权利,即在政治决策过程中拥有某种形式的平等话语权。即便是无比仁慈的独裁者也会倾向于侵犯我们的自主性;因此,在当今,几乎没有任何威权统治能够被辩护为是正当的。因此,需要很多类型的人权来保护我们的自主性,因为自主性是构成能动性的两个基本要素之一。 192

另外,我们拥有生存权和某种形式的安全权。我们拥有一种不被折磨的权利。对于能动性的某些必要条件,同样需要很多类型的人权来确保。

因此,在追求我们的主要目的时,我们必须应该能够免于外部干涉。我们必须有信仰的自由,有享受各自生活的自由,有形成我们各自所需的个人关系的自由,有努力实现自我理解方面的某些基本形式的自由,有创造艺术作品的自由。除此之外,我们还必须有自由去告知其他人我们所坚信的东西,有自由将我们的艺术作品展示于众。由此,表达的自由应该双倍地得到保护。表达的自由应该得到保护,是因为我们需要它,以便能够有效地决定我们的生活目的。不过,尽管艺术能够以这种方式帮助我们看清我们生活的目的,但它却并不能总是扮演这一角色;即便如此,艺术也应该被保护。艺术可能不仅对于我们慎思一个好生活而言是必要的构成要素,而且也可能是我们拥有一个好生活的构成要素。因此,必须有一系列广泛的自由权,因为自由是能动性的另外一个基本要素。

由此,不足为怪的是,有一些权利横跨自主权、福利权和自由权这三种主要的权利范畴。例如,我们拥有某种程度的隐私权,因为如果缺乏一定程度的隐私,我们就不能用一种充分安全或舒适的方式来自主地决定我们自己的目的,追求其中的一些目的。另外,如果避难国外对于保护我们的生活或者我们的行动者身份来说是必要的,那么我们就拥有一种避难权。

当然,这仅仅是一份人权清单的开始。还有更多的人权,而且,即便是我已提到的那些人权,也需要进一步的考察。另外,当我们试图进一步考察这些权利的时候,就会出现我们所熟悉的那个问题:某个人的权利是否与其他人的权利相容?不过,这个简要的论述,对于在某种程度上理解我所提供的人权清单已经足够了,而且也可以说明这些人权为什么能够被列入这份清单。

11.4 当前的法律清单:公民权利和政治权利

我打算考察的其他人权清单基本上就是在联合国的三个主要人权文件中出现的清单:《世界人权宣言》(1948年)、《公民和政治权利国际公约》(1966年)以及《经济、社会和文化权利国际公约》(1966年);我也将考察下面三个区域性的文件清单:《欧洲人权公约》(1950年)、《美洲人权公约》(1969年)以及《人权和人民权利非洲宪章》(1981年)。
193 不过,我也会偶尔引用其他国际文本中的例子。

让我们首先考察对公民权利和政治权利提出的主张。我的清单与联合国文本中的清单存在着明显差异。从我提出的论述的观点来看,其他人权清单中的多数条款是可接受的,但也有一些条款是不可接受的,而且,还有许多条款至少是存在争议的。

一、不可接受的情形

《公民权利和政治权利国际公约》声称:“任何为战争目的所做的宣传都应被法律所禁止。”(条款20.1)让人不清楚的是,这怎么能够成为一种形式的权利呢?它否认了一种自由,即宣传战争的自由。似乎没有任何与人格相关的议题能够为这个禁令提供辩护。而且,按照对人权的任何论述,这一禁令是一个令人难以置信的主张。一个人为正义战争所作的呼吁也应该被禁止吗?关于这一问题,《非洲宪章》也提供了一个相关论述:所有人都拥有“国家及国际和平和安全方面的权利”(条款 23.1)。[3] 应该存在一种集体安全权,这种说法是合理的;这样一项权利可以被认为是植根于人身安全的个体权利之中。不过,如何理解和平权呢?一个为了抵制侵略而进行自卫战的国家是否侵犯了其公民所具有的权利呢?这种令人难以置信的权利主张体现了这些国际人权宣言的起草者们的一种往往是很显著的倾向:他们倾向于把实际上仅仅是抱负的东西安装到这些宣言中。因此,像和平这种有价值的抱负并不属于人权。按照我的论述,这种抱负将不会被视为权利,而且,也很难想到合理的理由将它们论证为权利。

1965 年在联合国大会上通过的《关于消除所有种族歧视形式的国际公约》,在重述那个基本上是标准的东西(无争议的公民权)的过程中,还引入了“继承权”(条款 5.D.vi)。这并不是“一项关于物品遗赠的权利”,而是“一项关于取得遗留物品的权利”;在前一种倾向中,一个人有可能选择行使这项权利,也有可能选择不去行使这项权利。不过,继承权的主张同样是令人难以置信的。一名知道他的子女们能够通过自身努力照顾好自己的富翁,如果将他的钱财捐赠给慈善事业,这是否侵犯了他的子女们的权利呢?即使继承权不是被解释为潜在继承人所具有的一项要求权,而是被解释为立遗嘱者所具有的一项自由权,它同样是高度可疑的。假设一个政府决定不允许物品在代际之间转移,只允许各代通过自己的努力去获得物品,且假定这个政府能够提供充足的福利供应,那么,这是否会侵犯任何人的人权呢?在这种情况下,不管是按照我的论述,还是从直观上看,都没有侵犯人权。当然,这可能 194
会导致社会效率的降低,但这是另一个问题。而且,这种情况也没有侵犯财产权,如果硬要说是侵犯了一种财产权的话,那也仅仅是限制了财产的一种转移。

《世界人权宣言》尽管已经相对受到约束,也仍然有一些高度模糊的条款。它断言每个人都有一种保护自己的荣誉和声誉免受攻击的权利(条款12),这一主张在随后的一些文件中也被反复提及。[4]但问题是,能够存在这样一个普遍的权利吗?任何一名作家都不具有免于接受声誉审查的权利,一个声誉恶贯满盈的人也不能期望自己免于被曝光。至多可以有一种完全不同的权利,即纠正诽谤的权利。尽管纠正诽谤的权利在许多国家是一种法律权利,但是,这项权利是否能被视为人权也是值得怀疑的。它所关系到的是公平问题,而不是人权问题,正如我早先所论证的,这两种问题是不同的。[5]

《世界人权宣言》还主张我们拥有在自己国家境内迁徙和居住的自由(条款13.1)。[6]是否存在一项居住的自由权呢?只要合适的教育、充足的物质供应和接触艺术的机会等基本的生活福利设施能被提供,即便一个人被要求生活在一个特定地区,他的人格似乎也没有受到威胁。当然,有些人喜欢生活在海边,有些人则喜欢靠山而居,有些人喜欢生活在城市,而另一些人则喜欢乡村;而且,由于一个人生活的地方本身就可能是他的生活质量的一个重要构成要素,因此似乎只能按照某些最强的理由才能限制选择居住地的自由。但是,影响一个人的生活质量的东西有很多,它们很少能被确认为一项人权。例如,可以稍微虚构一下五十年前的巴西。沿海地区,尤其是沿海城市,都受到了严重污染,但富饶而美丽的内陆地区却是人烟稀少。巴西政府决定开放内陆以便吸引移民,第一步便是修建一个深居内陆的首都城市巴西利亚。不过,久居沿海的居民不愿意移居内陆,政府也不愿意强迫他们迁居内陆,因为这样会破坏很多家庭和友谊纽带并扰乱一些稳定的期望,等等。但另一方面,大量的国外移民不断拥入到里约热内卢,以至于超出了城市的容量;这些外来移民不断被告之必须落脚内陆。让我们假定,巴西利亚已经具备我刚才提到所有基本的生活福利设施。让我们再假定,这些国外移民可以在巴西利亚市区和其周边的乡村之间进行选择。这一地区风景优美,生活舒适,并有免费而便捷的交通通往里约热内卢和圣保罗。之所以做这些补充,仅仅是为了论证的需要。当然,即便如此,某些外来移民仍然会偏爱生活在沿海而不是内陆,且由于这一选择,他们进而也不会得到他们想要的一切。但是,这样一来,生活就难以提供 195
一个人想要的一切,因此肯定也不存在一种尽最大可能满足某个人偏好的人权。

这一政策是否会侵犯一项人权呢?它最有可能侵犯的权利是自由。但是,并不是每一种阻止某人获得其欲求之物的"强制"(比如对停车地点的限制)都会侵犯自由。对于一种值得过的生活而言,一个人想要居住的地方,与他想要停车的地方相比,要重要得多。但是,如果摆在某人面前的两个选项对他过一种值得过的生活来说提供了平等的前景,他却被否决在它们之间做选择,那么,不论他被要求选择哪一个选项,都很难说这是对一项人权的违背。

正如我所说,上述巴西的例子是虚构的。但是,有一些真实的强制,如经济上要求生活在某个特定地方的强制,有可能违背一项人权,或者至少接近于违背一项人权。这种情况自古有之。不过,最有趣的例子是在不久的将来可能会发生的例子,因为它们将会成为刻意的政治选择的一个后果。随着欧盟引入统一的货币以及不同税率之间的协调,失业水平就会成为欧元区的成员国用来管理经济的主要手段。如果为了迫使劳动力迁移而固定福利水平,那么一名希腊工人就会说,他将不得不迁至德国。但在德国,由于语言的差异和当地居民的敌视态度,这名希腊工人在政治决策过程中有可能毫无发言权。这样,他将不得不屈从于一套法律,但在这套法律的制定中却没有平等的发言权。这开始产生那种将会支持一个主张(一项人权已经受到侵犯)的情形(当然,对于这种情形,还需要说很多东西)。这种情形将不同于某一希腊工人仅仅是从农村迁至雅典的情形，也不同于我虚构的外来民只能迁居内陆、而不能迁居沿海的巴西的例子。因此，这个例子并不能支持《世界人权宣言》所主张的那种一般而论的权利。

二、存在争议的情形

在主要的国际文本所规定的一切公民权利和政治权利中，其中最有可能对我的论述构成挑战的是归入“法律面前人人平等”[7]这个总标题之下的那些权利。这些权利是这样存在于《世界人权宣言》中的：

> 第 7 条：法律面前人人平等，人人有权享受法律的平等保护；
> 196 不受法律的任何歧视……
>
> 第 8 条：当宪法或法律赋予一个人的基本权利遭受侵害时，任何人都有权要求合格的国家法庭对侵害行为做出有效的补救。
>
> 第 9 条：任何人都不得遭受任意的逮捕、拘禁或放逐。
>
> 第 10 条：人人都拥有完全平等的权利得到独立的、公正的法庭的公正的、公开的审听……
>
> 第 11 条：(1)凡受刑事控告者，在未经证实有罪以前，有权被视为无罪。
>
> (2)如果一个人的某一行为或疏忽，在发生之时没有被视为刑事犯罪，那么随后也不应被视为刑事犯罪。

在《公民权利和政治权利国际公约》中，这些条款得到了更为详实而可行的论述，例如在 14 条中：

> 3. 任何人在面临犯罪指控的判决之前都应具备如下基本的平等保障：
>
> (1)有权要求相关机构或个人以他所熟悉的语言及时而详细

地向他告之他所遭受的指控的性质和原因;

(2)应被赋予充足的时间和各种设施,以便准备他的辩护和跟他所选择的辩护律师进行沟通;

(3)应得到按时审判;

(4)针对他的审判必须在他在场的情况下才有效,而且要么是由他本人对自己进行辩护,要么是通过他自己指定的法律援助者为他进行辩护;

(5)法庭要对目击指证人员的言辞进行既往考察和当下考察,而且,法庭在选择目击指证者和对他们的言行进行考察时,要本着无罪推定的原则;

(6)在法庭上,被指控者若不能理解相关语言,或者不能运用相关语言,应有权得到免费的翻译援助;

(7)不能以任何强迫形式要求被指控者做不利于自己的证明或自证其罪。

6. ……任何人,如果受到了法律误判(即不正义的判罚),都应得到补偿。

按照我的论述,上面提到的大部分条款都明显属于人权,但我也倾向于认为,其中某些条款并不属于人权,尽管这些情形并不像我先前称为"不可接受"的情形那么简单。

我们可以完全合理地认为,当我们的人权遭受侵犯时,我们拥有一种"二阶"的人权,以便对其进行补救。人权意在保护我们的人格,因 197
此我们不仅可以宣称其他人不应侵犯我们的人格,而且还可以宣称在我们的人格保护中,社会应以某种方式施以援助。我们同样可以合理地认为,我们拥有一种不被任意逮捕、拘禁或放逐的人权;在基于人格的说明所指定的"自由"的意义上,任意的逮捕、拘禁或放逐是对我们的自由的极端侵犯。而且,在被证明为有罪之前,任何人都有一种权利

(人权)被假定为是无罪的;如果一个人事先被假定为有罪,进而遭受到了相关措施的处罚,例如自由或财产的严重丧失,那么,他过一种自主生活的能力就会受到严重削弱。当然,并不是一切有罪推定的情形都会导致人格的削弱,但是,很难把削弱人格的情形和没有削弱人格的情形明确地区分开来,道德规范和公民法所需要的那种简单性很可能会导致一个总体上的无罪假定。

但是,有一个一般的要点需要在这里再次提及。从某件事情是一个正义问题或公正问题,是不能推出它也是一个人权问题的。在这一点上,在我的论述和某些国际法之间有着明显的冲突。在某些国际法学者笔下,正义的范围与人权的范围似乎是等同的。[8] 但二者明显是不同的。人权并不穷尽所有正义或公正的领域。关于这一点,可以回想一下我此前提到的例子。[9] 如果你在公共汽车上逃票,因为你知道这样做并不会给任何人带来任何伤害,而公共汽车上的其他人都交了车费,那么,在这种情况下,你并没有侵害车上其他人的权利,但明显的是,你的行为是不公正的。如果我们是即兴玩扑克,你用了一副带有标志的扑克牌,尽管你的这种行为是不公正的,但你并没有违背我的人权。这也说明了为什么程序正义在历史上被视为一个人权问题,但几种形式的分配正义却没有被视为人权问题。程序正义保护我们的自由。分配正义,尽管很重要,但往往不会对我们的人格产生影响——当然,前提是,与人权相关的最低限度供给已经得到尊重。事实上,由于大部分社会的大部分人几乎不与警察或法庭打交道,他们的利益更多地是受到分配正义问题的影响,而不是受到程序正义问题的影响。不过,即使正义问题不是人权问题,它们在我们生活中也可能极为重要。

因此,如果我们想说某些人权是建立在正义的基础上,那么我们就不得不说明对正义的哪些考虑构成了人权的基础,哪些不能构成人权的基础。一种可能的回答是我的回答:按照我对人格的说明,构成人权之基础的那些考虑是人格方面的考虑。但是,在我刚刚引用的那些公认权利中，并不是所有的权利都可以在基于人格的说明中找到一个理论根据。例如，针对不正义的判罚所给出的补偿的权利就不可以。在 198
一个提供恰当福利供应的社会中，不对遭受不正义审判的人进行补偿，并不能削弱这个人的人格。不过，一直以来，有一个完全不同却极为有力的理由支持这种补偿，这一理由就是正义的要求。不过，在这种情况下，相关的理由是受害者的应得，而不是对受害者人格的保护。

表面上看，对于要求公平程序的拟定权利，也有一个类似的理由拒斥其中的某些其他权利：例如，被指控者及时而详实地获得相关信息的权利，被指控者应具备充足的时间准备其辩护的权利，被指控者不应被强迫做不利于自身辩护的权利，等等。当然，这些保证是有一个很强的辩护理由的——它们的根据在于正义或公正。确实，当一个人因为犯罪而受到审判时，他的自由或人格的某个其他要素就会受到威胁，此时，那些程序性的保证就可以被视为是对人格的保护。但是，并不是所有指控都会导致自由的丧失——在某些情形中，最严重的处罚可能是可负担的罚款或一种缓刑。但是，正义和公正将仍然处于受威胁的状态，因此那些保证仍然保留了它们的理论根据，即使没有任何人格方面的要素受到了最轻微的威胁。只要我们接受了这条思路，那些保证的理论根据就是正义本身，而不是更为具体的人权。接受这条思路并不会因此而导致任何表达能力的丧失。我们并不需要借助人权或权利的语言去指定公平的法律程序，而且，一代又一代的哲学家和法学家在没有这种语言的情况下已经设法把必须说的东西说了出来。这种做法也不会导致道德能力的丧失。支持这些程序的理由是：它们显然是正义问题。除了正义外，它们还需要什么更强有力的支持吗？人权一直在以这样一种可疑的方式扩展，因为我们都希望兑现一种权利话语的力量。但为什么不去保护和恢复正义话语的力量呢？有人认为，由于我们认识到权利在道德上极端重要，我们就必须把所有道德上极其重要的东西都变成一种权利，这种想法是极其错误的。

不过,这种思路只能偶然取得成功。在我看来,它成功地威胁着要求对不公正的审判进行补偿的拟定权利。但是,它并没有威胁要求公平的法律程序的其他权利。这些其他权利最初是作为对自由、自主性以及作为行动者而生活所需要的物质基础的保护而引入的。它们被
199 看作是用来抵御政府专断行为的防护栏。它们意在抵制非法致死、非法囚禁以及对财产的非法征用。被指控者所具有的及时获得相关信息并具备充足时间为自己准备辩护的权利,显然是对那些否认自由的专断行为所进行的防护。被指控者不应被强迫自证其罪的权利,则是对威胁和折磨的防护,因为威胁和折磨能够削弱自主性。对某些犯罪行为的处罚并不涉及自由的丧失或破坏性的财产征收,这一点无关紧要。人们不得不期盼在规范上存在某种简明性,无论是法律规范还是道德规范。在历史上,人们引入这些权利的动机是保护人格。[10] 不过,需要再次强调的是,并不是国际公约中所宣称的所有要求公平的法律程序的权利都能以这种方式得到捍卫。例如,对不公正的处罚进行应有补偿的拟定权利就不能用这种方式来捍卫。

对我的这一结论有一种可能的反对意见。那些国际公约的制定者们或许也会说(正如我所说的那样),构成权利之基础的那些正义方面的考虑是“人格”方面的考虑。不过,他们或许想要采纳一个比我对人格的解释更为宽泛的解释。就像大部分的国际文件所做的那样,我们应该将重点放在人的**尊严**这个概念上。如果一个人被指控犯罪并遭受了法庭的不公正对待,即便在遭受这种不公正的处罚后他也没有得到什么补偿,某些国际公约的制定者可能也会说,这个人作为一个人的尊严并没有得到尊重。因此这个人的人权(而不仅仅是他的法律权利)就受到了侵犯。那些程序性的保证,包括补偿权,旨在界定这样一个问题:在法律的语境中用人所具有的尊严来对待某个人到底是怎么回事。因为这个缘故,国际公约的制定者们或许会说,这些程序性的保证可以被恰当地看作是**人权**。在他们看来,逃票和在扑克牌中作弊的确都是不

公正现象的足够真实的例子,但是,它们与得不到法庭的公正审判的情形完全不同。后一种不公正对我们的生活来说是如此根本,以至于对它的防护就是给予我们以人的尊严的那种东西的一部分,而对逃票和扑克牌作弊这类小事情的防护就不是。

我在这里赋予国际公约的制定者们的提议在如下意义上就类似于我的提议:我们都将人权建立在人的尊严的基础上。不过,我的论述所强调的是人,而且这里的人是被视为“规范行动者”而得到理解的。人的尊严于是就可以被认为是来自于我们赋予我们的规范能动性的那种价值。这也说明了为什么我的论述更有限制性:人权必须是对能动性的某个要素的保护。那些国际公约的制定者们的论述,至少按照我对这种论述的设想,则把重点放在**尊严**那里。它把人的概念看作是一个更加直观的概念:我们作为人的尊严所包含的东西可能多于能动性的各个要素。但是,问题正是来自于对“尊严”这个概念提出了过于灵活 200
的理解。如果尊严不是用我的方式来理解的,那么应该如何理解它呢?回答这个问题的一个有希望的起点是“**尊重人**”这一密切相关的概念。按照所有人对这个概念的理解,道德观点就在于平等地尊重所有人。这并不要求平等地对待所有人,例如,不要求一个人像对自己的孩子一样对待陌生人的孩子。而是在我们的慎思中要给予所有人以某种形式的平等考虑,当然,哪一种形式还需要进一步加以说明。阐明“尊重人”这一观念的一种显著的方式是康德的方式:每个人都应被视为目的,而不仅仅是手段。但是,不管我们如何阐明康德的进路的细节,总体上说它对我们不会有什么帮助。康德的路子是要详细说明对人的尊严的一种理解,这种理解将构成整个道德义务的基础。如果我们采纳这种理解,人权就会膨胀到无所不包的地步,这是一个与我们的直观格格不入的结果,因此我们必须加以避免。

我们不希望把逃票和扑克牌作弊的例子算作侵犯人权。借助于这两个例子,我们或许可以修正上面提到的最后一个建议。在这里,我们可以把侵犯人的尊严的两种情形区分开来：一是微弱或轻微的侵犯，二是主要或严重的侵犯，逃票或扑克牌作弊的例子有可能属于前者。但正如我们已经看到的，这种区分实际上也没有什么帮助。我们也不应该扩展人权的范围，使之涵盖一切严重侵犯人的尊严的领域。例如，某一丈夫可能在婚后对妻子一直冷淡漠视，以至于导致妻子郁郁寡欢。在这种情况下，丈夫有可能做了一件在道德上极为错误的事情，但他并没有侵犯妻子的人权。一个财团型政府可能实施了一种不公正的物品分配，因此忽视了大部分民众的实质性利益；但是，如果民众中的每一个人都获得了他作为一名行动者所需要的（至少是）基本的生活供给，那么这个政府就没有侵犯任何人的权利。因此，将所有严重的道德错误甚至所有实质性的不正义都视为对人权的侵犯，这是极其不符合我们的直观的。

我们所需要的不是在严重侵犯人的尊严的和轻微侵犯人的尊严之间的区分，而是在根本的侵犯和非根本的侵犯之间的区分。不过，除了我用来阐明人的尊严的“基本”特点的那种方式外，还有什么很有根据、切实可行的论述吗？我们不能让“尊严”的概念流于当前的那种弹性状态或直观状态，因为除非我们已经有了判定“人权”这一术语是否得到正确运用的可容忍地清晰的标准，否则这个术语就会像它今天的样
201 子那样仍然处于名声不佳的状态。[11]

三、可接受的情形

尽管存在一些不可接受的例子和存在争议的例子，但我们在《世界人权宣言》中发现的大多数人权主张，正如我此前所说，完全是可接受的。其中部分的原因是，《世界人权宣言》比较简洁，并没有过多详述细节问题，而且，它对经济权利、文化权利和集体权利提出的主张都比较有节制。我一开始提出的人权清单仅仅包括一些最明显的权利，还需要进一步的填充。我希望将国际公约中的许多条款添加到我的人权清

单中。不过,在这里我只提及一个条款,即《世界人权宣言》15.1 条:"人人有权享有一个国籍。"这是一个有说服力的条款。每个人都必然生活在某个国家的边界之内。如果一个人不能投票表决,那么他就缺乏那些边界内的政治生活所允许的那种唯一的自主性。国家是保护个人安全的主要机构,等等。不错,在某些国家中,即使一个人不是该国公民,他也能够投票,并享受政策和军队的保护,但是,只有公民身份才能确保这种享有权。因此,"人人有权享有一个国籍"是一个有说服力的说法。

11.5 插曲:论国际法的目的和地位

我刚刚做的工作(考察我的人权清单同主要的国际公约中的人权清单的差异)或许被认为在各方面都是错误地进行设想的。那些国际公约的制定者们和我难道不是有着不同的目的吗?我在试图理解一项人权究竟是什么;我在尝试给人权这一术语提供一个足够明确的含义,以便把它清晰而有益地补充到我们的道德反思和政治反思中去。在两次毁灭性的世界大战之后,那些国际人权公约的制定者,为了规约国家行为及其权力,尝试建立一套基本法典,他们坚信对人权的提升有助于提升和平。[12] 这无疑是一个极为重要和极为崇高的理想。而我的目的充其量也就是对他们的那个宏伟目的的一个贡献。不过这也表明,对于达成一份有限的、具有无可挑剔的语义凭据的人权清单,公约的制定者们并不感兴趣。他们对一份更充足的清单感兴趣,并认为这份清单越充足越好;他们主张这份人权清单应该成为一个冲破文化、信仰、国家边界和权力争斗的共享标准,或者至少希望它能够成为这样一个标准。于是,人权公约的制定者们就在没有太多顾虑的情况下使用"人的 202
尊严"这一极为模糊且未被充分界定的概念。[13] 不过,这个概念的模糊性在一个重要的方面无关紧要,事实上甚至是一个优点,因为不同的文化可以按照这个概念去理解不同的东西。他们的人权清单已经成功地跨越至少一些国家边界，而且总的来说一直是向善的一种实质性的力量。尽管事实表明他们的清单上的权利在严格意义上说不都是**人权**，但一旦被纳入到法律条约中，那些权利就变成了基本的国际**法权**。这是一种难以轻视的地位。

此外，难道国际法对人权没有它自己的完全连贯的理解吗？我已经说过，我们急需一个标准来判定对“人权”这一术语的运用何时是正确的、何时是错误的。但是，难道国际法没有以某种方式提供这种标准吗？国际法并没有像我那样通过把更多的规范性的实质放入人格的概念中来提供这样的标准。不过，它按照承认规则的本质为这种标准添加了更多的内容。存在着各种各样的程序，在得到进一步的推进后，这些程序就会在国际法中把一项人权确立起来。例如，一个一直警示自然环境不断退化的国际群体有可能主张，人们有一种生活在健康环境中的基本权利。其他群体，如国家中的地区性组织，如果感受到类似的威胁，就会将一个类似的权利包括进他们的宪章或公约中。通过这种方式就可以把一种达成共识的公平措施发展出来。之后，联合国的某一委员会，如联合国人权分会，就有可能更充分地界定这项权利，并在一套草拟性原则中把它体现出来。如果事情只是进展到这个地步（在我看来事实上也是如此），那么有些人或许会说，享有健康环境的人权，尽管还没有被明确地建立起来，已经开始出现在国际法中了。什么时候这项权利已被确立起来是一个判断和约定的问题。比如说，如果联合国大会用一种劝告性的方式从分会中采纳了某些草拟性原则，那么这项权利的存在状态就得到了强化。如果联合国大会将这项权利纳入某个得到广泛承认的国际法公约，那么人们可能就会说，在这种情况下，这项人权最终就确定下来了。[14]

即便如此，也不应该低估我在本书中的计划。许多人仍然有待于确信支持人权的理由。存在着一种关于整个人权话语的犬儒主义：人权话语本身具有致命的可塑性,但在权力政治中,它却被当作一种武器来使用。某些政府认为经济权利和社会权利要优先于古典的公民权利和政治权利。另外一些政府则认为某些群体(例如一群人民、一个民族、 203
一个文化)的权利限制了个体的人权。某些人权主张到底具有多么牢靠的基础,对这个问题是有很多怀疑的,而且不是毫无根据。参与发展人权事业的一种方式,就是尽我们所能对人权提出思想上强有力的论证。

对于上面提到的这项工作,我们不能寄希望于国际法。事实并不是这样:在过去五十年左右的时间里,国际法庭的相关条约和决定都已经足够健全,因此它们现在能够明确地告诉我们某个人权是否存在、其内容精确地说是什么。国际法庭的决定的最有权威的来源是国际条约,我们必须能够询问那些条约中的人权清单本身是否是正确的。国际条约提供了就那个论题进行论辩的措辞:清单中某一条款是可接受的,当且仅当可以把它从“人的尊严”这一观念中推衍出来。但是,恰恰是“人的尊严”这一观念亟须得到进一步的澄清。在一项假定的人权出现的各个阶段进行的推理已经很有说服力吗?人们对某些所谓的公民权的广泛质疑,对某些福利权的过分铺陈的广泛反对,对整个群体权利的怀疑,都有一种理性力量,而仅仅通过表明这些权利出现在国际条约中,是不能抵抗这种力量的。国际法的部分雄心是要把独立存在于实证法中的权利包括进来。因此国际法方面的律师就需要把握这些人权的存在条件。2004 年,一群在北极地区以捕猎海豹为生的因纽特人,希望美洲人权委员会能够给他们一个公正判决,因为在他们看来,美国作为全球变暖的巨大推动者威胁到了他们的生存。[15] 因纽特人和其他群体(例如,生活在热带珊瑚岛附近的居民和生活在喜马拉雅山高雪地段的居民)都声称这个问题不仅关系到长远的环境政策,也关系到人权的侵犯。这些极其困难的案例最终可能不得不诉诸国际法庭。法官们将有什么材料来审断这些案例呢?我们的希望是,通过让“人权”这一术语成为为它确立一个固定用法的过程的一部分,国际法将有助于克服这个术语在含义上的不确定性。但是,这件事情不是国际法庭的法官们通过用法令来判决因纽特人的案例之类的案例就能发生的;没有人会去遵循这种做法。他们的决定将不得不用可靠的理由来支持。

国际条约无论如何都不可能是国际法的唯一依据。《国际法庭规约》宣称(第38.1条),在处理它所接受的纠纷时它将援引下面这些东
204 西:(1)条约,(2)国际领域中的惯例法,(3)被文明国家所承认的一般性法律原则,将其作为"辅助手段",(4)法庭判例,以及(5)最有资历的公共人物(如专家)的意见。某些法律学者还进一步补充如下内容:(6)人性方面的考虑(例如,尤其是出现在各大公约序言中的那些基本原则,其中最著名的就是"人的尊严"这一原则),(7)强制性规范(ius cogens,也就是说,并不依赖于国家之间的同意的基本原则,最易于联想到的就是"自然法"这一观念),以及(8)合法利益。[16] 这些来源有所重叠。一些甚至有可能坍缩为另一些;例如,有可能可以把任何强制性规范看作一种特别基本的习惯法。[17] 即便如此,一个愿意考虑专家意见、人性因素或强制性规范的国际法庭,也会被促使去严肃考虑正义方面的基本考虑、"人的尊严"的含义以及正义与权利是如何相联系的。国际法庭的决定并不是回答我所提出的问题的一个取舍;毋宁说,那些决定要求回答我的问题。

尤其是,那些决定要求我们对"人的尊严"这一观念有一个更为充分的理解。我已经说过,对这个观念提出如此宽泛的解释(例如,当试图按照这个观念来把握道德观点本身时,把它解释为"尊重人"),以至于人权侵占了整个道德领域,这将是一个错误。如果某人想要一种介于这种过度宽泛的论述和我的那种相对狭隘的论述之间的东西,他就必须把那个东西鉴定出来并为之提供辩护。寻求对"人的尊严"的最佳理解就是我的计划,这也是我先前说这一计划不应被低估的原因。

现在,所有这一切在我看来都是明显的,但对于很多国际法方面的

工作者来说并非如此。某些学者认为国际法在某些方面取决于伦理学(把人权整合于其中就是一个明显的例子),他们因此也认为国际法的约束力取决于伦理学。[18] 但是,另一些学者则认为,国际法是完全独立于伦理学的,它占据一个属于自己的独立领域。[19] 这些学者会说,如果说国际法存在约束力的话,那么其约束力是来自于会员国的国家利益之类的东西。[20] 他们也可以抛弃我对“人权”这个术语在含义上的不确定性的关注。他们可以说,我们的文化和传统已经给予我们“人权”的话语,这个术语是否具有一个明确的含义并不重要;我们只需运用这个术语,而且一般来说恰到好处。

但是,采纳第二种思路即还原主义思路的代价将会很高。除了传
统已经提供的内容,或者说,除了国家利益可能添加的内容外,人权的 205
内容将会变得极为空洞。但是,我们要诉诸什么东西来决定在何种程度上福利权或健康权实际上也是权利呢? 国际法庭应该如何裁决因纽特人对美国的诉讼呢? 我已经说过,通过法令来决定这些问题将会极大地降低裁决的影响力;同样,通过诉诸不同国家的国家利益也会降低裁决的影响力。这种还原主义思路不仅会清除国际法中的伦理要素,还会清除国际法本该具有的说明能力和指导行动的权威,因此会让国际法变得几乎没有什么价值。

11.6 当前的法律清单:经济的、社会的和文化的权利

我刚才顺便提到,某些学者对整个福利权持一种深刻怀疑的态度。[21] 他们认为福利权往往是值得赞赏的社会目标,但并不具有人权所具备的那种绝对的约束力和普遍性。在这些学者看来,福利权是每个社会各自的事情,不同的社会按照各自的资源状况和自身的价值标准,

决定适用于自身的福利权利。任何福利权都不属于人权。但我认为，情况并非如此。在我看来，不可否认的是，存在一种最低限度资源方面的人权，这种资源是过一种规范行动者的生活必须具备的。[22] 这里所提到的最低限度资源比简单地维持生存权所需要的资源要多，但比许多国际公约所规定的那种慷慨供给要少。

由此我认为，主要的国际公约对福利权（福利方面的人权）的论述有一些是可接受的。但是，按照我的论述，其中也有很多不可接受和存在争议的主张，远远多于公民权利和政治权利中的同类情况，这种巨大的偏差也是需要说明的。

一、不可接受的情形

某些关于福利权的主张是令人难以置信的。《美洲公约附加议定书》第 7c 条主张，每一名工人在受雇期间都拥有得到提升或晋职的权利。但是，对于某些非常好的工作而言，其本身并没有一个职业等级结构。几十年前，在牛津大学，研究员作为一个人在学校的第一份工作是比较普遍的现象。实际上，每个人都期望终生以此为业，并满足于这个
206 职位现状。或许，职业终生制存在义务或责任不明等弊端，但是，我们很难想象说，这些工作违背了一项人权。同样的情况也可以用来分析一个几乎终生以律师为业的人以及类似情况下的全科医生。在这些类型的工作中，即便工作者的薪金始终未变，我们也不能说这就违背了一项权利。有很多与工作有关的正义问题或公平问题（例如，那些无吸引力的或危险的工作，或许应该被分担开来或得到高额的补偿；职位晋升应该依据能力来定；等等），但是，这些问题不是由那项拟定的晋升权提出来的。对人权的任何合理论述似乎都很难辩护这种权利。

现在，考虑一个更重要、看来也更合理的主张。罗斯福总统在 1944 年的国情咨文（我先前也引用过）[23] 中提到了“第二权利法案”，其中提到：

人人有权在国家的工厂、商店、农场或矿厂中获得一个实用而报酬丰厚的工作。

人人有权赚取足以满足充足衣食和闲暇的收入……

在罗斯福演讲的鼓舞下，1948年的《世界人权宣言》宣称了一种工作权（第23.1条），随后的很多国际公约也重申这一主张。[24]但在我看来，并不存在所谓的工作权。当然，人人有权获得作为一名行动者的生活所需要的资源，但这些资源并不必然来自工作。如果在一个高度发达的技术社会中并不存在足够的工作岗位去满足每一个人，但那些没有工作的人却能得到足够的资源供给，那么至少从表面上看，并不存在任何侵犯人权的现象。当然，工作对我们而言是有价值的，这可能不止体现在一个方面。最明显的一个方面就是，工作是我们实现某个目标的手段，这一点也是罗斯福明确承认的；如罗斯福所说，我们最终需要的是衣食和（甚至是）休闲。他说，我们之所以需要这些东西，是为了过一种“自由人”的生活。所有这些在我看来都是极为正确的。而且，对地球上大部分人而言，要实现“自由人”的生活这一目标，工作是他们所能想到的方式，有时甚至是唯一的方式。罗斯福、《世界人权宣言》的起草者们以及所有在其他公约中宣称工作权的起草者们，都足够合理地表达了与他们那个年代的现实相一致的权利意愿。处于大萧条时期的社会能够确保足够供给的做法就是提供足够的工作岗位。[25]而且，今天的许多社会仍然不得不做着类似的事情。但是，在今天的某些社会中，甚至对大部分人而言，工作已经不再是实现目标的必要手段了。 207

但是，工作的价值远比“手段—目的”的描述所说的要复杂得多。许多人想要通过谋生来获得尊严。他们希望为社会做点贡献。在他们看来，生活的乐趣依赖于从事一项有吸引力的、需要投入精力的有益事业。在这些人那里，生活质量中最重要的一个要素，就是在这样的事业中取得成就。于是，闲适的生活反而招人厌倦；而投入某项事业中反而是一种享受。因此，在一个共同体中，如果周围不存在足够多的传统职业（如屠夫、面包师、烛台制造者……），共同体就应该为那些不能为自己发现工作的人创造一种新的工作（例如，仍有大量的空间改进我们当前的共同体）。然而，工作权的倡导者们主要是指传统的工作，这似乎是错误的。严格地说，这项权利是对恰当多（对于作为一个行动者的生活来说是恰当的）的物质供给的权利，是对一个人用一种富有成效、充满乐趣和愉悦的方式来生活所必需的选择的权利。但是在我看来，在从我的论述中产生出来的这项权利和出现在各大国际公约中的那项工作权之间的差异是可以得到调和的。它们是在不同的抽象层面上得到表述的，一个是在普遍的形式得到表述，另一个是在把那种普遍的形式应用于具体的时间和地点时得到表述的。[26]

最后，我只想提及另一个更可疑的福利权——我此前提到的一种特别过度的权利的一个例子。[27]《经济、社会和文化权利国际公约》，包括追随其后的一些公约，主张我们有权享有“可得到的最高标准的身体健康和精神健康”。[28] 按照我的论述，并不存在这种权利。如果某些疾病是有望治愈的，社会当然可以设立一些短期项目来加大投入；但是，即便社会所提供的健康保健标准不是可得到的最高标准，在社会决定是否要在健康保健方面花费足够多的资源的那一刻，它们通常还是认为自己有权自由地决定是否要投入这些资源；而且，社会有可能将有限的资源投入到教育、环境保护以及其他重要的社会善中去。按照我的论述，我们也拥有一种生存权，因为生命是能动性的一个必要条件；此外，为了作为规范行动者而有效地发挥功能，我们也需要基本的健康保健，对此我们也拥有一种权利。对生存权和健康权这种陈述仍然是极为宽松的，要让这两项权利对政治生活来说足够确定，仍需要做进一步的界定工作。但是，在我对这些权利的基础所做的说明中，没有什么东西暗示说必须尽可能延长生命，或者必须尽可能提升人们的健康水平。

这种做法似乎是正确的。 208

二、存在争议的情形

在先前讨论公民权利和政治权利的时候，我质疑了从正义到权利的推理，对于福利权的情形，我也可以提出类似的质疑。同工同酬仅仅是公平所要求的。[29] 公正的工作条件显然是正义的要求。[30] 按照业绩晋升职位同样是一个简单的公平问题。[31] 但是，它们并不因此就成为人权问题。我将所有这些权利主张放在存在争议的序列中，仅仅是因为正义与权利之间的关系并不是那么容易处理的。不过，正如我先前所说的，我认为论证最终会反对把这些权利主张看作人权。

11.7 国际人权清单的未来

假如我是正确的，那么对于国际法的清单中的那些有争议的和不可接受的条款，我们应该做什么？

很难做得太多，至少很难做大规模的处理。一个单独的学者，尤其是一个单独的哲学家，最不可能有能力对人权的国际法进行一种全面反思。人权的国际法建立的根基较好，具有广泛的制度保障，在其核心事务上发挥着重要作用，并一直具有强劲的效能，这一切都使得它切实可行。不管怎样，法律有自己的方式去处理自己的错误。对于它认为存在缺陷的法律条款或条约，它可以不理睬，甚至有时候可以废止那些法律条款或条约，或者可以等待法庭来矫正法律中的模糊和混乱。可以不理睬的大概是周期性的带薪休假这个被广泛拒斥的"权利"所需要的东西。许多权利可以（甚至已经）被降格为一些单纯的抱负而不是严格意义上的权利（例如所谓的和平权）；一个略带贬义色彩的术语可以用来概括这种权利："宣言性权利"。毫无疑问，一些其他的"权利"也应该被降格，例如享有可得到的最高标准的身体健康和精神健康的

"权利"(甚至我们都不能将这项"权利"视为一个合理的抱负,除非对其内容进行修改),或许还有在自己的国家内自由居住的"权利"(当然,这是一个更有争议的例子)。对很多"权利"的描述是如此糟糕,以至于它们所需要的解释其实就等同于对它们的重新起草,例如,继承的"权利"以及人的信誉和名声免受攻击的"权利"。甚至任何一个学者都可以对这种渐进批评做出一点贡献。

209 在对国际法的人权清单做降格处理和重新界定之后,仍然会有一些我们大部分人无论如何都会视为人权清单之核心的东西。但是,甚至这些处于核心的权利也是我此前称为"存在争议的"权利,例如对法庭的误判进行补偿的权利。我们应该如何处理这些情况呢?

在我看来,明智的回答是将这些权利接受为人权。如果说这些权利有缺陷的话,那么缺陷就在于它们不能被认为是在捍卫人格。它们不能被置于我所建议的"保护规范能动性的某个要素"这一标准条目之下。不过,在我们的语言中,几乎没有任何词语完全受制于一个标准公式;也就是说,几乎没有任何词语能够依据一组本质性质而获得界定。许多几何术语,如"三角形",就是如此。不过,维特根斯坦所说的"游戏"[32]这个词语不可能是这样。自然语言中的很多词语,由于其功用和历史的偶然,自身就包含了某些理据。缺乏本质性质对这些词语而言并无大碍;它们已经具备的既定用法足以担当一个标准,以判定人们对这些词语的运用是否正确。

据此不难看出,应该如何逐渐把因为法庭误判而要求补偿的"权利"包括进一个详细说明法律程序正义的清单中。事实上,这种权利所产生的最初动因,是为了保护自由、自主和财产免受专制政府的侵犯,这是那个年代的人们所具有的迫切要求。但是,如果社会决定通过用一种特别庄重的形式(比如说在一个联合国公约)把它们列入,以深化对它们的保护,那么社会要求追求某种完备性标准就是很可理解的了。如果那些编撰清单的人当时心目中只对"人权"的含义有一个很模糊的理解,那么对于这一清单中的所有条款,我们就很难指望能够从中找到任何界定清晰的规定性质。

这样,对于所有出现在这些国际法清单中的人权主张,甚至包括我所说的那些“不可接受的”主张,为什么不简单地将它们一概接受下来呢?但是“人权”这一术语与“游戏”这一词语不同。它几乎并不具有“游戏”这一词语所具有的那种固定用法。它属于理论家所使用的术语,而且事实上是在相对晚近的时候才被引入的。它是承继一个更早的术语即“自然权利”而出现的,但是后继者的形而上学背景很不同于其前身(“自然权利”)的形而上学背景,这意味着需要把运用这一术语的新标准发掘出来。而且,由于人权的引入者是哲学家和政治理论家,他们就有责任给予人权一个令人满意的明确含义,这也是他们尚未履行的一个责任。正是基于这一原因,一个标准公式就在他们履行这一责任的过程中扮演着一个重要角色,如果说不是唯一角色的话。确切地说, 210
正是对人权的一种实质性的论述将会提供的那种进一步的理解,将会把我们对“人权”这一术语的运用从含义不清的状况推进到其含义充分确定的状况。有可能的是,西欧启蒙运动传统下的人们最终达成的对人权的清晰界定,可能同印度教徒或丛林土著传统下的人们对人权的理解有着巨大差异。也有可能的是,尽管我们所经历的路线不同,但我们都会或多或少地到达同一个目的地。但是,为了到达这个目的地,我们就必须借助某些共享的东西。这就是我们为什么需要一个关于人权的实质性论述的原因。

一旦我们有了这种论述,我们是否就应该保守秘密呢?这个问题把我们带回如下思想:一个实质性论述应该是谦卑自制的。如果不同国家的成员之间在实质性的论述上的确存在一些重要差异,那么我们几乎就不应该坚持认为我们自己的特定论述应被优先选择出来写进国际文件中。这些国际文件至少能够在这个论题上保持沉默。但是,在慎思“什么算作一项人权”以及“什么不算一项人权”的时候,一个人只能诉诸他自己对人的尊严的理解。我们需要更多地、而不是更少地进行这种慎思。在目前条件下,当一份列入了一个新的人权范畴的国际公约的起草者们开始决定什么东西属于那份清单时,很可能是有冲突的。这不是一件坏事。这种冲突为不同的实质性论述的恰当性提供了一个很好的检验。随着时间的推移,我们或许能够在它们之间发现更
211 大的收敛。

第十二章
生存权,死亡权

12.1 生存权的范围

表面上看,生存权是最不具争议的权利。在洛克所论述的三种权利(生命、自由和财产)中,生存权很少得到讨论。在18世纪末有关美国宪法的正式批准的争论中,生存权经常被引用,但几乎没有对之做出任何评论,就好像人们对生存权的需要是明显的而无需论证。[1]但是,当争论的各方转向自由和财产权时,他们却滔滔不绝。他们在生存权上的相对无言或许与他们的另一个信念相关:他们似乎在很大程度上将生存权设想为消极的,即把它理解为未经正当程序就不能被剥夺生命的一项权利。禁止谋杀几乎无需论证。[2]

即便如此,一旦反思生存权的根据,即便是在17、18世纪被广为接受的那些根据,生存权的范围也不可避免地会有所扩展。这些根据变成了一个通则,不只是被用来辩护禁止谋杀。如果自由地生存拥有巨大的价值(以致被视为一个不可侵犯的人权),那么**生存**,包括**用那种方式**生存,就是有价值的;这似乎可以为更加广泛地维护生存做辩护,可以用来为一种更为广泛的消极权利做辩护,而不仅仅是为禁止谋杀做辩护,例如,还可以为禁止无端伤害他人生命或破坏他人的理性能力做辩护，而且似乎还可以辩护某些积极权利。[3] 如果你正在溺水，对我而言，要拯救你，我需要做的仅仅是将我身边的救生衣扔给你，如果我无视你的困境，那么我是否侵犯了你的生存权呢？生存权是否包含进行救助的积极权利呢，至少当施救者所付出的成本不是很大的时候，是否应该包括这种积极权利呢？如果生存权包含溺水者要求某人向他扔救生衣的权利，那么一个挨饿的人是否也拥有获得食物的权利呢，或者，一个严重的病患者是否拥有获得医药的权利呢？如果生存权包含这些权利，它是否还应该包含一项要求有关条件的权利呢，如清洁的饮用水和妇女的基本教育，因为这些条件的缺乏将会极大地缩短一个孩子的
212 生命？生存权的内容的这种膨胀，并不仅仅是一种理论上的可能性，而且也是现实中已经发生的事情。这项认定的权利，已经从反对任意终止某个人的正常生命（谋杀）的权利，扩展到反对终止生命的其他形式（堕胎、自杀、安乐死）的权利，反对某些预防生命诞生的形式（避孕，绝育）的权利，基本的福利供给的权利，过一种充分繁盛的生活的权利。毫无疑问，最后这种扩展走得太远了。生存权甚至不可能是一种要求生命在**任何**情况下都得到保护的权利。这无疑是不切实际的过分要求。那么，什么是生存权所要求的，什么是生存权所不要求的呢？

这条思路使得生存权缺乏一个明确的界线。只要反思一下就可以发现，什么可以作为权利中最不具争议的东西，也就变得很成问题。

12.2 洛克论生存权的范围

生存权的范围是什么呢？我们可以从自然权利或人权的传统中寻求切入点来回答这个问题。当提到生命、自由、财产这三种权利时，洛克是这一传统中的最有力的代表。很多人认为，按照洛克的观点，按照一般而论的古典自然法的观点，所有自然权利都是消极的。[4] 但是洛克的观点实际上更为复杂和更为完善。

洛克为自然权利所寻求的基础就是一条主张人的某种形式的平等的自然法。但是，洛克所考虑的不是一种政治平等（例如物品分配方面的平等，或者在获取物品方面的机会平等，或者差别原则），而是平等尊重这个基本的道德观念；洛克所关注的是人作为道德行动者的平等地位。在《政府论》下篇中，洛克从他所说的“明智的胡克”这位哲学家那里引了一段话：

> ……那些相等的事物必定需要一个共同的尺度，如果我想得到好处，甚至想从每个人手中得到任何人所希望得到的那么多，那么，除非我设法满足因为具有同样的本性因此在其他人那里无疑也有的同样的欲望，否则我如何应该希望我的欲望的任何部分得到满足呢？[5]

因此，洛克说，任何人都不应该伤害他人的“生命、健康、自由和财产”。[6]我们发现，在自然状态中，人与人之间不存在任何从属地位，以致可以使得一个人毁灭另一个人，如人与动物的那种主从关系。[7]不过，需要注意洛克是如何总结其结论的： 213

> ……因此，基于同样的理由，当一个人的自我保存不成问题时，他就应该尽其所能**保存其余的人类**，除非他所面对的是下面这种等待审判的罪犯：这样一个罪犯要么夺走或伤害了其他人的生命，要么损害了有助于维护其他人的生命、自由、健康、肢体的东西，或者损害了他们的物品。[8]

当洛克说一个人必须尽其所能去**保存其他人**时，他似乎既将消极权利包括其中，又将积极权利包括其中。一个人如果要去保存其他人，就必须提供救助或援助，当然前提是如洛克所说，这个人自身的生存已经不成问题。但是,一个事实却是,洛克随后又列举了一系列特殊责任,所有这些责任,作为不伤害的责任,似乎都是消极的。

因此,很难完全弄清楚洛克究竟是如何看待生存权的。我希望,洛克心目中并不存在消极权利和积极权利之间的区分。但是,同样的模糊性,在看似积极的提议和看似消极的提议之间的交替说法,也贯穿在《政府论》下篇的其他段落。[9] 因此,与主流的观点相反,也不清楚洛克是否确实把生存权仅仅看作是消极权利。胡克和洛克为生存权提供的理由都反映了如下说法:“对待他人犹如他人对待自己。”如果我们自己处在巨大危难中,我们所有人都希望得到救助或援助。而且,正如我们先前看到的,[10] 洛克并不是一个主张“所有真正的自然权利都是消极权利”的思想家;他承认,当情况所迫时,人们有一项“饮食”方面的自然权利。

无论如何,我并不认为洛克为人权所寻求的基础(平等尊重原则)实际上就是我们最终应该认为构成人权之基础的东西。在洛克看来,胡克已经表明平等如何能够成为正义的责任和慈善的责任的一个基础。[11] 这似乎完全是正确的:平等尊重原则可能不仅仅是人权的基础。作为道德观点本身,平等尊重原则在那个意义上有可能是所有道德的基础。但是,这样一来,洛克还没有向我们提供人权特有的根据。如果我们承认道德观点本身所产生出来的无论什么东西都是权利,那么权利将会扩展至整个道德领域。如此,我们对权利的论述就不能通过一个合理的冗余检验:我们已经有了一种完全令人满意的方式来谈论一般而论的道德要求。在这种情况下,让人权这种特殊的语言如此膨胀
214 下去,就是对这种语言的浪费。

12.3 人格作为生存权的根据

如果人格就像我所建议的那样确实是生存权的根据,那么支持这

项权利的直观根据就是这样的：我们认为，自主地选择和自由地追求我们对一种值得过的生活的设想具有一种很高的价值。因此，毫不令人惊讶的是，我们不仅应该把自由权包含在人权中，也应该把生存权包含在人权中，就像这个传统一直都在做的那样。我们能够用一种人类特有的方式来看重**生存**而不看重那种生存以及使之成为人类特有的生存的自主性和自由吗？如果人权是对那种生活形式的保护，那么人权就不仅应该保护生命，还应该保护那种生活形式。前面我们已经碰到的那个直观案例[12]使得生存权既包含消极的因素，又包含积极的因素。

如果我们承认生存权要求积极责任，那么我们将面临几个问题。相关的要求将会是多大？对这些要求的一个限制是，生存权所指向的并不是一种充分繁盛的生活，而是一种相对节制的状态，即一个规范行动者的生活状态。而且，还有一些源自"'应当'蕴含'能够'"这一原则的其他限制，这些限制也是我此前提及的。[13]有一些限制是基于对人的能力的考虑。有一些限制则是针对人类动机，尤其是我们希望自己在现实世界中应当成为的那种人的动机。存在着一个得到允许偏袒的领域，这一领域限制了伦理可能要求我们为了陌生人的利益而牺牲自己或牺牲我们的亲朋好友的程度。

不过，甚至是对那种相对有节制的状态（一个规范行动者的生活）的保护也有可能是要求极多的。在这里，生存权，由于带有积极因素，实质上与健康权有所重叠。严格说来，健康权并不是一种针对健康本身的权利。健康只是人们所能部分控制的。一个人并没有权利免于绝症的困扰，即便仅仅是健康保健本身也是如此。与狭隘地设想的健康保健相比，与我们的健康相关的东西要多得多：例如安全的道路、女性的基本教育、好的排污系统、洁净的饮用水等等。我们的权利是针对广泛地设想的健康保健。但是，这样一来，我们的权利仅仅是针对**基本的**健康保健（也是广泛地加以设想），在这里，何谓"基本的"是由作为一个规范行动者的生活所必需的那些东西来决定的，除了这些东西外，别无其他。有许多形式的病状并不与规范能动性相关。例如,那些几乎困扰我们每个人的轻度心理障碍。它们是病态的,但是,它们通常不会阻止我们成为规范行动者。因此,我们不具有获得这种治疗的人权。
215 很容易地想象很多类似的小病状的存在。我们不应该被这一结果所困扰。除了人权的要求外,存在着极好的理由,甚至道德的理由,要求对这些小疾病进行治疗。

正是因为这些方面的限制,生存权的积极方面对我们提出的要求,与人们对它们的初步印象相比,才会变得更好处理。

12.4 从生存权到死亡权

有一些群体诉诸生存权来为禁止堕胎、自杀和安乐死辩护。如此解释的生存权不仅保护我们生存的自由,而且也可以要求我们继续生存下去,甚至迫使我们继续生存下去。

如果一项人权将会具有这些结果,那么这看起来就像是对它的一种很古怪的解释:一项令人欢迎的资格却转变为一项不令人欢迎的禁令。不过,也有其他几项权利与此相似。毫无疑问,在大多数我们称为"困境"(例如,患有严重的运动神经疾病、在一个完全瘫痪的身体中却有着完好意识的人)的情形中,病人希望放弃这些群体所设想的那种生存权。但不是一切权利都是可以宣布放弃的。我不能宣布放弃我的自主性或自由。如果我自由地要求你替我做出我生活中的所有重大决定,那么,除了在一些极为罕见的情形中外,你可能不会这样做。如果我自愿地请你把我当作奴隶,你有可能不会接受。一般来说,我不太可能宣布放弃我作为一个人的尊严。我往往有义务维护自己的尊严,甚至被要求维护自己的尊严。在把我的一项人权(通常是某种自由)与施加于我身上的一项义务(对我的自由的某种限制)联系起来这件事情上,也不存在任何概念性的错误。例如,一个人既有受教育的人权,也有践行教育的义务。类似地,一个人不仅具有自由和自主性方面的权利,也有那个方面的义务。

我们要如何把那些可宣布放弃的人权与那些不可宣布放弃的人权区分开来呢?按照基于人格的说明,我们可以看看规范能动性是否因此会受到严重削弱;如果被削弱了,那么所涉及的那项权利就是不可宣布放弃的。这也表明,尽管一个人不可能宣布放弃他的自主权和自由权,但在某些情况下,他大概可以宣布放弃他的隐私权。我们大多数人都需要某些形式的隐私,以确保我们作为行动者能够有效地发挥作用,但是,对于那些极其自信的人或者毫无廉耻的暴露狂来说,情况可能就不是如此。而且对于我们大多数人来说,失去某些微不足道的隐私并不会对我们的规范能动性造成严重威胁。

我对谁负有这些有时候不受人欢迎的义务呢?在一种世俗伦理 216
中,我维护自己作为规范行动者的义务,至少从表面上看,似乎是我对自己所负有的一种义务。从表面上看,我所承担的接受教育的义务是较为复杂的;接受教育不仅仅是我对自己的义务,而且,如果我在一个社会中拥有政治能力,它也是我对公民同胞的义务。于是,教育这个相对明晰的例子有可能使我们接受下面一点:在同样的社会环境中,维系我自身的规范能动性通常也是我对公民同胞所负有的义务。这些结论产生的前提是,存在着一些对自己负有的义务。在这里,我将简单地假设存在着这样的义务。

那么,按照同样的理由,我是否也有一种继续生存下去的义务和权利呢?[14] 如果我拥有一种维护自己的规范能动性的义务,那么,只要我仍然是一个规范的行动者,难道我不就因此对自己负有一种维持我自身的义务吗?按照同样的理由,我认为我有这样的义务。当然,关键问题是:这个义务有多强?在这里,并不需要有任何针对其他人的义务的要素。如果我有某些在社会中做出决定的能力,那么,我对其他人的相关义务就是以负责任的方式行使这些能力,但是这个义务并不具有关于我的自杀行为的任何明确含义。一个人维系自己生命的义务往往只是一种对自己负有的义务，这种义务是建立在作为一个规范行动者来生活的那种尊严之上。因此，尊重人格将也要求尊重人格的存在。不过，尊重人格同样也要求尊重人格的践行，例如在达到如下判断的时候：在某些情况下自杀是理性的。没有任何理由认为第一种形式的尊重总是应该在分量上超过第二种形式的尊重。如果一个作为规范行动者的人自己判断说，他的生命除了不可忍受的痛苦之外已经没有什么其他东西，在这种情况下，我们多数人都会认为，对这个人来说，第一种形式的尊重就没有第二种形式的尊重那么重要了。我们很多人还会认为，如果一个人因为一些“准感性”的理由而决定自杀，比如说，他对其他人不负有义务，他在生活中已经实现了某种圆满，摆在生命前方的仅剩可悲的没落了，那么他的决定甚至可以胜过第一种形式的尊重。然而，如果我是一个相当独特的人，人们指望我来避免某种社会大灾难；或者，即便我只是一个再普通不过的人，但要是我不在了，那些依靠我的人就会饱受痛苦；在这种情况下，第二种形式的尊重就没有第一种形式的尊重那么重要了。这样的话，我可能就不得不继续艰难活着。在下面这种情况下，艰难活着的义务有可能独立于对其他人的责任而落到一个人头上：即便我遭受的痛苦很巨大，但这种痛苦的程度并不足以抵消作为规范行动者来生活的那种经常被低估的价值。如下批评包含了一些真谛：自杀可以是“摆脱痛苦的便捷方式”。不过，某些自杀行为是胆怯的，或者显示了自杀者对价值的错误理解。一个因即将遭受行骗指控
217 而自杀的人，有可能是因为自恋、或者想要伤害他人、或者无知于仍然留给他的各种尊重而采取自杀行为。

现在我们已经鉴别出人类生命的三种价值。到目前为止，我集中讨论了什么东西对一个人自己的生命是好的，他的生命又如何可以对其他人产生有利的和有害的影响。不过，我刚刚还补充了生命自身的价值——不是**对**任何人（不管是对那个人自己还是对其他人）的价值，

而是一种内在的价值。很多人认为,对生命的价值的各种世俗论述一般来说忽视了生命的内在价值。我认为的确如此。我已经试图描述这第三种价值,试图表明它是如何把自己展现出来的。不过,很多人会认为我仍然低估了生命自身的价值:我认识到那个范畴,但没有认识到它的真正分量。这些人会说,这个价值是在一项生存权中把自己显示出来的,而这项权利禁止自杀和安乐死,或者至少对自杀和安乐死提出了比我所理解的限制更加严格的限制。不过,我将回答说,我描述生命的内在价值的那种方式至少使之变得可理解、变得合理。那些试图使之变得更有分量(足以使得它以这些更加有限的方式来展现自身的那种分量)的解释是很难让人理解的。是否有一种对这个更有分量的价值的论述既是可理解的又是合理的呢?

很多人认为存在这种论述。很多人就像洛克那样认为它源自上帝的意志:

> 既然人们都是全能和无限智慧的创世主的创造物,既然都是那个唯一的最高主宰的仆人,奉他的命令来到这个世界,从事于他们的事务,他们就是他的财产,是他的创造物,他要他们存在多久就存在多久,而不由他们彼此之间做主。……每个人都**必须保存自己**,不能擅自改变他的地位。[15]

洛克有时候被认为将人权视为上帝赋予的“礼物”,但是,“礼物”这个词还没有抓住洛克的想法。如果我的生命是一个礼物,那么我此时就应该拥有它并对它随意处置了。但是,洛克的观点是,上帝保留了生命的拥有权,仅仅是将生命“借与”我,因此限制了我对生命的使用。[16] 这就使得生命的一个特别有分量、又具有高度的限制性的价值变得可理解;至于这种观点是否合理,我们可以暂时不管,因为我们正在寻求一种世俗的论述。事实上,甚至有神论者也会拒绝接受洛克的观点，比如说，如果他们认为（就像很多人会认为的那样）人类生命来自“借与”的思想从神学和《圣经》的角度来看并没有充分的动机基础。[17]

在“克鲁赞诉密苏里州”一案（1990）中，大法官伦奎斯特代表多数人宣判说，国家对保护人的生命自身有其关切，甚至当这样做违背了当事人的利益的时候也是如此（在这个案件中，当事人指的是南希·克鲁赞，当时，她已经连续七年处于植物人状态，她的父母申请允许克鲁
218 赞死亡）。国家之所以对限制自杀和安乐死感兴趣，其中一个可能的考虑是，在这些问题上相对宽松的政策将会制造一种氛围，使得自杀和安乐死在心理上变得过于容易，让很多人在没有充分的理由采取自杀行为的时候就选择自杀，从而对他们不利。在我看来，这是不容否定的；我也认为，人的生命具有内在价值的主张也是不容否定的。然而，关键的问题是：生命的内在价值，在按照它所蕴含的那些限制的强度来衡量时，到底具有多大分量？

在我看来，对强限制所提出的最有力的世俗论证是康德的论证。他说，单纯的事物只有**价格**：它们拥有等价物，因而具有替代品。但是，人拥有**尊严**；人不具有等价物或替代品。一个人作为人而具有的尊严是一个人**在自身当中**所具有的一个价值，它既不是**对**一个人自己也不是**对**其他人的价值。人需要尊重；他们必须被看作是目的本身来加以对待，绝不能仅仅被视为手段。因自己的生活不再值得过或因其他更糟的原因而自杀，就是将自己的理性本质和人格仅仅看作是控制对自己来说是好的东西的一种手段，而不是将其视为目的本身。出于同样的理由，同样的分析也适用于安乐死的情形。[18]

这个论述极为简化，因此说不上代表了康德自己的立场，不过，我在这里所关注的并不是一般而论的自杀和安乐死的伦理，而是生存权的内容。有人或许会认为，作为生存方面的人权的一项职能（不一定是唯一的职能），还有什么东西能够比保护生命的内在价值更为恰当呢？只要一个人承认存在着这样一个内在价值，难道他不就得承认存在着

一个要求保护这个价值的权利吗？在这里我只想声称，按照康德对生命的内在价值提出的那种强的解释，生存权并不保护那个价值。我在早先也论证过这一点。[19] 康德从他的"尊重人"的思想中推出他所说的"自然权利"，其结果是，与启蒙运动传统和当今的国际法相比，这种做法导致了一套更加宽泛的权利。康德的"自然权利"是建立在先验的"普遍正当原则"的基础上，这一原则认为，"如果任何行动能够按照一个普遍法则与每个人的自由相容，或者，根据这个行动的准则，每个人的选择自由都可以按照一个普遍法则与每个人的自由相容，那么这个行动就是**正当的**"。[20] 正如我早先解释过的，康德的"自然权利"几乎覆盖了所有道德领域，其覆盖范围远远大于我们今天所说的"人权"。[21] 那么，为什么不向康德的思想方式迈进呢？有三个好的理由不这样做。第一，若采取康德的思路，我们就不是在说明我们一开始所要说明的问题：人权在当今的大致范围。第二，若是那样，我们就是在做这样一件事情： 219
从为人权寻求一个有可能得到广泛接受的有限基础，转向在一个存在争议的全面的道德观点中为人权寻找一个基础。最后，在生命对具有生命的那个人的价值和生命**自身**的价值（这是康德的用法）之间的区分太过于明确了：拥有一种理性本质的尊严包括在做出理性判断的时候运用理性本质，若不尊重理性判断（这些判断很有可能关系到**对**人来说是好的东西）就不能尊重一种理性本质及其运用。

有不同的方式理解康德对生命价值的看法。也有一些对生命价值的康德式论述并不把解释康德本人的观点当作目的。存在着一些完全是非康德式的论述，例如一种与有神论无关的目的论论述。每一种论述都把一种分量赋予生命的内在价值，以此来辩护对自杀和安乐死的严格限制，不过，我将不再继续讨论这一主题。据我所知，没有任何一个提出一种重要价值的论述既是可理解的又是合理的。据我所知，其中一些论述是可理解的但却不是合理的，另一些论述是合理的但几乎说不上是可理解的，还有一些这样的论述——它们的限制性的结果得到了宣告，但用来支持那些结果的价值却未得到界定。当然，有些人可能会提出一种既可理解又是合理的论述。因此，我们应该再次讨论这些问题。

前面提到，生存权的内容在今天不断膨胀，现在让我回到这个问题。我曾推论说，一个人类生命不仅对具有这个生命的人有一种价值，而且本身也有一种内在价值。那么，享有生命的人权对自杀和安乐死施加了严格的限制吗？非也，这项权利在保护我们的一般而论的人格的同时，也在维护我们的生命的内在价值，但是，在生命的内在价值中，没有什么东西使得它与其他两种价值（对一个人自身的价值和对其他人的价值）不可通约；也没有什么东西使得它阻止自己被一个价值（生命对有此生命的那个人的价值）所推翻。生存权是否包含过一种繁盛的生活的权利呢？不包括，正如我已经论证过的；[22] 生存权仅仅是对那个更有节制的状态（一个规范行动者的生活）的权利。生存权是否意味着禁止堕胎呢？没有，正如我已经论证过的，[23] 胚胎和胎儿并不具有人权，尽管有可能存在与人权无关的、支持禁止堕胎的道德理由。是否存在着一种支持禁止避孕的人权呢？并不存在，能够把一个人产生出来的那些孕前生命形式都不具有人权，尽管如下问题仍然是一个未决问
220 题：是否存在着其他的道德理由来支持禁止避孕。

12.5 存在一种死亡权吗？

我们多数人都认为，生存权并不严格限制自杀和安乐死。实际上，既然存在着生存权，难道就没有一种与之密切相关的死亡权？

对这个问题有一个回答，因为其简单性而颇有吸引力：死亡权是生存权的对立面。[24] 不过，这种说法也太简单了。对死亡权的辩护需要借助于自主权和自由权。一个自由、知情且有能力的正常人会选择一种有价值的生活，但可能不会选择一种无价值的生活，或者更不会选择一

种坏事情不可逆转地超过好事情的生活。生和死这两种选择都是同一个高度有价值的东西（人作为人的资格）的不同体现。如果选择生存是由权利（自主地选择自己认为有价值的生活的权利，自由地追求这种生活的权利）来保护的，那么选择死亡也必定是由权利（不要过一种无价值的或糟糕透顶的生活的权利）来保护的。死亡权仅仅是构成生存权之基础的自主性和自由的一种特殊情形。在决定自己的生活是否值得过下去时，是否要忍受破坏尊严的痛苦或恶化，是一个人所要考虑的最重要因素之一。[25] 如果一个人被否决了这种重要的决定，或者被否决了执行这种决定的可能性，那么他的自主权和自由权就完全成为摆设。如果一个人根本上具有权利，那么他必定就具有死亡的权利。[26] 生存权只是以它进入对自主性或自由的诉求的那种明显的方式（权利是对自主地**生存**和自由地**生存**的权利）进入这个论证中。

就像所有人权一样，只有规范行动者才具有死亡权。然而，在死亡权的情形中，存在一个特殊问题：自杀往往是一种心理紊乱的结果。因此，其他人可能就会阻止一个人决定自杀，至少在很长一段时间内进行阻止，直到他们确信自杀确实是一个规范的行动者（自由、知情、有判断能力的正常人）的行为。自由也许是这三个条件中最难确立起来的。得病的老人往往觉得自己是子女的不受欢迎的负担，如果自杀变得被广泛地接受，如果子女看到年老体衰的父母是在痛苦挣扎、希望解脱，那么父母采取自杀行为的压力可能就会变得难以抵制。如果一名医生鼓励自杀，就像一些荷兰医生据说已经对某些免费落后的医疗资源或疗养资源院所做的那样，[27] 那么那种压力就会变得空前巨大。若考虑 221
一个人在社会中的处境或地位，自杀有时候是理性的。如果一个人很贫困，没有能力支付所需的大量医药费，那么自杀很有可能是理性的。但是，在这些情形中，最迫切应该做的事情，并不是让自杀变得更容易，而是改善让某些人不得不采取自杀行为的医疗保健不足的状况。我们有一个从属的义务保护脆弱的行动者免受这种强制。

还有，一项权利是可以被推翻的。自杀的权利似乎就比较容易被推翻。现成的最简单的例子是理性的、不靠外援的自杀。与那些相当含糊、自由放任的政策（我们或许最终可以把这种政策表述出来）相比，也许一种全面禁止的政策将会在总体上产生较好的结果，甚至对那些将会选择自杀的人也是如此。这些不是毫无根据的猜测。大约25%的病入膏肓者是在疼痛中死去的。[28]尽管如此，最反对安乐死的那类医生都是疼痛治疗方面的专家。[29]他们相信几乎没有人需要在疼痛中死去，即便有，其中很多人也是疏于监护的牺牲者，往往是他们的医护人员的疏忽所致。因此，一个禁止自杀、同时尽可能确保病患者不在疼痛中死亡的社会岂不是更好？

但是，很少有社会具备足够的资源为其成员提供最好的医护，或者甚至不能提供足够的疼痛治疗。在这种情况下，如果一个社会事实上无法提供有效的疼痛治疗，它几乎就不能以它提供这种服务为由来禁止自杀。即便社会可以提供有效的疼痛治疗，但是还要考虑到，有15%的垂死者所经历的疼痛是极端的，超出了现行止痛药的医治范围。[30]特别是，为自杀行为辩护的条件并不完全都是身体疼痛。有一些还可能是不可医治和难以忍受的精神疾病。还有一些是身体和精神两方面的严重恶化。当然，可以给所有这些病人服用深度的镇静剂。但这只会把他们置于活生生的死亡状态。

刚才提到，与一种相对放任的政策相比，一种全面禁止自杀的政策有总体上更好的结果。如果这实际上是一个事实，那么它在反对自杀权上又有多大分量呢？自杀权是自主权和自由权这种一般的反家长主义权利的一个例子。一般来说，尊重一个人的自主性和自由就是让他自己做出决定和执行决定。也可以劝说这个人，但不能对其进行干涉。当然，自主决定的权利也可以被推翻，但只是在某些极端的情形中才能被推翻。在很多自杀的情形中，行动者事实上是自由、知情和有
222 判断能力的正常人。如果对此存在着任何实质性的怀疑，那么我们的

自主权和自由权至少就要求一个行动者应该知道这种怀疑的好处。人们实质上也很怀疑如下主张:对自杀的全面禁止,与一种相对放任的政策相比,将会产生总体上更好的结果。我们并不是很可靠地(大概就行动而论并不是充分可靠地得出这些竞争政策的长期的、大规模的结果)。因此,在一项很重要的权利的运用可能被证明为一个错误的情形中,根据对这些情形的不稳固的猜测来否认很多人有那项权利,完全是不通情理。[31]

12.6 死亡权是一项积极权利还是消极权利?

死亡权是对什么东西的权利呢?这种权利明显地要求一项施加于他人的责任,即在某些条件下不要阻止一个人自杀的责任。但是,它是否也要求一项要求某些其他人帮助某人的责任呢?

这当然是一个充满争论的论题。正如我早先提到的,有很多人认为人权应该被保持在完全消极的状态。有人认为,为了让这个策略变得切实可行,在大多数权利中,在积极因素和消极因素之间就应该存在着足够分明的界限。我不相信这种说法;而且,认为17、18世纪的古典人权仅仅是消极的,这也与事实不符。

那么,什么东西有可能成为死亡权中的积极因素呢?一个人打算采取自杀行为的最通常的环境也许是:当病入膏肓和生命价值低下的时候。此时,一个人将会有意去决定死亡的时间和方式。不过,不到万不得已,一个人也不想死。所以,以下可能性就很重要:当这种需要产生时,一个人自己的身体状况可能已经恶化了。他有可能由此而卧病不起,进而有可能住进医院并服从医院的规则。如果一个人的自杀权仅仅是不被阻止(自杀)的权利,那么,在与理性自杀最相关的情形中,这种权利几乎算不了什么。如果一个人还没有得到一把刀子,他就不可能割腕自杀;或者,如果医护人员没有责任提供过量药物,或者甚至根本就没有这样一项责任，那么这个人也不可能服用过量药物。在这里，就很难维护不阻止和协助之间的那条界线的道德重要性了。在这种情况下，就不存在阻止一个人自杀的问题；一个人甚至无从开始采取
223 自杀行为。他变得更像陷入了一种困境。自由权并没有向其他人施加一项向一个人提供一种有价值的生活的责任，仅仅是要求人们不要阻止一个人追求这种生活。但是，就像在这种情形中那样，如果一个人甚至连追求这种生活的能力都没有，那又如何呢？我们在自由权中所珍视的东西，仅仅是不否认对那种生活的追求吗？抑或更充分地说，是追求那种生活的能力？某些其他显然是消极的权利结果证明还是带有部分积极的因素，出于运用于这种权利的同样理由，我认为，对“我们珍视自由权中的什么东西”这一问题的更合理的说明是那种更加丰富的说明。我们所珍视的不仅仅是能动性的诸种能力，还珍视这些能力的运用。例如，投票权包括投票权的行使，而投票权的行使要求为文盲设立专门的投票箱，要求考虑因身体虚弱而不能参加投票的人，要求把有关的情况向每个人广而告之，要求警察阻止胁迫或贿选等形式的投票。更一般地说，自由权还要求向腿脚伤残者提供额外帮助，向失明者提供导盲犬。仅仅不去干涉一个人参加某个政治会议并没有满足自由权的要求；自由权还要求这个人有能力去参加那个会议。所以，如果人们失去了能动性的必要能力，那么自由权就要求在某种程度上修复这些能力。困境的情形在这里会提出一些特殊的问题，但仍然可以被归结在相同的原则下。补救性的救助对身处困境的人没有什么帮助。目前，唯一对等的帮助是让某个其他人来充当病人的四肢，即使病人挥动肢体的意图已经表明他想自杀。

仍然存在一个问题：如果安乐死和辅助自杀所产生的好处多于病痛的折磨，那么起草一份允许安乐死和辅助自杀的法律是否可能？谁可以提供援助呢？判定病人是自由、知情和有判断能力的正常人的标准是什么呢？谁来决定某个病人是否满足了这些标准呢？对这些问题

的回答都是存在争议的。在把一个可接受的原则构想出来时所碰到的实际问题可能是如此难以对付,以至于我们不得不放弃这项计划。

在我看来,这一结论似乎令人绝望,[32] 但是,在这一点上,问题的重心已经在很大程度上转移到我没有能力做出判断的事实问题。不管怎样,我在这里的问题一直是一个更有理论色彩的问题:存在一种生存权吗?存在一种死亡权吗?它们的根据是什么?它们的内容是什么? 224

第十三章
隐私权

13.1 人格以及作为人权的隐私权内容

借助于基于人格的说明的相关资源，我们就可以对一项针对隐私的人权提出如下论证。[1] 若没有隐私，自主性就会受到威胁。我们多数人都担心遭受异议、嘲笑、排斥和攻击。我们是社会动物；我们试图寻求群体的接受；我们都是严格的自我审查者，尽管这种审查通常是无意识的。我们很少费劲地逆社会潮流而上。如果我们关于如何生活的慎思和决定是对公共审查开放的，那么我们就会更强烈地将自我审查和自我保护的倾向变成行动。当然，在科幻小说的领域外，至今还没有什么读心机器，但有一些其他措施：取得某人的日记或文章，借助测谎仪，向一个人喂食说真话的药物，或者对大脑进行核磁共振图像扫描，等等。这些措施据说可以把真话和谎话区分出来，准确率达 99%。[2]

所以这些威胁在一个人独自思考的情形中都是可能的。不过，我们大多数富有成果的慎思都发生在同他人的交流中。坦然的交流可以拓展我们的视野、纠正或加强我们的观点、赋予我们继续勇敢思考的自信。坦言的交流也需要隐私的盾牌，需要对偷窥性的探测器和窃听器、室内电话窃听器或其他窃听装置进行限制，需要对篡改邮件或扣押信件之类的行为进行限制。这仅仅是一个开始,但是我们也需要提防虚报这份清单。对一项人权(或者任何一种权利)的论证往往是把一种价值(例如一种有价值的隐私)鉴别出来,进而推断说存在一种保护这种价值的权利。但是,这是一种明显不合逻辑的推论。并不是一切价值都支持人权,或支持其他形式的权利。例如,消遣对我们来说是有价值的;没有一定的隐私,就不能充分消遣。但这并不能表明存在一种关于消遣的人权。没有消遣,一个人可能是一个有压力的行动者,但是,如 225
果这种压力不大,他将仍然是一个行动者。

自主性就先谈到这里。现在来思考自由。自主性是慎思和决策的一个特征,与一个人为自己做决定相关。自由是行动的一个特征,与一个人不受干涉地追求自己的目标相关。只有在坦诚而私下的交流中,我才能发现我们两个人都有某些同样的非主流信念,由此会增加独自行动的自信或者发现某些共同行动的机会。除非对监视器或摄像头无所畏惧,否则一个人就无法去尝试性爱方面的实验,特别是那种会遭受冲击和反对的实验。丰富的个人关系要求我们尽量把自己展现出来,但我们很少有人希望不带任何隐私地展现自己。尤其是,我们不仅需要这个事实,为了获得保证也需要公认的行为原则、深刻的行为倾向、强有力的社会习俗以及有效地加以强化的法律。[3]

关于一项针对隐私的人权的争论是:某些形式的隐私是否是规范能动性的必要条件。所争论的是什么样的必要性呢?在这种情形中,不是概念上的必要性;[4] 即便一个人的私密时光遭受大量监视器、监听器以及杂志曝光的困扰,我们也可以设想这个人仍可发挥其作为一名规范行动者的功能。在这里可能牵涉到的最强的必要性是经验上的必要性:在缺乏那些形式的隐私的情况下,智人事实上就不能发挥其作为一名规范行动者的功能。但是这也是不合理的。有一些人很有勇气、很自信或者很有表现欲,以至于在众目睽睽之下仍能茁壮成长。只是我们其他人不能如此而已。不过,只要这些常见的弱点是我们人性的普遍特点，它们就足以为一项人权提供一个根据。规范能动性构成了我们所说的“人的尊严”。人权旨在保护正常人的尊严。如果把人权所需的必要条件限制在超人或表现狂之类的人的规范能动性，就会扭曲人的存在条件。如果取另一个极端，甚至把我们当中最怯懦者的规范能动性的必要条件也包括进来，同样也会扭曲人的存在条件；这种做法可能会导致其他价值（如充满活力的言论表达）的巨大丧失。

因此，从基于人格的说明中推衍出来的以能动性为焦点的隐私权，是一种狭义的隐私权。这种隐私权可以保护什么呢？它所保护的是当前几个学者所说的“信息隐私”：我的某些行动、思想和话语不应该是其
226 他人可以获知的，即使其他人获知了，也不应该被进一步扩散。哪些行动、思想和话语呢？那些若被公之于众，往往就会威胁规范能动性的行动、思想和话语。“信息隐私”并不是一个理想的标签；它暗示了财务、医药、教育等方面的记录，同时必须被理解为也包括某些通信、谈话、行动乃至某些艺术作品（如果那些作品是自我揭露和有意隐藏的）。因此，从我们的目的来看，即便监视器仅仅是在观察，这也必须被算作是对信息隐私权的侵犯。只要我们认识到了“信息隐私”这个名称旨在涵盖的范围，监视器的观察就算侵犯了信息隐私。

我们所面临的一个问题是，这种信息隐私权是否过于狭窄，以至于不能构成隐私方面的人权。在过去五十年里，在几个司法审判中，律师们已经诉诸隐私权来辩护下面这些东西：避孕药的出售和应用、堕胎、鸡奸、种族通婚、同性婚姻、色情作品的获得、家中吸毒、拒绝自证其罪、安乐死、住所免受外部噪音和恶臭的侵入、声誉免受攻击、父亲见证孩子的出生过程等等。目前对隐私权的诉诸无疑太广泛了。但是，难道我们希望看到这些东西都被压缩到信息隐私中吗？

13.2 隐私权的法律进路

许多国家的宪法都承诺对“隐私”进行保护。[5]《美国权利议案》并未运用“隐私”这一词语，但是宣称：

> 人人有权确保自己的人身、住宅、信件和财产免受不合理的搜查和查封……

《世界人权宣言》（1948）第12条提到：

> 任何人的隐私、家庭、住宅或通信都不应遭受任意的干涉，任何人的名誉和名声也不应遭受任意的攻击。

这一条几乎被《公民和政治权利国际公约》（1966）的第17条完全复述。《欧洲人权公约》（1950）第8条提到：

> 任何人都有权要求自己的私人生活和家庭生活、住宅和通信受到尊重。 227

在国家公约和国际公约中被反复提到的这些条款都要求尊重（或者用一种更强的方式说，承认）一个人的人身（人身安全）、私人生活、家庭生活、住宅和通信的神圣性，其中也包括不是没有经常提及的“保护一个人的名誉和名声免受攻击”这一条款。从表面上看，这是一张内容各异的清单。我们可以看到，婚姻生活和家庭生活、住宅和通信是如何被置于“隐私”这一标题之下的。但是，对某人的声誉和名声的攻击又如何呢？它们似乎要么是一个合理利益的问题，要么是一个流言蜚语的问题，它们与隐私的关系不清楚的。

我们之所以对考察法律有着直接的兴趣，是因为法律向我们揭示了隐私方面的人权的内容，特别是，它所揭示出来的东西比单纯的信息隐私权要多。正如我们刚才看到的，国家宪法和国际公约对隐私权的论述极其简单，在这里对我们帮助不大。请教案例法对我们更有帮助。我想看看最近几十年来围绕美国最高法院而成长起来的特别丰富的案例法。当然，法官、立法者和道德哲学家进行思考的最终目的无需是同样的。一名法官解释一个宪法条款和法律条款，在可能的时候依靠先例，一个立法者为现实的社会问题寻求新的解决方案，固守法律能够切实可行地处理的东西；他们在做这些事情时所受到的约束，并没有一个哲学家在构想一项人权时所受到的约束那么强。但是，我既不会去试图解释美国法律，也不会去解释最高法院的判决，而是仅仅借助它们来推进我的思考。

第一次明确地诉诸一项针对隐私的宪法权利的情形出现在路易斯·布兰代斯法官对“奥姆斯特德诉美国”（1928）一案所表达的不同意见中，尽管他当时并没有取得成功。这一案件是关于窃听的。不过，布兰代斯对这种侵扰的担忧可以追溯到更早的时期——他和塞缪尔·D. 沃伦在1890年的《哈佛法学评论》上发表的一篇文章。[6] 当布兰代斯表达他对奥姆斯特德这一案件的不同意见时，他的意见反映了这篇文章中的观点：

> 科学给政府提供谍报方面的手段的进步，不可能就止步于窃听这一种。在未来某一天，其他手段也有可能被发明出来，以至于政府不用借助暗箱拍摄就可以在法庭上将文件复制出来。……心理学和相关科学的进步，有可能产生出一些揭露内心信念、思想和情感的手段。

布兰代斯在这里讨论的隐私是信息隐私。不过他进一步主张，他

认为可以从第四修正案和第五修正案中引申出来[7]的关于隐私的宪法 228
权利，为抵制“针对神圣的住宅和私人生活的侵扰”提供了保障。这项权利看上去就是保护某种私人空间和生活的私人方面的权利，其中把赋予那些形式的隐私的价值视为隐私权的根据。把这称为空间和生活方面的隐私。信息隐私权保护我们免于他人获得关于我们的某些知识。空间和生活方面的隐私权则保护我们的生活空间和我们的生活的那个部分（例如我们的婚姻生活或家庭生活）免受侵扰。这两个权利在它们所保护的东西上有所重叠，但从表面上看，它们并不相同。

布兰代斯做出了一个进一步的举动，扩展了那项拟定的隐私权的范围：

> 宪法修正案（即第4条和第5条）所提供的保护在范围上更宽泛。我们的宪法制定者们致力于保证有利于追求幸福的条件。……他们颁布了针对政府而提出的免于干涉的权利——这是一种最广泛，也是文明人最珍视的权利。

这看来又是某种其他的东西：一项针对自由的一般权利。只是布兰代斯对其进行了夸大。正如他毫无疑问地意识到的，只有在不存在一种压倒性的公共利益的情况下，才有免于干涉的权利。几个著名的自由原则都采取了“只有在不存在一种压倒性的公共利益的情况下，才有行动的自由”这样一种形式。例如，密尔的自由原则就采取了“只要不对他人造成伤害，行动就是自由的”这种形式。[8]这也是20世纪后半叶最高法院常用的那种自由原则：只要一个行动不涉及某些形式的不道德（其中可能包括对他人的伤害），它就是自由的。在“鲍尔斯诉哈德威克”（1986）一案中，最高法院宣称，一般来说，人具有免于干涉的权利，但是，政府在禁止口交和肛交这种触动美国人的敏感神经的反感行为时，是可以得到辩护的。[9]

为什么布兰代斯如此轻易地从信息隐私转向相对狭窄的空间隐私和生活隐私，最终转向广泛的自由隐私（privacy of liberty），但却没有做出任何评论呢？他之所以如此轻易地过渡，是因为他把这些原则看作是同样的。很多后来的著述者也是如此，其中包括很多同样来自最高法院的法官。[10] 布兰代斯在不同的意义上来使用"隐私"这一词语，他的推理也就因此而受害。任何自由原则都界定了一个各种权威不可以去侵扰的领域：一个不属于合法的公共利益的领域，一个私人的领域。我们可以将这个领域称为"自由隐私"，我刚刚这么称呼过。很多把自由隐私显示出来的行动就是我们日常所说的"公开"行为。两个同性恋者在大庭广众之下公开接吻，至少按照密尔的论述，也有可能属于自由的私人领域。在某种意义上，私密日记和婚床属于个人隐私，但这个含义并不等同于从一个一般的自由原则引申出来的那个技术性含义：在后面这个意义上，一个公开的亲吻是私人性的。而且，情况好像也不是这样：私人空间和私人生活方面的权利就是一般的自由权的一种特殊形式。最高法院以及其他一些人提出的主张似乎是：私人空间和私人生活本身对我们来说就是有价值的，事实上是"神圣的"，享有私人空间和私人生活的权利是从那些价值中推导出来的。另一方面，一般的自由权是从这样一种价值中推导出来的：我们能够追求我们对一种值得过的生活的设想；私人空间和私人生活的价值在这种推导中没有任何作用。一般的自由权是做各种事情的权利：追求一个人所珍视的生活，或许还包括运用避孕药、堕胎和自杀。对于我是否以及何时在婚床上使用避孕措施，自由权没有什么明确的东西要说，但你不可以监视我。这是一种进一步的保护，需要进一步的理论依据。

这种从信息隐私到空间隐私和生活隐私，再到自由隐私的令人困惑的转变，经常反复出现在最高法院后来的思考中。比著名的"格里斯沃德诉康涅狄格州"判决（这一判决关系到康涅狄格州禁止出售和运用避孕设施）早四年，最高法院在"珀尔诉乌尔曼"（1961）一案中就被要求考虑类似的禁止，但最高法院以如下理由拒绝（只有哈兰法官不同意）：在这个案件中，没有任何要求对某个宪法争端进行裁决的争论。哈兰强调说，恰恰相反，确实有一些宪法争端要求裁决，因此应该进行裁决：

> 这里所涉及的问题确切地说是这样的：国家正在宣称有权通过侵入人们的婚姻关系的私密细节来强制执行其道德判断。……大体而言，这项法规允许国家（在不可忍受的情况下）因夫妻对其婚姻亲密关系的私自处理而惩罚他们。

这看起来像是在诉求私人空间和私人生活方面的权利，但在几句话之后，哈兰鉴定出来的问题就发生了变化：

> 按照英语世界的通常理解，这条法规所涉及的必定是人们普遍认可的、“自由”的一个最基本的方面……

实际上，哈兰说，这里所涉及的自由是布兰代斯在奥姆斯特德一案中提到的自由，即免于干涉的权利，哈兰将这项权利颂扬为“或许是对 230
把宪法的那些方面体现出来的那个自由原则的最全面的论述”。当哈兰注意到康涅狄格州正在强制执行它自己的道德判断时，他可能会被认为是在暗示说那种做法本身就是错的。但他并不是这个意思。他说，这里所涉及的自由并不是绝对的；各州也可以强制执行道德。因此，这也不是密尔所说的那种自由：只要一个行动没有伤害到他人，它就是自由的。他所说的自由是那种在形式上相似、但实质上不同的自由：只要一个行动不涉及某些形式的不道德，它就是自由的。因此哈兰所关注的是结婚夫妻。他并未解决如下问题：就宪法本身来说，是否可以禁止淫乱者、通奸者、同性恋者以及乱伦者采取避孕措施。

仅仅四年之后，在“格里斯沃德诉康涅狄格州”（1965）一案中，哈兰的不同意见在几乎所有主要的细节上都成为最高法院的观点。最高法院自己第一次宣称一种隐私权，“婚姻隐私的权利”：

> 当前的案件……关系到一种属于隐私领域的关系，这个领域是由几个基本的宪法条款创造出来的。我们会允许警察搜查夫妻卧室这一神圣不可侵扰的领域吗？这种想法是与环绕婚姻关系的那些隐私观念相抵触的。

这看来显然就是享有私人空间（“夫妻卧室这一神圣不可侵扰的领域”）和私人关系（“婚姻关系”）的权利，而且，看来正在这种空间和关系的“神圣性”为这项权利提供了基础。但是，这样一来，那个熟悉的转变又出现了。哥德堡法官所赞同并将其引用为隐私权之根据的那个东西，恰恰是布兰代斯法官所说的一般自由——并且，这里的自由并不是指“只要一个行动没有伤害到他人，它就是自由的”，而是指“只要一个行动不涉及某些形式的不道德，它就是自由的”。同样，按照哥德堡法官的自由观，淫乱者、通奸者以及同性恋者，不管他们的行为多么隐私，都不一定会得到这项权利的保护。

在“罗伊诉沃德”（1973）一案中，法庭将全面禁止堕胎裁决为违宪，这项建议进一步拓展了“隐私”的观念。布莱克曼法官[11]写到，大多数人的意见开始于我们此前见过的那个隐私观念：

> ……最高法院（迄今）已经承认，一种个人隐私权，或者说，对某些隐私领域或地带的保护，在宪法下的确是存在的。……这项权利可以扩展到与婚姻……生育……家庭关系……以及子女的抚养和教育相联系的活动。

这看来又像是享有私人空间（“隐私领域或隐私区域”）和私人生活（“婚姻”、“生育”、“家庭生活”）的权利。但是，堕胎也属于其中的 231
一种隐私吗？堕胎并不总是发生在私人空间（例如在家中和夫妻卧室中），而是经常发生在诊所或医院，医生和护士通常也相伴左右。堕胎行为也不仅仅涉及一种私人关系，它还部分地涉及职业关系。从空间隐私和生活隐私向一般的自由隐私的转变不久也同样出现在“罗伊诉沃德”一案中。作为赞同方的斯图尔特法官将一个人的隐私权解释为“免于他人干涉的权利”，即一般而论的自由权。我们现在所兜售的自由原则都具有“只有在不存在一种压倒性的公共利益的情况下，行动才是自由的”这样一种形式。我们假定自由就如密尔所说：只要一个行动没有伤害他人，它就是自由的。在我看来，堕掉（致死）一个胎儿，在没有不可容忍的概念约束的情况下，经常可以被看作是对那个被否弃了生命的潜在的人的“伤害”。但这对解决那个道德问题还远远不够。如果“伤害他人”最好被解释为“伤害其他人的人身”，那么我们就必须决定一个胎儿或一个处于妊娠后期的胎儿在广泛的道德意义上是否可以被认为是一个“人”。另一方面，如果将自由假定为“只要一个行动不涉及某些形式的不道德，它就是自由的”，那么我们就必须对堕胎是否道德做出一个判定。不管是按照哪一个自由概念，我们都不得不独立于那个隐私概念来解决与堕胎的道德有关的主要问题。

在我看来（也不只是我的看法），在“罗伊诉沃德”一案中，在最高法院的意见方面做出的推理是有严重缺陷的（当然，尽管推理存在缺陷，但并不意味着判决就是错的）。那些乍看之下适用于其他案例的隐私观念，并不一定适用于堕胎问题，甚至是明显地不适用。然而，自由权看来确实适用于堕胎问题，但不可忽视的是，各个自由原则在表述上都使用了“除非……”这一条件句。最高法院忽视了这一点，但这是可以理解的。如果要正视它，最高法院就不得不在一系列问题上表明立场，这些问题过去曾深深地把国家和最高法院分离开来，现在依然如此。它们包括：胎儿是否是一个人，堕胎致死是否伤害了胎儿，以及更为一般地，堕胎是否是严重不道德的。所以，毫不奇怪的是，最高法院，在其多数意见中，即便是在诉诸自由权的时候，也选择不强调自由权，而是求助于私人空间和私人关系的思想。一旦我们赋予私人空间和私人关系以“神圣性”，我们就摆脱了一个难题：在私人空间或私人关系中发生的事情，不论是否道德，都可以不受管制。不过，还有一个麻烦，那就是，私人空间和私人关系的思想并不适用于堕胎问题。

在“鲍尔斯诉哈德威克”（1986）一案中，最高法院宣布说，对格鲁吉亚鸡奸行为的刑事定罪是合宪的；在这个案例中，值得我们注意的是
232 布兰克姆法官的反对意见。他说问题的关键就在于“免于干涉的权利”，而这项权利是保护鸡奸行为的。现在我们都很熟悉对布兰代斯的自由原则的解释是如何转来转去的。不过，布兰克姆继续坚持他的不同意见，为一种此前从未出现在最高法院的慎思中的一般自由权赋予了一个基本依据，而且，我不得不说，这个基本依据具有很大的力量：

> 我们之所以保护这些权利（在这里他提到某些与家庭相联系的权利）……是因为它们构成了一个个体的生活的核心部分。……我们保护夫妻是否要孩子的决定，因为父母身份如此剧烈地改变了一个人的自我界定。……在“罗伯茨诉美国青年商会”一案中，最高法院承认“一个人对构成任何自由概念之核心的自我身份进行独立界定的能力”真正说来是不能被空洞地表达的；我们都依赖于“从我们同其他人的密切关系中而具有的丰富情感”。

在这个重要段落中，有两点值得我们注意。它为信息隐私提供了一个辩护。此外，它还引入了一种新的自由观念。这两点都是通过赋予人格的观念以巨大的分量来实现的。我们作为规范行动者的能力构成了传统所说的“人的尊严”。如布兰克姆所说，我们有自我界定的能

力。正如最高法院在刚才提到的诉讼案决议中所指出的，每个人“都有独立界定自己身份的能力”，而且补充说这种能力“是任何自由概念的核心”。规范能动性不可能以空洞的方式获得成功践行。我们需要在无压力的情况下阅读、谈话和集会，这尤其要求不要存在任何形式的监视，即要求信息隐私。布兰克姆对一种以人格为基础的自由观的诉诸并不是独一无二的。几年后，在“宾夕法尼亚东南部的计划生育署诉凯西”（1992）一案中，奥康纳、肯尼迪和赛特三位法官也拒绝了最高法院此前的观点，并宣称“处于自由之核心的”是人格。[12]

按照人格的思想对自由提出的这种新解释可以通过如下方式获得理解。正如我此前指出的，存在着狭义的自由观和宽泛的自由观。[13]按照宽泛的观念，对我们想做的事情的任何限制都是对我们的自由的限制，这种限制通常有可能得到辩护。这就是我一直所说的“自由，除非……”（freedom unless），也就是说，除非对限制自由存在着一个辩护，否则就是完全自由的。按照这种观念，对道路的单向限制导致我因不能改道而上班晚点，侵犯了我的自由，但毫无疑问的是，这种限制是可以得到辩护的。不过，基于人格的说明还产生了一种狭义的自由观念。这种观念认为，自由权所要保护的是“我们对一种值得过的生活观念的追求”。我误入一条单向街道这件事，当然不是我的值得过的生活观念 233
的一部分；它太微不足道，因此不能成为这样一个观念的一部分。按照这种狭义的自由观，交通管制并没有违背我的自由，甚至没有违背极为次要的自由。这种自由观之所以被称为狭义的，是因为存在着对它的实质性约束。按照宽泛的自由观，除了“除非”条件句已经排除的那些东西外，自由的领域包含了剩余的一切。但按照狭义的自由观，自由的领域被限制到对于追求一种值得过的生活来说足够重要的东西。在狭义的自由观中，自由的内容也存在一个形式上的限制：仅当一个人所做之事同所有人的同等自由相容时，他才是自由的。我们还会简短地回到这两种自由观念。

我有选择地对最高法院的一些判决做了如此多的考察。但我并不设想这将会对美国的宪法学有所贡献。我还不够专业。我仅仅希望通过这种考察来推进我的讨论。就隐私方面的人权的内容而论,这种考察到底告诉了我们什么呢?

13.3 隐私权的范围有多大?

(1)信息隐私,(2)空间隐私和生活隐私,(3)自由隐私

我们从对三种形式的隐私(信息隐私、空间和生活隐私、自由隐私)的考察中归来。我们因此鉴定出了对隐私权的几种不同理解,上述三种隐私权各有一种理解,对它们的可能组合有四种理解,所有相加,总共是七种理解。我们还碰到了对自由的两种理解:一种是宽泛的或残余的自由;另一种是从人格中衍生出来的相对狭窄的自由。我们也碰到了残余的自由的两个不同例子:只要一个行动没有伤害他人,它就是自由的;只要一个行动不涉及某些形式的不道德,它就是自由的。当然,原则上还有更多的例子。

这一切存在着什么可靠的根据呢?我认为有两个可靠根据。一个是信息隐私权。我们已经看到,有足够可靠的理由让我们至少把这项权利视为一项人权。第二个是自由权。"是要采纳对自由的宽泛解释还是狭义解释",这一问题仍然与我们同在,但是,按照其中的任何一种理解,存在着一种一般而论的自由权,这是任何人都不会怀疑的。

现在,我们必须尽力让剩余的一些根据变得更加稳固。让我们从
234 处理隐私权和自由权之间的关系入手。在关系到我们自己的情形中,我们是否应该忘记隐私权,而仅仅诉诸自由权呢?自由权是否可以解释一切呢?我想说,不能。斯蒂文斯法官在"鲍尔斯诉哈德威克"一案中所说的"自由",就是我所说的"自由",它有别于自主性。我们已经

鉴定出来的各种自由原则都关系到我所提到的那个独特含义上的“自由”。不过，信息隐私肯定至少部分地构成了隐私权，因此它不仅依赖于自由，而且还依赖于自主性。正如我早先所说，我们需要某些形式的隐私，以便我们能够拓展我们的自信和能力，去克服自主决策道路上存在的种种障碍。

在讨论实用性的时候我就解释说，[14] 尽管规范能动性的价值构成了很多依附在人权之上的价值，但是为什么人权并不能被完全还原到规范能动性。可还原性也有一个相对松弛的实用含义，在那个意义上，人权是不可还原的。若不**实际上**丧失某些东西，我们就不可能抛弃具体的人权，仅仅去诉诸规范能动性方面的首要权利。很难做出“不要侵犯规范能动性”这样的政策指导。在把一项具体的权利（例如隐私权）从规范能动性这个主导性的利益那里严格地推导出来时，需要做大量的工作和判断，这些工作和判断并不总是很明显。如果一个社会仅仅诉诸一种主导性的价值，那么它就不会成功地保护人权。我们需要详细说明更为具体的规则，例如，尊重一个人的信息隐私，也就是说，尊重一个人的通信、日记、信仰、结社等等。[15]

现在让我转向关键的问题：隐私比信息隐私所包含的东西要多吗？我想暗示说，不多。当然，最高法院已经反复声称前者比后者包含的内容要多。

我有两个理由怀疑最高法院所设想的空间隐私权和生活隐私权的存在。首先，不仅不需要这项权利来解决最高法院有关避孕、堕胎的问题以及很多其他的问题，而且这项权利事实上也不能解决这些问题。斯蒂文森法官正确地认识到，那些问题所引出的争端就是自由。除非存在着一个具有足够实质性的公共利益压倒我的自由，否则，对于我使用避孕措施，或者与我的伴侣协议堕胎，或者看色情电影之类的事情，政府就无权干涉；事实上，在所有这些情形中，并不存在这样一个公共利益。这无论如何就是我愿意去争辩的东西，而且不管怎样就是真实的议题所在。

我的第二个怀疑理由是，对于"为什么私人空间和私人生活应该具有那种支持一项人权的重大价值"这一问题，我们很难找到任何合理的
235 说明。在信息隐私权的情形中，很容易说明这个问题：信息隐私是规范能动性的一个必要条件，因此是在工具上有价值的。但是，为什么我们应该关心（比如说）私人空间呢？有一个古老的说法仍然影响着我们对私人空间的现代思考："一个英国人的家就是他的城堡。"在很长一段时间里，一个男人（这个性别是必要的）被承认在他自己的住所中拥有一种绝对主权。这种看法源自于这样一个时代：当时一个男人拥有他的物品和财产，其中包括他的牲畜，他的妻子和孩子通常也被认为是他的财产的一部分。但在今天，我们认为，社会有一些紧迫的、仍然没有充分得到承认的责任来调节在私人空间内部发生的事情，包括婚床上发生的事情。对于婚内强奸、家庭暴力、父母对孩子所实施的身体或性方面的虐待、父母对孩子健康或教育的不管不顾，以及对自家动物的虐待之类的行为，社会在今天都正当地实施了控制。布莱克曼法官声称，国家法规特别需要保护的是"发生在私密空间的私密行为"，[16]但这是值得怀疑的。"英国人的家"的那个古老观念包含着一种几乎是完全排外的隐私，但在今天，那种隐私已经让位于一种更有穿透性的现代隐私。这些评论阐明了女权主义者对隐私权的攻击的力量；不过，女权主义者所反对的并不是享有隐私权的真正人权，而仅仅是对这项权利的一种父权主义的扭曲。[17]

我们的问题并不是隐私空间是否具有**某种**价值。它当然是有价值的。一个人需要私人空间，越放松，创作得越好——弗吉尼亚·伍尔夫所说的"属于自己的房间"。[18]不过，即便伍尔夫的观点可能是支持我的家庭抱负（比如说，让每个家庭成员都拥有一个属于自己的房间）的一个很好的理由，但因此就断言我们每个人都拥有一项人权去拥有各自的房间也是极不合理的。有一些不同层次的健康和教育以及各种隐

私,它们是人们高度渴望的,但超出了人权的要求。但是,其他的情形又如何呢?我们经常关心无能动性的人(例如疗养院中的重度痴呆患者)的隐私。他们的隐私不仅在道德上是重要的,而且也是将尊严赋予人的问题。因此,与基于人格的说明所说的相反,这种“非能动性价值”(non-agency value)为什么就不能支持一项人权呢?然而,即使我们在这里谈到了“人的尊严”,我们也不能仅仅由此断言这里涉及到了一项人权;“人的尊严”这个表达式被应用得实在太宽泛了,以致不能确保那个推断的有效性。更为合理的说明难道反过来不就是这样的吗:这些痴呆患者曾经是完整的人,只要他们作为完整的人的痕迹依然存在,他们就仍然值得我们高度尊重,任何对他们不尊重的人都有严重的情感缺陷?对于一个对其挚爱的父亲的遗体缺乏深深的尊重感的人, 236
也可以提出同样的说法,尽管是在一种相对较弱的程度上。但是,在这两种情形中,尊重似乎都不是根据拥有一项人权而获得了最好的说明。恰当的行为并不总是必须由权利来确定。

如果一个偷窥狂对某人的监视没有被发现,受害者仍像平常那样快乐,那么他的隐私权是否仍受到了侵犯呢?毕竟,那个偷窥狂实际上并没有阻碍受害者的能动性。但是,一项人权乃是一个人仅仅因为是人就具有的权利;为了拥有一项人权,一个人并不需要成为受害者。隐私权的根据是:某些形式的公开往往会阻碍能动性。仅仅是因为这种典型的脆弱性,人生来就普遍地具有隐私权。因此,即使偷窥狂没有被发现,隐私权仍然受到了侵犯。此外,人权的第二个根据(实用性,它们也具有普遍的应用范围)将会导致一个更易把握、范围更广的私人领域:这个领域将会促进能动性所需的那些层次的保证,也许还会提供一个令人放心的缓冲地带。任何社会都有隐私方面的人权要求,不过,具体要求哪些层次的隐私是随着时间和地点的不同而变化的。用前面提到的一个区分来说,[19] 基本人权在人类这里是普遍的,但是,引申出来的人权,即把基本人权应用于特定的时间和地点而产生出来的人权,其内容就可以随着不同的社会而变化。在我们今天的社会中，至少在相当长的一段时期里，隐私权可能会要求保护我们的裸体以及某些其他在文化上确定下来的庄重；但是，我们也知道，并非所有其他的社会或者我们自己的社会中的所有其他群体都需要这种保护。[20]

我们一直在寻找的是一个与私人空间相联系的价值，然而，除了这一点之外，这样一个价值，尽管无疑是一个价值，但并不足以支持一项人权；另一方面，如果它能够支持一项人权，那也只是因为它与信息隐私具有工具性的关联。在某个时刻，一个人要么必须把这样一个价值产生出来，要么必须承认他找不到任何这样的价值。我承认，我找不到任何这样的价值。

不过，我相信我们应该保留一种形式的空间隐私权——只是它比最高法院所采用的那个空间隐私权更有限制性，而且基础也与之不同。这里有一个工具性的论证。如果政府官员可以自由而随意地进入我的住宅，而此时仍坚称社会将会成功地保护我的通信、信仰以及性生活等方面的隐私，那么这就是很可疑的了。此外，对隐私活动的保护还要求法律（甚至道德法规）要用相当清晰、容易让人理解的界限来工作，人们住宅的院墙要有足够清晰的界线，至少要比那些跟信息隐私相关的信
237 仰和实践与那些跟它无关的信仰和实践之间的界限要分明。而且，在那些对我们来说特别有价值的东西的周围，从好的实际理由来看，我们希望有一个宽裕的缓冲地带。因此，也许从这样的理由来看，隐私权将会包含一个隐私空间。不过，即便如此，按照刚才提出的说明，隐私空间的价值将取决于信息隐私的价值。因此，我们没有理由把空间隐私看作是对信息隐私的一个独立补充。

对隐私空间来说是有效的东西对于隐私生活来说也是有效的。“隐私生活”还包括了某些私人关系。这些私人关系是一个好生活的一个主要成分，实际上它在多数人对一个好的生活的理解占据了一个足够核心的地位，因此足以支持一项人权，往往就是自由权的一部分。自由

权就是自由地追求一个人对一个值得过的生活的设想，但是，通过在一个人及其目的之间设置障碍（例如通过法律禁令），通过破坏目的本身的实现所需要的条件（例如破坏私人关系所需要的隐私），社会就可以不恰当地干涉这种追求。但是，人们所需要的隐私是信息隐私，这种隐私是自主性和自由的一个必要条件。空间隐私和私人关系方面的隐私并没有发挥任何进一步的独立作用。

13.4 关于隐私权的一个提议

我的提议是，我们把在前面处理诸多案例时所诉诸的人权简化为两个：一个是公平合理地界定的信息隐私权，另一个是历史悠久的自由权。

在前面我列举了一些被认为要根据隐私权来解决的性质各异的问题。如果我的提议得到接受，那么就必须对这个清单进行相当大的修改。按照我的提议，下面这些问题的解决将不再依赖于隐私权，而是依赖于自由权：避孕、堕胎、同性恋行为、色情刊物、异族通婚、同性婚姻以及安乐死。

然而，下面这些问题仍然要通过诉诸隐私权来解决：电话窃听、在他人住宅安装窃听装置、在未经授权的情况下公布某人的性生活或私密的个人关系方面的图片或其他形式的信息、出版政治组织的成员名单、在不存在一个压倒性公共利益的情况下散布某人的性生活或私人关系方面的信息，以及下面这种情况：如果实用性确实要求把禁区扩展 238
到住宅围墙，那么由此而产生的针对那个空间的一项派生权利。

还有一些问题，尽管被声称属于隐私权，但事实上既不属于隐私权，也不属于自由权，它们包括：侵入房间的噪音和臭味（这可算作一个人权问题吗？难道这一问题不是属于一个与人权无关的民事法的某个部分吗），对某人声誉和名声的攻击（同样，这可算作一个人权问题吗？

难道这一问题不应该被同样列入民事法的其他部分吗？）以及包括两个极为相关的问题——确保人身安全的权利和确保身体完整性的权利。后面提到的这两种权利都是从规范能动性中衍生出来的。如果一个人缺乏某些类型的人身安全或身体安全，那么他的能动性也就得不到保障。所以，这些权利似乎既不是自由权的问题，也不是隐私权的问题。还存在一种所谓的权利，用来确定在一个人的身体中发生的事情和对一个人的身体所做的事情。对这个进一步的权利的解释是，它声称一个人的身体是一个私有空间，在这个空间中，这个人具有绝对主权或接近绝对的主权。它通常被用来辩护妇女的堕胎权。[21] 在这种用法上，这项权利反映了那个关于男性统治的古老主张：一个英国男人的住宅就是他的城堡。它变成了主张女性支配的现代主张：一个女人的身体就是她的城堡。这个主张同样是可疑的。难道它还要保护妇女吸食有可能严重伤害胎儿的毒品吗，或者，还要保护妇女按照自己的意愿决定生育多少子女吗？如果一个妇女或男人拒绝就一种有可能严重威胁公共卫生的疾病进行接种，或者拒绝提供呼吸检验、血检、尿检或 DNA 检验，那么这个主张还要保护这些行为吗？它会使得对航空飞行员的强制药检被认为是侵犯了他们的权利吗？它会给予我们一项出售我们的身体器官的人权吗？除了那些已被包含在自由权或人身安全权之中的权利外，我很怀疑这项假定的权利还包括其他的内容。这项假定权利的内容好像无论如何都不是一个隐私问题。[22]

13.5 隐私权与言论自由及信息权

存在一种担忧。一个人的隐私权难道不会时常同其他人的言论自由相冲突吗？如果隐私权特别是指信息隐私权的话，它难道不会经常同其他人的信息权相冲突吗？[23] 我认为不会。

要决定两种权利是否真正相互冲突，仅仅知道它们的名称是不够的,还必须知道它们的内容。言论自由是陈述、讨论和辩论与我们作为规范行动者的功能相关的任何事情的自由。这些事情包括宗教信仰、伦理、学习、艺术,以及在社会或政府中发生、对于我们自主地决定和自由地追求我们对一个有价值的生活的设想有影响的那些东西。如果我阻止我的朋友在拥挤的剧场恶作剧地大喊“失火了”,或者,如果我仅仅是阻止他拿假期轶事来喋喋不休地烦扰我们,那么我并没有侵犯他的言论自由,甚至是丝毫没有侵犯。类似地,信息权是对一个人为了充当规范行动者而需要的信息的权利。这项权利的对象包括:获得其他人的有关想法、接触艺术、交换观点,以及在一个民主社会中,在公众前面获得关于政府的某些行为和意图的信息,等等。如果我的国家的政府没有公开它的某些行为和意图,那么我的信息权就有可能受到了侵犯。如果伦敦的报纸没有刊登我所喜爱的科德角的棒球队的比赛结果,我可能会有些抓狂沮丧,但我的信息权并没有受到侵犯。 239

只要社会对空间上的公私区分有了一种适当的理解,它接下来可能就会要求对某个公共利益的存在提出更为精确的论证,比我们目前所得到的论证都要精确。[24] 那种认为采纳一种公共生活就会失去一种私人生活的论证是荒诞可笑的。同样荒诞的是许多新闻工作者据说用来确立某个公共利益的一个论证:“**任何事情**都有可能与评价一个人的性格相关。”[25] 不错,任何事情都有可能与一个人的性格相关,但是,并不是与一个人的性格相关的任何事情都属于公共利益。例如,一些丑恶地公开他人同性恋倾向的行为也借公共利益之名而得到捍卫。在1994年,一个名为“愤怒”的英国组织的头目彼得·塔歇尔要求十名(匿名的)英国圣公会主教承认他们的同性恋倾向,并以公开悬挂他们的头像为威胁。他说,“当公共人物滥用职权来伤害其他同性恋人员时”,上面提到的那种公开他人性取向的行为就得到了辩护。“那些厌恶同性恋的酷儿,”他继续说道,“都是伪君子,他们的虚伪应被揭露出来。”[26] 这里存在一个明显的公共利益:一个抵抗某些形式的虚伪的社会更加健康;一个抵抗不正义的社会肯定也更好。但是,如果一个同性恋主教相信牧师们都不应该是积极的同性恋者(即便他是因为受到了误导而这样认为),那么他就不一定是在滥用职权。并不是所有表里不一的人都因此是虚伪者。一个厌恶同性恋的人,不管自己是不是同性恋者,如果仅仅是因为某些人是同性恋者就对他们采取敌意的态度,是不公正的。这种不公正值得曝光。这才是相关的公共利益。但是,如果那个厌恶同性恋的人自己也是同性恋者,那么把这个进一步的事实公布出
240 来的做法既得不到外部的言论自由的保护,也得不到公共的信息权的保护。相反,它是对那个厌恶同性恋的人的隐私权的无理侵犯。[27] 并不是说一个人的性生活永远都不属于公共利益,[28] 而是说,它往往不属于公共利益。[29]

我们很容易在这些问题上混淆不清,因为我们一直都是满足于只是知道人权的名称。但是,我们也必须知道人权的内容。而为了知道
241 人权的内容,我们就必须知道人权的存在条件。

第十四章
人权要求民主吗？

14.1 两种看似合理的思路

只有一个民主政府才能尊重我们的全部人权吗？ 17、18 世纪的思想家一般都不这样认为；他们相信，他们那个时代的君主政府同样能够尊重人权。那时的君主政府，甚至中世纪的君主政府，都没有像现代的政府那样，将权力尽可能地伸向乡村，或者渗入人们生活的方方面面。有时候，一个君主政府缺乏对乡村的各个部分的控制。有时候，一个君主会认识到，如果他试图攫取过多的权力，能够抵抗他的联盟就会形成。

不过，几乎每个人都承认，按照对“人的尊严”这个被广泛援引的概念的某种解释，人权保护我们作为人的尊严，自主性和自由就是我们的尊严的核心，尽管可能不是我们的尊严的全部。因此，一个人在能够对自己产生重要影响的决策方面，难道不应该拥有一种有效的话语权吗？而且，至少在当今这种高度无孔不入的政府的条件下，政府的大多数决定难道不会对我们产生重要影响吗？如果是这样的，如果只有一个民主政府才能确保有效的话语权，那么人权要求民主吗？联合国认为人权要求民主。《世界人权宣言》（1948 年）第 21 条声称：

> 每个人都有直接地或者通过自由选举出来的代表间接参与管理自己国家的权利。……人民的意志将会成为政府权威的基础；这一意志将会以定期选举和真实选举的方式表现出来，而选举则应依据普遍和平等的投票权，并通过不记名投票或相应的自由投票程序进行。[1]

很多当代的作者也同意这一点；他们以不同的方式说道，存在着一种“参与政府管理和……控制国家公共行为”的权利，[2]存在着一种“民主参与”的权利，[3]存在着一种要求“民主制度”的权利，[4]存在着一种“商谈公共事务和对政府行使控制”的权利。[5]如果存在着这样一种人权，
242 那么人权自然会要求民主。

14.2 自主性和自由

许多人权既是规范能动性的必要条件，也是民主的必要条件：言论自由、集会自由、隐私权、信息权等等。不过，这只是表明民主需要某些人权，而我们想知道的是人权是否需要民主。最有可能充当民主的道德基础的人权并不是上述人权，而是处于规范能动性的核心的两个抽象权利：自主性和自由。自主性是自我立法，即自己决定自己的生活目标，选择自己认为值得过的生活观念；自由指的是自由地追求这样一个生活观念。

在决定“人权是否要求民主”这一问题时，我们必须记住的一点是，自主权和自由权到底覆盖了多大的范围。如下这一点似乎是明显的：享有规范能动性的必要条件的权利不可能支持一项民主参与的权利。在一种不太理想的政治环境中，例如在一个专制政府下，一个人是否就不可能成为一个规范行动者呢？不过，正如我们刚刚看到的，自主性要

求隐私权、集会权、信息权和言论自由权等权利;确保这些权利的实现接着又要求自由社会的很多因素。而且,正如我们早已看到的,[6] 自由权要求一个人能够自由地去追求他自己认为值得过的生活观念,而这接着又要求存在这样一个社会:它能够促进一系列相当不错的选择,而且不会对这些选择施加不必要的限制;而这接着又要求这个社会不要压制各种自由和繁荣。

14.3 民主

"民主"这一术语一直都在遭受滥用,这种局面仍在继续,例如,某些共产主义的独裁统治也用这个术语。为了我们的论证目的,我们需要压缩这一术语的范围。我不会试图按照充分和必要条件来界定"民主";我不认为有人可以做到这一点。我将诉诸某些民主范式(西欧的民主、北美的民主、印度的民主、新西兰的民主,以及一些其他地方的民主),并指出它们的一些特点。

有人可能会从对民主的事实性说明入手。它是对"谁统治"这个问题的一个可能回答。一人统治(一种君主制),富人统治(一种财阀政 243
治),人民统治(一种民主制),等等。不过,"统治"的观念涉及语义标准,即在得到详细阐明后将会变成评价性标准的那些标准。这个观念并不仅仅是一个"人民拥有发言权"的问题,因为发言权可以被忽视。它也不仅仅是"发言实际上有效"的问题,因为一个效果可以是偏袒的;富人可以拥有两张选票,而其他人则仅仅只有一张,从而导致了一种"财阀统治—民主统治"的混合形式。一个政府要想被认为是民主的,其中的每个人都必须拥有平等的发言权。但是,在过去,很多被广泛认为是"民主制"的政府却把很大部分的成年人排除在选举权之外:奴隶(甚至是自由奴)、无财产者、原住民以及女性。罗伯特·达尔写到,在某些被认为是民主制的政府中,"大量自由的男性(按照某些估计,大约是40%)

被否决了投票权”。[7]这些排斥得到了如下所谓的“事实”信念的支持：某些种族在智力上低人一等，他们就如同幼稚的孩童；女人并不关心政治，她们已经被其丈夫充分代表了等等。只要认识到了这些信念的荒谬或无关，就不得不承认，那些被排除在选举权之外的群体也是“人民统治”中的“人民”的一部分。**所有人**都必须拥有发言权，而不应该有进一步的限制，也许除了那些精神不健全的成年人或者某些特殊的群体（例如美国的罪犯）外。一个人的发言权到底有多大呢？人们通常认为，如果一个国家人口众多，那么代议制民主会比直接民主更有效。但是，如果人民在过去为自己选择了代议制政府，如果人民现在对这种形式的政府很满意，那么，与直接民主相比，尽管一个人在对他产生重大影响的决策上所拥有的发言权受到了很大限制，他的发言权在某种程度上仍然可以说是公平的。相比较而论，如果人民在过去并没有选择代议制政府，但现在却发现他们生活在代议制政府下，并认为直接民主将会更好地服务于他们，那么，在这种情况下，我们就不愿意把那个政府称为“民主制”。而且，真正与“民主”相关的，并不仅仅是一个人如何拥有发言权，而且还包括这个发言权是关于什么的发言权。人民必须控制议程；他们必须自己决定哪些事情足够重要，因此要由他们来做出决定。他们必须决定所有法律的内容。当然，立法职能和司法职能并不总是那么容易保持分立；有时候，一小群法官也可以有效地立法。但是，如果这种司法角色变成常态，如果人民或者他们的代表没有在根本上控制法官的任命，那么我们就应该收回“民主”这个描述，或者对
244 之加以限定。

至此，评价性的因素已经凸显出来。一个民主政府就是人民进行统治的一种管理形式；只有人民才能做决定，而且，其中每个人都有一个公平的发言权——也就是说，按照他们自由地接受的决策程序，对足够重要因此要由他们来决定的事情实施控制，在这个方面，每个人都有平等的发言权。所以，我的结论是，在我们希望理解的“民主”这个术

语的意义上,公平必须出现在对"民主究竟意味着什么"这一问题的一种适当的论述中。

让我将这一思想再向前推进一点点。"民主"并不等同于多数统治。多数统治仅仅是一个决策程序——一个非常粗糙的决策程序,一点也不具有深层的评价性。有一些其他的决策程序同样是民主的,而且可能要比多数统治更好。例如,人们可能会把通过讨论和一系列的妥协而达到的一致同意作为目标。[8]或者,人们有时能够设计一个还算可靠的方法,用它来衡量某个提议对于所涉及的各方有多重要,因此他们就可以使用加权票制。在一个民主制下,对一个决策程序的选择当然会受群体的规模的影响。尽管如此,这种选择还是应该主要建立在环境许可的最公正的程序之上。许多国家采用的是一种混合体制,即在某些议题上使用简单的多数制,在其他议题上则使用限制性的多数制,后面这种决策也是以公正性为基础的。那些试图解决多数人暴政这一顽固问题的尝试也是以公平为基础的;当多数群体和少数群体都是固定不变、相互敌意的群体时,多数人的暴政就达到了它最糟糕的状态。在这种情况中,少数群体在政治决策过程中几乎没有任何有效的发言权。少数群体被剥夺公民权的程度越深,政府体制与民主的距离就越远。很多人认为,拥有一个权利法案将会解决这一问题;但我认为这种观点是错误的。当然,这个方案是否有效取决于人权的范围有多大。我已经论证说,人权的领域和正义的领域显然有所重叠,但并不完全一致。[9]按照基于人格的说明,人权仅仅保护一个人作为规范行动者的身份。因此,当然就不能允许少数群体陷入最低的可接受的福利水平之下,在这里,那个福利水平被理解为规范能动性的必要条件;但是,社会却有可能是用一种令人遗憾的方式来安排的,而且在这些情形中经常是被这样安排的,这种方式不公正地把最大份额的财富划拨给本来已经过得很好的多数群体。出于这个理由,一个具有民主抱负的社会可能就会用各种方式来限制多数规则的运作,例如,在立法机构中为少数群体的

成员预留一定数量的席位。如果一个社会通过在政治结构上的多种变
245 革而赋予少数群体的成员以足够公平的发言权,那么我们就可以重新将这个社会视为是“民主的”。

这些思想还有助于向我们表明一个政府在什么意义上是合法的。[10] 存在着不同类型和不同规模的政府:一个乡镇、一个州、一个地区、一个部门、一个主权国家、一所学院或大学等等。在这里我主要关心的是主权国家这种政府形式。此外,“政府”这个词语有时候专门指一群掌握主要政治职位的人,有时候则指政治制度本身,即政府的形式或结构。[11] 我在这里关注的合法性概念适用于这两个意义上的政府。第一个含义的政府,即由官职持有者所组成的政府,有可能不能通过合法性检验,因为他们有可能滥用他们本应维持的政治制度。或者,政治制度本身有可能就是极其不正义的,因此也不能通过合法性检验,而不管谁持有官职。因此,作为一个初步尝试,我们可以说,在我们感兴趣的那个意义上,“合法性”与如下问题有关:在这两种意义的任何一种意义上,政府向其治下的民众所行使的权力是否可以在道德上得到辩护?不过,行使权力的群体有可能是极其残暴的,反抗他们的结果可能是血流成河,因此使得反抗也可能在道德上得不到辩护。不过,我们应该强调说,尽管在这些特殊的情况下反抗在道德上可能得不到辩护,政府也仍然是不合法的。必定存在着某些类型的罪恶,它们本身就足以否定这个政府的合法性:例如,实质性的不正义,或者,政府实质上没有成功地履行一些重要的责任和职能,比如说安全、公共秩序和促进繁荣。“实质性”这个修饰语是必要的。所有的政府都有不足;所有的政府都会做一些在道德上令人反感的事情。与合法性真正相关的,并不是“政府对权力的每一次行使是否在道德上无懈可击”,而是“一般来说并且在留有余地的情况下,政府对权力的行使是否得到了辩护”。

一个政府对其公民的人权的尊重(包括保护人权)往往被认为构成了合法性的必要条件和充分条件。但是,对于一个政府来说,为了具

有合法性,仅仅尊重人权是不够的:它必须做更多的事情。例如,对于
一个政府来说,为了符合民主或合法的标准,它还必须赋予所有公民以
公平的发言权。在财富的分配上,它也必须满足最低的正义标准——
这个最低标准应当高于人权所要求的最低的福利标准。可是,如果一 246
个政府不正当地把大多数财富分配给占多数的优势阶层,而让占少数
的穷人**仅仅**处于人权所要求的最低线上,它就仍有可能丧失它的合
法性。

14.4 人权要求民主吗?

在这里我们有可能会期望一种强有力的要求,例如,民主参与权已经被包含在我们最基本和普遍的人权清单上,也就是说,基本和普遍的人权本身就蕴含着民主参与权,而不需要进一步的前提,比如说,不需要关于特定的地点或时间的经验信息。但是,当我们进一步考察的时候,自主性和民主参与之间的距离似乎很大。想想下面两件事情之间的距离:一件事情是,一个人决定自己认为值得过的生活观念;另一件事情是,共同为每一个人制定法律。也许这个相当大的距离可以用如下方式来弥合。自主性是为自己立法,而公共立法则可以阻碍一个人遵循他的自我立法。事实上,一个社会有可能禁止一个人去过他所认为最有价值的生活。因此,为了成为一个成功的自我立法者,一个人至少必须也是一个公共立法者。

但是这也说不通。有这样一个为人知晓的要点:在几百万张选票当中拥有一张选票,实际上不能为一个人去追求他所选定的目标提供保障。只有当公共立法和自我立法都试图在同一个领域中立法时,公共立法才有可能挫败自我立法。如果公共立法不介入一个人追求自己的个人目标的领域,二者就不会产生冲突。与民主参与更为相关的是自由权,而不是自主权。我们每个人都拥有一个人格的领域,对于这一

领域,除了在少数例外的情况下外,社会不可以实施控制。不过,民主参与似乎也不是自由的一个必要条件。几百万张选票中的一张选票不会保护一个人的行动免受公共立法的限制。有可能的是,与任何其他形式的政府相比,一个民主社会更有可能尊重人格的领域;但是,诉诸这个事实是要引入一个进一步的前提,这个前提并不是普遍的,而是经验性的。我现在要表明我们无需这个前提。

若不添加某些非普遍的经验前提,我就不能发现任何从人权到民主的推理路径。因此让我们改变我们的问题。人权可以在“要求”这个词的一个较弱的意义上要求民主。从经验的角度来看,是否有可能存在着一个既没有侵犯人权又不是民主的人类社会呢?如果有可能存
247 在着这样一个社会,在具有高度渗透的政府、众多的人口、发达的技术、高度集中的强制性力量、各种各样的民族、有教养的公民、一个还算成功的民主所需要的那种社会凝聚力之类的东西的典型的现代条件下,从经验的角度来看,是否有可能存在着一个尊重所有人权但又不是民主的社会呢?对于第一个问题,我所建议的答案是“可能存在”;而对于第二个问题,答案则是“不可能存在”。

关于第一个问题,我早先提到,一个人要拥有自由权,下面两个条件都必须得到满足:第一,他能够自由地过一种持续发展的生活,这种生活随着他的价值观变得成熟而展现出来;第二,社会在考虑自身的经济发展水平和科技发展水平的情况下,能够为这个人提供一系列合理的选择。[12] 同样,只有当一个人有可能已经过上了他从那个道德上所允许的和可行的选择范围中选择出来的任何一种生活时,他才是自由的。但是,如果一个人仅仅是出于偶然才有可能已经过上这样一种生活,例如因为政府只是暂时没有禁止这种生活,但有可能随时禁止,那么自由的条件就不充分了。我们需要这样一种保证:我们在那个相关的选择范围内所过的生活对我们来说实际上是有可能的。如果没有这种保证,大多数人就会被约束到“自我审查”的程度上。这个事实(我们有这样

一位国王，他对我们所生活的偏僻乡村的控制事实上很薄弱）对于这种保证来说就足够了吗？让我们假设，在这些条件下，我们可以过在那个相关的选择范围内的任何一种生活，我们对此可以完全放心，因为国王的权力是受到各种自然限制的。我认为，在这种情况下，我们就可以说我们拥有了自由权（尽管我们或许不可以说，我们的自由权得到了国王的尊重）。这样，如果我们是被一个尊重我们人权、得到信任的仁慈的独裁者所统治，这是否就足以确保我们的自由呢？不错，独裁统治总的来说不如民主制稳定；但让我们假设对这个独裁统治者的反叛将难以取得成功。当然，即便推翻了这个独裁者，随后发生的事情也仍然存在很多不确定性。但是，一个民主政体也有可能被推翻，而且，不管承继民主政体的是什么政体，在转变完成之前，我们有可能仍然是自由的。也有可能存在一种极其罕见的情形：在一个社会中有这样一个人，这个社会的所有人都合理地信任他，认为他可以确保他们的人权。这是有可能的，尤其是在一个小型社会中。或许在古代雅典城邦或者现代的摩洛哥，人们可能很了解一个潜在的独裁者，因此可以合理地对他持有必要的信任。他们甚至不需要把这个独裁者选举出来；他们可能只是发现自己已经臣服于他的权威。如果这一切都是真的，那么人权在如 248
下意义上并不**要求**民主：在某些现实的也许甚至是历史上真实存在的，但不一定是普遍的条件下，确有可能存在某些并没有侵犯任何人权但又不是民主的政府。

我们可以看到其中的缘由。人权和民主是为了满足不同的需要而发展起来的。人权是发展出来保护那些构成人的尊严的东西：生命、自主性以及个人自由。民主制度是在我们对群体决策程序的需要中成长起来的。这样一种程序是稳定的，管理着权力的良性更迭，适合于一个每个社会成员在权力或价值方面都或多或少是平等的社会，让社会决策过程中的失败者顺从于社会的基本结构，并倾向于促进社会的公共利益——也就是说，秩序、正义、安全和繁荣。还有更多的东西进入了民主当中,不仅是进入民主的观念当中,而且也进入它的主要责任和职能当中,这些东西比能够从人权中产生出来的东西要多。因此,毫不奇怪的是,公平应该进入能被算作民主的东西之中,大量社会目标的促进也应该进入民主的主要责任和职能之中。我们尽管可以从总体上而论的道德那里把对公平政治程序的要求推衍出来,但不能仅仅从人权本身之中把这个要求推衍出来。

我在这里对“公平”这一词语的使用需要更多的说明。“公平”以及与之联系的概念“平等”,这两个术语限定了很多不同类型的东西,其中一些东西涉及对人权的尊重,另一些(事实上有很多)则没有。因此,我不得不把那种关系到民主但不属于人权的关注也不能从人权中推衍出来的公平鉴定出来。如果一个社会仅仅承认和尊重男性的人权,而不承认女性的人权,那么女性的平等权利就被否决了。一个人因为是一个规范行动者而成为人权的承载者,因此,人权应该被平等地享有。否认女性的人权将是不公平的。人权所关注的另一种公平是公平审判;尽管某些形式的正义不属于人权领域,但是,法庭上的程序正义是一种确实属于人权领域的正义。不过,正如我早先论证过的,也有一些形式的公平和正义并不属于人权所关心的东西,例如不公平的逃票现象和赌博中的作弊行为。[13] 现在,我想提到的另一个例子是一种在民主中处于核心地位的公平:政治决策中的公平发言权。公平发言权是任何满足公民身份的公平标准的人都具有的一种发言权,是关于什么话题要由人民来决策的一种发言权,是要通过一种社会决策程序(例如多数规则或多数规则的某种变体、或者某种完全不同的东西)来实现的一种发言权,而那种社会决策程序要尽可能公平,或者至少是足够公平
249 的,以至于我们都愿意运用它。我在这里的要点是,与民主相关的那种公平,即公平的发言权,是不能从人权所包含的各种形式的公平中推衍出来的。

不过,是否有可能存在一种相对较弱的人权呢——不是民主参与

的权利,而仅仅是政治参与的权利,在这里,政治参与被理解为统治者将会聆听的对政治所做的发言?它是一种与罗尔斯所说的“磋商型等级制度”相接近的东西。[14]不过,我们不仅需要知道这项权利(政治参与权)的名称,而且还需要知道其内容。正如我们所看到的,这项权利的内容不可能仅仅是指拥有一种政治发言权(仅仅是言论自由),因为一个发言可以被忽视。它也不可能仅仅是指拥有一个具有理解力和同情心的(聆听民主发言的)统治者。这样一个好心的统治者仍有可能带来巨大灾难。为什么应该存在政治参与的人权呢?为了给一种人权确立合理的内容,统治者将不得不对每个人的欲望做出某种形式的公平评估,将不得不用某种公平的方式把个人的观点结合到一个社会的观点中,并以某种方式按照结果来引导行动。如果缺乏其中的任何一项,我们都会缺失人权的一项合理内容。我的异议并不是:政治参与权有可能在事实上不能保护某些有价值的东西;没有任何人权,哪怕是民主参与这项较强的权利,需要在事实上保护它宣称它应该保护的东西。我的异议是:即使政治参与这项拟定的权利得到了完全服从,它也无需保护任何有价值的东西。一个同情性地聆听所有意见的表达却看不到其中很多意见的要旨的有偏见的统治者,也充分尊重了这项拟定的权利。但是,一个真正的人权必须以某种方式建立在我们作为人的尊严(我们因为具有人格而具有的尊严)的基础上,仅仅是拥有一种被统治者(他有可能会蔑视一个人的观点)所聆听的资格几乎说不上与人的尊严有什么关系。

我们也不可能从人权中为政府的合法性寻找到令人满意的标准。恰恰相反人们经常认为,人权的主要功能是检验合法性。[15]但是,如果一个政府严重地失败于履行它的大多数重要责任,如果它失败于实施某些形式的分配正义,或者失败于满足某些惩罚性正义的要求,或者失败于促进整体的繁荣,那么它就可以丧失它的合法性。但是,所有这些职能都可以不属于人权的要求。例如,人权只是要求每个人至少处于可接受的最低福利水平线上,这个水平线对一个规范行动者的生活而言是一个必要的水准,而一个政府促进繁荣的责任,尽管不是无止境
250 的,却远远高于这个最低的水平线。因为人权不要求在社会决策中存在一种平等的发言权,它们就没有达到要求民主的地步。因为人权并不要求某些形式的高度重要的正义,并不要求促进总体福利,它们就没有达到可以检验合法性的地步。我并没有对"政治合法性"做严格的界定,因为对政治合法性的要求可以在严格性上发生变化。不过,我已经对政治合法性的一些必要条件做了阐释,而这些条件几乎是我们都可以接受的,而且并不是尊重人权的必要条件。

我在这里得出的结论取决于我的如下信念:人权并不包括正义、公平和福利方面的某些要求。尽管很多人相信至少正义和公平属于人权领域,但是,很少有人会认为,将繁荣远远提升到最低保障线之上也是人权的要求。因此,值得指出的是,即便人权要把所有的正义和公平都包括在内,人权仍然不会成为检验合法性的试金石。

我的结论留下了一个活生生的可能性:尽管特定意义上的人权并不要求民主,但作为整体的道德(特别是那些没有被包括在人权中的各种形式的对人的尊重)却要求民主。而且,尽管人权在我早先描述过的第一个条件中不要求民主,人权却有可能在第二个条件中要求民主。一些人权不是基本的,而是在把基本人权应用于特定的环境时产生出来的。

14.5 在现代条件下?

对于我们的实际状况又可以说些什么呢?尽管基本的普遍人权并不包含民主参与的层面,但在现代条件下,是否有可能存在一项民主参与方面的派生权利呢?我在这里所说的"现代条件",主要是指我早先列举的那些条件;我并不是说当今的所有社会都满足了现代条件,例

如,由伊斯兰的忠实信徒所统治的神权政治就不满足现代条件。

在典型的现代条件下,如果我们被一个善良的独裁者所统治,我们还会有自由所要求的那种保障吗? 我认为不会有。在一个小型社会中,我们有可能对一个独裁者有深度的了解,但在现代社会中,我们已经很难做到这一点了;没有了这种深度的了解,对独裁者的善良或理解力,我们就会缺乏一种必要的理性保障。当然,我们有可能及时对独裁者的性格有更多的了解,但我们仍然不可能知道独裁者会在什么时候死去,死去后会发生什么,我们甚至很难对这些东西做出一个粗略的估计。这件事情本身就有可能限制我们在生活中的某些选择。在这种条件下,在这个独裁者统治期间,我们或许有一段时间可以得到理性保 251
障,但是,在他统治之前或之后,我们就有可能得不到这种保障了。在早先的君主时代,能够打消人民对国王权力的顾虑的两个限制条件(国王权力既不是无孔不入的,也不是不可抗拒的)在约束一个现代政府的权力上并不奏效。

在典型的现代条件下,大多数其他形式的非民主政府也有可能侵犯同样的人权。在少数人统治(寡头政府)或富人统治(财团政府)的情形中,即使政府最终被证明是仁慈的和有能力的,公民们也不可能在最初就可以获得自由权所需要的那种保障。他们也很有可能不知道在当前的政府形式之后的政府会是什么样子,而这种不确定性会产生很多妨碍性的后果。

对于大多数非民主的政府形式而言,以上情况的确是事实。但是否所有形式的政府都是如此呢? 一个由贤能者(其中包括可以找到的最好的法官、哲学家、经济学家以及公仆)组成的现代贵族政体又如何呢? 必须记住,我们现在正在考虑的是一个受到教育并具有很强的凝聚力因此能够形成一个民主政府的公民整体。

对于这样一个由贤能的贵族组成的社会,我们还需等待一段时间,以便看清它的政治面貌到底是什么样子——这就类似于美国的公民必须等待一段时间,才能去推测新建立的最高法院的方针取向到底是什么。很有可能的是,为这种贤能贵族政体挑选出来的人将会是有着稳健履历的名门人物,他们一般都比较年长和保守。如果这个贵族政体一直不断地自我延续,那么一届保守派占多数的政府很有可能就会进一步扩展下一届政府的保守势力。一名年长的贵族很有可能在某些方面同年轻一代产生不睦。例如,如果这个社会面临着我们当前社会的一些问题,那么这个社会的年轻人和老年人就有可能在色情刊物、同性恋婚姻、同性恋者收养孩子等问题上产生分歧——这里提到的每一种情形都极有可能使人权受到威胁。

当然,这条思路仅仅表明,一个由贤能者组成的贵族政体有一种力度不明的侵犯某些人权的倾向。我是在问,在典型的现代条件下,一个尊重所有人权但又不是民主的社会是否在经验上是可能的?对这一问题的回答必然是,是可能的。为这个新的贵族政体挑选出来的人员有可能具有极好的声誉,因此可以确保公民在选择各自要过的生活方面
252 不会受到阻碍。而且,这个新的贵族政体可以是一种包含保守派和自由派、年长者和年轻者的混合政体,因此就可以避免代际之间的任何严重的价值冲突。这种皆大欢喜的结果,尽管可能性极小,但确实是经验上可能的。

不过,这一回答有力地表明,还存在另一个我们不得不认真对待的重要问题。我们不仅生活在现代条件下,也生活在一个真实世界中,受到人性的变幻莫测和人类社会的本质的限制。因此,我们不仅要关心有可能发生的事情,也要关心很有可能发生的事情。我们应该对统治者和被统治者的判断和仁慈持有恰当的怀疑。我们应该对强制性权力和信息(特别是机密信息;我们往往被告知,这种信息不应该被公布出来,否则会遭受损害)的过分集中有所担忧。我们不应该寄希望于好运。例如,我们不希望我们的一切都依赖于这样一个偶然的事实:我们的统治者最终被证明确实是仁慈的;我们应该指望用一些方式去约束统治

者，以至于不管统治者具有什么性情，都可以用最有可能的方式引导他们去仁慈地**行动**。而且，我们应该主要指望政治制度来实现这一目标。

因此，我们也应该想问：什么样的政府最有可能尊重人权？表面上看，这似乎**不是**我们的问题。即使一个民主政府是最有可能尊重人权的，这也遗留了一个可能性：其他形式的政府也有可能尊重人权，在这种情况下，人权就不会**要求**民主。不过，一个社会要建立一种形式的政府并不是一件易事，也不是顺手拈来的。一旦它已经建立了一种形式的政府，再去改变它就不容易了。任何群体在建立某种形式的政府时，必然会关心它的长久运作，而长久的运作会带来具有非常不同的道德素养和智识素养的统治者。而且，从人权中产生出来的义务，不会因为一个人自己不去侵犯人权就能得到充分履行。此前我已经讨论过这一点。[16] 这种义务（其强度尚待确定）扩展到这样一件事情：某些人必须以某种方式（因为“由谁”“如何做”这些问题都仍有待于确定）宣扬人权、落实人权、保护其他人的人权免受侵犯，而且，如果这些都还不够的话，就得把推进这些职责的各种制度创造出来。因此，人权施加于我们身上的义务，就是去做最有可能最小化人权的侵犯的事情——例如，去选择一种最有可能产生这个结果的政府。不仅要最小化政府对其公民的权利的侵犯，而且也要最小化一个公民对另一个公民的权利的侵犯。 253

那么，这种形式的政府将不得不是民主政府吗？约束政府管理者为共同利益行动的最有效的方式是什么呢？对于那些管理者来说，我们不仅应该约束任何只为个人利益或局部利益行动的倾向，也应该约束任何忽视或漠视共同利益的倾向——例如，有的政府管理者认为他们用卑鄙的手段冒险追求的某些目标比共同利益更为优先。我们应该希望管理者了解并严肃对待其他世代的人或者其他群体的目标，而不仅仅是他们自己的目标。在这两种情形中，担心在下一轮大选中被击败是一个有力的刺激因素。一些经济学家已经表明，在民主政府和避免饥荒之间存在着一个强有力的关联。[17] 在独立之后一直处于民主政府管理之下的印度就没有发生过严重饥荒；而在20世纪60年代早期的中国，就发生了一场毁灭性的、本来可以完全避免的大饥荒。实际上，所有大饥荒的问题并不在于缺乏足够的食物，而是因为弱势群体缺乏能力或资格在食物的分配中分一杯羹。看来，对生存权和享有最低限度的物质供给的权利的最有效的保护就是在社会决策中实行民主参与；这似乎是迫使我们的管理者关心我们的利益的最可靠的方式。

到此，我将不再尝试去回答我们的问题。答案包含很多极为复杂的经验问题，关系到个体心理、群体心理和政治制度的行为，这些问题都属于哲学家没有专业知识的领域。不管怎样，我不会尝试回答这些问题。而且，既然存在着多种形式的民主政府，[18]我们目前的问题就会归结为如下极为复杂的问题：哪种形式的民主政府最有可能尊重人权？不过，尽管这些经验问题都很重要，我的主要兴趣却不在于此。即使我不是专家，我还是倾向于认为，在现代条件下，人权实际上确实要求民主。这也说明了我为什么会认为，联合国在颁布民主参与的人权时是得到辩护的。不过，我想说的是，这项权利不是一项基本的、普遍的权利。它至多是一个派生出来的权利，是在把基本的人权应用于特定条件中时产生出来的。有两种派生出来的权利：一种是仅仅从基本人权中派生出来的，因此仍然保留了普遍性；另一种是从基本人权在特定条件下的应用中产生出来的，因此不具有普遍性。我想说的是，民主参与的人权是一种应用性的权利。联合国恰当地忽视了不同类型的权利之间的细微差别，因为联合国的工作是要颁布权利，而不是对权利进行分
254 类。不过，如果一个人正在试图理解从一般而论的人权的根据到一项特定的推定人权的途径，也就是说，试图理解实际上存在着什么人权，那么那些细微的差别就仍然值得关注。

因此，对于我们最初的问题，即“人权要求民主吗”，我想给出的回
255 答是：既要求又不要求，取决于具体环境。

第十五章
群体权利

15.1 三代权利

有时候作者们会提到了不同世代的权利。第一代权利包括 17、18 世纪的经典自由权——言论自由、集会自由、信仰自由等。第二代权利主要是由在 20 世纪中期被广泛接受的福利权构成的，事实上，这种权利早在中世纪晚期就已经首次得到明确肯定，与那种被认为是完全消极的第一代权利相比，是一种实施援助的积极权利。第三代权利，即我们这个时代的权利，是在 20 世纪最后二十五年前后出现的，由各种"团结"的权利组成，其中最显著的一种就是群体权利。[1] 在今天，一群人民，一个民族，一个种族，一个族群、一个文化群体、语言群体或宗教群体，通常都被认为拥有某些权利。群体权利（至少它们当中那种最有趣的形式，也是我在这里感兴趣的那种形式）被认为不可还原为群体成员的个别权利。它们被认为是某些群体仅仅因为是那些群体而具有的权利。

如果我的主题是个人所拥有的人权（个体人权），为什么还要去讨论这种群体权利呢？原因之一是，我们很难明白群体权利是如何与人权相关联的。不管群体权利被认为提出了什么主张，它们或者它们当中的大多数可以还原为人权吗？群体权利似乎具有权利的地位，就此而论，那是因为它们可以被还原为人权吗？我认为就是这样。群体权利在最近的出现是一场广泛的现代运动的一部分，这场运动旨在让权利的话语在伦理学中承担起大多数重要的工作。然而，在我看来，这既不是人权话语被设计来要做的工作，现在也不应该让它去做这项工作。

15.2 没有可以驳回群体权利的捷径

尽管有些人认为群体权利的思想存在着明明白白的缺陷，但问题
256 并不在于此。这些人认为只有人（或行动者）才可以拥有权利（我在这里所说的并不是人权，而是一般而论的权利），并认为这一事实本身就可以把动物、草木以及大多数人类群体排除在权利的承载者之外。例如，有些人说，只有当一个人可以承担某些责任时，才可以说他拥有权利，[2] 因为他们认为承载权利的能力必定是与履行责任的能力捆绑在一起的。另一些人则认为，大多数权利本身就应被视为"大包裹"，其中的多数内容都可以被分析为（尤其是）诸种自由权或控制力[3]（即霍菲尔德式的要素）。因此，这两群人都断言，只有人才可以承载人权，因为只有人才能承担责任，或者只有人才能执行自由权或控制力。他们承认，"人"这一词语在这里必须被理解为包括"法律拟制人"（artificial persons），例如公司、学校以及俱乐部之类的法人。这些法人在这个必要的意义上与人相似，因为它们也可以做出决策、采取行动、接受对它们的行为负责、拥有责任、补救过失等等。

因此，只有当群体具备某些极为复杂的内部组织，从而可以确保它们进行决策和采取行动的时候，群体才被认为与人相似。公司、学校和俱乐部能够拥有这种复杂的内部组织。议会也拥有这种组织，这可以说明在1689年的英国《权利宣言》中，议会为什么拥有对抗国王的权利。不过，引人注目的是，在今天，很多声称具有群体权利的群体其实

往往并不具备这种内部组织。[4]最近来到美国的西班牙移民、黑人、妇女以及老人都缺乏这种必要的内部组织。不错，一个不具备行动者特征的群体也有可能偶尔以集体的方式行动。例如，一群暴民有可能自发地聚集在大街上，因共同的强烈不满而团结在一起，就像一个人那样行动，例如巴士底狱风暴或东宫风暴。不过，按照这种理解，说拥有这种短暂的统一性就足以确保具有权利也是可疑的，最近的西班牙移民、黑人、妇女和老人之类的群体甚至缺乏这种短暂的统一性。因此这些群体显然没有（或者并不名符其实地具有）权利。对群体权利的这种攻击大概就是从这里入手的。

我不得不重申，这种攻击在我看来是失败的。许多人已经将“权利”这一术语的应用范围扩展至“人”之外，例如胎儿、动物和生态系统。他们已经抛弃了如下要求：权利的持有者必须是行动者。为什么不行呢？词语的运用发生了变化。问题在于这种变化是否向我们提供了一种更有帮助的道德词汇。这个问题的答案不可能是一蹴而就的。我们必须看看有什么样的理由引入群体权利，这种理由是否可以把一个还算清晰和有用的术语产生出来。 257

有一个进一步的要点。能动性对于一个群体拥有权利似乎并不是关键的。能动性的确是成为个体人权的持有者的一个必要条件。我自己会用一种更加有力的方式来提出这一点：对能动性的捍卫就是个体人权的意义所在。但是，一个群体拥有权利的关键出自于人权的另一个特点：权利的持有者拥有那种能够吸引权利来加以保护的重大利益。正如我们待会儿就会看到的，这是对群体权利的最强有力的论证所采取的形式，在这些论证中所关涉的群体——人民、民族（例如“纳瓦霍族”）、族群或文化群体——无需具有，往往也不具有任何接近能动性的东西。

15.3 对群体权利的一个论证：以善为基础的论证

在我看来，支持**个体**人权的最佳论证采取如下形式：把一类具有重要性因此吸引权利来加以保护的善（在人权的情形中，构成规范能动性的那些善）鉴定出来。一种支持群体权利的论证摹仿了上述支持个体权利的论证；它要求去发现某些只能被赋予某些群体的善，然后试图表明这种新型的善吸引一种新型的权利来加以保护：这种新型的权利就是群体权利。

如果这种形式的论证成功地产生出一种不可还原为个体权利的权利，那么我们就需要找到一种极为特殊的群体善。例如，这种群体善不可能只是经济学家所说的“公共益品”。“公共益品”这一术语缺乏明确的界限，不过，三个重要特征可以将某个益品确定为“公共的”：它是“非排他性”（也就是说，不可能被这样设计出来，以至于仅仅让某些人受益，另外一些人无法受益）、“非竞争性”（也就是说，某些人对这一益品的享用不会排挤其他人对它的享用）以及“联合供给的”（或者至少是由很多人供给的）。清洁的空气和坚固的国防是标准的例子。尽管我们把清洁的空气和坚固的国防赋予某些极为大型的群体，公共益品中所涉及的价值，不论是对它们的设想还是对它们的享有，都是个体性的。清洁的空气和坚固的国防的益处是该群体的每个成员个别地享有的。而且，如果公共益品支持权利，它们似乎只是支持那些常见的个体权利——在清洁空气的例子中，基本的健康权；在坚固国防的例子中，
258 人身安全的权利或自由权。

是否存在某种特殊的群体善是我们所需要的呢？考虑下面这个例子。某些宴会是有好处的，因为它们制造出了一种美妙的欢宴氛围。[5] 欢宴似乎是公共的，不仅是在非排他性的、非竞争性的以及被“联合供给”的意义上，而且也是以一种更加彻底的方式。欢宴是宴会的一个性质，而不是每个个别客人的一个性质。欢宴涉及到一个群体，这是欢宴

的概念的一个组成部分：杰克之所以能够在其中尽享欢愉，部分原因是吉尔也欢乐尽兴，而吉尔开心，部分原因恰恰又在于杰克（或者某些其他客人）的欢乐，等等。[6] 欢宴是一种群聚性的和互动性的娱乐。当然，"欢宴"这一词语并不总是在这种狭隘的意义上被运用，而且也有一种联合和互动的欢乐氛围，"欢乐的"这个词就是用来描述那种氛围的一个好的方式。身处这种氛围的群体同样也是欢宴的那种被感觉到的特征的一部分：一个人部分地（尽管不一定是有意识地）享受其他人的自我享受。[7] 当然，我们必须承认，构成这种欢愉的唯一的经验完全是发生在个人的内心之中。[8] 不过，我们仍有可能会认为，刚才所指出的欢宴的其他特征足以表明欢宴不同于单纯的公共益品。一个人或许可以这样来提出这一点。一种把欢宴的价值还原为个体的快乐体验的价值（无可否认，前者确实是由后者组成的）的论述

> ……是一种不能令人满意的论述，因为正如我们已经看到的，每一个这样的快乐体验都会超越自身而指向那个更大的群体。……因此，对那些东西的价值所做的一个论述，若要对"对那些东西的享受究竟是什么样的"这一问题保持敏感，就必须关注它们的共有特征。[9]

而且，"若不对群体进行考察，就无法说明那些东西对任何一个个体的价值。"[10]

我们在这里提到的例子，即某个组织的欢宴，丝毫不带有伦理内涵，不过，这一点无关紧要。存在着这样一些特别重要的群体善，比如说博爱、团结、相互宽容、一个具有共同文化的社会所具有的价值，也被认为具有上述特征。[11]

论证的下一步是从这些特殊的群体善中把群体权利推导出来。在最近的一些文献中，[12] 已经有人借助于对权利的一种非常有影响的论

述来做出这种推理。这种论述是由约瑟夫·拉兹提出来的,此前曾有所提及。[13] 让我简短地复述一下。按照拉兹的论述,说一个人拥有一项权利就是说,在其他条件相同的情况下,他的安康的某一方面是把某个(或者某些)人置于一种责任之下的一个充分理由。按照这个定义,如
259 下这一点似乎就是明显的:我,作为一个单一的个体,并不具有要求(比如说)博爱的权利,因为我一个人得到的益处并不足以辩护把所有其他人置于“制造一个博爱的社会”这一责任的巨大负担下。[14] 于是,有人可能就会把我得到的个体益处和你所得到的个体益处放在一起;依此类推,直到我们最终能够涵括足够多的个体,从而有充分的理由将这种责任施加到其他人身上。[15]

我待会儿还会回到拉兹对权利的论述。现在,我只想提出两个评论。

首先,似乎并不存在任何一般的推理,可以仅仅从一种特殊的群体善中把那个群体所具有的一项权利推导出来。例如,若有人认为,仅仅从“欢宴是一个组织具有的一种善”这一主张中,我们就可以推出“一个组织有一项享受欢宴的权利”,那就是完全违反直观的。这不是因为这个例子不重要;在特别重要的例子的情形中,我们也不这样认为。从“博爱是一个共同体所具有的一种善”这一主张中,我们不可能推出“这个共同体拥有一项针对博爱的权利”。博爱、团结和宽容都是一个社会中高度值得向往的品质,作为社会成员,我们无疑都应该努力创造这些品质。但是,认为它们是一个社会有权具有的品质,似乎就严重有悖于直观了。我们所需要的并不仅仅是一种以某种方式变得特殊的善,而是一种以特定的方式变得特殊的善:一种能够吸引一项权利来加以保护的善。[16]

下面是我的第二个评论。这些所谓强势的群体善,它们的特殊之处仅仅在于我们对它们所做的描述提到了许多共聚在一起的个人,这些人彼此互动组成了一个有机整体。并非这些群体善的价值不能被还

原为个体价值。例如,欢宴的价值就存在于每个个体单独体验到的那种享受中。这些善的独特性是某种概念性的东西。要点似乎是,若不预先说明一个人的欢乐如何增强另一个人的欢乐,欢宴就得不到恰当的描述。这被认为就是欢宴之为欢宴的一个重要部分。类似地,若不承认杰克对吉尔的关爱是因为他认识到吉尔对他的关爱而得到增强的,而那个群体的大多数成员也是如此,博爱也就得不到恰当的描述。

这一概念主张在我看来是正确的。不过,准确地说,同样的说法对于很多个体善以及从它们当中引出的个体权利也成立。自主性和自由是第一代权利的标准善中的两个。自主性部分含义就在于不被其他人支配或控制;自由的大部分含义就在于不被其他人所妨碍。同样的概 260
念主张在这两种情形中也成立:若要理解自由和自主性这两种善,就必须预先理解人们在群体中是如何进行互动的。这种互动是被植入这两个概念当中的。这些善不仅支持自主地和自由地生活的基本权利,而且也支持同样在概念上依赖着群体互动的派生权利:得到基本教育的权利、交流观点的权利、集会的权利、民主参与的权利等等。以民主参与权为例,在某些社会环境中,我在社会决策过程中拥有一个公平的发言权。在许多现代环境中,对这项权利的承认所采取的一种明显的形式就是一项派生的投票权。这一社会善(我们在社会决策中拥有一个平等的发言权)转述了所谓群体善的所有特征。以实现决策中的公平影响力为目标的任何社会结构都是非排他性的:这一群体中的所有行动者都可以有投票权。这项权利还是非竞争性的:你的投票行为并不能阻止我的投票。它也是联合供给的:正是因为我们所有人(或者大多数人)都是按照规则来参与投票,这项权利才存在。此外,在下面这个进一步的特殊意义上,它也具备群体善被认为具有的那个附加特征:对善的唯一准确的描述必须把善带给那个群体的成员,这里所提到的群体成员不仅仅是指单个的个体,甚至也不仅仅是指个体的简单加总,而且还指作为互动的有机整体中的个体。这种描述将不得不包括下面这件事情：甲如何因为自己的观点对乙产生的重要影响，而接受乙的观点对自己产生的重要影响，依此类推。

所以，我们还没有成功地鉴别出一种能够支持群体权利的群体善。为了实现这一目标，让我们回到拉兹对权利的论述，特别是要考察拉兹是如何用他的论述来说明群体权利的存在条件的——这一点正是我们所需要的，但尚未被发掘出来。

拉兹把这个进一步的条件补充到他对一般而论的权利所做的核心说明中。[17] 在群体权利的情形中，他说：

> 这里提到的利益是作为一个群体的成员的个体在公共善方面所持有的利益，权利也是一项针对那个公共善的权利，因为它服务于他们作为群体成员的利益。

例如，在某些环境中，一个"民族"可以拥有一项自决权。那个民族的每个成员，作为一个个体，可能也对那项自决权持有兴趣，因为民族自决有可能与民族文化的繁荣息息相关，而民族文化正是个体的认同感赖以存在的基础。[18] 但是，个体本身并不具有一项群体的自决权，
261 因为单个人的利益不足以辩护将这种巨大的负担施加于其他人。不过，整个群体的利益却有可能辩护这一点。而且，拉兹认为，有潜力做出这种辩护的那些个体利益，并不是他们作为个体而在他们那里形成的个体善，而是更加具有扩散性的群体善——这些群体善之所以在他们那里形成，只是因为他们是共同体的成员。某些群体（尤其是文化群体）的成员身份对其成员来说至关重要。一个好的生活在很大程度上依赖于对某些有价值的目标和关系的成功追求，而这些有价值的目标和关系又是在文化上确定下来的。[19] 因此，正如拉兹所描述的，不论是支持群体自决权之存在的"实用的"论证还是"工具性的"论证，都需要按照这些路线来加以设想。[20] 拉兹所谓的"包含性群体"（encompassing

groups）——比如说，在其中文化群体的成员身份在一个人的自我认同和对可能性的感受中起着重大作用的那种群体——的“繁荣和自尊”对我们都具有重大价值。[21] 一个包含性群体不一定为了实现繁荣而必须采取自决行为；它也有可能作为一个自由的多民族国家的一部分而实现繁荣。不过，在不太有利的历史环境中，通过实施自治可能就是一个包含性群体实现繁荣的唯一方式，或者说是最令人满意的方式。这样一来，一个人就有了把一个群体的自决权的存在确立起来而需要的一切。[22]

我认为这就是拉兹的精致论证。它有一个重大优点，那就是认识到为了把一项群体权利的存在确立起来而需要的那种东西。然而，对于拉兹的这一论证，我仍然有一些质疑。

首先，拉兹的存在条件是充分的吗？它们为什么没有证明更多的东西呢？按照拉兹的观点，在某些历史环境中，我们有一个自决的主张，因为我们对所属的那个包含性群体的“繁荣和自尊”有一个更普遍的兴趣，而我们拥有这种兴趣，是因为我们每个人有兴趣拥有一个健全的认同感、拥有一系列令人满意且向我们开放的生活方式。这表明，在这项拟定的自决权所产生的特殊环境中，为之提供支撑的是一个更为广泛的权利——一个人对自己所属的那个包含性群体的繁荣和自尊的权利。这个较为广泛的权利事实上好像有资格作为拉兹的存在条件名单上的一项群体权利。我们对一种健全的认同感和从中要进行选择的一系列好的选项的兴趣，似乎可以辩护向某些行动者（那些有权力允许或否定我们群体具有一个政治环境，以便它能够在其中繁荣昌盛的政治实体）施加可允许的负担。这里提到的兴趣是我们作为那个群体的成员对一个共同善的兴趣。单独一个成员的兴趣本身将不足以辩护向 262
其他人施加这种沉重的负担。这条思路的麻烦在于，它似乎也可以辩护对某些高层次的“繁荣”的权利。它似乎可以辩护任何层次（即不管多么高的层次）的权利，只要那些权利所产生的益处大得足以辩护相关负担的施加。这里所提到的“繁荣”并不仅仅是指物质财富，当然，物质财富是主要的组成部分；它指的是所有那些有助于促进一个包含性群体的繁荣的东西。此外，一种强健的认同感以及生活中的一系列丰富选项之类的益处是如此巨大，以至于很有可能会辩护向其他人施加相关的负担。不过，在我看来，这似乎丢弃了个体人权以及与之密切相关的一些权利范畴（如群体权利）的一个重要的直观特点：这种权利与利益满足方面的任何增加（这被认为能够辩护把一项责任施加于其他人）没有关系，而仅仅是与某些特殊类型的利益的满足相关，而且仅仅是与这种满足的某个临界点相关。例如，在人权的情形中，我们并不对任何形式的繁荣有主张权，而是仅仅对那个更为朴素的条件（对我们作为行动者的身份来说是必要的东西，包括自主性、自由以及某种最低限度的物质保障）有主张权。“朴素”这一要素，即对一个最低程度的指涉，是无论如何也不能丢弃的。我们有权享有到某个临界点为止的物质资源和文化资源，超过了那个临界点，尽管更多的资源将会极大地提升我们的生活，它们却不再是一个权利问题。拉兹如何应对这个本质特点呢？

我认为，答案必定是：通过他的“责任”概念。拉兹说，利益必须充分到足以向他人施加一项责任的地步，而且，他心目中的责任并不仅仅是另一个行动理由，可以被融入到各种行动理由的一种总体权衡中。正如我们此前看到的，拉兹提到的责任是一种特殊的理由，这种理由可以将某个范围内的理由排除在考虑之外。并非一个人的安康的每一个方面都具有这种排除效应。排除性理由的一个典型例子是许诺。但是，我们现在的情形是一项要求最低限度供给的人权，或者一项要求保存自己文化的人权。在从物质资源和文化资源的最有节制的供给到最为慷慨的供给的这个范围中，在哪一点上我们才可以说，处于这一点之前的利益施加了一项责任，而在此之后的利益就不能施加一项责任呢？对于这一问题，我猜想拉兹会说：这一临界点处在利益停止提供一个排除性理由的时候。但是，物质资源和文化资源的情形并不具有许诺的情形所具有的那种明确性；与许诺的情形不同，在物质资源和文化资源的情形中出现的理由，其整个要旨并不在于排除某个范围的其他理由。一种理由可以在许多不同的含义上排除其他理由：通过整个地压倒其他理由；通过在分量上超过其他理由（除了在最极端的情况下外）； 263
通过其特性超过其他理由；等等。我们必须知道哪一个含义与权利相关。我们无法理解一项权利是什么，除非我们已经大致知道我们要在这个范围中的哪个点上进行突破。基于人格的说明可以告诉我们答案：临界点出现在物质资源和文化资源不再是规范能动性的必要条件的时候。但是，拉兹的那种更加形式的存在条件（利益辩护某些排他性责任的施加）则将临界点变得毫不清楚。

我的第二个密切相关的质疑是，当拉兹给我们列举那些群体权利的例子时，他诉诸了我们所熟悉的第一代权利，因此将群体权利看作与它们一样合理。让我们再次考察一下他对自决权的论证。拉兹说，在某些历史环境中，我所属的包含性群体的自决是我的利益所在。他说，"那项利益至少是立足于一个人对生活在一个共同体中的兴趣，这样一个共同体允许他在公共场合表达意见，允许他不受压制地发展他的个性的各个方面，这些都与他作为共同体的一员而具有的认同感密切相关。"[23] 在一种发达的文化中具有一个成员身份是我的利益所在，因为成员身份为我的生活提供了诸种选择，这些选择得到了个体对自主性的权利的保护。对于我是什么样的人以及我想成为什么样的人之类的问题，在不用担忧任何压迫的情况下对其进行公开表达，是我的利益所在，因为这对于我的能动性来说是核心的，是由我们对自主性的个人权利来保护的。这开始看起来有点像一个支持权利的论证，因为它强调我们能够进行选择、能够自由地按照我们的选择来生活。但是这些权利是我们都很熟悉的第一代人权的例子。不错，这些权利是立足于我们作为一个群体的成员而具有的利益，但是我们的投票权也是如此，而投票权是第一代权利。对于拉兹给出的另一个例子，也可以提出大致的说法。他提到,英国人有权知道英国是如何被拖入马岛战争的。[24] 这也是我们作为我们的群体的成员的一项利益;例如,法国公民就无权知道这一关于英国的信息。但是,一名英国公民之所以有权知道这一点,是因为若没有这种知识,任何国家的公民都不可能在重要的政治决策中拥有有效的发言权。但这也是一项第一代权利。

现在,让我提及最后一个质疑。拉兹对群体权利所做的最持久的论证是他对民族自决的论证(他与阿维沙伊·马加利特共同提出的论证)。[25] 但是,在我看来,这一论证仅仅是用来支持把自治赋予某些民族的一个道德论证(当然也是一个好的论证)。[26] 并不需要也不应该做出"那是一个权利问题"这样一个进一步的主张。一个权利可以被另一个
264 权利所推翻,或者可以被对一般的善的充分重要的考虑所推翻。但是,拉兹用来支持自决的论证与此不同。他的论证并不是先把一项权利确立起来,然后再去考虑可能的压倒性条件。它更像是一个无所不包的道德论证。在拉兹看来,我们必须表明的是:在特定的历史环境中,自治不仅对某个包含性群体的繁荣来说是必要的,而且对其成员参与这个群体来说也是必要的;[27] 这个包含性群体形成了要被管理的领土中的实质性多数;这个新的国家有可能尊重其居民的基本利益,而且不会对其他国家的正当利益造成严重损害,等等,直至那种无所不包的情形得以成形。[28] 因此,与个体人权的类比在这里就中断了;拉兹并没有声称一个民族是由于其本性而吸引一项权利的保护(做一个对比:一个人或一个行动者乃是由于其本性而吸引个体人权的保护)。还好拉兹没有做出这种主张。一个民族本身并不具有一种管理自身的权利,哪怕是一种可以推翻的权利。作为一个自由的多民族国家的一部分而得到尊重和实现繁荣的某个民族,并不具有脱离国家的权利。如果说在这里存在着一种权利的话,在我看来也似乎是这样一种权利:正如我此前建议的,它仅仅是用来支持自决的理由中的一个要素——也就是说,作为一项权利,它所要求的是一个包含性群体的成员为了拥有和自由地

追求生活中一系列可接受的选择而必须具备的条件。但是,这就是那种可以被归结为各种第一代权利的权利。这样,我的最后一个质疑所说的是:在我看来,自决似乎并不是一种权利,作为自决的部分根据的那项权利在我看来也不是一项群体权利。

我想知道拉兹是不是在把真正派生性的个体权利(通过把基本的个体权利应用于特定的社会环境而产生出来的权利)看作群体权利。[29]不管怎样,在试图提出一些群体权利的例子时,拉兹所诉诸的只不过是这种派生性的权利。

总结一下我到目前为止的想法。对群体权利的第一种论证(试图把它们从群体善中推导出来)在我看来并不成功。

15.4 对群体权利的另一个论证:以正义为基础的论证

另一些作者以一种不同的方式来论证群体权利。他们将群体权利建立在对正义的考虑的基础上。我的观点是,这第二种论证,尽管作为 265
一个论证本身很成功,却不是对群体权利的论证。在我看来,我们最好不要把第二种论证所说的东西强制性地用权利的语言表达出来。

我大体上设想的论证与拉兹的论证享有某些共同的主张,不过,我的论证方向极为不同。威尔·金里卡用如下方式提出这个论证。[30]一群人民、文化、伦理群体或语言群体的存活对其成员来说有着重大价值,是他们的认同感(他们对他们是谁、他们有可能变成什么样子的感受)的基础。对一个人开放的那些选项的范围是由他的文化以及这个文化所提供的榜样和故事来决定的,一个人正是从这些榜样和故事中认识到他有可能效仿的生活历程。“通过把自己置于这些文化叙事中,通过接受那些在我们看来有价值的角色,即值得在生活中去追求的角色”,我们所有人“都在决定应如何过我们的生活……”[31],“因此,文化成员身份的丧失是一种巨大的伤害,这种伤害削弱了一个人做出有意义的选择的能力。”[32]

一般说来,如果一个社会把一种少数民族文化置于无足轻重的地位,用一种贬低其成员身份的方式来看待他们,不管那种文化的生死,那么,就像查尔斯·泰勒所说的那样,这种做法就可以构成“一种形式的压迫,将某人禁锢在一种虚假的、经过扭曲的、降格了的存在方式中”。[33] 如果一个人被社会大多数人置于这种卑微的地位,他就很容易变得自卑消沉,于是也会开始顺从强加于他们的压迫。[34] 一个人所属的群体没有得到承认,这是一种巨大伤害,社会不应该把这种伤害施加于任何成员身上。

还有一个不断出现的威胁:一个社会的主流文化有可能会用某种方式压制少数民族文化。市场和多数规则的运作往往是以其自身的利益为准绳,它所呈现出的活力有可能会耗尽少数民族文化的能量,甚至把它们推向灭绝的边缘。与主流文化相比,少数民族文化往往到最后只能占有极少的资源,这种格局是极为不公正的,即使没有任何人愿意看到这种结果。不公平的剥夺向我们提供了一个初步理由,在一个少数民族群体周围建立专门的保护或者给予它以特殊的权益。例如,如果一个少数民族群体的声音在立法机构中得不到聆听,那么可能就应该给它配置专门的代表;[35] 或者中央政府可能就应该采用一种联邦结构,或寻求某些其他的方式把权力移交给较小的共同体。又或者如果市场对少数群体不利,后者或许就应该得到某些补助。通过这些方式,对少数民族的承认可能就有助于防止或纠正不正义。[36] 以上仅仅是一
266 些可能措施;不过,目标却总是一致的:矫正不正义。[37]

通过把群体权利建立在正义的基础上,我们就可以说明为什么也存在着一些并不吸引保护的少数民族文化。当南非的布尔人通过种族隔离的方式保护他们的少数民族文化免受占据多数的黑人的侵吞时,

他们就没有什么道理。种族隔离本身就是不公正的。同样,如果一个群体向其成员施加某些内部约束,如禁止脱离群体,那么,即便这样做是为了族群自身的存活,也往往得不到辩护。这种约束通常会侵犯自由。因此,正如金里卡所说,我们"赞同某些来自外部的保护,因为它们促进了不同群体间的公正,但应该拒斥那种对群体成员的权利进行限制的约束,并质问和修正传统的权威和实践"。[38]

在我看来,第二种论证比第一种论证更有力。但是,这个论证是对什么东西的论证呢?

首先,这一论证本身就被严重地简单化了。文化成员身份的丧失本身并不会降低一个人做出有意义的选择的能力。为了做出有意义的选择,一个人所需的仅仅是**某种**文化,而且,即使一个少数民族文化由于一个主流文化的取代而不断衰落(这类情况也经常发生),仍有可能存在着**一个**他可以得到的文化,当然,这种可能性取决于在文化变迁过程中有多少东西脱了节。这个文化越好(也就是说,它越丰富,它所提供的榜样和讲述的故事就越多,这些故事越有人性),一个人在那个方面就过得越好。不错,可能有某些东西在一个人原有的语言中是可以得到言说的,而在替代性的语言中就得不到言说。但问题并不是是否存在着这种东西;而是对于一个人能够设想生活中的重要选择来说,这种东西在什么程度上处于核心地位。这种东西可能处于核心地位,也可能不处于核心地位;即使处于核心地位,一个人在新的语言中仍有可能在总体上过得更好。我们无法提前预知。所有这一切都要视具体情况而定。

为了一种新文化而放弃一种旧文化这件事情对人们来说是有一定含义的,我们千万不要对这种含义进行简单化或情感化的处理。文化是可以被批评的,而且必须如此。某些文化是威权主义的、不宽容的、性别歧视的、被错误信念所扭曲的、被不正当的种姓制度或等级制度所支配的。一些人自愿移民,为了一种他们希望是更好的文化而抛弃他们原来的文化。他们可能失之甚少而得之甚多。另一些人,例如那些目睹自己的文化被侵略者破坏殆尽的原著民,则有可能觉得失之甚多而得之甚少。不同的人有不同的经历。而且,存在着一个重要问题:当
267 一个人原有的文化发生巨变,或者与另一种文化相混合,或者被另一种文化所取代时,他**应该**具有什么感受呢?除非一个人对正在发生的事情有一个评估,否则他就不会知道自己应该如何感受;而且,在所有这些情形中,正在发生的事情似乎极其复杂,很难对其做出恰当的评估。

在对我们生活中的选择进行慎思时,这种慎思对我们自己的特定文化的依赖性也很容易被夸大。这种慎思最需要的是对如下问题的感受:一般来说,什么东西使得一个人类生活是一个好生活?我在其他地方讨论过这一问题,因此在这里我仅仅阐述我的观点。[39] 有一些东西可以使任何典型的人类生活成为好的生活:一个人在生活中的成就、良好的私人关系、某些类型的理解、娱乐等等。这一清单中的每一条都需要大量的说明,所需要的说明是如此之多,以至于它们实际上变成了技术性的术语。英语中现在并不总是有相关的词语来命名这些个人价值;在某种程度上必须创造一些新的词汇。这种新的词汇是要应用于典型的人类生活:不是英国人、美国人、中国人或苏丹人的生活,而是人类生活。因此,下面这种简单化的说法就是极其荒诞的:当实际上没有任何文化或语言具有我们所需要的那种词汇时,当慎思能够把我们引向的词汇在某些限制下就是那种跨文化的词汇时,一个人若想在生活的选择中获得一种意义感,就必须去接触他原来的文化。[40]

关于出现在对文化的重要性的这些论证中的那个行动者,有一些令人担忧的消极的东西。按照这些论证,我们的文化给予我们以选择;我们仅仅是把那些选择作为一项遗产来接受。但是,这种图景遗漏了我们的积极的批判性生活。我们审视我们的生活;我们批判我们所继承下来的东西。当然,我们的这些活动是在我们自己的语言世界中完成的。但这并不意味着我们注定要进入这样一种生活:这种生活要么

是如此深刻地植根于我们的特定文化中，以至于我们没有途径接触原本不属于这种文化的观点，要么与任何特定的文化是如此相脱离，以至于我们所拥有的批判性资源都太过于抽象，令我们无法安身。我们没有必要在“内在的”文化和“外在的”文化之间做出非此即彼的选择；这是一个错误的二分法——在当前世界主义的背景下，对这种二分法的广泛接受是令人困惑的，因为在世界主义的背景下，我们大多数人都很难命名我们所属的文化。我们需要发展大量的批判性的伦理词汇，而新拓展出来的很多词汇，既不是从一种特定的文化视角下产生出来的“厚重”术语，也不是诸多现代哲学用来描述那种空洞的理性行动者的“稀薄”术语。我们特别需要做的，是在成功地论述人类福祉方面，在一个被现实地加以描述的社会中生活如意的得到现实描述的一个行动者方面，提出一些关键术语，而这两方面的工作在很大程度上都仍然处于不确定的状态。当这种批判性的词汇被发展出来，当我们再去回顾我 268
们原来的概念框架并询问我们自己是处于这个框架之内还是之外的时候，我认为我们很可能就会抛弃那个问题，把它看作是不恰当的。我们应该对我们原有的概念框架做出实质性的拓展；这样说并不过分。我们也可以期待其他文化中的人们也一直处于这种批判性的活跃气氛中。而且，我们还可以合理地期望不同观点之间能有所融汇。[41]

至此，我一直在集中讨论个人身份（在这个术语在目前的讨论中那种有点可疑和相对宽泛的意义上）和选择能力的来源问题。不过，除了这些理由外，当然还有很多的其他理由保护文化。如果一个人的文化消亡了，尤其是，如果对它的记录很稀少或者被销毁了，一个人也就丧失了对自己根源的接触。对某些人来说，他们不会感到这会有多大损失，但对另一些人而言，就并非如此了。一个人觉得自己丧失了多少东西，往往取决于他在当前的社会中觉得自己有多么安全，取决于这个社会如何尊重他。一般来说，如果一个人丧失了文化的根源，他就会感受到某些苦楚。对于一个人来说，在自愿放弃自己的文化和这个文化被一个占据支配地位的群体所摧毁之间,是有着重大的伦理差别的。一般而言,任何人都不应该否认另一个人的自主性,例如,在觉得合适的时候改良自己的文化的自主性。但是,这里所涉及的价值并不是一个文化的存活(不管这个文化是否值得赞赏),而是自主性和好的生活方式。在这里我们应该引证的并不是一个群体要求保存其文化的权利,而是一个人自主地选择和自由地追求自己认为是好的生活观念的权利,而这两种权利都是个体人权。

不过,这一主张似乎给所有这些论证都带来了一些麻烦。这些论证是关于最为重要的东西的论证,而不是对一个群体的文化生存权这种一般的东西的论证。

毫无疑问,如果社会总体拒绝予以一个少数群体以恰当的承认,认为它无关紧要,这将会对那个群体的成员造成极大伤害。但是,这并不是把一种一般的文化生存权赋予那个群体以及一切文化群体的一个理由,[42] 而是给予那个群体以及每一个人以平等尊重的一个理由:每一个人类生命都重要,而且是同等地重要,不管一个人性别如何,属于什么种族或伦理群体。这个事实只是表明一个文化本身并不具有相关性,并不表明社会不应该保证其文化的存活。有可能的是,在某些情形中,一个社会避免对其人民造成这种伤害的唯一可行的方式,就是保证他们的群体身份能够继续存在下去。但是,既然情况肯定并不都是这个
269 样子,这个论证就不可能是对文化群体要求他们的文化继续存在的普遍权利的论证。每一个个体都必须被赋予平等的尊重。个体和群体必须被赋予自主性。但是,文化必须对批评开放,因此不断保持变化,乃至最终自然地消亡。

实际上,只有当一个文化向着其成员希望发生变化的那个方向保持开放时,它才具有活力,即使变化后的文化可能不再是"相同的"文化。一个有意保存某一少数群体文化的社会,事实上会严重限制这个群体的选择。一旦一个人试图保存一个文化,他就不得不判定这个文

化的内容，而正是这种判定有可能将这个文化固化在某个特定时刻的样式上。“防变式保存”是一种保存方式，但不是一种生活方式。

当然，我对同一的政治（比如说，针对自主性的**普遍**人权）的诉诸当然有可能会遗漏某个人的要点，例如查尔斯·泰勒的要点——准确地说就是他正在推进一种新的“差异的政治”。“就差异的政治而论，”泰勒说，“我们被要求要实现的是这个个体或这个群体的独特身份，他们不同于其他人的独特之处。”[43] 泰勒的思想是，当这种独特性被一种主导性的身份或多数人的身份所破坏时，这一群体就失去了对本真性理想的接触，失去了对其自身的本真的存在方式的接触。社会应该接受个人本来的样子，而不应该促使他们去服从一种只适合于别人的模式；例如，不应该让女性去采纳男性的工作模式，违者以事业失败论处。还有，当我们自主地选择一种好的生活观念时，不管这种生活观念是否与文化所赋予我们的模式相融洽，我们并没有牺牲自己的本真性。

对群体权利所做的第二个论证可以被总结如下：我们的文化是我们的身份认同的根源；某些文化处于一种不公平的不利状态，需要得到保护。我们最好不要用“群体的文化生存权”这一术语来表达这个论证中重要的东西。说一个群体具有文化方面的生存权就是在暗示：一个文化应该在伦理方面得到有力的保护，而除了最紧迫的竞争性的伦理关怀外，这种保护几乎可以推翻一切。但是，要一个社会去保护某一文化的要求并不具有这种性质。故事比这个论证所讲述的要更加错综复杂；对社会提出的要求也比这个论证所说的要复杂得多，而且没有那么绝对。

即使某些文化群体处于一种不公正的不利状态，这个事实也没有提供一个理由去支持文化生存的一般权利。权利并不覆盖所有道德领域，甚至并不覆盖整个正义领域。并不是所有立法者制定的法定权利都有与之相应的道德权利。一个人向另一个人提出的道德主张，或者， 270
某一群体向另一群体提出的道德主张，并不总是涉及权利。少数群体经常会向多数群体社会提出一些成功的道德主张，但是，一般来说，我们最好认为这些主张是建立在对正义的考虑的基础上，而且往往是建立在公平分配的基础上，而不是建立在权利的基础上。最后这项主张引出了我现在要转向的一些普遍问题。

15.5 排除

到目前为止突现出来的一个建议是：许多假定的群体权利最好不要被视为权利，而其他一些群体权利则可以还原为个体权利。现在，让我进一步讨论这两种可能性：排除和还原。

我拒绝把许多假定的少数群体权利视为真正的权利。有人会认为这种做法有点专横，或者认为我只是在提出一个没有什么重要性的言语主张：我对“权利”的界定是为了将许多公认的少数群体权利排除出去，而其他人对“权利”的界定则是试图将少数群体权利包容进来。但是，我对权利的界定并不是任意的。当然，任何人对“权利是什么”所做的提议都包含着一个规定的成分，不过，对这个规定是有一些约束的。必须提出一个理由来支持它——要么按照对传统的忠诚，要么按照理论上的或实践上的回报，或者按照其他东西。经过精心选择的规定就不再是专断的了；在权利的情形中，我们迫切需要这种规定。[44]

此前我说过，人权并不涵盖整个道德领域，甚至也不涵盖整个正义领域。[45] 例如，人权包括法庭中的程序正义，但不包括分配正义（除了福利权所要求的那种基本需求方面的最低供给外，这种供给仍未触动很多分配正义）、惩罚性正义（除了某些类似的例外）或者很多形式的公平。再次回顾一下一种少数群体文化的情形：不论是在市场中还是在民主立法机构的正常运作中，这样一个文化都失去了地位；主流文化得到了大量的财政支持，而这个少数群体文化却得不到任何财政支持，其艺术和文学也会悄然衰败。平等分配资源的原则有可能要求某种矫正，如某种形式的专门补贴。在我看来，往往有一个强有力的理由支持平等地分配资源，但这个理由是建立在平等的基础上，而不是建立在权利的基础上。对于我的这一立场，存在着一个明显的回应。这个回应所说的是，遭受剥夺的少数群体对资源拥有一个道德主张，而从权利的 271
角度出发就是表达一个主张的自然方式。毕竟，当霍菲尔德对权利进行分类时，他所说的“最严格意义上的”权利就是要求权。但是，这种回应有一个弱点：它把**所有的**要求都表述为权利，这显然有悖于直观。如果夫妻中的一方对另一方实施了无端的侮辱，那么后者就有一个（道德）主张要求前者停止这种侮辱。但是，并不是所有的道德义务都是由权利引出的；例如，在上述夫妻的例子中就不是。

当然，我们可以这样来使用“权利”这个术语，以至于它的应用领域与整个道德义务的领域相吻合，[46]但是，我认为我们不应该采取这种做法。在我看来，对一般的道德权利的一种论述应该能够通过“冗余检验”。“权利”这一术语不应该只是提供另一种方式去谈论我们已经可以完全合适地谈论的东西，而应该在道德领域中把一个特殊的领域清楚地界定出来，应该有充分的动机把这样一个领域清楚地界定出来。当然，冗余检验的通关标准是含糊不清的。[47]明显的是，什么时候一个动机是“充分的”是一个判断问题。但是，通过定义而让权利的领域与整个道德义务的领域（对于这个领域，我们已经有完全合适的词汇）保持共存的做法则通不过冗余检验。不错，我们可以用“权利”这个术语去标记“义务”和“分外之责”的差别。但是，我本人怀疑这样做的动机是充分的。毕竟，在不需要借助“权利”这一术语的情况下，我们已经可以用一些词汇来标记“义务”和“分外之责”的差别。此外，用“权利”这一术语来标记它们之间的差异也不符合权利的哲学传统。在这个传统的主流中，“权利”这一术语肯定有一个完全不同和更为专门的任务。

我在这里提出的论证是诉诸一种语言直观。难道不存在其他更为严格的依据吗？我一直建议把很多形式的分配正义和惩罚性正义排除在道德权利之外。难道下面这种做法不是一个更为严格的程序吗？首先，把一般的“权利”是什么确立起来，然后把更加专门的“道德权利”是什么确立起来，最终把还更专门的“人权”是什么确立起来。

然而，正如我在第一章中所说，[48] 我很怀疑这个更为严格的程序是我们可以得到的。某些词语的含义可以在字面上加以解释，也就是说，按照内涵方面的定义来解释，或者松散地用某些形式性的说明(例如，“我们说，在……的时候，一个人就有了一项‘权利’”)来解释，这种形式的说明后面跟随着某些不属于那个词之外延的条件。但是，这种做法在许多术语的情形中并不适用，因为在那些术语的外延的各个成员的相互联系中，没有什么东西会比维特根斯坦所说的“家族相似性”更
272 强。[49] 不过，这些术语，一旦获得相对稳定的应用，就可以获得一些令人满意的确切含义。我们在“权利”这一术语中可以发现的东西，至多也就是一种相对稳定的应用，但这种应用具有许多含义，从严格而言的含义到宽泛而言的含义，各不相同。当然，一个人也可以对“权利”这一术语提出一种词典排列式的定义，但是，在处理“排除”过程的相关问题时，这种做法并不是我们所需要的。我们需要对“权利”和“道德权利”提出一些更有选择性的说明。我们必须承认，至今还没有人成功地提出这种说明，当然，并不是说无人做过这种尝试。提出这样一种说明或许不是可能的，肯定不会轻易得到实现。同时，我们还应该做好另寻出路的准备。“人权”这个术语的部分外延是被广泛接受的。“权利”的外延、“道德权利”的外延以及“人权”的外延，在很大程度上都是用一种互不依赖的方式发展出来的。我们不会说一个在收入税的缴纳问题上投机取巧的人侵犯了其他公民的人权；他显然是一个欺骗者，但不是一个侵犯人权的人。对于一名遭受了或长或短的有期徒刑判决的女性来说，我们也不会说她的人权受到了侵犯；她只是没有得到公平的对待。在这个方面，我们用日常言语中来言说的东西得到了我们这个时代对人权的一些最重要的声明的充实：1948 年的《世界人权宣言》，以及实

际上一切后来的国家和国际人权法案。这些人权法案将程序正义包括进来，但却没有将所有的分配正义或惩罚性正义包括进来，也没有将很多形式的公平包括进来。如果这些类型的正义被排除在人权的领域外，那么，根据推理，它们难道不也会被排除在其他形式的道德权利（例如道德方面的群体权利）之外？

很难说这种做法就穷尽了用来抵制我的排除纲领的一切方式。[50] 但是，从各方面考虑，我自己都很难找到任何有说服力的理由把矫正正义本身的要求纳入权利的范畴中。若找不到其他更加清楚的理由，我们最好还是继续把受到剥夺的群体的问题视为正义问题，而不是说它们拥有群体权利。

15.6 还原

我认为，其他群体权利可以用还原的方式来加以消解。我将简要考察如下例子：一个国家在国内事务中所拥有的不被干涉的权利。在国际法中，这项权利与国家“主权”密切相关。按照 1970 年的《联合国宣言》，所有国家都享有“主权平等”，这里的主权平等主要包括领土完 273
整的不可侵犯和政治独立。[51] 这一宣言还宣称了“一个原则，即有责任不去干涉任何国家的内部事务”，这个原则禁止对一个国家的“政治、经济和文化事务进行武力干涉和所有其他形式的干涉”。[52] “主权平等原则”和“不干涉的责任”在内容上所存在的重叠是显而易见的。[53] 作为个体，我们每一个人都拥有许多不被干涉的权利：自主权（我们的重要决定不应由他人替我们做出）和自由权（在执行我们的决定时我们不应受到妨碍）。于是就有人认为如下这一点也是明显的：一个国家的主权和不被干涉的权利在某种形式上可能就是这些个体权利的聚集。也许正是因为，而且仅仅是因为一个国家的所有公民具有这项权利，我们才愿意说这个国家也有这项权利。

然而，如果群体不被干涉的权利由此可以被还原为这种个体权利，一个国家就不会有不被干涉的权利了，除非它希望做的事情恰恰也表达了其公民希望做的事情。但是，这种方式根本不是理解这项特殊的群体权利的方式。国家不被干涉的权利一直都被认为是无条件的。正如 1970 年的《联合国宣言》所说："……**不管出于什么理由**，任何国家或国家联盟，都没有权利去干涉任何其他国家的内部事务或外部事务。"[54] 如果这种曾一度共有的理解是正确的，那么这项群体权利就不能被还原为这些个体权利。

然而，我很怀疑这种理解是正确的，而且，在最近二十年来，它也被附加了一些限定条件。当然，一个人可以在（比如说）国际法中把一项法律权利创造出来，并仿照 1970 年的《联合国宣言》来理解它，但是，我们在这里所关注的是道德权利。我想论证的是，一个国家所拥有的那种初步的不被干涉的道德权利，是以这个国家对其公民意愿的表达为基础的，而且，这项初步的权利本身是可以被其他道德考虑所推翻的。我认为，对权利的这种理解最好地说明了我们在这个论题上所持有的某些极其复杂的深思熟虑的信念以及最近二十年来的变化。

不错，我们承认，即使一个国家没有表达其公民的意愿，一般来说我们也不应该干涉它的事务。但我认为支持这种做法的理由是"实用的"。任何干涉的意愿都会碰到很多认识层面的问题。我们几乎无法充分了解局部情况的复杂性，因此我们就很难合理而自信地说：我们能
274 够明白正义究竟要求什么，甚至能够明白如何实现正义的要求。而且，即使我们可以勉强确信当下的情况，我们也很难在极为复杂的社会事务和政治事务中去看清将来很长一段时间将会发生的事情。而且，也有对结果的严峻考验。尽管最近的"人道主义干预"一直以减少苦难为宗旨，但它们所带来的伤害却常常要多于益处。于是联合国就有了一项主要的关切：禁止干涉是对世界和平的一个主要贡献。这些论证，连同一些其他考虑，成为反对干涉的一个强有力的实践论证。事实上，

在确定不被干涉这一（道德）权利的边界时，这些论证也具有一个重要作用。[55]

然而，这些论证并不会使这项权利变得绝对。当胡图族人和图西族人之间的种族灭绝开始的时候，有些人呼吁对其进行干涉，只不过当对这种呼吁的回应出现时已经为时过晚了。在某些情形中，如在种族灭绝或者严重压制或极端无视人民利益的情形中，需要道德辩护的并不是干涉，而是不被干涉。有时候，不被干涉可以通过我刚刚提到的实践考虑而得到辩护。但是，如果一个人具有充分合理的知识，而且在不带来多大风险的情况下就能改善不利状况，那么支持干涉的道德理由就很强了。在这种情况下，不干预至少是一个极大的道德错误，这一点，就如同一个共同体在处理其内部事务时，在面对父母对子女身体的极端虐待以致对其生命造成威胁时，仍然袖手旁观是一样的。

我所勾勒的观点可以被总结如下。不被干涉的道德权利是以“国家的意愿体现其个体公民的意愿”为基础的。如果这种基础不存在了，那么不被干涉的权利也就不存在了。即使这种权利确实存在，它也是可以被推翻的，尽管实践中一些失败的案例表明例外只应出现在特别清晰的情形中。这实际上构成了不被干涉的群体权利向自主性和自由这样的个体权利的一种还原。这说不上是对“干涉何时可以得到辩护”的完整说明，但它是序幕。

15.7 遗留了什么？

就人权而论，除了我提出的基于人格的论述外，也有其他论述。就群体权利而论，除了我在这里讨论过的一些观念和论证外，也有其他可能的观念和论证。我的群体权利观念是道德的（与“法律的”形成对比）、未还原的、未排除的。但是其他作者已经为“群体权利”这个术语规定了其他的含义。例如，有些人或许会认为，[56]“关键的问题”并不在于是

275 否存在我的意义上的群体权利,而是在于是否存在"人们所应具有的合法利益,这些合法利益是从他们的民族文化群体的成员身份中产生出来的,但并没有得到自由民主社会的公民权利和政治权利(如美国权利议案提出的那些权利)的保护……"因此,这些人可能就会规定说"群体权利"就是对这种利益的保护。但是,这并不是唯一重要的问题,甚至也不是一个重要的问题;答案也太明显了。当然,的确有一些合法利益没有得到18世纪的古典政治权利的充分保护。我一直在本书中指出这一点。例子包括某些正义(分配正义和惩罚性正义)问题、公平问题以及一定层次以上的生活质量问题,所有这些都非常重要,但没有一项属于人权问题:并不是所有人类利益都为权利提供了基础。例如,尽管一个人仍然舒适地处于规范能动性所要求的那个水平线之上,不过,由于他的民族文化身份,他可能会在收入方面处于整个社会的底层;在这种情况下,他仍然有一个终止这种不正义的合法利益。那么,接受对"群体权利"的这种规定是否会带给我们一个更好的伦理词汇呢?我认为不会。这种过于宽泛的应用很不符合我们的直观。出于我前面提到的那些理由,[57] 在这些情形中,最好直接谈论"正义""公平""人的安康"以及社会应该依据这些东西所做的事情,因为这样做会更加明确。[58]

尽管如此,除了我的规定外,显然至少还有一个无法反驳的规定。人们或许会合理地提出这样一个问题:[59] 是否存在某些道德根据,据此一个好的社会就应该把法律权利赋予某些群体?当然存在这样的根据:正义、公平、安康等等。在我们对"法律上的群体权利"的谈论中,也不会有丢失明确性的危险,因为法律权利和道德权利的存在条件是不同的,人们也普遍地认为二者是不同的。

既然不可能把作者们对"群体权利"提出的所有规定都鉴定出来,我只能用一个挑战来结束讨论。在把排除和还原结合起来进行运用后,在道德上的群体权利的范畴中,还有任何具有说服力的例子留下来吗?当人们所设定的道德上的群体权利似乎具有权利的地位时,难道那不是因为它们可以被还原为人权吗？我们是否可以把足够明确的标准赋予“群体权利”这一术语，以便使它成为对我们的道德词汇的一个有用的、不多余的补充呢？没有了第三代权利，我们就不会过得好吗？ 276

注　释

第一章　人权：不完备的思想

1. 偶尔会有人否认这一点。约书亚·科恩说，它们的不同内涵产生了显著不同的外延。"自然权利"是"个体在制度尚未出现的环境中将会拥有的权利"；而人权，按照他的"最低限度论"提议，是"全球公共理性的最合情合理的原则所蕴含的权利"[Joshua Cohen, 'Minimalism about Human Rights: The Most We Can Hope For?' *Journal of Political Philosophy* 12 (2004)，第196页]。他认为，按照他对"自然权利"的定义，公平听证的权利和参与管理的权利都不是自然权利：这些权利预设了制度的存在。然而，按照科恩的定义，实际上，按照差不多每一个人的定义，它们是人权。不过，从历史上来看，科恩关于不同外延的主张是不精确的。例如，在18世纪结束之际，"自然权利"和"人权"这两个术语被同时使用，但其外延并非显著不同。法庭上公平听证的权利曾被认为是一项"自然"权利，即"人"的权利。在最抽象的层次上说，这项权利就是享有公平听证的权利，并不预设法律和法庭制度；在荒野上随便聚集起来的一个群体，可以诉求他们所尊重的任何一个成员来解决一场争论，这种解决以及用来达成它的方式应该是公平的。在现代的环境中，为了最有效地确保公平听证，就得有法律、警察和法庭，而联合国在其人权清单中详细阐明了我们所需要的制度。同样，我们享有言论自由的抽象权利；在一个具有出版制度的社会中，我们也有一个派生的出版自由的权利。自然权利确实是我们在无制度的自然状态中所具有的权利，但自然状态的形象说法旨在强调的是，自然权利不是来自任何社会制度，也就是说，不是来自任何社会地位，而仅仅是来自我们作为人的地位。这个信念并不意味着自然权利不可能有派生出来的形式，后者详细说明在变化的环境中某些社会制度应该是什么样子。见以下第一章第五节以及第二章第二节和第八节。

2. Thomas Aquinas, *Summa Theologica*, 1a2ae 93, a. 6 in corp.; ibid. Q. 91 a. 2 in corp.; ibid. ad 3. 有关的解释，见 Annabel S. Brett, *Liberty, Right and Nature* 277
(Cambridge: Cambridge University Press, 1997), ch. 3, sect. 'Objective Right in Aquinas'。

3. 阿奎那"从未使用一个可被译为'人权'的术语"；见 John Finnis, *Aquinas* (Oxford: Oxford University Press, 1998), p. 136；也可见 John Finnis, 'Natural Law: The Classical Tradition', in Jules Coleman and Scott Shapiro (eds.), *The Oxford Handbook of Jurisprudence and Philosophy of Law* (Oxford: Oxford University Press, 2002), sect. 8。不过，费利斯说，"阿奎那显然有这个概念，并在总结'正义的规则'时明确地把它表述出来，当时他说，正义主要……关系到应被给予'所有人'或'每一个类似的人'的东西，……而不是关系到由于某些确定的人特有的理由而应给予他们的东西。"（*Aquinas*, p. 136）不过，阿奎那是否持有我们现在所说的人权概念，取决于那个概念是什么。费利斯让权利的领域等价于正义的领域，但有很好的理由（很快就会在第二章第六节中提及）怀疑这种做法是否符合我们现在的人权概念。我们现在认为人权的领域与正义的领域有所重叠，但并不完全一致。而且，"正义"是一个很灵活的术语，有时指的是道德的一个很有限的领域，而在其他时候则被扩展来包括道德的所有领域或大部分领域。阿奎那是在这个概念的广泛意义上来使用它的。正如费利斯所说，"共同的善是一般正义的对象。一般正义可以被进一步划分为各种形式的特殊正义，主要是在分配社会生活的利益和负担方面的公平，……在对其他人产生影响的任何行为上适当地尊重他们"（*Aquinas*, p. 133；费利斯自己的强调）。这个说法好像仍然没有把"人权"的现代含义给予我们。按照联合国对"人权"这个术语的使用，它包括程序正义原则（例如在法庭上），但不包括一般而论的分配正义原则（例如"分配社会生活的利益和负担"）。现在很少有人会如此广泛地使用"人权"这个概念，以至于让它包括"在对其他人产生影响的任何行为上适当地尊重他们"。待会儿我还会回到这个问题，正如前面所指出的。

4. 在这个简要的历史概览中，我感兴趣的是具有广泛影响的作者，而不是具有思想深度的作者。霍布斯有思想深度，但他对人类动机提出的说法很不受欢迎，因此在影响力上就不及我将提到的那些作者。

5. Hugo Grotius, *On the Law of War and Peace*, trans. Francis W. Kelsey (Oxford: Oxford University Press, 1925), Prol. 11, p. 13.

6. Samuel Pufendorf, *On the Law of Nature and Nations*, trans. C. H. and W. A. Oldfather (Oxford: Oxford University Press, 1934), II. iii. 13, p. 201.

7. 这个短语来自康德的论文《具有一个世界主义目的的普遍历史的观念》的第四个命题："非社会的社会性，也就是说，他们进入社会的倾向与一种不断威胁着要让社会解体的相互对立密不可分。" 见 *Kant: On History*, ed. and trans.
278 Lewis Beck White (Indianapolis: Bobbs Merrill, 1963), p. 15; and H. S. Reiss (ed.), *Kant: Political Writings*, 2nd edn. (Cambridge: Cambridge University Press, 1991), p. 44。

8. 关于这样来标明时期的一个理由，见 Isaac Kramnick (ed.), *The Portable Enlightenment* (New York: Penguin Books, 1995), Editor's Introduction, p. x。

9. "自然状态有一条每个人都应当遵守的自然法来制约它，而理性，也就是那条自然法，则教导全人类说：既然所有人都是平等的和独立的，任何人就不得侵害其他人的生命、健康、自由或财产。"（《政府论下篇》第六段）

10. 然而，在洛克的学术生涯中，他很早就在牛津大学讲授自然法的论题了（1660 年后不久，他就写好了讲稿，几乎是在《人类理解论》出版前三十年；不过，洛克的讲稿在他有生之年并未出版）。在这些讲稿中，他所说的"自然法"实际上指的是"道德规则"（第一篇论文），道德规则是客观的（它"符合理性本质"，其"约束力"是"永恒的和普遍的"（第七篇论文）。见 John Locke, *Essays on the Law of Nature*, ed. W. von Leyden (Oxford: Clarendon Press, 1954)。也可见 J. B. Schneewind, *The Invention of Autonomy* (Cambridge: Cambridge University Press, 1998), ch. 8 sect. 6。在《人类理解论》III. xi. 16—18 以及 IV. iii. 18—20 中，洛克也对道德的理论本质提出了很多说法。

11. Locke, *Essay Concerning Human Understanding*, II. xxi. 55.

12. 例如，Jeremy Bentham, 'Nonsense upon Stilts', in P. Schofield, C. Pease-Watkin, and C. Blamires (eds.), *Jeremy Bentham: Rights, Representation and Reform,* in *The Collected Works of Jeremy Bentham* (Oxford: Clarendon Press, 2003)。"高跷上的胡言乱语" 从那时起就被称为 "无政府主义谬误"，不过，在边沁文集的这一卷中，编者已经恢复了他原来使用的那个更加粗俗的标题。

13. 1789 年的法国宣言是全面性探讨的一个很好的例子。1789 年 6 月，为了为撰写宪法准备材料，国民大会设立了一个委员会。宪法委员会立即提议说，这部宪法应该把一份人权宣言作为前言：“一部宪法应该是公正的，为此，它就应该建立在所有人的权利的基础上。……因此，为了准备一部宪法，就有必要承认自然正义赋予每个个体的权利，……这部宪法的每个条款都应该来自那些原则中的某个原则。”［转引自 Gaetano Salvamini, *The French Revolution: 1788–1792* (London: Jonathan Cape, 1954), p. 143］

14. 转引自 A. E. Dick Howard, ‘Rights in Passage: English Liberties in EarlyAmerica’, in P. T. Conley and J. P. Kaminski (eds.), *The Bill of Rights and the States: The Colonial and Revolutionary Origins of American Liberties* (Madison: Madison House, 1992), p. 3。其他殖民地在特别宣称英国人的权利时也效法《弗吉尼亚宪章》，其中包括马萨诸塞州（1629 年）、马里兰州（1632 年）、缅因州（1639 年）、康涅狄格州（1662 年）、卡罗莱纳州（1663 年，1665 年）、罗德岛 279
州（1663 年）、马萨诸塞州（1691 年）；见上述著作第 4 页。关于美利坚殖民地居民权利的“英国血统”，也可见 John Phillip Reid, *Constitutional History of the American Revolution* (Madison: University of Wisconsin Press, 1986), vol. i, ch. i。

15. 到了 18 世纪结束之际，这两个术语可以被相互交换地使用。例如，在《法国人权宣言》序文中，国民大会声明它决定“在一份庄严的声明中提出这些自然的、不可剥夺和不可转让的权利”。

16. 洛克撰写《政府论》，并不是为了辩护 1688 年的光荣革命。正如彼得·拉斯利特已经表明的（第 48 页、第 51 页、第 58—79 页），这部著作实际上大约是在那场革命爆发前十年撰写的，因此是对一场在未来可能发生的革命的辩护，而不是对一场在过去发生的革命的辩护。不过，在出版这部著作时（第一版在时间上标记为 1690 年，尽管实际上在 1689 年就出版了；见第 50 页），洛克希望把它作为对那场革命的一个辩护，正如序言所说。页码指的是如下著作的页码：*John Locke, Two Treatises of Government*, ed. P. Laslett (London: New English Library, 1965), Editor’s Introduction。

17. 比如，见 1772 年和 1773 年波士顿以及邻镇的乡镇会议对人权宣告提出的说明，见如下文献：T. H. Breen, *The Lockean Moment: The Language of Rights on the Eve of the American Revolution* (Oxford: Oxford University Press, 2001), pp. 17—18。

18. 我很感激詹姆斯·尼克尔与我讨论这一点。

19. 见以下第二章第九节、第十章第四节和第六节。关于我想要否定的那个观点的一个例子，见 Charles R. Beitz, 'Human Rights and the Law of Peoples', in Deen Chatterjee (ed.), *The Ethics of Assistance: Morality and the Distant Needy* (Cambridge: Cambridge University Press, 2004), sect. 2："'实践的'观点（贝茨喜欢这个观点胜于所谓的'正统'观点）……把我们在国际政治实践中发现的人权学说和实践视为基本的。诸如'人权是什么？'、'我们有什么人权？'以及'当人权被侵犯时谁有责任采取行动？'之类的问题，被理解为提到了当代国际生活中被称为'人权'的那种对象。……我们并不假设在先验的或者独立的层面上存在着这样的基本价值——其本质和内容可以被独立地发现，而不依赖于我们对国际领域的反思，然后再用这些价值来解释和批评国际学说。"

20. 见 Lloyd Weinreb, 'Natural Law and Rights', in R. P. George (ed.), *Natural Law Theory: Contemporary Essays* (Oxford: Clarendon Press, 1992), p. 278: "只是到了 17 世纪和 18 世纪，权利才与自然法发生密切联系。但甚至在那个时候，它们之间的联系也基本上是口头上的。这些理论家意识到了自然法传统并用
280 它来支持他们的论证。不过，对自然法传统的提及也跟装饰门面差不多。"也见 J. B. Schneewind, 'Kant and Natural Law Ethics', *Ethics* 104 (1993), p. 56: "自然法在 17 世纪和 18 世纪得到了很广泛的利用。其措辞于是就变得如此模糊，以至于几乎任何关于实践规则的看法都可以用那些措辞表达出来。"

21. 比如说，我们应如何把自然法鉴定出来呢？按照早期的说明，我们需要了解上帝在把人的倾向塑造出来时的意图。从自然法到自然权利的推理是如何进行的呢？自然法彻底包含一个人对自己和对其他人的责任吗？阿奎那认为确实如此（尽管人对上帝的某些责任可能不得不依靠启示）。他认为自然法等同于基本的道德原则，这些原则制约着广泛意义上的责任、是所有人类行动者都可以认识到的，而且，很容易从这些原则中把很多更加具体的道德原则推演出来，尽管偶然也有一些错综复杂的情形——在这些情形中，很难达成道德判断，若能达成的话，也只有在具有极其罕见的道德敏感性的人那里才能达成。［见 Aquinas, *Summa Theologica*, 1—2, a. 91, art. 2："理性动物用最卓越的方式受制于神的旨意，因为通过顾及自己和他人的未来，理性动物分有神的旨意。因此，理性动物也分有永恒的理性，并由此而有了一种达到合适的行为和目的的自然倾向——在理性动物那里，这种对永恒法的分享就被称为自然法。"也见 Joseph Boyle, 'Natural Law and the Ethic of Traditions', in George (ed.), *Natural Law Theory*, pp. 11—14, 24］。如果我们把自然权利从自然法中推导出来，那么这些权利也穷尽了这个道德领域吗？格劳秀斯和普芬多夫好像已经提出肯定

的回答。如今大多数人并不这样看；我们相信那些权利排除了慈善的主张，也许排除了更多的东西。不过，与我们现代人不同，格劳秀斯和普芬多夫把完全的权利和不完全的权利区分开来，这个区分类似于在完全的责任和不完全的责任之间的区分。一般来说，权利往往是从律法中派生出来的道德上的支配力量。按照普芬多夫的说法，在完全的权利的情形中，我们可以用强制力量来行使我们的支配力量；在不完全的权利（比如说，对贫困者进行慈善救助的权利）的情形中，我们可以不使用强制力量来行使那些权利，即使某人阻止我们行使那些权利因此可能成为一件很不人道的事情。（见如下著作中的讨论：Schneewind, *Invention of Autonomy*, ch. 4 sect. 8 and ch. 7 sect. 4。）如果对权利的范围这种更加有限的当代看法是正确的，那么把权利的领域与这个更加广泛的道德领域区分开来就变得很成问题了。

22. 转引自 Michael D. Baylis, 'Limits to a Right to Procreate', in O. O'Neill and W.Ruddick (eds.), *Having Children* (New York: Oxford University Press, 1979), p. 13。在联合国第四届妇女大会（1995 年）上，希拉里·克林顿宣称，否定妇女可以自由地规划自己的家庭属于侵犯人权。

23. Judith Jarvis Thomson, 'A Defence of Abortion', repr. in R. Dworkin (ed.), *The Philosophy of Law* (Oxford: Oxford University Press, 1977). 281

24. John Rawls, *A Theory of Justice* (Oxford: Clarendon Press, 1972), pp. 5—11.

25. 但请考虑："18 世纪是这样一个时期（也许，不是不像我们所处的时代）：在那个时期，公众为自己主张权利的嗜好超过了他们对权利进行分析、就权利的范围和意义达成一致的能力。"［James H. Hutson, 'The Bill of Rights and the American Revolutionary Experience', in M. J. Lacey and Knud Haakonssen (eds.), *A Culture of Rights* (Cambridge: Cambridge University Press, 1991), p. 63］

26. 托马斯·潘恩把教育和福利方面的最低限度供给以及要求工作的主张包括在他的《人的权利》（1791—1792）中，1793 年的法国宣言（不是 1789 年那个更加著名的宣言）包括了接受教育的权利。但是，在那个时代三个最著名的文件（《美国独立宣言》、《美国权利法案》和《人的权利和公民的权利法国宣言》）中，都没有把享受福利的权利包含在内，除非人们认为财产权为福利的各个要素提供了庇护。许多政府确实制定了教育和社会保障方面的条款，但这些条款是通过立法制定出来的；它们只是政治安排，而不是宪政权利。戈尔丁正确地观察到，"一个明确得到承认的福利权的观念" 在 19 世纪就出现了，甚至用隐含的形式出现在注释法学派对罗马法文本的评注中。见 Martin P. Golding, 'The Primacy of Welfare Rights', *Social Philosophy and Policy* 1 (1984), p. 124。不过,只是在最近,即在 20 世纪早期和中期,福利权才广为流行。见苏维埃社会主义共和国联盟的宪法(1936 年),最重要的当然是联合国的《世界人权宣言》(1948 年)第 22—27 条。

27.《人的权利和人民的权利非洲宪章》,第 23 条第 1 款。

28.《消除一切种族歧视国际公约》第 5 条, D. vi。

29.《世界人权宣言》第 13 条第 1 款。

30. 在维特根斯坦对家族相似性的讨论中,那个结论令人信服地凸显出来,见 Ludwig Wittgenstein, *Philosophical Investigations* (Oxford: Blackwell, 1953), sects. 64 ff。

31. 最有影响的当属 Joseph Raz, *The Morality of Freedom* (Oxford: Clarendon Press, 1986), ch. 7 sect. 1。

32. 见以下第二章第四节和第五节。

33. 对古希腊和罗马作者是否具有"权利"概念的讨论,见 Richard Sorabji, *Animal Minds and Human Morals: The Origins of the Western Debate* (London: Duckworth, 1993), ch. 11; Fred D. Miller jun., *Nature, Justice, and Rights in Aristotle's* Politics (Oxford: Clarendon Press, 1995), ch. 4; Tony Honoré, *Ulpian:*
282 *Pioneer of Human Rights*, 2nd edn., (Oxford: Oxford University Press, 2002), ch. 3。

34. 一些作者[例如 Jack Donnelly, *Universal Human Rights in Theory and Practice*, 2nd edn., (Ithaca, NY: Cornell University Press, 2003), pp. 38—39; and Thomas Pogge, *World Poverty and Human Rights* (Cambridge: Polity Press, 2002), p. 52]比较极端,建议用这份人权清单来检验政府的合法性,但这也走得太远了,我将在第二章第六节中提出有关理由。简要地说,我的理由是,人权包括正义的某些部门(例如法庭上的程序正义),但不包括其他部门(整个分配正义领域)。一个政府很留心它的公民是否达到了人权所要求的最低限度的福利水平,但是,一旦公民们达到了这个水平,它就把所有剩余的国民财富转移到自己身上,因此,这样一个政府不会侵犯人权,但几乎说不上是合法的。在我看来,对政府的合法性的一个"检验"需要阐明充分条件和必要条件;广泛侵犯人权对于通不过这样的检验来说是充分的,但不是必要的。见以下第十四章。

35. 堪培拉澳大利亚国立大学社会科学研究院的吉拉尔德·麦凯。

36. 在"哲学可以对人权的公共文化做出什么贡献"这一问题上,有一种更加悲观的观点，见 Richard Rorty, 'Human Rights, Rationality, and Sentimentality', in Stephen Shute and Susan Hurley (eds.), *On Human Rights: The Oxford Amnesty Lectures 1993* (New York: Basic Books, 1993)。

37. Joel Feinberg, *Rights, Justice, and the Bounds of Liberty* (Princeton: Princeton University Press, 1980), chs. 6, 9—11. 也见他的更早期的著作：*Social Philosophy* (Englewood Cliffs, NJ: Prentice-Hall, 1973) 第四章至第六章。在如下著作中也可发现类似的观点：V. Mayo, 'Symposium on "Human Rights" ', *Proceedings of the Aristotelian Society*, suppl. vol. 39 (1965), and H. J. McCloskey, 'Rights', *Philosophical Quarterly*, 15 (1965)。

38. Ronald Dworkin, *Taking Rights Seriously* (London: Duckworth, 1977), pp. xi—xv, 188—191.

39. 在回答赫伯特·哈特的批评［H. L. A. Hart, 'Between Utility and Rights', in his *Essays in Jurisprudence and Philosophy* (Oxford: Clarendon Press, 1983), ch. 9］时，德沃金承认，要由权利来加以审核的那个共同善的概念无须是功利主义的："只有当一项会对某些人造成损害的决定在一个主张中得到初步支持时，我们才需要权利，视之为政治理论中的一个独特要素。那个主张就是，按照对'共同体的普遍福利在于何处'的某个合理说明，那个决定会让整个共同体生活得越来越好。"［'Rights as Trumps', in J. W. Waldron, *Theories of Rights* (Oxford: Oxford University Press, 1984), p. 166］但是，德沃金对权利的描述，即使经过这种轻微的修改，也仍然是有缺陷的。

40. 见以下第二章第六节。

41. Dworkin, *Taking Rights Seriously*, pp. 191 ff.

42. 这个短语被广为使用，因为它出现在联合国 1966 年签发的两个国际公约的序文中。 283

43. 对德沃金的"权利即王牌"的观点的更为完整的评论，见哈特的"在效用和权利之间"，这篇文章影响了我在这里提出的评论。

44. Robert Nozick, *Anarchy, State, and Utopia* (Oxford: Blackwell, 1974), pp. 28—33.

45. John Rawls, *The Law of Peoples* (hereafter *LP*). (Cambridge, MA: Harvard University Press, 1999).

46. *LP*, sects. 8—9, esp. pp. 64—66.

47. *LP*, pp. 30—32, 78, 122—124.

48. *LP*, p. 68; 另见 p. 93。

49. *LP*, p. 104.

50. *LP*, pp. 68, 78—79, 81.

51. *LP*, pp. 65 no. 2, 70, 74, 79.

52. *LP*, pp. 27, 79—80.

53. *LP*, p. 70.

54. 见本节后面;也见第七章第四节。

55. *LP*, pp. 78—79.

56. 例如约瑟夫·拉兹和查尔斯·贝茨的论证。关于拉兹的论证,见本书第二章第八节。关于贝茨的论证,见 Charles Beitz, 'Human Rights and the Law of Peoples' and 'What Human Rights Mean', *Daedalus*, 132 (2003)。我将在第二章第八节中讨论拉兹的论证;随着本书的展开,我会讨论贝茨提出的很多要点;见第二章。

57. 见后面第七章第二节和第三节。

58. *Sunday Times*, 19 Oct. 2003.

59. Mary Ann Glendon, *A World Made New: Eleanor Roosevelt and the Universal Declaration of Human Rights* (New York: Random House, 2001), p. 77.

60. 这些接受调查的哲学家也未能在人权的根据上达成一致,那份调查报告的编辑对起草委员会报告说,"在一份人权宣言中所牵涉到的哲学问题,并不在于在学理上达成一致,而在于在权利、在用来实现和捍卫权利的行动上获得一致,而即使哲学家们在人权的学理根据上有着高度的分歧,后面那种一致也可以得到辩护"[*Human Rights: Comments and Interpretation* (UNESCO and Westport, CT: Greenwood Press, 1949), p. 263; quoted in Johannes Morsink, *The Universal Declaration of Human Rights: Origins, Drafting, and Intent* (Philadelphia: University of Pennsylvania Press, 1999), p. 301]。

比较阿拉斯戴尔·麦金太尔的如下说法:"在 1949 年(原文如此)的联合国人权宣言中,不提出可靠的理由来支持任何断言成为了联合国的一贯做法,从那时起这种做法就被严格遵循。"[*After Virtue* (London: Duckworth, 1981), p.
284 67]麦金太尔没有抓住要领。

61. 例如 Cohen, 'Minimialism about Human Rights', p. 213。

62. 比如说 Charles Taylor, 'Conditions of an Unforced Consensus on Human Rights', in J. R. Bever and D. A. Bell (eds.), *The East Asian Challenge for Human*

Rights (Cambridge: Cambridge University Press, 1999),在这篇文章中,泰勒着眼于伊斯兰教和泰国佛教; Norani Othman, 'Grounding Human Rights Arguments in Non-Western Culture: *Shari'a* and the Citizenship Rights of Women in a Modern Islamic State', ibid., 作者着眼于伊斯兰教; Cohen, 'Minimalism about Human Rights', 作者着眼于伊斯兰教和儒家思想。也见 Amartya Sen, 'Human Rights and Asian Values', *The New Republic,* July 1997, 以及他的如下著作: *Development as Freedom* (Oxford: Oxford University Press, 1999), ch. 10。

63. 例如 Taylor, 'Conditions of an Unforced Consensus',论泰国佛教:"佛教的核心观念:根本上说,每个人都必须对自己的觉悟负责"(第 134 页);"非暴力学说,该学说现在被认为要求尊重每个人的自主性,而这实际上要求在人类事务中最低限度地使用强迫"(第 134 页),尽管泰勒也指出,非暴力学说具有我们的自主性概念并不具有的推论,例如更尊重环境。也见 Othman, 'Grounding Human Rights Arguments',论伊斯兰教:"在《古兰经》中,'ibn alsabil' 这个术语指的是为了寻求一种摆脱压迫的更为和平的生活而被迫迁移的人。这就是说,忍受压迫涉及到一种双重的违背:不论是压迫者还是受害者都违背了神所规定的人性和自主性。不过,这里也隐含着对人的自由、尊严和自主性的深刻肯定。"(第 189 页)"'umma' 这个概念指的是具有多样性的全人类,人被赋予了宗教良心的权利,有权持有他们各自的宗教观点和承诺。这是所有人都分享的灵性能力。"(第 190 页)见 Cohen, 'Minimalism about Human Rights',论儒家思想:儒家伦理包括"我们应当渴求的一种理想人格,也就是说,应当成为这样一个人——他所具有的教养足以让他理解美德并按照美德来行动。……按照杜维明的说法,儒家思想也信奉与这种教化能力相联系的人的尊严的思想。至少在一些表述中,他可能已经补充说,儒家思想假设这种能力广泛地分布于人类个体中"(第 204 页)。不过,科恩强调说,儒家思想所支持的人权观不依赖于"'人是自主的选择者' 这一自由主义观念",而是利用了"这样一种伦理观点——这种观点认为,人被嵌入了各种各样的社会关系中,并受制于与那些关系相联系的义务"(第 206 页)。

64. 更加完整的讨论,见以下第七章第三节和第四节。 285

65. 在我对罗尔斯的万民法的评估中,我得益于与约翰·塔斯奥拉斯的交谈以及他的如下文章: John Tasioulas, 'From Utopia to Kazanistan: John Rawls and the Law of Peoples', *Oxford Journal of Legal Studies* 22 (2002)。

66. 见以下第三章第三节。

第二章　说明人权的首要步骤

1. 在这里,我介绍的是我所理解的这个学科领域的现状。关于“权利”这个观念的历史发展,见以下有益论述:Richard Dagger, ‘Rights’, in T. Ball, J. Farr, and R. Hanson (eds.), *Political Innovation and Conceptual Change* (Cambridge: Cambridge University Press, 1989); James Brundage, *Medieval Canon Law* (London: Longman, 1995); Brian Tierney, *The Idea of Natural Rights* (Atlanta: Scholars Press, 1997); and A. S. Brett, *Liberty, Right and Nature* (Cambridge: Cambridge University Press, 1997)。

2. 见前面第一章注释 3。

3. Tierney, *Idea of Natural Rights*, pp. 37—38.

4. 见 Pope John XXII, papal bull *Ad Conditorem* (1323), quoted in Tierney, *Idea of Natural Rights*, pp. 94 ff。

5. 见 Tierney, *Idea of Natural Rights*, pp. 120 ff。

6. 出处同上,第 261—262 页。

7. 见蒂尔尼追溯出来的那个从作为客观权利的 ius 到作为主观权利的 ius 的发展顺序(出处同上,第 72—73 页),这个发展大约出现在 1200 年。

8. Giovanni Pico della Mirandola, *On the Dignity of Man*, trans. Charles Glenn Wallis (Indianapolis: Hackett Publishing, 1998), p. 5.

9. 见 Brett, *Liberty, Right and Nature*, pp. 47—48。

10. 对一个类似要点的现代陈述,见 L. W. Sumner, *The Moral Foundation of Rights* (Oxford: Clarendon Press, 1987), ch. 4 sect. 1:“一个自然权利的标准本身必须是一个自然性质。因此,一个自然权利理论必须把它所设定的权利(至少其中的一些权利)指定到一类主体,这个类别是由那些主体对那个自然性质(即在我们这个物种中的成员资格)的共同的、完全的拥有来决定的。……在这个语境中,一个性质是因为什么而成为一个自然性质呢? ……首先,这个性质必须是经验性质,因此,一个个体是否拥有这个性质必定是可以用日常的经验手段来确定的。”(第 102 页)

11. James Griffin, *Value Judgement: Improving Our Ethical Beliefs* (Oxford: Clarendon Press, 1996), chs. 2—4.

12. 见以下第六章第一节和第二节。

13. I. Kant, *Groundwork of the Metaphysic of Morals*, trans. H. J. Paton, in his

The Moral Law (London: Hutchinson, 1961), pp. 95—96 [pp. 482—489 in Kant's Gesammelte Schriften, ed. Royal Prussian Academy of the Sciences, (Berlin: Georg Reimer, subsequently Walter de Gruyter, 1900–), vol. 4i.]. 286

14. 以下第三章,特别是第三节以及第五至七节。

15. 对这个权利的进一步讨论,见以下第九节。

16. 对普遍性作为人权的一个必要条件的进一步讨论,见下面第二章第八节。

17. 见下面第二章第八节。

18. J. L. Mackie, 'Rights, Utility, and Universalization', in R. G. Frey (ed.), *Utility and Rights* (Minneapolis: University of Minnesota Press, 1984), p. 87.

19. R. Dworkin, *Taking Rights Seriously* (London: Duckworth, 1977), pp. xiv—xv; 也可见第 180 页以及第 272—274 页(在这里我们可以发现德沃金提到了平等关怀和平等尊重)。德沃金自己意识到了这个概念的模糊性问题。

20. 与我相比,有些理论家试图把正义领域中更多的东西包括在人权中,并且提出了这样做的依据,例如,见 T. M. Scanlon, 'Rights, Goals, and Fairness', in S. Hampshire (ed.), *Public and Private Morality* (Cambridge: Cambridge University Press, 1978)。斯坎伦在这篇文章中提出的依据在广泛的意义上是后果主义的,但我始终担心它所依靠的那种格外复杂的计算是否可行。关于人权的判断必须比这种后果主义判断要更简单、更易处理。见我在如下著作中对后果主义的讨论:Griffin, *Value Judgement*, ch. 7 sect. 5, esp. n. 7。

21. 关于联合国对"种族"的广泛定义,见联合国《消除一切种族歧视国际公约》第 1 条。

22. 见以下第十一章第四节和第六节。

23. 见以下第八章。

24. 见以下第五章第五节。

25. 见以下第三章第三节和第四节、第十章第六节、第十一章第四节以及第十五章第五节。

26. 这种担忧已经导致一些哲学家不再去指望基于人格的说明,例如,见 Joel Feinberg, *Social Philosophy* (Englewood Cliffs, NJ: Prentice-Hall, 1973), ch. 6 sect. 3。

27. 在《正义论》第 77 节中,约翰·罗尔斯对他的"道德个性"概念提出了一个类似的说法。

28. 近来一直有这样的担心:遗传学已经表明,人的心灵并非一块白板,它所具有的一系列能力都有物理基础;因此,遗传学迟早会表明有些人的能力比其他人更大。这难道不会让人们在早期的信念(能力有一个自然的等级秩序)死灰复燃?(对斯蒂芬·平克访谈,《纽约时报杂志》2002年9月15日)有可能是这样,不过,"能动性"是一个阈限概念;人权所需要的唯一平等是我们每个人差不多都具有的那种平等——也就是说,处于那个阈限上面。因此,我们无需为那个阈限本身的存在担心。

29. 见后面第九章第三节。

30. 我已经就这个论题与劳拉·朱克维斯进行了有益交谈。

287 31. 见后面第九章第三节。

32. 约瑟夫·拉兹在讨论中向我指出这一点。也见 Charles R. Beitz, 'Human Rights and the Law of Peoples', in Deen Chatterjee (ed.), *The Ethics of Assistance: Morality and the Distant Needy* (Cambridge: Cambridge University Press, 2004), esp. sects. 2, 3。

33. 例如贝茨在如下文章中的做法: Beitz, 'Human Rights and the Law of Peoples'。

34. 见前面第一章第五节。

35. 由奥涅尔在如下论著中发展出来的一个论证: Onora O'Neill, *Towards Justice and Virtue* (Cambridge: Cambridge University Press, 1991), pp. 131—134。在后面第五章第六节中我会讨论这个论证。

36. 见后面第三章第三节以及第五章和第十九章各处。

37. 例如 John Tasioulas, 'Human Rights, Universality, and the Values of Personhood: Retracing Griffin's Steps', *European Journal of Philosophy* 10 (2002)。与塔斯奥拉斯的交谈一直令我受益匪浅。

38. "折磨是为了把答案从他们口中挖出来。……必须让他们痛苦,这样他们就会迅速给出答案。折磨的另一个目的是击破他们,让他们丧失意志。"[Khmer Rouge Interrogator's Manual, 1986, quoted in Gill Newsham (ed.), *The A–Z of Free Expression* (London: Index, 2003), pp. 249—250]

39. 对现代审讯技术(包括使用药物)的一个描述,见 Mark Bowden, 'The Dark Art of Interrogation', *Atlantic Monthly*, vol. 292 no. 3 (Oct. 2003)。2005年9月22日的《泰晤士报》报告说,宾夕法尼亚大学的一支研究队伍已经研发出一种阅读 fMRI(机能性磁共振成像)脑扫描的方式,据说由此就可以用99%的精确性把讲真话和撒谎区分开来。

40. 见后面第五章第二节。

41. 见后面第十三章第三节和第四节。

42. 见前面第一章第二节。

43. 见前面导论以及第一章第一节。

44. 见后面第十一章。

45. 见后面第四章第六节。

46. 见 Joseph Raz, *The Morality of Freedom* (Oxford: Clarendon Press, 1986), ch. 7, esp. pp. 166, 180—183, 208。

47. 出处同上,第七章,特别是第七节和第八节。

第三章　当人权发生冲突时

1. 见前面第二章第四节。

2. 见后面第九章。

3. 见前面第二章第一节。 288

4. I. Kant, *The Metaphysics of Morals*(以下简称 *MM*), in *Kant's Gesammelte Schriften*, ed. Royal Prussian Academy, of Sciences (Berlin: Georg Reimer, subsequently by Walter de Gruyter, 1900–), vol. 6 Part I ('The Doctrine of Rights'), Preface, p. 230.

5. 一些当代理论家捍卫"人权可以共存"的观点,其中包括 Robert Nozick, *Anarchy, State, and Utopia* (Oxford: Blackwell, 1974), p. 166; Hillel Steiner, *An Essay on Rights* (Oxford: Blackwell, 1994), Introduction and ch. 3 sect. c.; Onora O'Neill, 'Children's Rights and Children's Lives', *Ethics* 98 (1988)。

6. Abraham Lincoln, *The Collected Works of Abraham Lincoln*, ed. Roy P. Baster (New Brunswick, NJ: Rutgers University Press, 1953—1955), vol. 4 p. 430; quoted in H. G. Pitt, *Abraham Lincoln* (Stroud: Sutton Publishing, 1998), ch. 6.

7. 除了正文中讨论的文件外,也见《欧洲人权公约》(1950 年)第 11 条第 2 款,第 4 项协议第 2 条第 3 款;《难民地位公约》(1951 年)第 9 条;《无国籍人士地位公约》(1954 年)第 9 条;《欧洲社会宪章》(1961 年)第 30 条以及附录;《经济、社会和文化权利国际公约》(1966 年)第 6 条第 3 款,见第 12 条第 3 款、第 13 条第 4 款和第 15 款、第 16 条第 2 款、第 22 条第 3 款、第 27 款和第 30 款;《消除以宗教或信仰为基础的各种形式的不宽容和歧视的宣言》第 1 条第 3 款。

8. 也见《公民和政治权利国际公约》(1966年)第4条第1款,这一条款旨在阐明《世界人权宣言》并给予它以法律效力:

> 在威胁国家生活的突发事件发生且这种事件的存在被正式宣布的时候,在紧急状况严格要求的程度上,本公约缔约国各方可以采取与它们在本公约下的义务相偏离的措施……

第4条第2款列举了不可以被暂停的权利,例如生存权、不受折磨的权利、不受奴役的权利、在法律面前人人平等的权利以及思想、良知和宗教自由的权利,以此来进一步说明何谓"严格要求"。

9. 在第二次世界大战期间,美国不经审判就拘留了十二万多名日裔美国人。1988年,国会正式承认"那些行动是在没有充足的安全理由的情况下采取的",其动机在很大程度上在于"种族偏见、战时的歇斯底里以及政治领导的失败";美国国会也发布命令,要求补偿仍健在的被拘留者。在1939年到1945年期间,英国不经审判就拘留了差不多两万七千人,七千人被驱逐出境。在战争的早期阶段,德国人的入侵对英国产生的威胁远远大于日本人的入侵对美国的
289 威胁。见 Johan Steyn, 'Guantanamo Bay: The Legal Black Hole', Twenty-Seventh F. A. Mann Lecture, 25 Nov. 2003; A. W. Brian Simpson, *In the Highest Degree Odious* (Oxford: Oxford University Press, 1994)。

10. 如果生存权完全是消极的,也就是说,生存权是不让自己的生命在没有正当程序的情况下就被剥夺的权利,并且只有一个相关联的责任,即约束的责任,那么就不会有冲突。但是,我应该说生存权不是被这样限定的;它包含了在某些情况下得到营救和保护的权利。我认为营救和保护应被视为拥有生命的原始权利的一部分,而不应被视为附加权利。人身安全的权利也是如此:如果一个政府看到其公民不断受到暴力攻击却袖手旁观,那么它就未能履行它的责任——一项与安全的权利相关联的责任。

11. Nozick, *Anarchy, State, and Utopia*, p. 166.

12. 见 Leslie A. Mulholland, *Kant's System of Rights* (New York: Columbia University Press, 1990), p. 4。

13. *MM*, p. 237.

14. *MM*, p. 237.

15. *MM*, p. 230.

16. *MM*, pp. 390 ff.

17. *MM*, p. 237.

18. *MM*, p. 256.

19. *MM*, pp. 297, 302.

20. *MM*, p. 311.

21. *MM*, p. 337.

22. *MM*, pp. 295—296.

23. *MM*, p. 278.

24. Mulholland, *Kant's System of Rights*, p. 199; 也见 H. S. Reiss, Introduction, in Reiss (ed.), *Kant: Political Writings*, 2nd edn. (Cambridge: Cambridge University Press, 1991), p. xx。

25. 我在后面第九章中讨论自由权。

26. 见前面第二章第六节。

27. 见 *MM*, 'The Doctrine of Right', sect. 3。

28. 见前面第二章第九节。

29. 见前面第一章,注释 55。

30. 见前面第二章,各处。

31. 见前面第二章第六节。

32. 关于"可丧失"这个概念及其与"可让渡"、"可废止"以及"可弃权的"的区别,见 Joel Feinberg, 'Voluntary Euthanasia and the Inalienable Right to Life', sect. III, in his *Rights, Justice, and the Bounds of Liberty* (Princeton: Princeton University Press, 1980)。

33. 例如,对环境的义务与福利权相冲突。

34. 还有另一个方面,即其中所涉及到的人数。不过,由于这个方面比较复杂,我将不予讨论。

35. 见后面第十二章第五节和第六节。 290

36. 见我的 *Well-Being* (Oxford: Clarendon Press, 1986), ch. V sect. 6。

37. 对具有连接作用的概念的讨论,见 Ruth Chang, 'Putting Together Morality and Well-Being', in P. Bauman and M. Betzler (eds.), *Practical Conflicts: New Philosophical Essays* (Cambridge, Cambridge University Press, 2004); and in her ' ''All Things Considered'' ', *Philosophical Perspectives* 18, (2004)。

38. 见我的 *Value Judgement: Improving Our Ethical Beliefs* (Oxford: Clarendon

Press, 1996), chs. V—VII。

39. 进一步的讨论，见后面第五章。

40. 关于“尊重”价值和“促进”价值的区分，见 Phillip Pettit, ‘Consequentialism’, in P. Singer (ed.), *A Companion to Ethics* (Oxford: Blackwell, 1991)。

41. 见我的《价值判断》第一章。

42. Nozick, *Anarchy, State, and Utopia*, p. 30 n.; 也见前面第一章第四节。

43. Judith Jarvis Thomson, *The Realm of Rights* (Cambridge, MA.: Harvard University Press, 1990), p. 30 n. 19.

44. T. M. Scanlon, *What We Owe to Each Other* (Cambridge, MA: Harvard University Press, 1998), p. 391 n. 21.

45. 我认为善的东西与正当的东西是相重叠的，比如说，对于过一种生活的某个人来说，如果这种生活是道德的，那么它在这个意义上也可以是好的。这表明，有时候必须用正当来说明善。见我的《价值判断》第 68—79 页。不过，即便有这些复杂性，我们仍然可以谈论正当的东西或者善的东西的优先性。

46. 见前面注释 40。

第四章　谁的权利？

1. 基于人格的说明的一些批评者把长睡不起的人、被麻醉的人、神志不清的人或者临时昏迷的人添加到那些被认为没有人权的人当中。不过，尽管在梦游者的道德地位方面存在着一些争议，但我们可以正确地认为，睡眠不应成为否定一个人具有作为人的地位的理由。短期的无意识也不应该成为这样的理由。在可以被恰当地处理为一种有意识、有目的的生活的那种生活中，刚才提到的那些东西都仅仅是短暂的或者道德上不重要的过渡阶段。

2. 这一点需要详细阐明。正如我们已经看到的（前面第二章第七节），为了拥有人权，重要的是一个人此时就具有规范能动性的能力；人权既要保护这种能力，也要保护对规范能动性的行使。

291 3. 约翰·洛克，《政府论下篇》（有很多版本）第六章第 55 段。

4. 这个定义取自《牛津英语词典》。

5. 这个例子借自 Jeff McMahan, *The Ethics of Killing: Problems at the Margins of Life* (Oxford: Oxford University Press, 2002), p. 310。麦克马汉对潜力的道德重要性的讨论比我的讨论要充分得多；见第四章第六节。

6. 序文。国际特赦组织也有类似说法。“儿童因处于特殊的成长时期而具有某些权利，这个思想来自如下普遍认识：由于儿童在身体和情感方面都不成熟，他们不仅依赖于家庭和社会，也更广泛地依赖于为他们的安康提供保护的成年人的政治权力和经济权力的结构。”见该组织的如下杂志：*Amnesty*, Jan./Feb. 2001。

7. 第3条第2款、第6条第2款。从这份公约对“儿童”的定义中可以看出，它所列举的一切权利适用于某些儿童。“出于本公约的目的，儿童系指18岁以下的任何人，除非对其适用之法律规定成年年龄低于18岁。”（《联合国儿童权利公约》，联合国大会1989年正式通过）

8. 比较世界卫生组织对健康权的同样难以置信的定义：“在可得到的最高标准”方面的身体健康和心理健康。联合国人权宣言的起草者们在很多时候都不够细心，过于铺陈权利。关于健康权，见后面第五章第二节和第十一章第六节。

9. 关于正义与人权的关系，见前面第二章第二节；关于受难与人权的关系，见前面第二章第九节。

10. 这一点也许在如下著作中得到了最显著、最有力的论证：McMahan, *Ethics of Killing*；也见 McMahan, ‘Cloning, Killing, and Identity’, *Journal of Medical Ethics* 25 (1999)。

11. 麦克马汉如此论证；见他的《杀戮的伦理学》第一章，在那里他把“人”的开端置于受精后大约28—30周的时间点上。

12. 我认为麦克马汉会同意这一点。他说，对于一个人来说，除了同一性外，这个人在不同时刻在心理上相连续的程度在道德上也有分量，有助于说明为什么他的生命在不同时刻具有不同程度的道德重要性。然而，我很怀疑添加心理连续性就可以让我们令人满意地说明晚期胎儿、婴儿、三岁儿童以及成年人在重要性程度上的差别。

13. 在前面第二章第九节中，我已经讨论了对这种观点的一个取舍，即一种更加多元主义的说明。

14. 这些例子取自我在如下著作中对需求的讨论：James Griffin, *Well-Being* (Oxford: Clarendon Press, 1986), p. 41（我原来从加雷特·汤普森那里得到了第一个例子）。本节所讨论的一些要点在第三章第二节至第六节中得到了更充分的发展。 292

15. 例如，见 David Braybrooke, *Meeting Needs* (Princeton: Princeton University

Press, 1987), p. 31：一个基本需求的一个"标准"是，它是"正常地生活或发挥功能所必需"的东西。后来他更充分地说道，某个东西进入基本需求名单、达到所需的满足水平的"标准"就在于："在诸如父母、户主、劳动者、公民之类的基本社会角色的某种组合下，在履行指定给某个人的任务这件事情上，这个东西对于心灵或身体来说是必不可少的。如果没有向那个人提供必不可少的东西，那么在履行那些任务时他就会发生功能紊乱。"（第 48 页）也见 Garrett Thomson, *Needs* (London: Routledge & Kegan Paul, 1987)。

"基本需求"是一个专业术语，因此需要加以定义。尽管人们提出的定义各不相同，但大多数都很接近布雷布鲁克的定义。例如，见 David Wiggins, 'Public Rationality, Needs and What Needs are Relative To', in P. Hall and D. Bannister (eds.), *Transport and Public Policy* (London: Mansall, 1981), p. 209："说某个东西 x 是'基本的'大概是说，我们很难设想可以对事物做出这样的安排或重新安排，以至于即使一个人不再需要 x，……他的生活或活动也不会因此而枯萎。"一些作者用更精确的词汇来定义这个概念，例如，见 David Wiggins and Sira Dermen, 'Needs, Need, and Needing', *Journal of Medical Ethics* 13 (1987), 第八节和第九节；除了提到需求的"基本性"外，他们还把需求的"严重性"、"紧迫性"、"稳固性"以及"可置换性"区分开来。

16. 当然，我们不应要求基于需求的说明本身就有资源解决一切有关"道德变得'慷慨得难以置信'"的问题。道德的其他部分可能起到了防止道德变得过于苛刻或者过于慷慨的作用，比如说，对人类行动的一般动机约束也对义务施加了限制。不过，一般约束在这里不会提供足够的帮助，例如，它们并未说明为什么会有这样一个临界点——到了那个临界点上，疾病和故障都变得微不足道，因此就不能把一项要求治疗的权利创造出来。

布雷布鲁克在其《满足需求》第八章第三节中讨论了无止境的医疗要求给基本需求说明带来的问题。他认为这些医疗要求构成了"需求概念上的一场故障"（第 294 页）。"归根到底，我们只能承认，在需求的概念中，已经没有什么东西可以让对医疗保健的需要免于陷入无底洞。"（第 301 页）即便如此，布雷布鲁克进一步正确地强调说，诸如此类的故障并未削弱在社会决策中把一个主导性的作用赋予人的基本需求的做法。

戴维·威金斯说他回答了这个异议，见 David Wiggins, 'Claims of Needs', in *Needs, Values, Truth* (Oxford: Blackwell, 1987), p. 38 n. 45。他的回答如下："有关需求的陈述报告了对某个东西的需求，这个东西被需求这一事实就构成了对它持有某个抽象的权利或者应得权利的部分理由。我建议,如果一个活生生地存在的社会道德 S 成功地向行动者提出某些他们可以转变为自己的关注的共同关注,那么,为了这样一个社会道德,(我们不妨假设)在条件 C 下存在着对 x 293 的一个抽象的要求权或应得权利,在这里, x 是这样一种东西:在条件 C 下,只要对某个人否定或取消了 x,他也就没有理由(要么完全没有,要么部分没有)重新考虑他对 S 所维护的互惠合作规范的忠诚,而在 S 内部,这样一个理由是可以被明确地声张和公共地维护的。……一个社会道德当然不可能让任何特定的人都有保障地有权要求财富、健康、幸福,或者有权免于日常灾难。不过,它同样也不应该对它所约束的任何人造成威胁,无端地让他们(或者任何其他参与者)遭受不幸,例如为了某个更大的公共善而要求他们(或者任何其他参与者)牺牲自己至关重要的利益。"(第 31—33 页)

威金斯的回答摇摆在两个不同的方向上,于是,如果(比如说)一个社会没有增设一个发现治疗艾滋病的方案的应急计划,那么他的回答就不能可靠地告诉我们,在这件事情上我们应该说什么。艾滋病患者很可能会认为,社会实际上已经"为了某个更大的公共善"(例如,为了摆脱盖蒂博物馆的控制,花大价钱在英国保留一些更多的画作)而牺牲他们的"至关重要"的利益;他们可能也会认为,既然社会抛弃了他们,他们就有理由(正如他们当中很多人都会认为的那样)重新考虑他们"对 S 所维护的互惠合作规范的忠诚"。但是,这样一来,他们可能会转而认为,甚至像生命这样一项至关重要的利益也不会让他们"有保障地有权要求健康"。威金斯好像是把着重点放在第一条思路上。他认为有三个原则充当了权利的基础(第 34 页),后来又认为这些原则"几乎没有超过人们按照自己的方式(或者按照相对于环境来说最好的方式)来保证自己生存的先决条件"(第 39 页)。再后来他仍然说,"在实际上受到(社会干涉)影响的至关重要的利益中,如果以很多其他人(不管有多少)的次要利益为名来牺牲任何人的更大的至关重要的需求,那么这种做法原则上说就是不公正的"(第 43 页)。

17. 例如,就像下面这样一些作者所说: Joel Feinberg, *Social Philosophy* (Englewood Cliffs, NJ: Prentice-Hall, 1973), p. 111; David Miller, *Social Justice* (Oxford: Clarendon Press, 1976), ch. IV; and Wiggins, 'Claims of Need', p. 10(我在正文中提出的评论也适用于威金斯的"生活变得'枯萎'"的思想)。

18. 为了处理这样一些异议,我们有办法进一步提炼这些说明。例如,我们可以引入一个标准来衡量一个需求的重要性或紧迫性,比如说,该需求已经获得的满足越多,它就变得越不重要或者越不迫切。举例来说,一个社会越多地满足健康的要求,剩余的健康要求就变得越不迫切。斯坎伦曾经发展了这条思路[见T. M. Scanlon, 'Preference and Urgency', *Journal of Philosophy* 72 (1975)]。不过,对需求说明的这种提炼,作为社会选择的一个基础(一个社会已经在健康方面投入足够的资源,如今,是艺术和教育方面的要求变得重要了),尽管看起来有点道理,但在把它作为人权的一个基础时,它看来就没有道理了。在已
294 经对健康进行了一定量的投资后,进一步的投资可能就不再重要。但是,对谁重要呢?可能是对社会。不过,尽管社会可以设定一个速成项目来寻求治疗艾滋病,但已经决定不这样做,于是有一些人就会死去,而对这些人来说,健康方面的进一步投资肯定就很重要了。但是,人权是个人可以对其他人(包括社会)提出的要求。对需求说明的这种提炼,尽管可能有自己的目的,却让这种说明偏离了每个人的应得权利,因此偏离了与人权相关的东西。

19. 正如戴维·布雷布鲁克所做的那样;见注释15。

20. 见后面第六章。

21. 见前面第二章第九节。

22. 见前面第二章第二节。

23. 见前面第一章第三节。

24. 关于他们如何可能分阶段获得权利,见如下著作中的有益讨论:David Archard, *Children: Rights and Childhood* (London: Routledge, 1993), chs. 5 and 6, and Carl Wellman, 'The Growth of Children's Rights', in his *An Approach to Rights* (Dordrecht: Kluwer, 1997)。

第五章　我的权利,但谁的责任?

1. 下文对这个模式提出了更充分的说明:Onora O'Neill, 'Children's Rights and Children's Lives', *Ethics* 98 (1988), pp. 447—449。

2. 关于这种情形,见以下第七章第四节、第八章第三节和第四节、第十章第八节。

3. 关于这种病态成长的历史,见 Hugo Bedau, 'The Right to Life', *Monist* 52 (1968);也见以下第十章。

4. 见上面注释2。

5. 见前面第三章第五节。

6. 进一步的讨论,见 James Griffin, *Value Judgement: Improving Our Ethical*

Beliefs (Oxford: Clarendon Press, 1996), ch. VI, sect. 2。

7. 见后面第十章第三节。

8. 第 12 条第 1 款。也见《人的权利和人民的权利非洲宪章》第 16 条;《经济、社会和文化权利领域美国人权公约》补充协议第 10 条第 1 款。

9. 第二十二次会议, 2000 年 4 月 25 日至 5 月 12 日,正如草案总评第 14 条所报告的。

10. 见以下第十章。

11. 我很感激牛津大学基督圣体学院约翰·沃茨在这个论题上给我的劝告。

12. 联合国艾滋病规划署,人类免疫缺陷病毒 / 艾滋病国别估计和数据表, 2000 年 6 月; J. T. Gathii, 'Construing Intellectual Property Rights and Competition Policy Consistency with Facilitating Access to Affordable AIDS Drugs to Low- 295
End Consumers', *Florida Law Review* 53 (2001), p. 734; A. Tabor, 'Recent Developments: AIDS Crisis', *Harvard Journal on Legislation* 38 (2001), p. 525。如下会议报告提出了一个很好的调查: Sarah Joseph, 'The ''Third Wave'' of Corporate Human Rights Accountability: Pharmaceuticals and Human Rights', Conference, Castan Centre for Human Rights Law, Monash University, 10–11 Dec. 2001。

13. *The Guardian*, 18 May 2004.

14. 见 Joseph, ' ''Third Wave'' of Corporate Human Rights Accountability', nn. 71, 72。

15. 比如说 Onora O'Neill, *Towards Justice and Virtue* (Cambridge: Cambridge University Press, 1991), ch. 5 sect. 2。

16. 出处同上,第 131—134 页。

17. 例如 Carl Wellman, *Welfare Rights* (Totowa, NJ: Rowman and Allanheld, 1982), p. 181。

18. 关于奥涅尔的主张,见 John Tasioulas, 'The Moral Reality of Human Rights', in Thomas Pogge (ed.), *Freedom from Poverty as a Human Right: Who Owes What to the Very Poor?* (Oxford: Oxford University Press, 2007)。

19. 见前面第二章第八节。

20. 这段话发展了如下论文中的一个思想: Tasioulas, 'Moral Reality of Human Rights',第四节和第五节。

21. 一些理论家公布了可执行性要求，例如 Raymond Geuss, *History and Illusion in Politics* (Cambridge: Cambridge University Press, 2001)："对于这套'权利'的存在来说，存在着某个可以指定、多多少少切实有效的机制来执行它们，这是很有必要的。"（第 143 页）对可认领性要求和可执行性要求的更充分的讨论，见 Tasioulas, 'Moral Reality of Human Rights'。

第六章　人权的形而上学

1. 我已经在如下著作中讨论了趣味模型（以及知觉模型，我一会儿会提到后者）：James Griffin, *Value Judgement: Improving Our Ethical Beliefs* (Oxford: Clarendon Press, 1996), chs. II—IV，在本书第六章第一节和第二节中，我将给出那三章的论证的一个压缩版本。

2. Richard Brandt, *A Theory of the Good and the Right* (Oxford: Clarendon Press, 1979), p. 10.

3. John Rawls, *A Theory of Justice* (Oxford: Clarendon Press, 1972), pp. 432—433.

4. L. Wittgenstein, *Philosophical Investigations* (Oxford: Blackwell, 1953), *passim*, but esp. sects. 1—38, 136—156, 167—238. 对"生活形式"的指涉，见第 19、23、241 节。

5. Donald Davidson, 'Psychology as Philosophy', p. 237, and 'Mental Events', p. 222, both in his *Essays on Action and Events* (Oxford: Clarendon Press, 1980)；
296 也可见他的林德莱讲座：Donald Davidson, 'Expressing Evaluations' (Lawrence: University of Kansas Press, 1982)。

6. Aristotle, *Metaphysics*, 1072a29 ff.；见 *Nicomachean Ethics* 1175a。简要的讨论，见 David Wiggins, *Needs, Value, Truth* (Oxford: Blackwell, 1987) 第 106 页。

7. 见 Wittgenstein, *Philosophical Investigations*, sects. 243—308。

8. J. L. Mackie, *Ethics* (Harmondsworth: Penguin, 1977), p. 41.

9. 关于这个论证的一个更充分的版本，见我的《价值判断》第四章。

10. 见前面第三章第五节。

11. 见后面第十一章第二节。

12. 见前面第三章第五节。

13. 见前面第二章第五节。

第七章 人权的相对性和民族中心主义

1. 在前面第一章第五节中讨论罗尔斯有关民族中心主义的观点时，我已经初步论及伦理相对主义。

2. 见休谟的《论趣味的标准》，见于休谟论文集的各种版本。

3. 见 Richard Brandt, *A Theory of the Good and the Right* (Oxford: Clarendon Press, 1979), p. 10。

4. 这是吉尔伯特·哈曼的"相对于某个论证框架"的一个例子，见 Gilbert Harman, 'Moral Relativism', in Gilbert Harman and Judith Jarvis Thomson, *Moral Relativism and Moral Objectivity* (Oxford: Blackwell, 1996), p. 9。

5. 也是哈曼的例子，出处同上，第 8—9 页。

6. 有些作者把不可通约的价值作为道德相对性的一个例子来引用，比如说，见 Maria Baghramian, *Relativism* (London: Routledge, 2004)，第九章。

7. 更为充分的探讨，见我的如下两篇文章：'Mixing Values', *Proceedings of the Aristotelian Society* suppl. vol. 65 (1991); 'Incommensurability: What's the Problem?', in Ruth Chang (ed.), *Incommensurability, Incomparability, and Practical Reason* (Cambridge MA: Harvard University Press, 1997)。

8. 黄百锐认为这是他所说的伦理相对主义的一个例子，见 David B. Wong, *Moral Relativity* (Berkeley: University of California Press,1984), ch. 12, sect. 5。

9. 见前面第一章第一节和第二章第二节。

10. 见后面第八章第二节和第三节。

11. 见前面第六章第四节。

12. James Griffin, *Value Judgement: Improving Our Ethical Beliefs* (Oxford: Clarendon Press, 1996), ch. V.

13. 见前面第六章第三节。 297

14. 博格西昂最近对相对主义提出了一个很好的评估：Paul Boghossian, *Fear of Knowledge: Against Relativism and Constructivism* (New York: Oxford University Press, 2006)。

15. 罗尔斯认为我们需要避免民族中心主义，见 Rawls, *The Law of Peoples* (以下简称 *LP*) (Cambridge, MA: Harvard University Press, 1999), sect. 17. 1, 'Law of Peoples not Ethnocentric'；也见第 68 页："用这些方式（大体上说，启蒙运动的方式）去论证人权会牵涉到一些哲学或宗教方面的学说，而许多得体的、有着

等级制度的人民会认为这些学说是自由主义的或民主的,或者以某种方式凸显了西方政治传统因而对其他文化持有偏见,因此对它们加以拒斥。”

16. 这个解释在如下文章中被采纳:John Tasioulas, 'International Law and the Limits of Fairness', *European Journal of International Law* (2002), sect. 2。

17. 见前面第一章第五节。

18. 在第一章第五节和第十三章第四节中,我更充分地讨论了这一点。

19.《曼谷宣言》(1993),序文以及第1、8、20条。

20. 见前面第三章第二节。

21. 因为一些学者提出的理由,比如说 Partha Dasgupta, *An Enquiry into Well-Being and Destitution* (Oxford: Clarendon Press, 1993),第五章。

22. 第29条第2款。

23. 见前面第二章第九节。

24. 如下论著更充分地引出这些对比:Archie J. Bahm, *Comparative Philosophy: Western, Indian and Chinese Philosophies Compared* (Albuquerque: World Books, revised 1995), 特别是第三章。

25. Amartya Sen, *The Argumentative Indian: Writings On Indian History, Culture, and Identity* (Harmondsworth: Allen Lane, The Penguin Press, 2005), esp. chs. 1, 4, 13.

26. www.quotationspage.com, *sub* Mahatma Gandhi.

27. 唐纳利认为是这样,见 Jack Donnelly,'Traditional Values and Universal Human Rights: Caste in India', in Claude E. Welch jun. and Virginia A. Leary (eds.), *Asian Perspective on Human Rights* (Boulder, CO: Westview Press, 1990)。这个问题在如下著作中得到讨论:Harold Coward, *The Hindu Tradition*, vol. 4 of William H. Brackney (series ed.), *Human Rights and the World's Major Religions* (Westport, CT: Praeger, 2005)。

28. 罗伯特·弗罗里达认为是这样,见 Robert E. Florida,*The Buddhist Tradition*, vol. 5 of Brackney (series ed.), *Human Rights and the World's Major Religions*, 见 pp. 9, 205 ff。

29. 该宪法第三部分致力于“基本权利”,其中包括在法律面前的平等保障(第14条),不因宗教、种族、种姓、性别、出身等缘由而歧视(第15条),言论、表达、集会、结社、迁移和居住的自由(第19条),宗教自由(第25—28条),生存权,个人自由(第21条)以及法定诉讼程序(第22条)。而且,印度起草者把西方宪政实践当作榜样。见 Pratap Kumar Ghosh, *The Constitution of India: How It Has Been Framed* (Calcutta: World Press, 1966),第 70 页:“我们(印度)宪法的 298
筹划者分享美国的观点(即杰斐逊的观点:一部民主的宪法应包括一部权利法案),因此把一份基本权利名单整合到我们的宪法中”;也见 M. V. Pylee, *India's Constitution* (Bombay: Asia Publishing House, 1962) 第 3 页:“印度宪法的缔造者从美国宪法中吸取了很多东西,尽管不是其简洁性。……因此,印度宪法在很大程度上是摹仿和改编的结果。”

30. 见 Florida, *Buddhist Tradition*, p. 209。

31. 我也不相信在伊斯兰和西方之间存在着严重分歧。从文化上来看,伊斯兰比印度更接近犹太—基督教的西方。伊斯兰接受《旧约》和《新约》,把它们当作自己的《圣经》的一部分,也把包括耶稣在内的先知视为自己的先知。从哲学角度来看,伊斯兰深受古希腊和罗马的影响。在数学和自然科学方面,在中世纪期间,伊斯兰往往领先于欧洲。在社会思想上,穆罕默德的道德教义比耶稣的更加详细,对理想的社会秩序的看法也比耶稣的更加具体,因此在很多方面具有更为明确的平等主义色彩。《古兰经》规定了一项穷人应得税,对富人课以百分之二点五的税用于援助穷人。这看起来可能就像犹太人和基督徒的什一税一样薄弱,但这两种税很不相同:什一税更多地是用来维护宗教机构,穷人应得税则是直接用来救济穷人,百分之二点五的课税不仅是针对一个人的收入,也是针对一个人所占有的财产。[见 Huston Smith, *The World's Religions* (San Francisco: Harper, 1991), pp. 246, 250。]伊斯兰世界曾经享有比西方世界更多的宗教自由。“宗教中不得有强制”,《古兰经》如是说(2: 257;也见 5: 48)。在安大路西亚,穆斯林长期以来对犹太人和基督徒都很宽容,但是,在天主教徒征服安大路西亚的时候,他们却驱逐和杀戮穆斯林和犹太人,或者强迫他们皈依。而在穆斯林征服君士坦丁堡的时候,他们允许东正教就像以往那样继续存在下去,君士坦丁堡(伊斯坦布尔)如今依旧是东正教的所在地。关于穆斯林对其他宗教的宽容,见 Bernard Lewis, *The Crisis of Islam* (New York: Random House, 2004), pp. xxix—xxx。

上述回顾很简略,因为大家都很熟悉这些事实。在跟很多现代穆斯林讨论自主性、自由和最低限度供给时,我们碰到的麻烦不会比我们跟很多现代印度人讨论同样的问题时碰到的更多。诚然,不是跟所有的穆斯林;比如说,显然不是跟阿富汗塔利班。不同的穆斯林从《古兰经》中得到的教训很不相同。《古兰经》好像传授了很不相同的教训,从对无信仰者的罕见的宽容(正如以上所说）到残酷无情的不宽容，例如著名的《战争诗篇》中所说："不管你在什么地方发现异教徒，都要打击和杀害他们：抓住他们，围攻他们，想方设法伏击他们。"
299 不过，一个文化群体内部的差异当然不是不同文化群体之间的差异。"原教旨主义"这个说法原来是用来描述20世纪20年代美国保守的新教福音派信徒的，并由此而获得它目前的含义，它在东西方的当代变种大概也有共同的缘由：也许是一种绝望，而这种绝望则来自这样一种恐惧——现代世界正在无情地抛弃文化差异。[见Malise Ruthven, *Fundamentalism: The Search for Meaning* (Oxford: Oxford University Press, 2004), pp. 10—15。]

不过，无疑有一些伊斯兰教特有的缘由：殖民掠夺的历史、贫困、缺乏教育、十字军东征以及奥斯曼帝国对欧洲的渗透（17世纪晚期在对维也纳的第二次围攻中达到高潮）的后遗症。在西方世界和穆斯林的中东世界之间存在着紧张关系，对这种紧张关系的部分说明必定在于：它们是隔壁邻居——在地理上邻近而不是在文化上邻近。想想北爱尔兰的新教徒和天主教徒。伊斯兰世界的民主记录变化多端，在北非和中非、土耳其、中东、印度次大陆、东南亚、印尼都各不相同。不过，在拉美也可以发现同样的政治变异，而对这种变异的说明就不可能是拉美国家与欧洲的文化差异了。经济结构在说明伊斯兰和拉美的政治结构上必定发挥了一个重要作用。我想否定的是，伊斯兰国家和西方国家的文化差异是造就它们的政治差异的主要原因。文化差异起到了一定作用，但很多其他东西也发挥了一定作用。

32. 见前面第一章第五节。

33. *LP,* pp. 61—67.

34. *LP,* p. 59.

35. *LP,* p. 62.

36. *LP,* pp. 5, 75—78.

37. *LP*, pp. 64—67.

38. 见前面第一章第五节。

39. *LP*, p. 80 n. 23.

40. *LP*, p. 27.

41. 见后面第八章、第九章以及第十一章。

42. 见前面第二章第六节。

43. *LP*, pp. 65—67.

44. *LP*, p. 65.

45. *LP*, p. 88.

第八章　自主性

1. 见前面第二章第七节。

2. Isaiah Berlin, 'Two Concepts of Liberty', in his *Four Essays on Liberty* (Oxford: Oxford University Press, 1969)；对这个争论的最近讨论，见 Quentin Skinner, 'A Third Concept of Liberty', *London Review of Books,* 4 April 2002；有 300
些人想谈论第三种"自由"概念，即使他们实际上是在谈论我们可能丧失自由的方式（在下一章中我会讨论自由的核心概念），而斯金纳就是其中的一个代表。

3. 关于自然权利的发展历史，见 Brian Tierney, *The Idea of Natural Rights: Studies on Natural Rights, Natural Law and Church Law 1150–1625* (Atlanta: Scholars Press, 1997); James A. Brundage, *Medieval Canon Law* (London: Longman, 1995); J. B. Schneewind, *The Invention of Autonomy* (Cambridge: Cambridge University Press, 1998)。

4. 如下著作同样把自由和自主性区分开来：Gerald Dworkin, *The Theory and Practice of Autonomy* (Cambridge: Cambridge University Press, 1988), pp. 13—15, 18。

5. 见前面第二章第二节。

6. 见前面第六章第一节和第二节。

7. 见 Onora O'Neill, *Autonomy and Trust in Bioethics* (Cambridge: Cambridge University Press, 2002), ch. 1。

8. 例如 Onora O'Neill, 'Kantian Ethics', in P. Singer (ed.), *A Companion to Ethics* (Oxford: Blackwell, 1991), p. 183；也可见 J. P. Schneewind, 'Autonomy, Obligation, and Virtue: An Overview of Kant's Moral Philosophy', in Paul Guyer (ed.), *The Cambridge Companion to Kant* (Cambridge: Cambridge University Press, 1992), esp. sects 8—9。

9. 见前面第三章第五节和第六章第一节；也可见我的如下著作：*Value Judgement: Improving Our Ethical Beliefs* (Oxford: Clarendon Press, 1996), chs. II and IV。

10. 见 Ian Tattersall, *Becoming Human: Evolution and Human Uniqueness* (New York: Harcourt Brace, 1998); *idem*, *The Monkey in the Mirror* (Oxford: Oxford

University Press, 2002), esp. ch. 6。

11. 见前面第二章第三节。

12. 不过,我想顺便指出,我不相信在这个阈限之上的差别实际上会很大。这个问题取决于伦理的成长究竟是什么样的,因此决定了我们可以合理地指望一个伦理上成熟的人究竟是什么样的。现代美德伦理学中提到的具有完美的美德的人被认为纯属神话。不过,美德伦理学所设想的不太过分的人物也可能是虚构,比如说这样一个人:他在成长过程中获得了充分的实践智慧,因此可以被恰当地看作是其他人的榜样。假若一个人很幸运,周围有一两个在某些方面比较可靠的熟人,在追问"在这种情况下 A 会做什么?"这一问题时,他们就可以帮助他回答问题。但是,A 很可能在生活的其他方面不太可靠。在某些领域,我们都会盲目、困惑、心神不定,我们的道德敏感性会因此而受到歪曲。看看 B 在生活的另一个方面会做什么也许很有帮助。但是,我们迟早会用尽可靠的熟
301 人。不管怎样,为了能够把自己熟悉的人在某个方面的可靠性鉴定出来,我们就必须在伦理方面有充分的准备;"遵循榜样"的思想掩盖了这样一个问题:在仿效其他人之前,自己必须做多少工作?在伦理学中的很多重大问题面前,我们几乎都处于同样地位。富国应为穷国做点什么?如何把产生好的后果和打破重要的道德规范(比如说"不要谋杀")相权衡?如何把正义和怜悯调和起来,等等。有些人并不知道哲学家在回答这些问题时做出的初步举动,但甚至对于这些人来说,往往也可以在短时间内把他们培养起来加速前进。与元伦理学中的经验问题、形而上学问题、语言学问题相比,在规范伦理学领域中没有什么专家。在伦理学中,成年累月的学习和经验几乎算不了什么,尽管这听起来有点令人惊奇。在自我利益和道德问题上,未受教育的人可以做出很精准的判断,而道德哲学家则几乎缺乏这种能力。对生活中什么东西重要的意识也与智商没有多少关联。不错,有些人在品位和判断力上比其他人要粗糙得多,这种差异往往与社会阶层方面的差异相联系,但是,如果品位和判断力方面的差异是残酷无情的剥夺的结果(事实上往往就是这样),那么,道德上最重要的事情并不是要去重视那种差异,而是要去消除那种剥夺。在这里,精神上有缺陷的人提出了困难的划界问题,当然,也有婴儿何时具有能动性的问题。不过,处于阈限上的那些人大致是平等的,而这些问题都不会对此产生影响。当然,那种平等只是大致的。但是剩下来的那种经验上的不平等不会为相应的伦理不平等提供辩护。我们不应根据每个行动者的慎思能力和执行能力的大小把权利赋予人们——不管是在小规模的人际尺度上,还是在大规模的社会尺度上,都是

如此。想想家庭。按照家庭中成年成员在能力上显示出来的差别把有差别的权利赋予他们,不仅实际上行不通,而且在道德上也是有问题的。在社会尺度上,我们既不能也不想这样做。

13. 约翰·斯图亚特·密尔的《论自由》(1859 年,有很多版本)对自主性的工具价值提出了最充分、最著名的论证。

第九章　自由

1. 见 Thomas Hobbes, *Leviathan* (Oxford: Oxford University Press, 1966), pp. 86 (ch. XIV para. 2), 139 (ch. XXI paras. 1 and 2); John Locke, *An Essay Concerning Human Understanding*, ed. P. H. Nidditch (Oxford: Clarendon Press, 1975), II. i. 56; Jeremy Bentham, *Of Laws in General* (London: Athlone Press, 1970), esp. p. 254(尽管边沁往往把自由等同于缺乏约束,但他认识到"自由"这个术语是以各种各样的方式被使用的,比如说,在他看来,在所谓的"政治自由"中,有很多自由实际上是防止干扰的;他也认识到这个术语很容易引起混乱); J. 302
S. Mill, *On Liberty* (1859,很多版本), ch. I para. 9("在仅仅关涉本人的那部分行为中,他的权利独立性是绝对的。对于他本人,对于他自己的身体和心灵,个人乃是最高的主权者"); Isaiah Berlin, *Four Essays on Liberty* (Oxford: Oxford University Press, 1969), pp. xxxviii—xl。

2. 我得益于我的同事霍华德·麦嘉里和霍利·史密斯与我在这个论题上的讨论。

3. 见 Joel Feinberg, 'The Nature and Value of Rights', in his *Rights, Justice, and the Bounds of Liberty* (Princeton: Princeton University Press, 1980), pp. 154—155。

4. 我对自由的积极方面和消极方面的区分并不等同于以赛亚·伯林在积极自由和消极自由之间做出的那个经常被讨论的区分。所谓"自由的消极方面",我指的是它所产生的不要进行干涉的责任;所谓"自由的积极方面",我指的是它也可以产生的一种责任,即做有益于他人的事情的责任。伯林所说的消极自由与我所说的自由的消极方面相同,但所谓的"积极自由",他指的是自我实现——做实现一个人自己的善的事情。

5. 见前面第五章第五节。

6. 例如,约翰·格雷在 1996 年 9 月 20 日的《新政治家》中写道:"我个人认为,当密尔宣称唯有对他人的伤害才能辩护对自由的限制时,他说出了在个人自由和社会控制上的定论”; Brian Barry, *Culture and Equality* (Cambridge: Polity Press, 2001),巴里解释说,在学童时代,当他表示出在大学读哲学的兴趣时,老师跟他说,不妨去读读艾耶尔的《语言、真理和逻辑》和密尔的《论自由》:“这两本书我都很喜欢,但更喜欢《论自由》,一周之内我就提交了一篇论文,论证说密尔大体上是正确的——至今我仍然保留这个观点。”(p. ix)

7. 密尔:《论自由》第一章第九段。我们往往称之为“密尔原则”,因为密尔对这个原则的表述大概是最好、最有名的。不过,这个原则在密尔提出它之前早就出现了。例如,见 John Locke, *A Letter Concerning Toleration*, in *Works of John Locke*, vi (London: Thomas Davison, 1823):(例如,国家可以不禁止杀一只小牛来作为宗教祭品)“因为这样做并未对任何人造成伤害,也没有损害别人的利益”(第 341 页);托马斯 · 杰斐逊说:“只是在行为对他人造成伤害时,政府的合法权力才扩展到这种行为”, Thomas Jefferson, in William Peden (ed.), *Notes on the State of Virginia* (Chapel Hill, NC: University of North Carolina Press, 1955, p. 159);《人的权利和公民权利宣言》第 4 条:“政治自由就在于有权做无论什么并不伤害他人的事情……”;第 5 条:“法律只应禁止不利于社会的行动……”;也见第 6 条到第 11 条。在《人的权利》中,托马斯 · 潘恩抱着赞成的态度宣传这些条款以及《法国宣言》中的其他条款;见 Thomas Paine, *Rights of Man*, ed. Henry Collins (Baltimore: Penguin Books, 1969), p. 133 。

303 8. 密尔:《论自由》第一章第一段。

9. 这是约翰 · 罗尔斯在《正义论》中提出的两个正义原则的第一个原则:“每个人都有平等的权利享有与所有人的类似的自由体系相容的最广泛的平等的基本自由体系。”[John Rawls, *A Theory of Justice* (Oxford: Clarendon Press, 1972) 第 250 页]

10. James Fitzjames Stephen, *Liberty, Equality, Fraternity* (Indianapolis: Liberty Fund, 1993).

11. 出处同上,第 34—35 页。

12. 出处同上,第 35 页,也可见第 47、92、96 页。

13. Leon Radzinowicz, *Sir James Fitzjames Stephen, 1829—1894, and His Contribution to the development of Criminal Law* (London: Bernard Quaritch, 1957), p. 16.

14. Stephen, *Liberty, Equality, Fraternity*, pp. 47—48.

15. 出处同上,第 8 页。

16. Isaiah Berlin, 'My Intellectual Path', in his *The First and the Last* (New York: New York Review Books, 1999), p. 75.

17. 出处同上,第 76 页。

第十章 福利

1. 见前面第二章第二节。

2. 洛克认为,"自然理性……告诉我们,人生来就享有生存权利,因此有权享用肉食和饮料以及自然所供应的维持他们生存的其他物品"(《政府论下篇》,第五章第 25 段)。当潘恩在《人的权利》(原来出版于 1792 年)中提议说贫困家庭的儿童和老年人每年应得到一定报酬时,他大概把洛克所说的生存权当作一项人权。他认为,一般来说穷人得到这样的支持就足够了:"若这两类东西得到供给,对穷人的补救就达到了完满的程度,这样一来,剩下来的事情都是偶然的"(第 293 页)。"这种支持",他继续说道,"就其本质来说并不是慈善,而是权利。"(第 296 页)页码指的是潘恩著作的如下版本:Thomas Paine, *The Rights of Man, Common Sense, and Other Political Writings*, ed. Mark Philp (Oxford: Oxford University Press, 1995)。在《土地正义》(1797 年)中,潘恩提议设立一项国民基金来"改善人民处境"。他强调说,"那不是慈善,而是一项权利——我正在诉求的不是慷慨,而是正义"(同前引,第 425 页)。潘恩采纳了中世纪教会对财产的理解。"我已经确立了这一原则,即,地球……是……人类的共同财产,……土地财产制度……已经吸收了它所剥夺的所有人的财产,但却没有像它本应做到的那样为那种丧失提供赔偿"(同前引,第 420 页)。因此,严格地说,潘恩的国民基金不是一项福利方案,因为报酬是要"支付给每一个人,无论是富 304
人还是穷人"。潘恩提到的那项权利是立足于矫正正义,因此,他是否把那项权利视为人权,就取决于他是否认为矫正正义可以成为人权的一个根据。他可能会这样认为,但我不会。

科贝特宣称,穷人"有权通过交换我们适当地和诚实地履行的劳动、从我们出生的土地上谋得生计;在陷入贫困时,有权用土地上生产出来的农产品来充分缓解我们的需求,不管贫困是由老弱病残引起的,还是因为没有能力找到工作所致"。转引自 E. P. Thompson, *The Making of the English Working Class* (London: Gollancz, 1963), p. 761。

3. T. H. Green, 'Liberal Legislation and Freedom of Contract', in *The Works of T. H. Green*, ed. R. L. Nettleship (London: Hutchinson, 1889); L. T. Hobhouse,

Liberalism (New York: Henry Holt, 1911).

4. “第三代”权利是20世纪晚期的权利，不是个体的权利，而是集体的权利，比如说，国家、民族或语言群体的权利。它们是国家自我决定的权利、特定的文化幸存下来的权利等等。不过，在这里，我感兴趣的只是第二代权利。

只要我们接受流行的看法，福利权就是第二代权利，而自由权在福利权出现之前就已得到广泛接受；在这个事实中没有什么令人惊奇的东西。而且，这个事实本身并不表明福利权不太重要或者不太有权威。自然权利学说是由欧美中产阶级发展起来的，尤其是在17世纪和18世纪期间。他们主要关心抵制专制君主、能够自由地追求自己的利益（基本上是商业利益或农业利益）。一般来说他们在经济上是有保障的；他们的相对富裕构成了他们的政治思想框架的一个重要部分。在那个时代，极度贫困者几乎无法表达自己的声音；因为贫困，他们基本上只能沉默无语。只是在比较晚的时期，福利权才被普遍接受，不过，这个事实并不意味着福利权不重要，肯定不意味着它们只是“核心的”自由权的可有可无的“附属品”。在我们的时代，中国认为美国单方面倡导自由权，因此反过来成为福利权的主要倡导者。按照中国的观点，为了让自由权具有更大的价值，就必须首先满足福利权的要求；不过，福利权必须首先得到满足的说法可能也会引起一些困惑。各种经济学家的工作［例如 Partha Dasgupta, *An Enquiry into Well-Being and Destitution* (Oxford: Clarendon Press, 1993), 第五章］已经表明，一般来说，在避免福利灾难方面做得最成功的国家是具有政治自由的国家。当然，福利权是自由权对我们来说显得有价值的必要条件，并在这个意义上优先于自由权；不过，这并不表明福利权在必须首先得到实现的意义上也是优先的。

305 5. 见前面第二章第八节和第五章第一节。

6. 关于支持这种观点的例子，见 Maurice Cranston, ‘Human Rights: Real and Supposed’, in D. D. Raphael (ed.), *Political Theory and the Rights of Man* (London: Macmillan, 1967); Rodney Peffer, ‘A Defense of Rights to Well-Being’, *Philosophy and Public Affairs* 8 (1978); Carl Wellman, *Welfare Rights* (Totowa, NJ: Rowman and Allanheld, 1982), p. 181。

7. 见前面第五章第一节。

8. 见前面第三章第三节以及第五章各处。

9. 艾伦·格沃斯论证支持这个观点，见 Alan Gewirth, *The Community of Rights* (Chicago:University of Chicago Press, 1996), 第123页。不过，他赞成“福

利权是人权”的观点。

10. Robert Nozick, *Anarchy, State, and Utopia* (Oxford: Blackwell, 1974), pp. 169—172.

11. 例如,见 Jeremy Waldron, *Liberal Rights* (Cambridge: Cambridge University Press, 1993) 第 18 页以下。

12. 这是一个更加狭隘的自由概念,对这个概念的捍卫,见前面第七章。

13. 有兴趣辩护福利人权的读者可以从政治理论中支持福利国家的著作中获益。这些著作更多地把福利作为在现代自由民主社会中有效地行使公民权的一个必要条件来加以关注,而我则更多地关注规范能动性的必要条件,不过,这两种关注有所重叠。例如,见 Robert Goodin, *Reasons for Welfare: The Political Theory of the Welfare State* (Princeton: Princeton University Press, 1988); Desmond S. King and Jeremy Waldron, 'Citizenship, Social Citizenship and the Defense of Welfare Provision', *British Journal of Political Science* 18 (1988)。

14. 例如 Henry Shue, *Basic Rights: Subsistence, Affluence, and United States Foreign Policy*, 2nd edn. (Princeton: Princeton University Press, 1996), p. 31; Gewirth, *Community of Rights*, p. 115。

15. 经常有人宣称自由权与福利权不可分割,例如见 David Archard, 'Welfare Rights as Human Rights', in T. Campbell and S. Miller (eds.), *Human Rights and the Moral Responsibilities of Corporate and Public Sector Organisations* (Dordrecht: Kluwer, 2004); Mary Robinson, 'Realizing Human Rights', Romanes Lecture for 1997 (Oxford: Clarendon Press, 1998)。

16. 见前面第五章第三节和第四节。

17.《纽约时报》, 1996 年 8 月 27 日。

18. 能力也说明了我们何以认为有时候可以有进行帮助的国际义务。1996 年,英国国防部长迈克尔·波蒂略告诉下议院,为了避免难民饿死,英国有道德义务干预波斯尼亚,因为英国是“世界上少数几个有军事力量进行帮助的国家之一”(《每日电讯报》, 1996 年 11 月 15 日)。 306

19. Isaiah Berlin, Introduction, in *Four Essays on Liberty* (Oxford: Oxford University Press, 1969), p. liii. 也见罗尔斯在自由的程度和自由的价值之间的区分[John Rawls, *A Theory of Justice* (Oxford: Clarendon Press, 1972), 第 204 页]以及他后来对此提出的评注[John Rawls, 'The Basic Liberties and their Priority', in S. McMurrin (ed.), *Liberty, Equality, and Law: Selected Tanner Lectures on*

Moral Philosophy (Cambridge: Cambridge University Press, 1987)]。

20. 见前面第七章第四节。

21.《世界人权宣言》(1948),第 25 条第 1 款。

22. 例如, Henry Shue, *Basic Rights*, p. 23; Carl Wellman, 'The Right to an Adequate Standard of Living', in *Festskrit Till Stig Ströholm* (Uppsala: Justus Forlag, 1997), pp. 836—838。

23. 见 Amartya Sen, *Poverty and Famines: An Essay on Entitlement and Deprivation* (Oxford: Oxford University Press, 1981)。

24. 见 Dasgupta, *Enquiry into Well-Being and Destitution*, ch. 5 sect. 3。

25. 例如卡尔 · 韦尔曼和艾伦 · 格沃斯。

26. 伊曼纽尔 · 康德和希勒尔 · 斯坦纳。

27. 见前面第二章第六节。

28. 完整地说,第 23 条第 3 款宣告的权利是"为了确保自己和家人拥有值得人的尊严的生活而享有公正而有利的报酬的权利"。对"人的尊严"的提及可以被认为对所牵涉到的正义设定了限度:也许我们应该认为,"公正的报酬"所说的是"为了确保人的尊严而需要的报酬"——这是本着基于人格的说明的精神提出的一种解释。不过,为了确保人的尊严,所需要的不是正义,例如公平薪酬,而是为了满足规范能动性的必要条件而需要的足够的物质资源(例如薪酬)。

第十一章　人权:在哲学和国际法领域中的差异

1. 也可见《美国关于人的权利和责任的宣言》(1948):"美国在多个场合都反复承认,人的基本权利……是建立在人的个性所具有的属性之上。"在《经济、社会和文化权利领域的美国人权公约附加条款》(1988)中,其前言写到:"应该考虑经济、社会和文化权利与公民和政治权利之间所存在的密切关系,因为不同的权利范畴都构成了一个不可分割的整体,这个整体是以对人的尊严的承认为基础的";赫尔辛基会议(1975)的最后决议"原则 VII"提到:"所有会员国……将致力于促进和鼓励下面这些权利的有效执行:公民、政治、经济、社会、
307 文化权利和其他类型的权利,以及那些可以从'人的内在尊严'中推衍出来的所有自由。"

2. Henry J. Steiner and Philip Alston, *International Human Rights in Context* (Oxford: Clarendon Press, 1996) , p. 127, 这两位作者都对《世界人权宣言》和《公

民和政治权利国际公约》这两个联合国文献做出了这样的观察,不过,这个观察还是具有一般的应用性的。

3. 见 Ian Brownlie, *Principles of Public International Law*, 5th edn. (Oxford: Clarendon Press, 1998), pp. 582—583: “从 1978 年的‘阿尔及尔宣言’开始,一种关于‘人民权利’的学说逐渐出现在了书面上。这些权利的一个主要纲要包括:获得食物的权利、生活在一种良好环境中的权利、发展的权利以及和平的权利。”

4. 见《美国关于人的权利和责任的宣言》第 V 条;《公民和政治权利国际公约》第 17.1 条。

5. 见前面第二章第六节。

6. 这一点在《公民和政治权利国际公约》第 12.1 条以及《非洲宪章》第 12.1 条都得到了重述。

7. 见《美国关于人的权利和责任的宣言》,第 XXIV—XXVI 条;《欧洲公约》,第 6—7 条;《公民和政治权利国际公约》,第 14—16 条;《美洲公约》,第 3 条,第 8—10 条;《非洲宪章》,第 6—7 条。

8. 例如,可见 Michael Akehurst, *A Modern Introduction to International Law*, 6th edn. (London: Allen & Unwin, 1987), p. 76, 在讨论人权学说的成长时,阿克赫斯特注意到,“只是在 1945 年的《联合国宪章》签署之后,所有的努力都用来为所有个体提供一种全面的保护,以免他们遭受各种形式的不正义。”

9. 见前面第二章第六节。

10. 关于《美国权利议案》的前言的历史,可见 L. W. Levy, *Origins of the Bill of Rights* (New Haven: Yale University Press, 1999), esp. ch. 1。

11. 这些国际公约的起草者们是否还有可能采用其他思路呢?一个值得关注的短语经常出现在许多文献中。他们提到,要促进“人权和基本自由”这一条款。例如,可见《世界人权宣言》前言和第 2 条;《公民和政治文化权利国际公约》前言以及第 2.3.a 条和 5.1 条;《经济、政治和文化权利国际公约》第 5.1 条;《欧洲公约》前言(它将人权和基本自由联系在了一起:“基本自由”建立在人权这一条款之上,因此暗示了二者的外延是相同的);《美洲公约》第 1 条;《非洲宪章》前言和第 1—2 条。“基本自由”不同于“人权”吗?

据我所知,对这二者之间的区分尚未有相关的解释。当然,如果真要说某 308
些基本自由是人权,那么,像自由权这样的基本自由就可被算作人权。但是,如果某些“基本自由”不属于“人权”范畴,那么国际公约的起草者们就有可能没有在我所想象的那种宽泛的意义上来使用“人权”这一术语。但在我看来，对于起草者们在“基本自由”这一问题上的看法，最为合理的解释似乎是，它们是“人权”的一个“亚类”。这就使得条款当中的“和基本自由”这一短语变得没有必要了，不过，我还是倾向于接受这一后果。（如果一种人权不属于一种基本自由，它也会是一种福利权。）

12. 可见《世界人权宣言》前言第一段。

13. 见 Oscar Schachter, “Human Dignity as a Normative Concept”, *American Journal of International Law* 77 (1983)。“对于国际文献和（据我所知的）国际法中出现的‘人的尊严’这一术语，我们并没有发现一种明确的界定。它的内在含义被留给了直观理解，而这种直观理解在很大程度上受到了文化因素的限制。”（p.848）

14. 在追寻健康环境权利的起源时，我基本上追随卡尔·韦尔曼的讨论，见 Carl Wellman, “Solidarity, the Individual and Human Rights”, *Human Rights Quarterly* 22 (2000), sect.3。

15. 见 *The New York Times*, 15 Dec. 2004。

16. 见 Akehurst, *Modern Introduction to International Law*, 第三章；Brownlie, *Principles of Public International Law*, 第一章，第二节；Steiner and Alston, *International Human Rights in Context*, p.27。

17. 这是阿克赫斯特的观点，可见 Akehurst, *Modern Introduction to International Law*, p.42。

18. 最近的一个例子，可见 Allen Buchanan, *Justice, Legitimacy, and Self-Determination: Moral Foundations for International Law* (Oxford: Oxford University Press, 2004), esp. chs. 1, 5—7。“本书尝试为国际法寻找道德基础。现存的国际法体系……能够且应该接受来自道德原则的观点的评估。”（p. 1）。“我将明确拒绝国际关系领域中的一种主导性观点，即国家政策应该或至少可以把追求国家利益看作唯一目标。”（p.8）“……只有当政治实体实现了一种对最低限度的正义标准的合理逼近时，它们才是合法的。……这个标准被理解为对人权的保护。”（p.5）

19. 最近的一个例子，可见 Jack L. Goldsmith and Eric Posner, *The Limits of International Law* (New York: Oxford University Press, 2005), esp. chs. 4 and 7。

20. 出处同上。关于国际法的自主性：“……国际法符合法律这个事实并不能施加任何道德义务。”（p.197）“国际法之所以不像国内法那样具有这种道德效力，是因为国际法没有民主血统或者没有认识论上的权威；它所反映的是各个国家最近一直都在做的事情，并不必然反映个人的道德判断、利益或需 309
要。”（p.199）“在政治和道德之间存在的第三个范畴被分离出来，成为一个特殊的学科领域即国际法的主题。”（p.201）关于国际法的约束力的基础：“较为合理的观点（是这样的）：……有效的国际法是从理性的自我利益中被建构出来的……按照这种观点，国际法可以是有约束力的和强健的，但是只有当国家有理性动机去服从它的时候才是这样。”（p.202）

21. 例如，可见 Maurice Cranston, “Human Rights: Real and Supposed”, in D. D. Raphael(ed.), *Political Theory and the Rights of Man* (London: Macmillan, 1967); 在概念上对福利权的深刻怀疑，可见 Carl Wellman, *Welfare Rights* (Totowa, NJ: Rowman and Allanheld, 1982), esp. p. 181。

22. 见前面第十章。

23. 见第十章第一节。

24. 见《美国关于人的权利和责任的宣言》第 XIV 条；《经济、社会和文化权利国际公约》第 6.1 条；《欧洲社会宪章》I.1 和 II.1；《经济、社会和文化权利领域的美国人权公约附加条款》第 6.1 条。

25. 例如，可见《欧洲社会宪章》II.1。

26. 见前面第二章第八节。

27. 见前面第五章第二节。

28. 第 12.1 条。也可见《人的权利和人民权利非洲宪章》第 16 条；《经济、社会和文化权利领域的美国人权公约附加条款》第 10.1 条。

29. 见《世界人权宣言》第 23.2 条；《经济、社会和文化权利国际公约》第 7.a.i 条；《欧洲社会宪章》II.4.3；《非洲宪章》第 15 条。

30. 见《经济、社会和文化权利国际公约》第 7 条；《欧洲社会宪章》II.2。

31. 见《经济、社会和文化权利国际公约》第 7c 条；《经济、社会和文化权利领域的美国人权公约附加条款》第 7c 条。

32. Ludwig Wittgenstein, *Philosophical Investigations* (Oxford: Blackwell, 1953), sects. 64 ff.

第十二章　生存权，死亡权

1. 生存权是“如此地无需争论，以至于（北美殖民地的）著述家们往往将其一笔带过”(Clinton Rossiter, *Seed Time of the Republic* (Boston：Harcourt，1953，p.

377)。

2. 例如，在关于美国宪法修正的相关争论中，我就没有发现这种论证；而在
310 美国宪法中，生存权的消极属性得到了明确肯定。这场争论的一般关注焦点是保护个体免受政府任意行为的干涉。因此，在美国宪法（它包括原初的“权利议案”）的前十条修正案（1791）中，其关注焦点是下面这些东西：出版自由、正当程序、快速审理、禁止滥用保释权、义务兵的私人住房等等。这本身就表明，在讨论生存权的时候，关注的焦点将会是禁止社会恣意剥夺任何人的生命。而且，第十四条宪法修正案（1868）提到（尽管来得有点晚），国家不可以“在没有正当法律程序的情况下剥夺任何人的生命、自由和财产”。

3. 关于这一发展的历史，可见 Hugo Bedau, “The Rights to Life”, *Monist* 52 (1968)。某些关于生存权的新近主张则相对谦和。联合国在 1957 年 11 月通过的《公民和政治权利草拟公约》提到，“每个人天然具有生存权。这种权利应该得到法律保护。任何人都不得任意剥夺另一个人的生命。”欧洲委员会在 1950 年 11 月通过的《人权和基本自由保护公约》中，使用了许多相同的术语（贝道对这两个文件都做了引证，p.552）。但是，18 世纪晚期对这项权利提出的一些主张一直都比较宽泛。威廉·布莱克斯通在其《英国法评论》（1795）中提到，在“人的权利”中，存在三种“绝对的个体权利”：人身安全权、自由权、私有财产权。但是，他将人身安全的权利描述如下：“人身安全的权利存在于一个人对其生命、四肢、身体、健康和声誉的合法享用和持续享用中。”布莱克斯通将这种绝对的生存权与如下这一点联系起来：

> 法律不仅要关注生命和身体的各个部件，保护每一个人对它们的享用；还要向人们提供生命和身体各部件的运作所需的一些必要条件。因为并不是所有人都是贫穷或悲惨的，贫穷者可以向共同体中更加富裕的那部分提出主张，要求后者向他们供给生命所需的所有必需品……

（贝道也引用了这段话，p.564。）在“Voluntary Euthanasia and the Inalienable Rights to Life”［载 Bedau, *Rights, Justice, and the Bounds of Liberty* (Princeton: Princeton University Press, 1980)］这篇文章中，乔尔·范伯格在对生存权的积极解释和消极解释之间给出了一种均衡的说法：

> 我建议……将“生存权”放在一种相对狭隘的意义上来解释，依此解

> 释，它将包括"不被杀死的权利"和"在死亡边缘被营救的权利"；而不包括"过一种体面的生活的权利"这种较为宽泛的观念，尽管这种宽泛的观念是许多起草宣言的作者们所赞许的。（p.222）

卡尔·韦尔曼做了同样的均衡工作并得到如下结论：在很长一段时间里，人们很难就生存权的范围达成共识。见 Carl Wellman, "The Inalienable Rights to Life and Durable Power of Attorney", in Wellman, *An Approach to Rights* (Dordrecht: Kluwer, 1997), pp. 245—247。 311

4. "（在古典自然权利的观点中）生存权……指的是不被其他人或国家任意杀死的权利。这种权利的洛克版本可被表述为：一种任其自由生存的权利，或者，如果一个人很不幸运的话，则是任其自由死亡的权利，例如拉斐尔就做过这种表述"，见 D. D. Raphael, "Human Rights, Old and New", in Raphael (ed.), *Political Theory and the Rights of Man* (Bloomington, IN: Indiana University Press, 1967))"; Susan Moller Okin, "Liberty and Welfare: Some Issue in Human Rights Theory", in J. R. Pennock and J. W. Chapman (eds.), NOMOS XXXIII: *Human Rights*, (New York: New York University Press, 1981), p. 248。

5. Richard Hooker, *Ecclesiastical Polity*, bk. II ch. VIII sect.7; Quoted by Locke, *Second Treatise*, ch. II sect.5.

6. Locke, *Second Treatise*, ch. II sect.6.

7. 出处同上。

8. 出处同上；原作者的强调。

9. 例如，注意一下洛克在第五章第 25 段对财产所做的积极主张："人生来就具有自我保存的权利，因此有权获得食物、饮用水和生计维持所必需的其他东西。"当然，这个评论，作为洛克对私人财产的部分辩护，可以被解读为：允许一个人具有为自己提供食物和饮用水之类的资源的权利；而不是解读为：当一个人需要食物和饮用水的时候，要求其他人向他提供这类资源。不过，这个评论同样也可被解读为后者。而且，它显然就是这样一个要求：要留下足够多同样好的东西给其余的人，或者（好像就是这样）在有人有这种需要的情况下向他提供他所需要的东西——一种积极责任。

10. 见前面第九章第一节。

11. Locke, *Second Treatise*, ch.II sect.5.

12. 见前面第九章第三节。

13. 见前面第三章第五节。

14. 我要感谢劳拉·朱克维斯让我注意到这一问题。

15. Locke, *Second Treatise*, ch. II sect.6；洛克自己的强调。

16. 按照这种神学的“借与”观点，我拥有一个可被证明是极其不受欢迎的责任：无论什么情况，我都不应该取走我自己的生命。你也拥有一种责任：绝对不能取走我的生命，不管这种行为是多么仁慈。这种观点也意味着，一个人不应该将自己的生命置于某些危险的境况中。如果你借给我一本书，为了防止我对这本书可能存在的不珍惜行为，会存在一些针对这种风险的限制。当然，如果我可以随便使用这本书的话，我一定会使它处于某种风险下；意外情况就有可能发生。同样，如果仅仅将生命借与我，我的生命也会处于这种风险中。在《社会契约论》中，在讨论“生存权和死亡权”的那一章中，卢梭对把一个人的生命置于某些风险下提出了一个看似合理的辩护。他说，一个人可以为了维护生命而拿生命冒险。我们为了保存自身而进入社会契约。“一个想要实现目的的人，也想要相应的手段，而相应的手段必然涉及某些可能的危险，甚至涉及某些
312 损失。”一个国家为了保护其公民的生命和自由而设置了军队，对于军队这种有风险的公职，每个人都必须承担一个公平的份额。（Jean-Jacques Rousseau, *The Social Contract*, bk. II ch IV paras. 1—2。）但是，卢梭的辩护并没有为（比如说）攀登珠穆朗玛峰之类的高风险的事情做辩护，而且，我们也很难认为，攀登珠峰是与生存权相矛盾的。

17. 关于支持这个结论的一个理由，可见 David Hume, “Of Suicide”，可见他的论文集的许多版本。

18. 可见杰夫·麦克马汉对康德在自杀和安乐死这些话题上的看法所做的讨论，Jeff McMahan, *The Ethics of Killing: Problems at the Margins of Life* (Oxford: Oxford University Press, 2002), p. 478。对一般而论的自杀和安乐死的伦理所做的一个很好的讨论，可见那本书第五章，尤其是第二节。

19. 前面第三章第二节至第三节。

20. Kant, *The Metaphysics of Morals* , in *Kant's Gesammelte Schriften*, ed. Royal Prussian Acadamy of Sciences (Berlin: Georg Reimer, subsequently Walter de Gruyter, 1900—), vol.6, Part I, Preface, p. 230.

21. 前面第三章第三节。

22. 前面第二章第四节。

23. 前面第四章第三节至第五节。

24. 按照乔尔·范伯格所说的对生存权的“连贯的和合理的”解释(以及他赋予美国缔造者的那种解释),“死亡权仅仅是生存权这一硬币的另一面”(Joel Feinberg, “*Voluntary Euthanasia and the Inalienable Right to life*”, pp. 249, 251)。范伯格认为,“在行使我的死亡权时,我宣布放弃我的生存权”,但是,我并没有“让出或有效地否认生存权,因为这样做意味着让渡本不该让渡的东西”(p. 249)。但是,与在某些情形中仅仅不去行使生存权相比,在自杀或委托医生结束自己生命的情形中,放弃生存权则是一种较为极端的情形:那是在结束自己的生命;那是在让人确信,将不会有第二次行使这种权利的机会了。有人可能会在这种意义上使用“宣布放弃”这个概念,但是,这种做法不应该模糊如下事实:在把死亡权确立起来时所做的事情,并不是生存权,而是自主权和自由权。

25. 最高法院在审理两个案件时提出了“垂死的病人是否有权选择死亡”这一问题,六位担任最高法院顾问的哲学家针对这个问题提出了一个简要声明(*State of Washington et al. v. Glucksberg et al. and Vacco et al. v. Quill et al.*, argued 8 Jan. 1997);见 *New York Review of Books*, 27 Mar. 1997, pp. 43—45。

26. 这一结论反映了叔本华的观点:“明显的是,在这个世界上,没有什么权利可以比一个人自己的生存权和人身权更没有争议了。”见他的论文《论自杀》,在这篇文章中,他把自杀称作一种“权利”,也把它称作一种“错误”,见 Arthur Schopenhauer, *Essays and Aphorisms*, ed. and trans. R. J. Hollingdale (London: Penguin Books, 2004), pp. 77—78。 313

27. 例如,花费多年时间在荷兰研究安乐死的纽约精神病专家赫伯特·亨丁就主张,很多病人并没有得到充足的安宁医护,是迫于医生的压力而接受安乐死的。他引证说,“安乐死正在变成一种习惯和例行性事件。我甚至听到一名医院医生跟我控诉说,有一名医生杀死了他的一名病人,因为他需要那张病床。”(*Sunday Times*, 16 Mar. 1997)

28. 这一数据引自美国司法部副部长之口,是他就以上提到的案例(见以上注释 25)在最高法院面前所做的一个口头陈述中提出来的;引自 Ronald Dworkin, Introduction to “The Brief of the Amici Curiae”, *New York Review of Books*, p.42。

29. 例如,牛津大学安宁医疗所的临床医师、一所临终安养院的前医疗主任罗伯特·特怀克洛斯威胁说要退出英国医药协会,以抗议协会的主要杂志(*the British Medical Journal*)对安乐死的支持立场(*Oxford Times*, 24 Aug. 1994)。

30. 这一数据由英国病痛研究所的杰克·莫利医生给出;引自 Sean Dixon-

Child, correspondence, *The Times*, 16 Nov. 2002。

31. 上述注释 25 中提到的法庭顾问意见书更强烈地提出这一点:“人们不能合理地判断说,有可能对某些人‘犯错误’的那种风险辩护了这样一条禁令,这条禁令不仅拿无疑将会成为大量对立错误的那种东西——防止很多有能力的人……逃避……一种可怕的伤害——来冒险,而且也要确保那种东西,甚至旨在取得那种东西。”(第 46 页)这个论证假设一项禁止政策会带来的“错误”的数量会超过顾问意见书所支持的那种更加放任的政策所带来的“错误”的数量,但在我看来,我们很难弄清这一点。(疼痛治疗实施得越好,这种主张也就变得越令人可疑。)但是我们并不需要这样一个强的主张。

32. 我不相信用一种很有益的方式来表述死亡权超出了我们的才智的范围。我认为,对死亡权的表述将不得不用在已经获得通过的大部分法律中所做的那种方式来实现:这正是荷兰、澳大利亚北部领土以及俄勒冈州所实施的方式。

在荷兰,安乐死是技术上不合法的,会招致最高可达 12 年的监狱惩罚。但是,在 1993 年 2 月通过了一个立法(91 票对 45 票),其中规定说:如果医生在结束一名病人生命的过程中遵循了 28 点审核表,那么医生就可以免遭起诉(*The Independent*, 10 Feb. 1993)。

1995 年 5 月,澳大利亚北部领土通过了“病危患者的权利法案”。截至 1996 年底,在这一法案的保护下,有两名患者在医生的协助下实施了自杀(*The Independent*, 7 Jan. 1997)。但是,位于堪培拉的联邦议会具有推翻北部领土立
314 法的权力,并实施了这一议程(在 1996 年 12 月,下议院以 88 票对 35 票推翻了北部领土的这一法律;现在这一议案已经进入了参议院)。

在 1994 年 11 月,俄勒冈州的选民投票通过了(51 票对 49 票)“有尊严地死去议案”,这一法律允许医生协助病人实施自杀,但它却在 12 月 7 日的一次法庭辩论中受阻,这一天也是这一议案将要变为正式法律的前一天。在 1995 年 8 月 3 日,一名联邦法官裁决这一法律是违宪的,因为它违背了美国宪法第十四条修正案所规定的平等保护条款(*New York Times*, 4 Aug. 1995; *The Spectator*, 19 Nov. 1994)。美国地方法官迈克尔·霍根在其判决中写道:“几乎没有证据可以表明,只有那些有判断能力的病危患者将会自愿去死。某些‘好的后果’并不能抵消由违宪错误和滥用带给其他活着的人的损失。”俄勒冈州的议案要求至少要有两位医生对病危者进行诊断,并判断病人是有基本的判断能力的,它要求医生能够确定病人并不具有临床上的抑郁症;但并没有强制要

求医生或药剂师必须服从病人提出的帮助（其自杀的）要求（*Boston Globe*, 4 Aug. 1995）。

在考虑这些问题时，我们必须提防非对称的论证标准。某些反对将（协助）自杀合法化的人引证了下面这种报告：荷兰医生为了获得所需要的病床对某些病人施加压力，要求他们接受协助自杀。我不知道这些传言是否属实。但是，难道没有什么可与现状相比的错误？

第十三章　隐私权

1. 我们可以在文献中发现，人格不时地为隐私权提供基础。例如，见 David A. J. Richards. *Toleration and the Constitution* (New York: Oxford University Press, 1986), ch.8. esp. pp. 243—244, 252—253; Philippa Strum, *Privacy: The Debate in the United States since 1945* (Fort Worth, TX: Harcourt Brace, 1998), pp. 202—203; Lloyd Weinreb, "The Right to Privacy", *Social Philosophy and Policy* 17 (2000), p. 25。

2. 最后一点，可见 *The Times*, 23 Sept. 2005。

3. 见 T. M. Scanlon, *What We Owe to the Each Other* (Cambridge MA: Harvard University Press, 1998), p.203。

4. 毫无疑问，查尔斯·弗雷德对"不可设想的"这一术语的使用有点夸张。见 Charles Fried, "Privacy", in Raymond Wacks (ed.), *Privacy*, i (Aldershot: Dartmouth, 1993): "我的论点是，隐私权不仅是保证某个其他价值的一种可能手段，而且还与某些最根本的目的和关系如尊严、爱、友谊和信任有着必然联系。隐私权并不只是促进这些基本关系的一种好措施；不如说，如果没有隐私权，那些根本的关系就是不可设想的。它们的存在需要以隐私权或隐私权的可能性 315
为环境条件。"（p. 205）即使弗雷德谈到了"不可设想"，但特别是从最后一句话来看，他心目中所想的似乎是经验上的必要性。

不过，在某些其他要点上，弗雷德似乎又回到了概念上的必要性。"表明隐私权作为一种环境条件对尊严、爱慕、友谊和信任来说是必要的，也是在表明对隐私权的威胁似乎也会威胁到我们作为人的完整性。对他人持有尊重、爱慕、信任、关爱这些情感，将我们自己视作是他人所爱慕、信任和关爱的对象，这些在我们的自我观念中都处于核心地位。"弗雷德说，如果没有隐私权，就不会有爱慕、尊重等情感；他似乎在说，没有这些东西，我们就不再是人。即便一个厌恶人类的人就不会对他人持有爱和尊重的情感，也不会得到他人的爱和尊重；

即便如此,这些并不能终止他作为一个人的属性。不过,弗雷德再一次从概念主张转向了经验主张;这一段的结尾提到,“隐私权,是这些态度和行动的必要的环境条件,就如同氧气是燃烧的环境条件一样”(p. 205)。

5. 例如,阿根廷宪法第 19 条;古巴宪法第 30 条;尼日利亚宪法第 23 条;挪威宪法第 102 条;波兰宪法第 74 条;葡萄牙宪法第 8 条,前苏联宪法第 128 条;南斯拉夫宪法第53条;这些几乎都是1965年的宪法。可见 Amos J. Peaslee (ed.), with revisions by Dorothy Peaslee Xydis, *Constitutions of Nations*, revised 3rd edn., i—iv (The Hague: Nijhoff, 1965—1970)。

6. Samuel D. Warren and Louis D. Brandeis, “The Right to Privacy”, *Harvard Law Review* 4 (1890). 这篇文章对美国的法律思想产生了重大影响。可见 Justice Black, dissenting in *Grisword v. Connecticut*, 381 U.S. 479 (1965):“整体而言,作为这篇文章的一个结果,某些州已经通过允许这类行动的法令,而且,在其他各州,法庭也在像执行普通法一样在做着类似的事情。”(fn. 1)

在这件事情上,沃伦女士起到了推动作用;她一直在警告说,高速发展的高科技正在侵蚀原有的隐私权。早先的照相机需要被拍者原地不动待一会才可完成拍摄,所以,那时候拍照通常是得到被拍者同意的,但是,高速发展的摄影技术已经可以在未经本人同意的情况下将其私人生活拍录和公开。在乡村水井旁边的低语并不会传得太远;但是,如果通过报纸,再加之流言蜚语的推波助澜,就会广为传播了。这个警告出自如下文章:Warren and Brandeis, “The Right to Privacy”。

7. 第四修正案:“人们的人身、住房、文件和财产不得遭受无理搜查和扣押的权利,不应遭受侵犯;除依照合理根据,以宣誓或代誓宣言保证,并具体说明搜查地点和扣押的人或物,不得发出搜查或扣押令。”

第五修正案:“无论何人,除非根据大陪审团的报告或起诉,不得受到死罪
316 判处或其他严劣罪行之审判,只有那些发生在陆、海军中,或发生在战时或公共危险时刻服役的民兵这类案件,不在此限。任何人不得因同一罪行而两次在生命或身体上遭受惩处;任何人在任何案件中都不得被迫自证其罪;不经过正当的法律程序,任何人的生命、自由或财产不得遭受剥夺;如果得不到公正的赔偿,任何人的自有财产不应被充作公用。”

在最高法院的审判中,第一、第三、第四、第五、第九以及第十四修正案(正当程序条款,平等保护条款)经常被用来支持隐私权。

8. J. S. Mill, *On Liberty* (1859, many editions), ch. 1.

9. 在“鲍尔斯诉哈德威克”（1986）一案中对这些禁令所做的辩护都被“劳伦斯诉德克萨斯州”一案明确地依据自由权所推翻。

10. 例如，可见如下著作：Morris L. Ernst and Alan U. Schwartz, *Privacy, The Right to Be Let Alone* (New York: Macmillan, 1962)，他们将这些权利等同起来看待。“……我们已经选择了一个在本质上完全属于个人的论题，即隐私权，或者就像我们喜欢说的那样，不被干涉的权利。”（p. xii）

11. 关于布莱克曼在这一观点上所做的发展，有一个相关的论述，可见Linda Greenhouse, *Becoming Justice Blackmun: Harry Blackmun's Supreme Court Journey* (New York: Henry Holt, 2006)。

12. “宾夕法尼亚东南部的计划生育署诉凯西”一案关系到对堕胎施加某些限制（不是完全禁止，而是对堕胎可能发生的方式做出某些限制）是否合宪的问题：例如，必须在手术前二十四小时向寻求堕胎的妇女提供相关信息，而且还有一个前提，即必须得到父母中任何一位同意。最高法院判决宾夕法尼亚的某些限令是符合宪法的，而有一些则是不合宪的。尽管最高法院的判决偶尔会在表面上承认“隐私权”的思想，但是，根据大部分法官的意见，核心的问题却是自由权——由宪法第十四条修正案的正当程序条款所同意的个体自由权。奥康纳、肯尼迪和赛特三位法官明确拒绝一直以来在法庭中占据主导地位的那个自由权概念：

> 在我们所面临的这些案件中，发挥控制作用的那个词是“自由权”。……存在着一个自由的领域，是政府不可随意进入的，这是宪法的一个承诺。……我们当中的一些人发现堕胎是与我们的某些最为基本的道德原则相冲突的，但是，这种看法并不能掌控我们的判决。我们的义务是明确解释所有人的自由，而不是表达我们自己的道德观点。

从这一论述中，我们似乎明显地看到一些人格方面的条款，正是按照这些条款，这几位法官才将自由权的特征界定如下：

> 处于自由权的核心的是这样一项权利：界定清楚一个人自己的存在观、意义观、宇宙观以及人类生活的奥秘观。如果这些观念是在国家压迫的情况下做出的，那么，针对它们的信念也就不可能把人格的诸种属性界定出来。

我之所以提到这几位法官采纳了按照人格来理解自由权的做法，是为了表明布莱克曼在"鲍尔斯诉哈德威克"一案中对这种做法的诉诸并不是唯一的例
317 子。奥康纳、肯尼迪和赛特这三位法官抛弃了最高法院早期的一条原则：只要某一行动不涉及某些形式的不道德，它就是自由的。他们是通过诉诸"认识论上的谦逊"来辩护他们的做法的：

> 任何有道德良心的人都可以不同意（我们假定某些人总是会不同意）终止怀孕的道德和精神含义。……根本的宪法问题是，国家是否可以用这样一种明确的方式来解决这些哲学问题，以至于让一位妇女在那件事情上缺乏任何选择。

在我看来，这种认识论的转向是很不幸的。当涉及自由的诸种限制时，法律不可能放弃所有未被明确界定的道德判断。对于一个母亲或医生杀死畸形新生儿这样的事情，我们的道德观点同样也是不明确的，但我们相信一个国家仍然可以禁止这种行为。无论如何，一个人没有必要为了拒绝"只要某一行动不涉及某些形式的不道德，它就是自由的"这一原则而去接受"认识论上的谦逊"。自由的观念本身就给予我们较强的理由，要求我们不要去干涉那些能够接受理性说服的行动者。一个人可以跟这种行动者讲道理，尝试去说服他们，但往往不可以替他们做决定，即便是为了确切地知道他们是错误的，也是如此。对自由的尊重本身就足以阻止人们去干涉。

13. 见前面第七章第二节。

14. 见前面第二章第五节。

15. 因此，我同意露丝·嘉维森的看法：隐私权通常可以被还原为某些其他类型的利益和权利；这种还原并不表明隐私权就是可以被否弃的。见 Ruth Gavison, "Privacy", in Wacks (ed.), Privacy, i。我不同意朱迪思·贾维斯·汤姆森的如下主张：各种形式的隐私权都可通过更为基本的财产权和人身权而得到辩护。因为，隐私权（信息隐私权）最好被认为是按照自主性和自由而获得辩护的，而不是按照财产权或汤姆森所说的那种高度可疑的人身权而获得辩护的。见 Judith Jarvis Thomson, "The Right to Privacy", *Philosophy and Public Affairs* 4 (1975)。

16. Justice Blackmun, in *Bowers v. Hardwick*, 478 U.S. 186 (1986), 214.

17. C. MacKinnon, *Toward a Feminist Theory of the State* (Cambridge, MA: Harvard University Press, 1989), pp. 168—169.

18. Virginia Woolf, *A Room of One's Own* (London: Flamingo, 1994), sect. 1：“我所能做的，仅仅是在一个细微点上给你提一个意见——如果一名女性正在写作一部小说，她必须具备一定的金钱和一间属于自己的房间……”

19. 见前面第二章第八节。

20. 这有可能说明了为什么如下行为不仅侵犯了我们针对隐私的法律权利，而且也侵犯了我们针对隐私的人权：“昨天法庭接到一个起诉，一个乡村旅馆的店主在客人的浴室中秘密安装摄像头，偷拍客人洗澡。”（*The Times*, 12 July 2003） 318

21. 见 Judith Jarvis Thomson, “A Defence of Abortion”, repr. In R. Dworkin (ed.), *The Philosophy of Law* (Oxford: Oxford University Press, 1977)。

22. 为了论证的完整性，我们需要说明，为什么被认为蕴含了一项针对隐私空间或隐私生活之权利的美国“权利议案”中的各种权利其实并不是这样。在最高法院的法理学中，反对自证其罪的权利是建立在一个人的思想隐私权的基础上［例如 Justice Douglas, for the majority, in *Griswold v. Connecticut*, 381 U. S. 479 (1965), at 485：“许多可靠的条文创建了各种隐私地带。……第五修正案中的反对自证其罪条款就为公民创建了一个隐私领域，在这一领域中，政府不可以强行逼供”］。反对自证其罪的权利是否假定了思想隐私权的存在呢？它难道不是建立在“避免不正义”的基础上吗？基于很多理由，自证其罪并不是一种理想的证据。过分强调通过罪犯的坦白来取证，易于使得司法活动就像臭名昭著的地下审判团那样用各种手段来严刑逼供。这会随时导致对犯人的折磨，而折磨犯人显然是错误的；折磨犯人是错误的，还因为它涉及侵犯人权——这种折磨显然削弱了一个人的规范能动性；它旨在耗尽一个人做决定和坚持决定的能力。反对自证其罪的权利难道不是建立在程序正义和对规范能动性的保护之上吗？“我们的前辈们明智地将第五修正案补充进宪法中，以便防止同时代的欧洲常常出现的那种逼供式审判，保护被告人免于因折磨而被迫自证其罪。”［Louis C. Byman, “A Common Sense View of the Fifth Amendment”, *Journal of Criminal Law, Criminality and Police Justice* 51 (1960—1961)］麦克诺顿评论说，“支持这项权利（反对自证其罪）的政策一点也不明确”（p. 150），但是，他自己的结论是，这一政策有两个目的：第一，“在棘手的案件中，在某些狂热的审问者会使用逼供的手段来残暴地对待被审问者的情形中，免除回答权”;第二,“遵守如下流行的伦理观念:个人是主权者,……如果理由不够充分,就不应侵扰个人……”(pp. 151—152)[John T. McNaughton, “The Privilege Against Self-Incrimination: The Constitutional Appreciation, Raison d’Etre and Miscellaneous Implications’, *Journal of Criminal Law, Criminology and Police Science* 51 (1960—1961)]。

如何看待在现在看来有些过时的宪法第三修正案所规定的“居民有权要求士兵不可借住民房”这一权利呢?这暗示了一项隐私空间方面的权利吗,就像在最高法院的法理学中它已经被认为的那样?关于这一点,可再次查阅 Justice Douglas, in *Griswold v. Connecticut*, 381 U. S. 479 (1965), at 485:“许多可靠的条文创建了各种隐私领域。……第三修正案所规定的‘禁止士兵在和平年代在未经房主同意的情况下于民房中驻军’的条款,是这种隐私权的另一个
319 方面。”当时,美国殖民地时期的居民们非常憎恨英国军队强行入住民房。第三修正案并不能保证这种情况在将来不会发生,但却可以保证这种情况不会在和平年代发生,并担保,即便这种情况在战争时期会发生,但必须以“法律规定的方式”为前提。那么,第三修正案到底是界定了一种人权(“权利”这一词语在第三修正案中从未出现)呢,还是仅仅在某种程度上承诺去减少和规约一种令人极为愤恨的活动(当然,这种驻军活动尽管令人愤恨,但有时候可能是必要的)?如果说第三修正案同隐私权有某些关联的话,那是因为强行在民房中驻军侵犯了我们的信息隐私权,因为这与任由警察在我们的住宅中出入是同一回事。但是,把在民房中强行驻军与警察的侵扰进行比较有点牵强,因为在民房中强行驻军是极为罕见的情形。

23. 例如,可见如下论文:“Privacy Law Ruled Incompatible with Free Press”, *The Times*, 17 June 2003。

24. 并不是说隐私权、自由表达权和信息权之间的和谐会变得完备。甚至在我们已经把公共领域和私人领域之间的这条新分界线确定出来后,这两个领域也可以存在重叠。在一群人就社会中的不正义及其可能的补救措施所进行的那种真正私人的讨论中,有可能会提到准备恐怖主义袭击的决定和计划,而如果这些话题被某一记者知晓,他就会正当地认为它们牵涉公共利益。

25. 这一点就同如下文章所报告的那样:Lawrence Marks, *The Observer*, 17 Jan. 1993。

26. *The Independent*, 30 Apr. 1998.

27. 还有一些更为简单的情形。出版一部带有揭露性质的传记是否侵犯了

主人公的隐私权呢？在这里，潜在的公共利益可能就是主人公的私人生活。由于传记可以向我们阐释人类生活的全貌，我们往往可以从中受益，例如，可以了解一个人的性生活是如何影响其艺术创作的。我认为，只要相关的主人公仍活在世上，隐私权的问题就可以进入考虑议程，因为它有可能妨碍了一个人的规范能动性（尽管下面这个说法有些武断：一个人的规范能动性甚至会因为他担心死后将会发生的事情而受到妨碍）。

28. 在 20 世纪 60 年代早期，约翰·普罗富莫在英国内阁担任国防部秘书长的时候，曾经接受过一名妓女的性服务，而这名妓女同时也向苏联大使馆的军事官员提供过性服务；在这种情况下，一种更为合理的公共利益（一种安全风险）就存在了。不过，即便如此，如果存在一个法律规定“除非存在一个公共利益，且没有其他的方式来满足这一利益，否则就应该禁止公开一个人的性生活”，报社还是会被迫将它们的信息交给警方或情报机构，后者实施的措施或许会更有效、更有人性。另一方面，当然，也会存在一些需要权衡的考虑：例如，既然这些内容无望公开发表，那么报社是否可以参与这种有时候有用的新闻调查呢？

29. 对于社会如何迫切需要为确立一种公共利益设立更明确、更高级的标准，有着大量的例证。在 1992 年的伦敦，《独立报》披露了当时国家卫生部的 320
秘书长弗吉尼亚·博顿利，二十五年前在同她孩子的父亲（至今仍是她的丈夫）结婚前三个月就生下了她的第一个孩子。这是对隐私权的一种侵犯，她的丈夫向新闻投诉委员会提出起诉。《独立报》的一位负责人后来回应说，“一个合法的公共利益将有助于我们更好地了解，一名能力卓著并广受尊重的国家卫生部秘书长，既然一直都很关心未婚母亲的遭遇，就应该能够把这一艰难的、尽管也不是什么丢人的体验置之度外”（据《时报》的报道）。《独立报》居然如此厚颜无耻地做出这种虚弱的狡辩，我们的社会状况是多么可悲啊。

第十四章　人权要求民主吗？

1.《公民和政治权利国际公约》第 25 条以稍微不同的方式重述了《世界人权宣言》第 21 条。

2. 见美国最高法院法官布雷耶的如下论著：Stephen Breyer, *Active Liberty: Interpreting Our Democratic Constitution* (New York: Vintage Books, 2005), p.3。

3. Carol Gould, *Globalizing Democracy and Human Rights* (Cambridge: Cambridge University Press, 2004), p.183.

4. Charles R. Beitz, "Human Rights as a Common Concern", *American Political Science Review* 95 (2001), p. 269.

5. David Beetham, *Democracy and Human Rights* (Cambridge: Polity Press, 1999), p.92.

6. 见前面第八章第三节。

7. Robert A. Dahl, *On Democracy* (New Haven: Yale University Press, 2000), p. 63.

8. 这大概就是所谓"协商民主"的含义。也可见 Jürgen Habermas, *Between Facts and Norms* (Cambridge MA: MIT Press, 1996),在这部著作中,哈贝马斯陈述了他的"商谈原则":"只有所有受到影响的人,作为国家层面的商谈的参与者,能够同意的行为规范才是有效的"(p. 107),并陈述了他的"民主原则":"法令,只有在所有公民在一种商谈性的立法过程(这一过程也是依法建立的)中表示赞同后,才可以声称具有合法性。"(p. 110)

9. 见前面第二章第六节。我在后面第十五章第五节也会讨论这一问题。

10. 例如,通过扩展我在第一章第五节中的论述,这一点也将是有用的。

11. 对一个类似区分的讨论,可见 Allen Buchanan, *Justice, Legitimacy, and Self-Determination: Moral Foundations for International Law* (Oxford: Oxford University Press, 2004), pp. 281—284。

12. 见前面第九章第三节。

321 13. 见前面第二章第六节。

14. John Rawls, *The Law of Peoples* (Cambridge, MA: Harvard University Press, 1999), sects. 8—9.

15. 例如,出处同上, sect. 12。

16. 见第五章,尤其是第五章第四节。

17. 见 Partha Dasgupta, *An Inquiry into Well-Being and Destitution* (Oxford: Clarendon Press, 1993), ch. 5。

18. 见 David Held, *Models of Democracy*, 3rd edn. (Cambridge: Polity Press, 2006)。

第十五章　群体权利

1. 见 Karel Vasak, "Pour une Troisème Génération des Droits de I'Homme", in Christophe Swinarski (ed.), *Studies and Essays on International Law and Red*

Cross Principles (The Hague: Martinus Nijhoff, 1984)。瓦萨克所说的“团结的权利”与哲学家最近在界定群体权利时倾向于所说的东西并不完全吻合。但是这两个概念很接近，而且在某些情形中实际上是完全吻合的。无论如何，我所关注的对象是群体权利。

2. 例如，可见 Roger Scruton, “Groups Do Not Have Rights”, *The Times*, 21 Dec. 1995。

3. 尽管卡尔·韦尔曼没有将它视为反对群体权利的一个主要理由，但这也是他对群体权利的一个“最为基本”的质疑，见 Carl Wellman, *The Proliferation of Rights* (Boulder, CO: Westview Press, 1999), ch. 2。

4. 什么类型的群体被认为具有（群体）权利呢？某些群体权利好像完全是为整个人类所主张的（例如享有和平以及完整的环境的权利）。另一些群体权利则被赋予某一个“人民”或“民族”（例如《人民的权利世界宣言》第 1 条规定：“每一个人民都拥有生存权。”）。还有另一些权利被赋予一个文化群体或伦理群体，例如保存群体文化的权利（如果文化生存不仅仅是指物理上的生存，而且也是指作为一个“人民”或“民族”的生存，那么这项权利就与刚才提到的民族或人民的生存权很相似了）。有一些权利被赋予受到剥夺的群体（如对女性、黑人、贫困者、残疾人和老年人的平等对待权）。有一些权利被赋予一个社会（如博爱的权利、宽容的权利以及为了实现一定程度的繁荣而需要的一些条件的权利）。于是，权利有时候就被赋予任何一个群体，只要这样一个群体的成员资格足够重要，因此可以成为一个人的自尊的一部分（例如，群体有权不应受到诽谤或谩骂，群体有权不应成为言语憎恨的对象）。

就上面简要列举的群体权利而论，引人注目的是，那些群体本身事实上都不是严格意义上的行动者。这也是我们可以迅速消解群体权利的一个理由。一个“社会”可能是个例外；不过，这也完全取决于“社会”这个概念要求什么样的组织。一个“民族”也可能是个例外，但是，“民族”这一词语在这里不是被用来表示任何需要具有政治组织的东西，而是可以应用于阿帕切民族之类的情 322
形，不管阿帕奇人是否构成一个政治实体。

对“公司和一些不太正式的联合体如何能够作为群体而行动”这一问题的考察，见 Larry May, *The Morality of Groups* (Notre Dame, IN: University of Notre Dame Press, 1987), pp. 31—57。

5. 我从杰里米·沃尔德伦那里借来这个例子，对于他随后提出的说法，我也有一个论证。见他的论文：“Can Communal Goods Be Human Rights?”, in

Jeremy Waldron, *Liberal Rights* (Cambridge: Cambridge University Press, 1993), esp. sect. IV。

6. 出处同上，p.355。

7. 出处同上，p.356。

8. 正如沃尔德伦所论证的。出处同上，p.355。

9. 出处同上，p.357。

10. 出处同上，pp.358—359。

11. 出处同上，pp.357—358。

12. 例如，可见 Denise G. Réaume, "The Group Right to Linguistic Security: Whose Right, What Duties?", in Judith Baker (ed.), *Group Rights* (Toronto: University of Toronto Press, 1994), p. 121; Waldron, *Liberal Rights*, p.359。

13. 例如，可见 Joseph Raz, *The Morality of Freedom* (Oxford: Clarendon Press, 1986), p.166, 以及，pp.44—45, 278。我们早在第二章第九节就提到过拉兹的论述。

14. 见 Waldron, *Liberal Rights*, p.359。

15. 出处同上。

16. 沃尔德伦提出一些进一步的理由来表明群体善产生群体权利。第一个理由是，个人与较大团体的关系就类似于群体与较大群体的关系。二者都易于遭受压迫，易于被否认自主性和自由，易于遭受不公平的对待，等等。在这种情况下，在个体的情形中，我们就会去争取权利的语言。那么，为什么我们不可以类似地在群体的情形中去争取权利的语言呢（见 Waldron, *Liberal Rights*, pp. 361—366）？但是，仅仅论证说群体就像个体一样也会遭受压迫似乎还不够。这条思路忽视了一个重大问题：不管是对个体还是对群体来说，权利是否就是对一切不正义的矫正？我想说的是，并不是一切正义、公平或平等的问题都是权利问题。从"这里存在一个正义问题"并不能推出"这里存在一个权利问题"。我随后还会讨论这些问题，尤其是在第十五章第五节。

沃尔德伦也提供了第二个消极的理由：群体权利至少在概念上是不可排除的。只要一个群体有一个充分地类似于行动者的地位，比如说就像一个商业公司那样，那么这个群体似乎就可以拥有权利。但是，把商业公司拿来作为目标的做法根本就无法满足对那些往往要求权利的群体的"准行动者"地位的怀疑。
323 要么必须表明这些群体也是"准行动者"（这是一项艰巨任务），要么必须对"权利"提出一种可接受的论述，而且这种论述要切断权利与能动性的联系（也是一项困难的任务)。

17. Raz, *Morality of Freedom*, p. 208. 事实上,拉兹提出了一项群体权利得以存在的三个条件:(1)"它是存在的,因为人类利益的某一方面为让某人(或某些人)承担一种责任提供了辩护",(2)(正文中所引用的那句话),(3)"在那个群体中,没有任何一个成员对公共善的兴趣足以为让另一个人承担相应的责任提供辩护"。第一个条件是任何权利所应具备的条件。第三个条件是一个附加要求,是我在随后的讨论中不会忽略的一个要求。

18. 出处同上, p. 207。

19. Joseph Raz and Avishai Margalit, "National Self-Determination", in Raz, *Ethics in the Public Domain* (Oxford: Clarendon Press, 1994), pp. 133—134.

20. 出处同上, p. 138。

21. 出处同上, pp. 129—132, 134, 141。

22. 出处同上, pp. 139—141。

23. Raz, *Morality of Freedom*, p. 207.

24. 出处同上, p. 209。

25. Raz and Margalit, "National Self-Determination".

26. 按照拉兹和马加利特在文章开头的表述,他们的主题是,是否"可以提出一个道德理由来支持民族自决"(出处同上, p. 126)。在我看来,要是他们还没有把自决视为一个权利问题,那就最好不过了。

27. 出处同上, pp. 141, 143。

28. 出处同上, p. 141。

29. 对派生权利的讨论,可见前面第二章第八节。

30. Will Kymlicka, *Multicultural Citizenship* (Oxford: Clarendon Press, 1995), ch. 3.

31. Will Kymlicka, *Liberalism, Community, and Culture* (Oxford: Oxford University Press, 1989), p. 165.

32. Will Kymlicka, "Individual and Community Rights", in Baker (ed.), *Group Rights*, p. 25. 这样的观点比较常见,可见 Joseph Raz and Avishai Margalit, "National Self-Determination", pp.133—134; A. Buchanan (eds.), *In Harm's Way: Essays in Honor of Joel Feinberg* (Cambridge: Cambridge University Press, 1994); Charles Taylor, "The Politics of Recognition", in his *Multiculturalism: Examining the Politics of Recognition*, ed. Amy Gutman (Princeton: Princeton University

Press, 1994), pp. 32—36。

33. Taylor, “The Politics of Recognition”, p. 25.

34. 出处同上, p. 26。

324 35. 这个例子引自 Kymlicka, *Multicultural Citizenship*, p. 36。

36. Kymlicka, “Individual and Community Rights”, pp. 23—27.

37. 这不是说,按照这一论证,正义是群体权利的唯一基础。某些(法律)权利可以按照一些历史协议(例如宪章、条约等等)而得以确立。

38. Kymlicka, *Multicultural Citizenship*, p. 37.

39. 见我的著作: *Well-Being* (Oxford: Clarendon Press, 1986), chs. Ⅰ—Ⅳ; *Value Judgement: Improving Our Ethical Beliefs* (Oxford: Clarendon Press, 1996), ch. Ⅱ。

40. 当然,一个人对让生活变好的那些特点的列举不是独立于他在认知中居住的那个世界,而世界观是随着不同的文化而变化的。不过,世界观也可以在同一个文化中展现各种变异。这些变异是无可厚非的。我自己对这些特点的列举源自一个特殊的传统:现代的、西方的、无神论的传统。一名隐居的僧侣或许会有一份完全不同的清单:他有可能会完全反对我的清单中的各个条目。这些清单是随着人们的形而上学观点而变化的。形而上学的观点可以较好或较坏、可接受或不可接受。这些清单上的变化也不仅仅是由形而上学观点所引起的,那些其他的社会差异也不能免于跨文化的评价。关于这一点,我有一个更长的讨论,可见我的著作: *Value Judgement*, p. 150。

41. 见我的著作: *Value Judgement*, ch.VII sect. 4, esp. pp. 134—135; 关于收敛,可见: ch.VI, sect. 2。

42. 关于如何对文化进行个体化,还存在着很多问题。仅仅大而化之地说“我们每一个人都生活在一个文化中”,而不去具体说明是哪一个文化,是绝对不够清晰的。粗略地说,一个文化是一个具有自己世代相传的艺术、文学、习俗和道德态度的语言群体。我并不怀疑我们可以个体化某些文化。为了最明确地使用“某些”这一说法,我们就得知道不同的群体是在什么时候用差不多相互独立的方式把他们的文化发展出来的。我们可以把这个说法应用于不久前在亚马逊流域深处发现的印第安人族群。我们可以恰当地说科尔特斯人摧毁了阿兹台克人的文化。我们可以说某些文化在今天正受到威胁:例如,东帝汶的牧师议会最近把印尼对东帝汶的侵占和语言强加视为“弑杀东帝汶的文化”(引自《致编辑的一封信》, *The Independent*, 27 Jan. 1997)。

不过,很可能的是,当人们主张某种针对自己文化的群体权利时,他们心目中或许已经有了一种普遍权利:每个人都是某种文化的一员,因此,每个人都平等地享有这项权利(当然,只有一些文化受到了足够的威胁,因此也才有人愿意费力去为这样一个文化主张一项权利)。但是,在现代条件下,沟通、旅游和贸易都变得极为便利,流行的艺术、生活方式和政治理想在全球范围也得到广泛传播,因此以上说法就变得越来越困难了。[这一点由沃尔德伦提出,见 Jeremy Waldron, “Minority Cultures and the Cosmopolitan Alternative”, in Will Kymlicka (ed.), *The Rights of Minority Cultures* (New York: Oxford University Press, 1995),不过,与我相比,沃尔德伦对谈论“一个文化”持有一种更为强烈的怀疑态度。] 325

有些人或许会回应说,不管生活方式如何全球化,在理解世界的方式上仍有很多差别,因为那些方式被嵌入了语言之中。这一争论的两个方面都很容易被夸张,所以让我们考虑一个具体的(以自我为中心的)例子。我属于哪一种文化呢?属于我出生和长大的美国?存在着一个单一的美国文化吗?我是否可以将其说成是“新英格兰”文化呢?或者,我属于我度过了一生的成年生活的英国文化吗?或者,我是否应该仅仅说英格兰,而将苏格兰和威尔士排除在外呢?又或者,现在是否仅仅存在着一种综合性的“西方”文化呢?一名听着莫扎特的音乐并读着陀思妥耶夫斯基、福楼拜和亨利·詹姆斯的著作的日本人又属于什么文化呢?抑或属于几个文化?如果是几个,又是哪几个呢?

我的观点是,这些问题并不容易回答,之所以如此,是因为“一个文化”这一术语的运用标准并不是很符合很多现代条件。并不是说不能给这些问题提供答案,而是答案必然会带有极强的武断性。我们当然可以轻易地谈论我们生活的文化方面,我指的是与文学、音乐等有关的部分。但是,对许多人来说,我们是否还可以谈论那个整体——他们的“文化”呢?同样的问题也存在于“一群人民”、“一个民族”、“一个伦理群体”这些术语中。

43. Taylor, “Politics of Recognition”, p. 38.

44. 关于“规定”的讨论,可见前面第四章第五节。

45. 见前面第二章第六节;也可见第三章第三节、第四节,第十章第六节,第十一章第四节。

46. 在我看来,有些作者就是这么做的,例如 Mary Anne Warren, “Do Potential People Have Moral Rights?”, *Canadian Journal of Philosophy* 7 (1977), p. 277n.4; T. L. Spring, “Metaphysics, Physicalism, and Animal Rights”, *Inquiry* 22 (1979), p. 103; Thomas Auxter, “The Rights Not to Be Eaten”, *Inquiry* 22 (1979), p.

222。

47. 我认为,我们应该把冗余检验的通关标准定得很低。罗纳德・德沃金建议说,“权利”这一词语标记着一个特殊的道德考虑:权利的作用就在于抑制对一般的善的最大化追求。权利在道德理由的游戏中扮演“王牌”的角色;事实上,德沃金通常用这样的口气来说话,就好像权利除了扮演这个角色外,就没有什么其他用途了[见 Ronald Dworkin, *Taking Rights Seriously* (London: Duckworth, 1978), pp. 139, 269]。罗伯特・诺齐克认为权利发挥“边际约束”的作用[见 Robert Nozick, *Anarchy, State and Utopia* (Oxford: Blackwell, 1974), pp. 28—35]。这两种论述都超过了冗余检验的通关标准。事实上,权利主张远远没有那么强,而且在我看来仍然能被认为通过了冗余检验。例如,如果一种广泛的功利主义论述把权利看作是对特别有影响力的效用的保护,那种这种论述就可以通过冗余检验。

48. 见前面第一章第二节和第六节。

49. Ludwig Wittgenstein, *Philosophical Investigations* (Oxford: Blackwell, 1953), sects. 320—343.

50. 还可以说更多的东西。为了通过冗余检验,按照要求权的思想对权利
326 所做的论述所需要的是一个令人信服的区分:一方面是与权力相联系的那种特殊主张,另一方面是一般而论的道德主张。这个区分也会在各种责任之间产生一个相应的区分。哲学传统中有一个古老的区分——“完全义务的责任”(duties of perfect obligation)和“不完全义务的责任”(duties of imperfect obligation)之间的区分。在一个解释版本中,这个区分大致相当于在道德上所要求的事情和分外之责之间的区分。这个版本对我们无所助益。康德提供了另一个版本:“完全义务的责任”(如践行承诺之事)规定了一个人必须做、为谁做或者对谁做的事情;而“不完全义务的责任”(如帮助贫困者)则在一个人所要做的事情上允许相当大的自由——例如,一个人可能倾向于去帮助病人,或帮助贫困者,或帮助受折磨的人,等等;而且,一个人可以选择去帮助这个特定的病人,而不是那个特定的病人,等等。但是,这一区分的康德版本似乎对我们也没有什么帮助。总结性的说明如下:存在着这样一类权利,它们唯一的规定性特征是,在某个子集中的道德行动者承担着一种援助的责任,但是,仅仅从权利的内容来看,无法具体指定哪些特定的道德行动者是那个子集的成员。两个例子是最低教育权和生存权(如果生存权被认为——我认为必定如此——不仅包括未经正当程序就不能取走一个人的生命的消极责任,而且还包括在生命的维护中用某些方式

进行援助的积极责任)。在这些权利的情形中,某个人应该站出来进行帮助就行了,没有必要让每一个人都站出来(因为某些人可能处于若不付出极大代价就不能进行帮助的状况中),也没有必要让每一个可以轻易施救的人都站出来(因为可能只有少数的人需要帮助);所要求的仅仅是,足够多的(未被具体指明的)人应该回应有需求者的要求。与这些权利相关的积极责任在这个方面更像是一种慈善的责任,"完全义务的责任"这个范畴因此就不能被用来把与权利相联系的那种主张隔离出来。我在第五章中更为充分地讨论过这些问题。

或者,也可以诉诸按照选择的概念对权利提出的论述。这种论述将用如下方式把两种责任区分开来。按照这种论述,只有在如下条件得到满足的情况下,才可以说我在某件事情上对你有一项权利:你对我负有一项责任的理由,也可以被看作是我有权力(power)免除(只要我愿意这样做)你对我所负有的责任的理由。对权利的这种论述可以很好地处理许诺的情形。但是,众所周知,在许多其他的情形中它并不适用。我拥有生存权、不被折磨的权利、最低限度的物质保障的权利,与许诺不同,所有这些权利无一是我可以宣布放弃的。这些权利都可以被认为是福利权,而某些人会认为它们作为权利的地位是可疑的,但是,我们也可以对无可争辩的自由权提出同样的说法。我拥有一种自主权和自由权。即便我说你可以否认我的自主权和自由权,这也不足以辩护你对我的这两项权利的否认。自主性和自由构成了我们所说的人的尊严的核心价值。即使我仅仅是因为受到欺骗或绝望至极而允许你否定我的自主性或自由,那也不意味着你就摧毁了我的尊严。 327

我很怀疑只是通过看看下面这些形式特点,我们就会发现我们在寻求的那个区分:责任是否是可宣布放弃的,具体的责任承担者和相关受益人是否是可指明的,等等。我们需要将更多评价性内容添加到这个区分中。

51.《关于各国依联合国宪章建立友好关系和合作之国际法原则的宣言》,联合国大会 1970 年 10 月 24 日通过;见"国家主权平等原则"这一节。在联合国建立之前,"主权平等"原则就已被确立起来了。国际联盟明确强调这一原则。有些人甚至将这一原则追溯至《威斯特伐利亚条约》,正是这一条约在 1648 年终结了三十年战争。

在这条宣言中,不被干涉的权利也与自决权有所关联,尽管自决权被认为是"人民"所具有的一种权利,而自主权被认为是"国家"所具有的一种权利("人民"和"国家"显然是不同的)。对不被干涉的权利所做的部分解释是,"人民"不应该被剥夺它们的"民族认同",而殖民主义通常会剥夺它们的这种认同,同时，殖民主义也是侵犯自决权的典型。见“依联合国宪章，不应干涉任何国家内部事务的责任原则”这一节。1970年的《宣言》详细说明了《联合国宪章》(1945)的各个原则。《宪章》提到：第1.2条：“(联合国的目的包括)在尊重平等权利原则和人民自决原则的基础上，发展各国之间的友好关系……”

52. 见1970年《宣言》中“依联合国宪章，不应干涉任何国家内部事务的责任原则”这一节。

53. 按照对“主权”的某些论述，“主权平等”同“不被干涉”之间的联系是概念上的。“它(一个主权国家)对其领土范围内的所有人和财产拥有不可分割的管辖权，……任何其他国家都不可以干涉其内部事务”, in *The New Columbia Encyclopaedia* (New York: Columbia University Press, 1975)。

54. 我标注的强调字体，见注释52所提到的那一节。

55. 对这个实践论证的一个更充分的论述，见C. A. J. Coady, “Nationalism and Intervention”, in Brenda Almond (ed.), *Introducing Applied Ethics* (Oxford: Blackwell, 1995)。也可见约翰·密尔在同一个方向上提出的经典论证：J. S. Mill, “A Few Words on Non-Intervention”, in Mill, *Essays on Politics and Culture*, ed. Gertrude Himmelfarb (New York: Anchor Books, 1963); 以及Michael Walzer, *Just and Unjust Wars* (New York: Basic Books, 1997)。在我看来，科迪的论证最具说服力。

56. 如下文章的作者就如此认为：Will Kymlicka and Ian Shapiro, “Introduction”, in Ian Shapiro and Will Kymlicka (eds.), *Ethnicity and Group*
328 *Rights*, Nomos 39(New York: New York University Press, 1997); 我在文中所引用的部分，可见这本著作第3—4页。

57. 见前面第二章第六节，第十五章第六节。

58. 考虑另一个规定。有些人或许会提出“一种关于群体权利的理论”所具有的含义，如布莱恩·巴里所做的那样[见Brian Barry, *Culture and Equality* (Cambridge: Polity Press, 2001), ch. 4 sect. 5]。巴里认为，这样一个含义就在于一套有关一个自由主义社会应如何对待其内部不同群体的信念——在这样一个社会中，某些群体在其内部章程上可能本身就是自由主义的，而另一些群体则不是自由主义的。由此，有人或许会提出这样一个问题：对于一个自由主义社会来说，在管理这些群体方面(尤其是在管理其内部那些非自由主义的群体方面，因为对这种群体的管理会面临很多特别困难的问题)，什么样的公共政策才是最好的？这是一个好问题。然而，在什么意义上对这一问题的回答可以构成“一种关于群体权利的理论”呢？一方面，在一个自由主义社会对其内部群体的处理中，处于核心地位的权利，就像巴里所看到的那样，是免于强迫的自由（自由权）和结社的自由，而这两种权利都是个人权利。因此，在为这些群体表述最好的公共政策时，其背后的道德思想就在于这两种个人权利在特定环境中的应用。另一方面，这两种个人权利的应用不会为（比如说）“一个民族文化群体可以恰当地对其社会提出什么要求（这是最近对群体权利的讨论的焦点）”这一问题提供答案。巴里的群体权利可以被还原为个体人权；因此它们不是任何强的意义上的“群体权利”。

59. 如涛慕思·博格；见 Thomas Pogge, “Group Rights and Ethnicity”, in Ian Shapiro and Will Kymlicka (eds.), *Ethnicity and Group Rights*。 329

索 引

（条目后的数字为原书页码，见本书边码）

译后记

在现代世界中,人权几乎渗透到了人类生活的所有方面:从一国内部的政治、经济、法律等领域到国际法、国际关系和国际政治。而在最近一段时期,随着所谓的"全球正义"的兴起,人权问题再次成为一个热点,因为不管理论家们如何设想全球正义,全球正义的可能性至少取决于各国对人权的内容达成一个基本共识,并在此基础上认识到每个人的基本人权都应得到尊重和保证。人们固然会因为社会压迫、种族歧视、性别歧视、民族矛盾、族群分歧、社会不公之类的现实的生存条件而自然而然地发出要求权利的呼声。然而,正如杰里米·边沁等人明确地意识到的,人权的概念在理论上是令人困惑的:权利要求相关联的责任,一个人类个体怎么可能因为仅仅是人就拥有某些权利,就要求其他人或某些政治组织向他提供一项人权所要求的东西呢?人权与国家宪法所规定的权利,与国际法又具有什么样的关系呢?这些问题以及类似的问题都亟须在理论上加以澄清和说明,因为人权并不仅仅是一个具有理论兴趣的概念,而是已经被投入广泛的实践应用。在近来关于人权的哲学论著中,一些作者已经在这方面做出了自己的努力。詹姆斯·格里芬的《论人权》就是其中的一个尝试。在我们看来,这部著作对人权的理论根据提出了一种很有说服力的说明和论证,对人权的内容和范围做出了充分明晰的界定,对国际人权文本和国际法中流行的人权概念进行了有益的澄清和纠正。因此我们决定将这部著作翻译出版。

本书的翻译分工如下:刘明翻译本书第三部分,徐向东翻译其余部分并对刘明的译文做了必要的审校和修订。我们感谢陈肖生博士在第三部分的翻译中所提供的帮助。由于专业水平和外语能力的限制,尽管我们已经尽了最大努力,译文中的错误恐在所难免,敬请读者不吝指正。

最终,需要指出的是,本书系国家社科基金一般项目"全球正义研究"(批准号 11BZX079)拟定成果的一部分。

徐向东

2014 年春节

人文与社会译丛

第一批书目

1.《政治自由主义》(增订版),[美]J. 罗尔斯著,万俊人译　118.00 元
2.《文化的解释》,[美]C. 格尔茨著,韩莉译　89.00 元
3.《技术与时间:1. 爱比米修斯的过失》,[法]B. 斯蒂格勒著,裴程译　62.00 元
4.《依附性积累与不发达》,[德]A. G. 弗兰克著,高铦等译　13.60 元
5.《身处欧美的波兰农民》,[美]F. 兹纳涅茨基、W. I. 托马斯著,张友云译　9.20 元
6.《现代性的后果》,[英]A. 吉登斯著,田禾译　45.00 元
7.《消费文化与后现代主义》,[英]M. 费瑟斯通著,刘精明译　14.20 元
8.《英国工人阶级的形成》(上、下册),[英]E. P. 汤普森著,钱乘旦等译　168.00 元
9.《知识人的社会角色》,[美]F. 兹纳涅茨基著,郏斌祥译　26.00 元

第二批书目

10.《文化生产:媒体与都市艺术》,[美]D. 克兰著,赵国新译　49.00 元
11.《现代社会中的法律》,[美]R. M. 昂格尔著,吴玉章等译　39.00 元
12.《后形而上学思想》,[德]J. 哈贝马斯著,曹卫东等译　58.00 元
13.《自由主义与正义的局限》,[美]M. 桑德尔著,万俊人等译　30.00 元

14.《临床医学的诞生》,[法]M. 福柯著,刘北成译 55.00 元

15.《农民的道义经济学》,[美]J. C. 斯科特著,程立显等译 42.00 元

16.《俄国思想家》,[英]I. 伯林著,彭淮栋译 35.00 元

17.《自我的根源:现代认同的形成》,[加]C. 泰勒著,韩震等译 128.00 元

18.《霍布斯的政治哲学》,[美]L. 施特劳斯著,申彤译 49.00 元

19.《现代性与大屠杀》,[英]Z. 鲍曼著,杨渝东等译 59.00 元

第三批书目

20.《新功能主义及其后》,[美]J. C. 亚历山大著,彭牧等译 15.80 元

21.《自由史论》,[英]J. 阿克顿著,胡传胜等译 89.00 元

22.《伯林谈话录》,[伊朗]R. 贾汉贝格鲁等著,杨祯钦译 23.00 元

23.《阶级斗争》,[法]R. 阿隆著,周以光译 13.50 元

24.《正义诸领域:为多元主义与平等一辩》,[美]M. 沃尔泽著,褚松燕等译 24.80 元

25.《大萧条的孩子们》,[美]G. H. 埃尔德著,田禾等译 27.30 元

26.《黑格尔》,[加]C. 泰勒著,张国清等译 135.00 元

27.《反潮流》,[英]I. 伯林著,冯克利译 48.00 元

28.《统治阶级》,[意]G. 莫斯卡著,贾鹤鹏译 98.00 元

29.《现代性的哲学话语》,[德]J. 哈贝马斯著,曹卫东等译 78.00 元

第四批书目

30.《自由论》(修订版),[英]I. 伯林著,胡传胜译 69.00 元

31.《保守主义》,[德]K. 曼海姆著,李朝晖、牟建君译 16.00 元

32.《科学的反革命》(修订版),[英]F. 哈耶克著,冯克利译 58.00 元

33.《实践感》,[法]P. 布迪厄著,蒋梓骅译 75.00 元
34.《风险社会》,[德]U. 贝克著,何博闻译 17.70 元
35.《社会行动的结构》,[美]T. 帕森斯著,彭刚等译 80.00 元
36.《个体的社会》,[德]N. 埃利亚斯著,翟三江、陆兴华译 15.30 元
37.《传统的发明》,[英]E. 霍布斯鲍姆等著,顾杭、庞冠群译 21.20 元
38.《关于马基雅维里的思考》,[美]L. 施特劳斯著,申彤译 78.00 元
39.《追寻美德》,[美]A. 麦金太尔著,宋继杰译 68.00 元

第五批书目

40.《现实感》,[英]I. 伯林著,潘荣荣、林茂译 30.00 元
41.《启蒙的时代》,[英]I. 伯林著,孙尚扬、杨深译 35.00 元
42.《元史学》,[美]H. 怀特著,陈新译 89.00 元
43.《意识形态与现代文化》,[英]J. B. 汤普森著,高铦等译 68.00 元
44.《美国大城市的死与生》,[加]J. 雅各布斯著,金衡山译 29.50 元
45.《社会理论和社会结构》,[美]R. K. 默顿著,唐少杰等译 128.00 元
46.《黑皮肤,白面具》,[法]F. 法农著,万冰译 14.00 元
47.《德国的历史观》,[美]G. 伊格尔斯著,彭刚、顾杭译 58.00 元
48.《全世界受苦的人》,[法]F. 法农著,万冰译 17.80 元
49.《知识分子的鸦片》,[法]R. 阿隆著,吕一民、顾杭译 45.00 元

第六批书目

50.《驯化君主》,[美]H. C. 曼斯菲尔德著,冯克利译 68.00 元
51.《黑格尔导读》,[法]A. 科耶夫著,姜志辉译 45.00 元
52.《象征交换与死亡》,[法]J. 波德里亚著,车槿山译 68.00 元
53.《自由及其背叛》,[英]I. 伯林著,赵国新译 48.00 元

54.《启蒙的三个批评者》,[英]I. 伯林著,马寅卯、郑想译 48.00 元

55.《运动中的力量》,[美]S. 塔罗著,吴庆宏译 23.50 元

56.《斗争的动力》,[美]D. 麦克亚当、S. 塔罗、C. 蒂利著,李义中等译 31.50 元

57.《善的脆弱性》,[美]M. 纳斯鲍姆著,徐向东、陆萌译 55.00 元

58.《弱者的武器》,[美]J. C. 斯科特著,郑广怀等译 82.00 元

59.《图绘》,[美]S. 弗里德曼著,陈丽译 49.00 元

第七批书目

60.《现代悲剧》,[英]R. 威廉斯著,丁尔苏译 45.00 元

61.《论革命》,[美]H. 阿伦特著,陈周旺译 59.00 元

62.《美国精神的封闭》,[美]A. 布卢姆著,战旭英译,冯克利校 68.00 元

63.《浪漫主义的根源》,[英]I. 伯林著,吕梁等译 28.00 元

64.《扭曲的人性之材》,[英]I. 伯林著,岳秀坤译 22.00 元

65.《民族主义思想与殖民地世界》,[美]P. 查特吉著,范慕尤、杨曦译 18.00 元

66.《现代性社会学》,[法]D. 马尔图切利著,姜志辉译 32.00 元

67.《社会政治理论的重构》,[美]R. J. 伯恩斯坦著,黄瑞祺译 25.00 元

68.《以色列与启示》,[美]E. 沃格林著,霍伟岸、叶颖译 128.00 元

69.《城邦的世界》,[美]E. 沃格林著,陈周旺译 85.00 元

70.《历史主义的兴起》,[德]F. 梅尼克著,陆月宏译 48.00 元

第八批书目

71.《环境与历史》,[英]W. 贝纳特、P. 科茨著,包茂红译 25.00 元

72.《人类与自然世界》,[英]K. 托马斯著,宋丽丽译 35.00 元

73.《卢梭问题》,[德]E. 卡西勒著,王春华译 15.00 元
74.《男性气概》,[美]H. C. 曼斯菲尔德著,刘玮译 28.00 元
75.《战争与和平的权利》,[美]R. 塔克著,罗炯等译 25.00 元
76.《谁统治美国》,[美]W. 多姆霍夫著,吕鹏、闻翔译 35.00 元
77.《健康与社会》,[法]M. 德吕勒著,王鲲译 35.00 元
78.《读柏拉图》,[德]T. A. 斯勒扎克著,程炜译 28.00 元
79.《苏联的心灵》,[英]I. 伯林著,潘永强、刘北成译 59.00 元
80.《个人印象》,[英]I. 伯林著,林振义、王洁译 35.00 元

第九批书目

81.《技术与时间:2. 迷失方向》,[法]B. 斯蒂格勒著,赵和平、印螺译 59.00 元
82.《抗争政治》,[美]C. 蒂利、S. 塔罗著,李义中译 28.00 元
83.《亚当·斯密的政治学》,[英]D. 温奇著,褚平译 21.00 元
84.《怀旧的未来》,[美]S. 博伊姆著,杨德友译 85.00 元
85.《妇女在经济发展中的角色》,[丹]E. 博斯拉普著,陈慧平译 30.00 元
86.《风景与认同》,[美]W. J. 达比著,张箭飞、赵红英译 68.00 元
87.《过去与未来之间》,[美]H. 阿伦特著,王寅丽、张立立译 58.00 元
88.《大西洋的跨越》,[美]D. T. 罗杰斯著,吴万伟译 108.00 元
89.《资本主义的新精神》,[法]L. 博尔坦斯基、E. 希亚佩洛著,高铦译 58.00 元
90.《比较的幽灵》,[美]B. 安德森著,甘会斌译 79.00 元

第十批书目

91.《灾异手记》,[美]E. 科尔伯特著,何恬译 25.00 元

92.《技术与时间:3. 电影的时间与存在之痛的问题》,
[法]B. 斯蒂格勒著,方尔平译　65.00 元
93.《马克思主义与历史学》,[英]S. H. 里格比著,吴英译　78.00 元
94.《学做工》,[英]P. 威利斯著,秘舒、凌旻华译　68.00 元
95.《哲学与治术:1572—1651》,[美]R. 塔克著,韩潮译　45.00 元
96.《认同伦理学》,[美]K. A. 阿皮亚著,张容南译　45.00 元
97.《风景与记忆》,[英]S. 沙玛著,胡淑陈、冯樨译　78.00 元
98.《马基雅维里时刻》,[英]J. G. A. 波考克著,冯克利、傅乾译 108.00 元
99.《未完的对话》,[英]I. 伯林、[波]B. P. -塞古尔斯卡著,
杨德友译　65.00 元
100.《后殖民理性批判》,[印]G. C. 斯皮瓦克著,严蓓雯译　79.00 元

第十一批书目

101.《现代社会想象》,[加]C. 泰勒著,林曼红译　45.00 元
102.《柏拉图与亚里士多德》,[美]E. 沃格林著,刘曙辉译　78.00 元
103.《论个体主义》,[法]L. 迪蒙著,桂裕芳译　30.00 元
104.《根本恶》,[美]R. J. 伯恩斯坦著,王钦、朱康译　78.00 元
105.《这受难的国度》,[美]D. G. 福斯特著,孙宏哲、张聚国译　39.00 元
106.《公民的激情》,[美]S. 克劳斯著,谭安奎译　49.00 元
107.《美国生活中的同化》,[美]M. M. 戈登著,马戎译　58.00 元
108.《风景与权力》,[美]W. J. T. 米切尔著,杨丽、万信琼译　78.00 元
109.《第二人称观点》,[美]S. 达沃尔著,章晟译　69.00 元
110.《性的起源》,[英] F. 达伯霍瓦拉著,杨朗译　85.00 元

第十二批书目

111.《希腊民主的问题》,[法]J. 罗米伊著,高煜译　　48.00 元
112.《论人权》,[英]J. 格里芬著,徐向东、刘明译　　75.00 元
113.《柏拉图的伦理学》,[英]T. 厄温著,陈玮、刘玮译(即出)
114.《自由主义与荣誉》,[美]S. 克劳斯著,林垚译　　62.00 元
115.《法国大革命的文化起源》,[法]R. 夏蒂埃著,洪庆明译　　38.00 元
116.《对知识的恐惧》,[美]P. 博格西昂著,刘鹏博译　　38.00 元
117.《修辞术的诞生》,[英]R. 沃迪著,何博超译　　48.00 元
118.《历史表现中的真理、意义和指称》,[荷]F. 安克斯密特著,周建漳译　　58.00 元
119.《天下时代》,[美]E. 沃格林著,叶颖译　　78.00 元
120.《求索秩序》,[美]E. 沃格林著,徐志跃译　　48.00 元

第十三批书目

121.《美德伦理学》,[新西兰]R. 赫斯特豪斯著,李义天译　　55.00 元
122.《同情的启蒙》,[美]M. 弗雷泽著,胡靖译　　48.00 元
123.《图绘暹罗》,[美]T. 威尼差恭著,袁剑译　　58.00 元
124.《道德的演化》,[新西兰]R. 乔伊斯著,刘鹏博、黄素珍译 65.00 元
125.《大屠杀与集体记忆》,[美]P. 诺维克著,王志华译　　78.00 元
126.《帝国之眼》,[美]M. L. 普拉特著,方杰、方宸译　　68.00 元
127.《帝国之河》,[美]D. 沃斯特著,侯深译　　76.00 元
128.《从道德到美德》,[美]M. 斯洛特著,周亮译　　58.00 元
129.《源自动机的道德》,[美]M. 斯洛特著,韩辰锴译　　58.00 元
130.《种族与文化少数群体》,[美]G. E. 辛普森、[美]J. M. 英格尔著,马戎、王凡妹译(即出)

第十四批书目

131.《城邦与灵魂:费拉里〈理想国〉论集》,[美]G. R. F. 费拉里著,刘玮编译 58.00元

132.《人民主权与德国宪法危机》,[美]P. C. 考威尔著,曹晗蓉、虞维华译 58.00元

133.《16和17世纪英格兰大众信仰研究》,[英]K. 托马斯著,芮传明、梅剑华译 168.00元

134.《民族认同》,[英]A. D. 史密斯著,王娟译 55.00元

135.《世俗主义之乐:我们当下如何生活》,[英]G. 莱文编,赵元译 58.00元

136.《国王或人民》,[美]R. 本迪克斯著,褚平译(即出)

137.《哲学解释》,[美]R. 诺齐克著,林南、乐小军译(即出)

138.《自由与多元论:以赛亚·伯林思想研究》,[英]G. 克劳德著,应奇等译 58.00元

139.《暴力:思无所限》,[美]R. J. 伯恩斯坦著,李元来译 59.00元

140.《中心与边缘:宏观社会学论集》,[美]E. 希尔斯著,甘会斌、余昕译 88.00元